U0516281

本书为国家社会科学基金重大项目"中国岭南传统村落保护与利用研究"（项目编号：17ZDA165）成果之一

本书由河南大学黄河文明与可持续发展研究中心、河南大学铸牢中华民族共同体意识研究中心资助出版

Clan Practice

Social Integration of the Pai Yao in
Northern Guangdong

民族与社会丛书
MINZU YU SHEHUI CONGSHU

麻国庆 主编

宗族实践

粤北排瑶的社会结合

孙荣垆 著

社会科学文献出版社
SOCIAL SCIENCES ACADEMIC PRESS (CHINA)

《民族与社会丛书》总序

麻国庆

记得 20 世纪 80 年代我读大学时，常常在西北大学的文科阅览室看一些非考古专业的著作，偶然中读到费孝通先生的《民族与社会》，书很薄，但里面所涉及的关于民族及其发展的思考，引发了我这个来自内蒙古的青年学生的浓厚兴趣。接着我以此书为契机，开始接触人类学、民族学的相关研究和介绍，并决定考这一领域的研究生。通过在中山大学跟我的硕士导师容观琼先生以及人类学其他老师三年的学习，我算是初步进入了人类学、民族学的学科领域。

之后我又很荣幸地成为费先生的博士研究生。跟先生学习以后，我进一步理解了他的《民族与社会》的整体思考。我印象最深的是 1991 年我入北京大学一周后，先生带我和泽奇兄到武陵山区考察。一上火车，他说给我们上第一课，当时正好是美国出现了黑人和白人的冲突，他说民族和宗教的问题将会成为 20 世纪末到 21 世纪相当一段时间内，国际问题的焦点之一。人类学在这一背景下如何面对这些问题，需要做深入的调查和研究。通过近一个月的对土家族、苗族以及地方发展的考察，加上来自先生对田野的真知灼见，我对人类学的学科意识有了更加深刻的体验和领会。武陵山区的考察一直到今天仍是我的一个学术情结。

非常巧的是当出版社同人催我交这一序时，我正好从广西龙胜各族自治县的红瑶寨子里出来（1951 年，费先生曾代表中央到该县宣布成立中国第一个少数民族自治县），来到武陵山区的酉阳土家族苗族自治县做关于土家族的调查。两地虽然相隔千里，但都留下了费先生的调查足迹。此次来到酉阳，时隔 20 多年沿着当时先生的足迹调查之余，来撰写本丛书的序，坐在电脑旁，先生的音容笑貌不时地浮现在我的脑海里……好像先生在他的那个世界里告诉我辈，要不断地推动"民族与社会"的研究，进入更高的层次。由此我更加坚信该丛书以此命名，于情、于理、于学、于实都有其特殊的学术和社会意义。同时这也是把先生的"文化自觉"与"从实求知"思想延续、深化的阶段性成果。

费先生的学术遗产可以概括为"三篇文章"，即汉民族社会、少数民族社会、全球化与地方化。在费先生的研究和思考中，社会、民族与国家、全球被置于相互联系、互为因果、部分与整体的方法论框架中进行研究，超越了西方人类学固有的学科分类，形成了自己的人类学方法论，扩展了人类学的学术视野。他是一位非常智慧的把学术研究和国家的整体发展、多民族共同繁荣的理念有机地结合起来，达到对中国社会认识的学者。面对当前复杂的国际问题国内化、国内问题国际化的现状，费先生留下的学术遗产还需要我们不断地继承和发扬。而"民族与社会"可以涵盖先生的思想，我们以此来纪念费先生诞辰百年。

针对一套可以长久出版下去的丛书，我想从如下几方面来展开对"民族与社会"的理解和认识。

一　民族的国家话语

"民族"与"族群"最基本的含义都是指人们的共同体，是对不同人群的分类。但是，当学者将"民族"与"族群"这两个词纳入历史经验与社会现实中加以研究时，它们随着时空的变化而有不同的表述和意义。在学科史上，"民族"作为人类认识自我的关键概念之一见诸各门社会科学，被赋予了多重含义，尤其是"民族—国家"（nation-state）、"民族主义"（nationalism）这些概念，将民族学、历史学、人类学、政治学、社会学、社会心理学、语言学、国际关系学甚至文学等学科牵连在一起，形成了一个庞大的跨学科研究领域。

近代以来，随着西学东渐，当基于西方社会经验建构的"民族"概念及相关理论与中国的历史及现实发生冲突时，中国人对"民族"及其相关理论含义的理解、诠释与实践又形成了一套与国际背景、国内政治、社会文化的特点等相联系的社会思潮和历史事实。概括起来，"民族"概念的发展变化其实是一个历史过程，也是一适应的过程。

在现代人类学研究中，"民族"有着相对明确的定义，指具有相同文化属性的人们的共同体（ethnos），文化是界定"民族"的重要标准之一。人类学对人们的共同体本质及关系的理解是一个逐步深入的过程。古典人类学将非西方社会的整体作为"他者"，以"异文化"为研究旨趣，热衷于跨文化比较研究，并没有将某个具体的人群作为研究对象。现代人类学建立之后，虽然马林诺斯基式的科学民族志将某个具体的民族体作为描述对象，但是学术研究的问题意识在于探寻社会或文化的运行机制，而对"民族"本身的概念并没有加以讨论。

直到 20 世纪 50 年代，在美国诞生了"族群"（ethnic group）概念，人类学开始将不同群体的关系等问题作为研究专题进行讨论，并形成了人类学研究的一个新的理论范式。一般来说，族群指说同一语言，具有共同的风俗习惯，对于其他的人们具有称为"我们"意识的单位。不过，这个族群单位中的所有的人们并不都拥有共同的社会组织和政治组织。而"认同"是存在于个人与某特定族群间的一种关系，它属于某特定的族群，虽然族群中的成员可能散居在世界各地，但在认同上，他们却彼此分享着类似的文化与价值观。民族或族群认同是认同的典型表现。

中国的民族问题到今天为止变成了国际话语，可以从两个方面来解释国际话语。

一方面是纯粹从人类学学理层面解释民族的特殊属性，如林耀华先生提出的经济文化类型，虽然他受到苏联民族学的影响，强调经济决定意识，但是这套思想划分了中国的民族经济文化生态，这一点是有很大贡献的。另一方面是费先生提出的中华民族多元一体格局。面对西方民族国家的理论，中国这么多民族要放在国家框架下，用什么来解释它存在的合法性与合理性？多元一体就提供了解释框架。多元一体理论并非单纯是关于中华民族形成和发展的理论，也非单纯是费先生关于民族研究的理论总结，而是费先生对中国社会研究的集大成。正如费先生所说："我想利用这个机会，把一生中的一些学术成果提到国际上去讨论。这时又想到中华民族形成的问题。我自思年近 80，来日无几，如果错失时机，不能把这个课题向国际学术界提出来，对人对己都将造成不可补偿的遗憾。"[1] 因此，费先生事实上是从作为民族的社会来探讨它与国家整体的关系，这是他对社会和国家观的新的发展。中华民族的概念本身就是国家民族的概念，而 56 个民族及其所属的集团是社会构成的基本单位。这从另一个方面勾画出多元社会的结合和国家整合的关系，即多元和一体的关系。

这两大理论是中国民族研究的两大基础。

其实，费孝通先生对"民族"的理解随着其学术思想的变化有一个演变的过程。20 世纪 30 年代，费先生在清华研究院师从史禄国时主要接受欧洲大陆人类学研究传统的学科训练，首先研习体质人类学。因而费先生在这一时期对民族问题的讨论集中在对中国人体质特征的讨论上，发表于 1934 年的

---

[1] 费孝通主编《中华民族研究新探索》，中国社会科学出版社，1991，第 27 页。

《分析中华民族人种成分的方法和尝试》就是这一时期费先生讨论民族问题的代表作。在这篇文章中，费先生指出"中华民族，若是指现在版图之内的人民而言，是由各种体质上、文化上不同的成分所构成的"，而"要研究这巨流中各种成分的分合、盛衰、兴替、代谢、突变等作用，势必先明了各成分的情形"①。

20世纪50年代，费先生参与了中国的民族识别工作，积累了大量的研究经验。费先生回顾20世纪50年代民族识别时曾说："民族这种人们共同体是历史的产物。虽然有它的稳定性，但也在历史过程中不断发展变化；有些互相融合了，有些又发生了分化。所以民族这张名单不可能永远固定不变，民族识别工作也将继续下去。"② 在此基础上，20世纪80年代初期，费先生又提出了"民族走廊"说，将历史、区域、群体作为整体，对专门研究单一民族的中国民族研究传统具有极大的启发意义。中国民族识别工作完成后，中国56个民族的格局最终确立，费先生也以《中华民族多元一体格局》一文系统总结了自己的民族学思想。

国外对中国民族的研究有几种观点。

第一种观点需要回顾1986年底《美国人类学家》杂志发表的澳大利亚学者巴博德与费先生的对话，对话的核心是讨论受意识形态影响的中国民族识别。巴博德批判受意识形态影响的民族学忽视了当地的文化体系，民族识别的国家主义色彩非常浓厚。但费先生的回答非常有意思。费先生说他们在做民族识别的时候并不是完全死板地套用斯大林的概念，而是进行了修正，有自己的特色。③ 在民族识别时期形成了中国民族学研究在特殊时期的特殊取向，这个遗产就是我们的研究如何结合中国特点和学理特点，不完全受意识形态制约。

与此相关的第二种质问是很多国外学者的核心观点，他们认为中国的民族都是在国家意识形态中"被创造的民族"。实际上，中国所有民族的构成与中国的历史和文明过程是有机地结合在一起的，这些民族不是分离的，而是有互动的关系。简单地以"创造""虚构"或"建构"的概念来讨论中国的民族问题是非常危险的。这里就回应了关于实体论和建构论的讨论如何在民族研究中

---

① 费孝通：《分析中华民族人种成分的方法和尝试》，《费孝通全集》（第1卷），内蒙古人民出版社，2009，第287页。

② 费孝通：《关于我国民族的识别问题》，《费孝通文集》（第七卷），群言出版社，1999，第202~203页。

③ 费孝通：《经历见解反思——费孝通教授答客问》，《费孝通文集》（第十一卷），群言出版社，1999，第143~205页。

进行分类并处理理论思考的问题。这可能会构成中国民族研究在国际对话中一个很重要的基础。

到今天为止，针对族群边界也好，针对民族问题也好，建构论和实体论是两个主要的方向。在中国的民族研究中，实体论和建构论会找到它们的结合点：实体中的建构与建构中的实体，有很多关系可以结合起来思考。在民族研究中，国家人类学（national anthro-pology）与自身社会人类学（native anthropology）在国际话语中完全有对话点。

1982年，吉尔赫穆（Gerholm）和汉纳兹（Hannerz）发表了一篇名为《国家人类学的形成》的文章。作者在文中直言不讳地指出国家的国际处境与本国人类学的发展有莫大关系。在"宗主与附属""中心与边缘"的格局下，附属国家或者说边缘地区的人类学研究只不过是殖民主义的产物。以强权为前提，中心地区的出版物、语言乃至文化生活方式都在世界格局里占据主导地位，并大力侵入边缘地区。在这样的形势下，边缘地区人类学学科的发展、机构的设置、学员的训练等，都会带有中心的色彩，从而抹杀了本土文化研究的本真性。①

不过，在中国的情况却有所不同。特别是关于多民族社会的研究，体现出了自身的研究特点，在某种意义上恰恰反映了国家人类学所扮演的角色。而国家人类学是和全球不同国家处理多民族社会问题连在一起的，包括由此带来的福利主义、定居化、民族文化的再构等问题，这构成了中国人类学的一大特点。针对目前出现的民族问题，人类学需要重新反思国家话语与全球体系的关系。相信本套丛书会为此提供有力的实证研究实例。

二　民族存在于社会中

我们知道，民族这个单位的存在尽管看上去很明显，然而，未必所有民族都拥有共同的社会组织和政治组织。而且，分散在不同地域上的族群甚至都不知道和自身同一的民族所居住的地理范围。另外，由于长期和相邻异民族的密切接触，某些民族中的一部分人采用了另一个民族的风俗习惯，甚至连语言也随之发生了变化，但其社会组织常常不会发生很大的变化。与社会组织相比，语言、风俗习惯的文化容易变化。因此，把文化作为研究单位，也未必是有效的手段。社会人类学之所以关注社会，是因为对于比较研究来说，希望以最难

---

① Tomas Gerholm and Ulf Hannerz, "Introduction：The Shaping of National Anthropologies," *Ethnos* 1-2（1982）.

变化的社会组织为研究对象。客观上，作为民族它是一个单位，然而作为社会它就未必是一个单位。因此，以民族为单位作为研究对象，如果离开对其所处社会的研究，并不能达到整体上的认识。

在多元一体格局中，汉族是一个凝聚的核心。在探讨汉族与少数民族的关系中，从历史、语言、文化等视角有了很多的研究积累。不过，以社会人类学的核心概念——社会结构为嵌入点来进行的研究，还不是很多。在中国多民族社会的研究中，正是由于这种多元一体格局的特点，作为多民族社会中的汉族社会的人类学研究，单单研究汉族是远远不够的，还必须要考虑汉族与周边的少数民族社会以及与受汉文化影响的东亚社会之间的互动关系。已故社会人类学家王崧兴教授将其升华为中华文明的周边与中心的理论，即"你看我"与"我看你"的问题。他的一个主题就是如何从周边来看汉族的社会与文化，这一周边的概念并不限于中国的少数民族地区，它事实上涵盖了中国的台湾、香港以及日本、韩国、越南、冲绳等周边国家和地区。与此同时，少数民族的研究，离开汉族的参照体系，也很难达到研究的完整性。

在这一视角下，"中心"与"周边"在不同的历史和空间的背景下有着不同的含义。华南汉族聚居区相对于中原而言是周边，但却是华南这一区域内部的中心，特别是相对于周边山地少数民族时，又表现出华南区域内部的"中心"与"周边"的对应关系。此外，即使汉族内部，因为分属不同的民系，他们之间也存在"周边"和"中心"的对应。这一点可以非常有效地衍生出在不同时空背景下"中心"和"周边"的转化。华南及其周边区域的族群分布和文化特征与秦汉以来汉人的不断南迁有着密切的联系，在某种程度上甚至可以说，华南地区的族群分布和文化特征是汉人和其他各个族群互动而导致的结果。

华南在历史上即为多族群活动的地域，瑶族、畲族、苗族等少数民族及汉族的各大民系（广府人、客家人、潮州人、水上居民）都在此繁衍生息，加上近代以来遍布于东南亚以及世界各国的华侨大多来自这一地域，所以在对华南与东南亚社会及周边族群的研究中，应把从"中心"看"周边"的文化中心主义视角，依照上述个案中的表述那样，转为"你看我、我看你"的互动视角，同时强调从"周边"看"中心"的内在意义，即从汉人社会周边、与汉民族相接触和互动的"他者"观点，来审视汉民族的社会与文化。例如，笔者通过在华北、华南的汉族、瑶族和蒙古族的研究以及对日本的家与社会结构的讨论，揭示了从周边的视角重新认识汉人社会的结构和文化的意义。这一研究在经验研究基础上，将历时性与共时性有机地结合起来，在社会、文化、民族、国家与世界体系的概念背景下，讨论了社会结构比较研究的可能性及其方法论意义。

关于民族问题，大多数国外学者没有抓住国家人类学的本质与根本问题。中国多民族社会应回应什么问题？我觉得有几个方面的问题值得关注。第一，中国民族的丰富多样性，涵盖了不同类型社会，这是静态的；第二，从动态的角度看，在民族流动性方面可以和西方人类学进行有效的对话；第三，关于文化取向，学者们常用文化类型来讨论"小民族"，却从作为问题域的民族来讨论"大民族"，这存在一定的问题。

从这个角度来看，海外的中国研究里面对于中国民族研究有两种取向。一种是偏文化取向，如对西南民族的文化类型进行讨论。而另一种取向将藏族等大的民族放到作为问题域中的民族来讨论。这反映了人类学和民族学的两大取向：文化取向和政治取向。

但不论采取什么取向，我们首先要强调，任何民族研究应当是在民族历史认同的基础上来展开讨论，不能先入为主地认为某一个民族是作为政治的民族，而另一个民族则是作为文化的民族。相当多的研究者在讨论中国民族的时候，是站在一种疏离的倾向中来讨论问题，忽视了民族之间的互动性、有机联系性和共生性。也就是说，他们将每个民族作为单体来研究，而忘记了民族之间形成的关系体，即所有民族形成了互联网似的互动中的共生关系。这恰恰就是"多元一体"概念为什么重要的原因。多元不是强调分离，多元只是表述现象，其核心是强调多元中的有机联系体，是有机联系中的多元，是一种共生中的多元，而不是分离中的多元。

我以为，"多元一体"概念的核心事实上是同时强调民族文化的多元和共有的公民意识，这应当是多民族中国社会的主题。这也是本丛书着重强调"民族是在社会中"的道理所在。因此，本丛书的"民族"并不仅仅是少数民族的"民族"，而且是把汉族也纳入民族范畴来展开讨论。

三　民族的全球话语与世界单位

在全球化过程中，不同的文明之间如何共生，特别是作为世界体系中的中心和边缘，以及边缘中的中心与边缘的对话（如相对于世界体系西方中心的观点，中国这样的非西方社会处于边缘的位置。而在中国历史上就存在着"华夷秩序"，形成了超越现代国家意义上的"中心"和"边缘"），周边民族如何才能不成为"永远的边缘民族"的话题，越来越为人类学所关注。20 世纪可以说是文化自觉被传承、被发现、被创造的世纪。这一文化也是近代以来"民族—国家"认同的一个重要源泉。在中国这样一个多民族社会中，不同文化之间的共生显得非常重要，事实上，在我们的理念中，又存在着一种有形无形的超越单一民族认同的家观念——中华民族大家庭，这个家乃是民族之间和睦相处的一种文化认同。

我记得 2000 年夏北京召开"国际人类学与民族学联合会（IU-AES）"中期会议前，费先生把我叫到家里，说他要在会上发言，他来口述，我来整理。在他的书房里，我备好了录音机，先生用了一个多小时，讲了他的发言内容。我回去整理完后发现，需要润色的地方很少，思路非常清晰。我拿去让先生再看一遍，当时还没有题目。先生看过稿后，用笔加上了题目，即《创造"和而不同"的全球社会》。由于当时先生年事已高，不能读完他的主题演讲的长文，他开了头，让我代他发言。

先生在主题发言中所强调的，正是多民族之间和平共处、继续发展的问题。如果不能和平共处，就会出现很多问题，甚至出现纷争。实际上这个问题已经发生过了。他指出，过去占主要地位的西方文明即欧美文明没有解决好的问题，就在于人类文化寻求取得共识的同时，大量核武器出现、人口爆炸、粮食短缺、资源匮乏、民族纷争、地区冲突等一系列问题威胁着人类的生存。特别是冷战结束后，原有的但一直隐蔽起来的来自民族、宗教等文化的冲突愈演愈烈。从这个意义上说，人类社会正面临着一场社会的"危机"、文明的"危机"。这类全球性问题所隐含的危机，引起了人们的警觉。这个问题，原有的西方学术思想还不能解决，而中国的传统经验以及当代的民族政策，都符合和平共处的逻辑，可以为解决这一问题提供有益的思路。

费先生在那次发言中还进一步指出，不同国家、不同民族、不同宗教、不同文化的人们，如何才能和平相处，共创人类的未来，这是摆在我们面前的课题。对于中国人来说，追求"天人合一"为一种理想的境界，而在"天人"之间的社会规范就是"和"。这一"和"的观念成为中国社会内部结构各种社会关系的基本出发点。在与异民族相处时，中国人把这种"和"的理念置于具体的民族关系之中，出现了"和而不同"的理念。这一点与西方的民族观念很不相同，这是因为历史发展的过程不同，历史的经验不一样。所以中国历史上所讲的"和而不同"，也是费先生的多元一体理论的另一种思想源流。承认不同，但是要"和"，这是世界多元文化必走的一条道路，否则就要出现纷争。只强调"同"而不能"和"，那只能是毁灭。"和而不同"就是人类共同生存的基本条件。

费先生把"和而不同"这一来源于中国先秦思想中的文化精神，从人类学的视角，理解全球化过程中的文明之间的对话和多元文化的共生，可以说是在建立全球社会的共同的理念。这一"和而不同"的理念也可以成为"文明间对话"以及处理不同文化之间关系的一条原则。

与这相关的研究是日本京都大学东南亚研究中心在 20 世纪 90 年代初就提出的"世界单位"的概念。所谓世界单位，就是跨越国家、跨越民族、跨越地域所形成的新的共同的认识体系。比如中山大学毕业的马强博士，研究哲玛提——流动的精神社区。来自非洲、阿拉伯、东南亚和广州本地的伊斯兰信徒在广州如何进行他们的宗教活动？他通过田野调查得出不同民族、不同语言、不同国家的人在广州形成了新的共同体和精神社区的结论。[1] 在全球化背景下跨界（跨越国家边界、跨越民族边界和跨越文化边界）的群体，当他们相遇的时候在某些方面有了认同，就结合成世界单位。项飚最近讨论近代中国人对世界认识的变化以及中国普通人的世界观等，都涉及中国人的世界认识体系的变化，不仅仅是精英层面的变化，事实上连老百姓都发生了变化。[2] 这就需要人类学进行田野调查，讲出这个特点。

流动、移民和世界单位这几个概念将构成中国人类学走向世界的重要基础。这些年我一直在思考，到底中国人类学有什么东西可以出来？因为早期的人类学界，比方说非洲研究出了那么多大家，拉美研究有芮德菲尔德、列维-斯特劳斯，东南亚研究有格尔茨，印度研究有杜蒙，而中国研究在现代到底有何领域可进入国际人类学的叙述范畴？我们虽然说有很多中国研究的东西，但即使是弗里德曼的研究也还不能构成人类学的普适化理论。

我觉得这套理论有可能会出自中国研究与东南亚研究的过渡地带。在类似于云南这样的有跨界民族和民族交流的地带，很可能出经典。为什么？不要忽视社会主义意识形态。跨界民族在不同意识形态中的生存状态，回应了冷战结束后的人类学与意识形态的关联。许多人认为冷战结束后意识形态就会消失，但现实的结果却是意识形态反而会强化，这种强化的过程中造成同一个民族的

[1] 马强：《流动的精神社区——人类学视野下的广州穆斯林哲玛提研究》，中国社会科学出版社，2006。
[2] 项飚：《寻找一个新世界：中国近现代对"世界"的理解及其变化》，《开放时代》2009年第9期。

分离，回应了二战后对全球体系的认知理论。同时，不同民族的接合地带，在中国国内也会成为人类学、民族学研究出新思想的地方。其实费孝通先生很早就注意到多民族接合地带的问题，倡导对民族走廊的研究。我们今天不仅仅要会用民族边界来讨论，也需要注意民族接合地带，如中国的蒙汉接合地带、汉藏接合地带，挖掘其特殊的历史文化内涵。

此外，与中国的崛起和经济发展紧密相连，本丛书还会关注中国人类学如何进入海外研究的问题。

第一，海外研究本身应该放到中国对世界的理解体系中，它是通过对世界现实的关心和第一手资料来认识世界的一种表述方式。第二，强调中国与世界整体的关系，这种关系是直接的。比如中国企业进入非洲，如何回应西方提出的中国在非洲的新殖民主义的问题？人类学如何来表达特殊的声音？第三，在对异文化的认识方面，如何从中国人的角度来认识世界？近代以来有这么多聪明的中国人，他们对世界的看法已经积累了一套经验。这套对海外的认知体系与我们今天人类学的海外社会研究如何来对接，也就是说，中国人固有的对海外的认知体系如何转化成人类学的学术话语体系。还有就是外交家的努力和判断如何转化成人类学的命题。第四，海外研究还要强调海外与中国的有机联系性，如"文化中国"的概念，如何从人类学的角度来理解？5000多万名华人在海外，华人世界的儒家传统落地生根之后的本地化过程，以及它与中国本土社会的联系，恰恰构成了中国经济腾飞的重要基础。我们可以设问，如果没有文化中国，中国经济能有今天吗？

在东南亚各国，华人通常借助各类组织从事经济活动。各国华人企业之间以及它们与华南社会、港台之间存在着一定的社会经济关系网络。共同的语言、共同的文化传统以及血缘、地缘关系的纽带，使得移居海外的人们很自然地与他们的同胞及中国本土保持联系。同时，他们在其社会内部保持和延续了祖居地的部分社会组织和文化传统。20世纪80年代后，人类学对于这一领域的研究兴趣聚焦于"传统的创造"。

对于"传统"的延续、复兴和创造以及文化生产的研究，是人类学以及相关社会科学的一个重要领域。这里的传统主要指与过去历史上静态的时间概念相比，更为关注动态的变化过程中所创造出来的"集团的记忆"。其他方面的研究还有海外华人的双重认同——既是中国人，也是东南亚人；城市中华人社区的资源、职业与经济活动、族群关系、华人社区结构与组织、领导与权威、学校与教育、宗教与巫术、家庭与亲属关系，进而提出关于社会与文化变迁的理论。

海外研究一定要重视跨界民族。这一部分研究的贡献在于与中国的互动性形成对接。此外，现在很大的问题就是中国人在海外，不同国家的新移民的问题，如贸易、市场体系的问题，新的海外移民在当地的生活状况亦值得关注。同时，不同国家的人在中国其实也是海外民族志研究的一部分。我觉得海外民族志应当是双向的。中国国内的朝鲜人、越南人、非洲人等，还有在中国的不具有公民身份的难民，也都应该构成海外民族志的一部分。这部分的研究一方面是海外的，另一方面又是国内的。海外是双向的，不局限于国家边界，海外民族志研究应该具有多样性。

四 民族的研究方法：社区调查与比较研究相结合

传统人类学的研究方法，是在一个村庄或一个社区通过参与观察，获得研究社区的详细材料，并对这一社区进行精致的雕琢，从中获得一个完整的社区报告。这样，人类学的发展本身为地方性的资料细节所困扰，忽视了一种整体的概览和思考。很多人类学者毕生的创造和智慧就在于描述一两个社区。这种研究招来了诸多的批判，但这些批判有的走得很远，甚至完全脱离人类学的田野来构筑自己的大厦。在我看来，人类学的研究并不仅仅是描述所调查对象的社会和文化生活，更应关注的是这一社区的社会和文化生活相关的思想，以及这一社会和文化在整体社会中的位置。同时，还要进入与不同社会文化的比较研究中去。因此，人类学者应该超越社区研究的界限，进入更广阔的视野。

我在研究方法上，是把汉族社会作为研究的一个参照系，从而认识受汉族文化影响的少数民族，从中也能窥得文化的分化和整合，这种研究方法最终是为了更好地反映包括少数民族在内的中国社会的结构特点。关于汉族的家观念与社会结构，可参看我的《家与中国社会结构》[①] 一书，在此不赘述。

在中国这样一个统一的多民族国家体制下，人们生活在这一国土上的多民族社会中，相当多的民族都在不同程度上接受了汉族的儒学规范，那么，其社会结构与汉族社会相比表现出哪些异同？如我所调查的蒙古族，受到了汉族文化的强烈影响，这种影响导致他们的经济、社会、文化等发生了重大的变迁。因此，仅研究单一民族的问题，已显得远远不够，且不能反映社会的事实基础，需要我们从民族间关系、互动的角度来展开研究。

---

① 麻国庆：《家与中国社会结构》，文物出版社，1999。

　　我写《作为方法的华南》时，很多人觉得这个标题有点怪，其实我有我的说理方式。一是区域的研究要有所关照，比如弗里德曼对宗族的研究成为东南汉人社会研究的范式[①]，他在后记里提到一个很重要的命题，就是中国社会的研究如何能超越社区，进入区域研究。有很多不同国别的学者来研究华南社会，华南研究在某种程度上形成了中国社会研究的方法论的基础，是很重要的基础，我在这个意义上来讨论问题。并且，它又能把静态的、动态的不同范畴包含进来。在一定意义上，人类学传统的社区研究如何进入区域是一个方法论的扩展，用费先生的话来说就是扩展社会学的传统界限。人类学发展到一定程度后，如何来扩展研究视角，如何进入区域，是一个重要的问题。

　　与方法论相关的另一个问题是，作为民俗的概念如何转化成学术概念。在20世纪80年代，杨国枢和乔健先生就讨论过中国人类学、心理学、行为科学的本土化，而本土化命题在今天还有意义。当时只是讨论到"关系""面子""人情"等概念，但在中国社会里还有很多人们离不开的民间概念，如分家、娘家与婆家。还有像我们很常用的概念，说这人"懂礼"。那么，懂礼表现在哪些方面？背后的观念是什么？比如说这人很"仁义"，又"义"在何处？这些都是中国研究中很重要的方面。藏族的房名与亲属关系相关，还通过骨系来反映亲属关系的远近。这些民俗概念还应该不断发掘。再如日本社会强调"义理"，义理如何转换成学术概念？义理与我们的人情、关系、情面一样重要，但它体现了纵式社会的特点，本尼迪克特在她的书中也提到这一点。[②] 民俗概念和当地社会的概念完全可以上升为学理概念。

　　这也涉及跨文化研究的方法论的问题。就像费先生说的要"进得去"，还得"出得来"。一进一出如何理解？为什么跨文化研究和对他者的研究视角有它的道理，其实就是相当于井底之蛙的概念，在井里面就只能看到里面。还有"不识庐山真面目"的说法，都反映了这些问题。中国人这些传统智慧恰恰是和我们讨论的他者的眼光或跨文化研究是一体的，判断方式是一样的。

　　要达到对中国社会的认识，就要扩大田野。田野经验应该是多位的、多点的，这很重要。部分民族志之所以被人质疑，是因为民族志的个人色彩浓，无法被验证。但是如果回到刚才所讨论的人类学学理框架里面，回到人与问题域的关系的状态里面，这些问题比较好解决。

　　本丛书的意义，就是将民族研究在上述几个方面的取向以经验研究加以表

---

① Freedman Maurice, *Lineage Organization in Southeastern China*, The Athlone Press, 1958.

② 〔美〕鲁思·本尼迪克特：《菊与刀》，吕万和等译，商务印书馆，1990。

现。行文至此，恩师费孝通先生在 2000 年夏天接受日本《东京新闻》记者采访时提到的"知识分子历史使命"的话语，又回响在我耳畔。费先生强调，"知识分子的本钱就是有知识，他的特点长处就是有知识，有了知识就要用出来，知识是由社会造出来的，不是由自己想出来的。从社会中得到的知识要回报于社会，帮助社会进步，这就是'学以致用'，这是中国的传统"。这也正是先生所倡导的"阅读无字社会之书"、行行重行行、从实求知、和而不同与文化自觉的人类学的真谛所在。在这条路上，我们任重而道远。

序

宗族韧性与实践：排瑶村落的社会结合与文化再造

麻国庆

我在中山大学人类学系工作期间，当时涉及学科建设和问题聚焦。我从中山大学的研究传统出发，提出人类学的学术研究要"上山、下海、入江"。这个山就是南岭走廊，海就是南海特别是环南海区域，江就是珠江流域。三者之间不是孤立的，是互为依托。不同民族或族群之间的频繁互动和文化交流，成为这一区域的特点。这一山海江也是反映了中华文明和中华民族的整体性的区域板块。

山区民族在中国社会构成一种特殊类型。费孝通先生指出苗、瑶、畲等民族可以代表一种山区民族的类型。对整个中华民族来说，山区民族因具有共同特点而属于同一类型。但他们又有各自的个性，这就需要采取微观和宏观相结合的研究方法。山川的功能、意义是影响民族格局的关键性因素。

呈现在读者面前的是我的博士生孙荣垆的专著《宗族实践：粤北排瑶的社会结合》，该书就是在区域、民族、村落的不同研究层次背景下，给我们展示了粤北排瑶的继替社会的特点，特别是从家族、社会的角度，来看民族的发展和结构性特点。

我最早对于排瑶的调查和研究，是我在中山大学读研究生和留校期间。当时陪导师容观琼先生一起到南岭走廊调查瑶族，粤北和湖南郴州的瑶族是我们调查的中心。之后我和黄淑娉教授等带学生在广东阳春调查400多年前从粤北前来当地的排瑶。这支瑶族姓麦，来到当地主要和附近的客家人通婚。1989年前一直作为汉族对待，后来他们提出恢复瑶族。我们调查时发现他们还有12个人可以讲排瑶话，很多文化和仪式反映了排瑶的特点。从中可以看到排瑶社会在文化传承和延续方面体现出自身特有的活力。当时我们调查的这支瑶族，宗族组织非常发达，由于宗族的努力和实践，排瑶的文化得以延续。在1989年的瑶族身份恢复中，麦姓的宗族组织发挥了重要的作用。当时，我就想到社会结构如何影响到文化和仪式的传承，反过来这种文化的延续又使得当地的社会结构特别是类似于宗族的社会组织得以更好地延续。

荣垆调查的北粤村，是排瑶村寨中最早开发旅游的村寨。我在十几年前到连南调查，当地首先带我去的就是这个寨子。我当时看到相关的材料，介绍位于连南瑶族自治县三排镇的北粤村老村，坐西南向东北，始建于宋代，具体兴建年份不详，扩建于明清时期，距今已有上千年的历史。北粤村老村原为分散式布局，明末清初发展至鼎盛时期，形成现有集中式的村落格局。北粤村老村也是现存规模最大、保存最完好的瑶族古村落，被誉为"中国瑶族第一寨"。北粤村老村位于连南县城西南26公里处，海拔高655米至735米，老村占地17.2公顷。明末清初的鼎盛时期有民居700多幢、1000多户7000多人，被誉为"首领排"。老村依山而建，房屋层叠，坐落有致；石板道纵横交错，主次分明。我是一个从事人类学研究的学者，非常关注他们的家族世系关系。居住在山寨的瑶族主要有邓、唐、盘、房四个姓。据说其祖先约在隋唐时期先后从湖南道州等地迁徙到连南，宋代始在此建寨定居。在元朝就建立了民主选举的"瑶老制"，并形成了神圣而严厉的"习惯法"，严密管理山寨。至清代又设置了"瑶长瑶练"管理山寨。新中国成立时，老村仍有500多户3000多人。北粤村人民公社曾在此设立。由于气候和交通等原因，北粤村老村的居民从20世纪80年代开始陆续搬迁到附近海拔较低的山间平地。现在古寨只保留有200余人和368幢古宅及寨门、寨墙、石板道等。走进古寨，让人感受到瑶族悠久的历史和传统文化的"古典美"。

北粤村老村承载着八排瑶厚重的历史文化。北粤村老村从山地农业文化遗产景观、建筑布局等多个方面体现了八排瑶独具特色的山地梯田农业文化。首先，老村处于多石、少土的喀斯特山区，为了最大限度地利用有限的耕地，北粤村老村的先民选择开山造田。他们曾经刀耕火种、修筑梯田，形成了独具特色的山地农业景观。其次，从建筑布局上看，北粤村老村内部建筑依山势层层排列，高低起伏、错落有致，前一排房屋的房顶往往与后一排房屋的地基等高。村内房屋左右由石板道连接，前后由石板道铺成的台阶相连，形成纵横交错、四通八达的村内道路网。最让我感兴趣的是当地的空间布局，它反映了当地人的风水和社会的关系，特别是反映了排瑶的社会组织和宗教信仰。老村内部有三条较大的主干道，将整个老村分为三大片区。当地人称这些主干道为

"龙"，这些"龙"保佑着一方平安；每条"龙"的龙头部分设有祭坛，每月的农历初一和十五以及节庆日都要在龙头处敬茶、上香。三条"龙"将老村内部的四大姓按照三条"龙"聚族而居，邓姓占据中间一"龙"，唐姓中的大唐占据一"龙"，房姓、盘姓和唐姓中的小唐占据另一"龙"。地缘和血缘的高度统一是老村内部社会组织的重要特征之一。村内发展出一套内生秩序来维系村内正常社会秩序的运行，这表现在"瑶老制"和完备的习惯法上。随着时代的变迁，特别是改革开放以来，排瑶社会发生了结构性的变迁，但其社会组织和文化仪式在发展中保留其传统，当然很多传统也在不断地更新和再造。基于此，我希望荣垆的博士论文能够关注变迁社会中的社会结构与文化传统的再造。本书的出发点就在于此。在我看来，本书有几个学术上的特点：

一　从区域看民族：南岭走廊中的瑶族社会

早在20世纪80年代初，费孝通先生就提出了中国三大民族走廊——河西走廊、藏彝走廊、南岭走廊的民族学人类学意义。这三大走廊是非常典型的多民族交往、交流、交融的区域文化空间的通道。人类学对于南岭走廊特别是瑶族社会有着很深的学术传统。如从20世纪20年代起田野调查就有很多，如1928年颜复礼和商承祖受中央研究院蔡元培委托，赴广西凌云瑶族地区进行民族学田野调查，翌年出版《广西凌云瑶人调查报告》[①]，成为由国人完成的较早的基于田野调查的专业民族学人类学研究成果。1935年王同惠女士从燕京大学社会学系毕业后即与丈夫费孝通先生一起赴南岭走廊广西大瑶山进行瑶族田野调查。他们对大瑶山五大瑶族支系之一的花篮瑶的家庭、亲属、村落及大瑶山的族团关系进行了深入细致的调查与研究。以上成果成为今天讨论瑶族社会组织和结构的基础性民族志资料。之后中山大学杨成志先生带领一批研究生先后于1936年和1941年对广东乳源瑶山进行了细致的田野调查，先后以"广东北江瑶人调查报告专号"及"粤北乳源瑶人调查报告"专刊形式发表在《民俗》上。此后位于华南的中山大学和岭南大学不间断地持续对南岭走廊的族群展开田野调查，以《民俗》、《国立中山大学语言历史研究所周刊》及《岭南科学杂志》（Lingnan Science Journal）为阵地发表了一大批有影响力的田野调查报告和学术研究成果。如1938年，岭南大学外籍教师霍真（R. F. Fortune）带领社会研究所的部分学生到连县（现连南瑶族自治县）油岭排调

---

① 颜复礼：《广西凌云瑶人调查报告》，中央研究院社会科学研究所，1929。

查瑶族生活情况，其成果随后在《岭南科学杂志》陆续发表。李智文（C. B. Lee）在《八排瑶之来历及其社会之组织与争端》中关注排瑶尤其是油岭排的历史。① 李季瑗（K. K. Lee）在《瑶族家中之生育、婚嫁与丧葬》中则关注排瑶的生育、婚姻、丧葬等人生仪式。② 宏永就（W. C. Wang）在《瑶人之宗教与教育》中对排瑶的宗教与教育情况进行了探讨。③ 还有很多调查不一一举出。

20世纪50年代后，南岭走廊的民族研究和全国大部分民族地区一样，以民族识别为中心展开，成果多以"民族问题五种丛书"形式出版。20世纪80年代以后，费孝通先生提出，对于南岭走廊的研究，应先以微观方法进行田野民族志的积累，解剖麻雀，进而在此基础上，运用类型比较方法，进行民族走廊区域性的宏观思考。之后的调查研究成为这一区域人类学研究的重要特色。我把荣垆的调查作为费孝通先生所提出的微观方法的延续。当然，南岭走廊的瑶族研究一定要考虑她和周边民族的往来关系。如作为岭南山地的开发者之一，排瑶占据竹木、药材和山兽鸟禽等丰富的山地资源。这些山地资源是周边汉族社会所缺乏的，同时排瑶也需要从周边汉族那里获取食盐、铁器、布匹等物资。可以说，排瑶与周边汉族社会在经济上是一种互补、共生的关系。经济上的相互依存也带来社会的交往和文化的互动。排瑶的社会结构的称谓等很多受到周围汉族文化的影响。当然在南岭民族走廊这一空间中，空间的社会性、文化性及区域性的特殊性在某种意义上已经超越了民族或族群的特殊性和个性。

关于瑶族的研究学界产生了丰硕成果，其中尤以费孝通先生关于瑶族的研究影响最大。1935年费孝通先生偕同妻子王同惠女士一起去广西大瑶山从事调查研究，此后费孝通先生又多次回访大瑶山。对广西大瑶山瑶族的考察开启了费孝通先生的民族研究之路。大瑶山中五种不同的瑶族来源不同，在语言、风俗等方面也存在差异，但这并不妨碍其成为一个民族。这引起了费孝通先生一系列有关民族问题的思考。如，"什么是形成一个民族的凝聚力？一个民族的共同体中能承担多大在语言、风俗习惯、经济方式等方面的差别？民族共同意识是怎样产生的，它又怎样起变化的？为什么一个原本聚居在一起的民族能

---

① 李智文：《八排瑶之来历及其社会组织与争端》，载广东省民族研究学会、广东省民族研究所编《广东民族研究论丛（第八辑）》，广东人民出版社，1995，第366页。

② K. K. Lee, "The Yao Family in Birth, Marriage and Death, " *Lingnan Science Journal*, Vol. 18, No. 4, 1939,

③ W. C. Wang, "Yao Religion and Education, " *Lingnan Science Journal*, Vol. 18, No. 4, 1939.

长期被分隔在不同地区而仍然保持其民族共同意识？依然保持其成为一个民族共同体？一个民族又怎样能在不同条件下吸收其他民族成分，不断壮大自己的共同体？又怎样会使原有的民族成分被吸收到其他民族中去？"①这些有关民族的一系列思考，成为费孝通先生进行民族研究的出发点和落脚点，他也由此开始思考贯穿在我国各民族历史发展过程中的一般性规律，为他后来提出中华民族多元一体格局理论奠定了基础。在《瑶山调查五十年》一文中，费孝通表达了自己对进行大瑶山瑶族研究意义和目的看法："从宏观和微观两方面进行研究、并期望从这种研究中，能对我们整个中国民族大家庭，尤其是对研究全世界人口最大的民族——汉族的形成问题有所启发"②。费孝通对民族走廊的讨论，一个重要目的在于更好地阐明"中华民族多元一体格局"理论。③通过对大瑶山的微型调查，费孝通先生开始思考民族间又分又合的关系，并在此基础上进一步扩展为对整个中华民族又分又合历史进程的思考。

二　凸显家族是文化与社会延续的载体

我记得很清楚，在北大百年校庆时，李亦园先生到费孝通先生家拜访。李先生就提到中国社会与文化的走向问题。费先生就回答道："中国社会的活力在什么地方，中国文化（社会）的活力我想在世代之间。一个人不觉得自己多么重要，要紧的是光宗耀祖，是传宗接代，养育出色的孩子。""看来继承性应该是中国文化的一个特点，世界上还没有像中国文化继承性这么强的。继承性背后有个东西是它能够继承下来，这个东西也许就是 kinship，亲亲而仁民。"④从中看出，费先生同样在强调文化的继承性问题，而能延续此种继承性的要素 kinship（亲属制度）是非常关键的。在中国社会人类学中的亲属关系，主要通过家的文化观念和其社会性的结构和功能体现出来。直到今天家仍然是认识中国社会的关键词。

王同惠、费孝通在对广西大瑶山花蓝瑶社会组织的研究中，专门考察了花

---

① 费孝通：《盘村瑶族序》，《费孝通全集》（第十卷：1983—1984），内蒙古人民出版社，2010，第 92 页。
② 参见费孝通《瑶山调查五十年》，《费孝通全集》（第十二卷：1986—1987），内蒙古人民出版社，2010，第 8 页。
③ 参见李绍明《费孝通论藏彝走廊》，《西藏民族学院学报》2006 年第 1 期。
④ 费孝通：《费孝通文集》（第十四卷），群言出版社，2001，第 387、387~388 页。

蓝瑶宗族组织的结构和功能，并与汉人社会的宗族组织进行了简单比较。①我一直强调在统一的多民族中国社会研究中，对于任何少数民族的研究，不能离开汉族这个参照体系，特别是以构成汉族社会结构的基本内涵——家的观念与实际为出发点，来看对周边少数民族的影响。从这一影响中，能进一步地认识在汉文化影响下的少数民族社会的结构和功能的变迁。我也一直强调亲属研究在中国独特的文化体系中应该有新的理论诉求。我在多年前所写的一篇反思中国亲属研究的普遍性与特殊性的文章中，提出应把"社会结构"与"文化传统"两种理论脉络结合起来进行研究。② 我认为荣炉的研究就体现出这一特点。

在排瑶社会，他们的文化也不是一成不变的，他们经常也在"有意识地"进行文化的生产和创造的过程。我们知道，与社会组织相比，所谓的语言、风俗习惯的文化容易变化，因此，把文化作为单位，也未必是有效的工具。社会人类学之所以关注社会，是因为对于比较研究来说，希望以最难发生变化的社会组织为研究对象。突出从社会看民族的视角，把民族放在整体社会中来思考。

在排瑶社会中，父系血缘组织叫"温补"。"温补"是瑶语，温是团体的小单位；补是以男系长辈为代表、亲属集合的总称；温和补合用意为男性祖先为代表，由两辈人以上的血缘亲属所组成的单位。③ "温补"是瑶语的称呼，现在排瑶社会这种父系血缘组织则用宗族或房称呼。不难看出，正是因为排瑶"温补"这种父系血缘组织和汉人社会中的宗族、房族存在相似性，汉人的知识分子才用宗族或房族进行指称。虽然排瑶的"温补"与汉人社会中的宗族存在一定的相似性，但作为排瑶社会一种内生的社会文化现象，它有自身的特点。排瑶的宗族是排瑶在形成发展过程中通过与周边族群的互动生成的社会文化，这种社会文化是排瑶形成发展过程中的一种伴生文化，必须将其置于排瑶这一族群整个社会文化中进行考察和分析。

排瑶是瑶族诸多支系中的一个，它由历史上不同时期来自不同地方的人群长期融合而成，其形成和发展离不开与周边其他民族的互动和交流。历史上汉族对排瑶这一族群的形成起到了重要作用。汉族以及其他族群成员都有进入瑶山并最终融入瑶族的现象。这些进入瑶山的汉人祖先将汉文化也带入瑶山，影响了排瑶族群文化的形成。排瑶先民通过与周边汉人的互动掌握了水稻种植技

---

① 参见费孝通：《费孝通全集》（第一卷：1924—1936），内蒙古人民出版社，2010，第407~411页。

② 参见麻国庆《家族化公民社会的基础：家族伦理与延续的纵式社会——人类学与儒家的对话》，《学术研究》2007年第8期。

③ 参见练铭志、马建钊、李筱文《排瑶历史文化》，广东人民出版社，1992，第312页。

术，在此基础上完成了从游耕到定居的转变。稻作农业的发展和定居的实现使排瑶先民形成了一系列独特的文化，作为一个整体的排瑶也得以形成。封闭的自然生态环境和低下的生产力强化了长期定居中人与人之间的团结与协作，从而促进了以血缘关系为纽带的家庭间的结合。建立在父系血缘基础上的亲族集团得以形成，并为人们提供了稳定的社会结构。父子之间世代间的继替保证了家的延续，这也使排瑶社会中的家具有浓厚的宗教色彩，祖先为大的意识成为当地人的深层观念。排瑶家的分离属性与分中有合的属性使其形成了超越单个家庭的宗族组织。在诸子均分这一分家机制的作用下，形成了超越单个家庭的宗族组织。这是在经过长期定居在特定的自然社会环境下形成的，是排瑶先民为适应其所处自然社会环境的一种生存策略。排瑶借助父系血缘这一纽带，形成了稳定的父系血缘群体。

1949 年之前的排瑶宗族是一个有着分支结构的父系血缘组织，宗族成员共居在一处拥有共同的地产、共同的墓地、共同的祖先崇仪式的地方，有表示宗族成员关系的标志物"家先单"。排瑶宗族的这些外在形态及构成要素并不完全符合人类学家笔下那种形制完备，组织严密的汉人宗族组织。荣垆认为宗族的外在表现形态及构成要素受多种因素的影响，而真正理解排瑶的宗族组织需要分析其运作机制。我在对于汉族家族的研究中，提出过纵向社会与差序社会的特点，提出阶序性和差序性研究的意义。① 而在排瑶社会中，也具有这一特点。排瑶的家因父系血缘的纽带，在纵向世代之间具有很强的延续性，在横向兄弟之间具有差序性这两个特性使其发展出不同层次的房族组织，现有关于排瑶的人类学研究者多将排瑶的这种父系血缘组织称为宗族。此外，排瑶社会有着浓厚的祖先崇拜文化，形制完备而繁杂的祭祖仪式。北粤村集体拜山祭祖活动充分体现了排瑶宗族的运行法则，同一个祖先的子孙后代对祖先拥有同等的权利和义务。依据父系原则，同一祖先的后代在继承祖先财产方面拥有同等的权利，也有同等的义务祭祀祖先平摊祭祀费用。在《宗族实践：粤北排瑶的社会结合》一书中，荣垆认为北粤村排瑶的宗族可看作众多家庭的结合体，这种结合依据的主要是父系血缘原则。父系血缘和祖先观念成为人们结合形成宗族的重要纽带，排瑶的家在世代之间的延续性使其在观念上保留着一定程度的大家庭观念。在现实生活中同一祖先下诸多核心家庭之间互动密切，往往形成

---

① 参见麻国庆《家族化公民社会的基础：家族伦理与延续的纵式社会——人类学与儒家的对话》，《学术研究》2007 年第 8 期；麻国庆：《类别中的关系：家族化的公民社会的基础——从人类学看儒学与家族社会的互动》，《文史哲》2008 年第 4 期。

较为亲密的血缘共同体。但受生产力水平低下和分家机制等因素的影响，排瑶的家在具体的实践中又很难保持大家庭的存续而呈现以小家庭为主的特点。总之，排瑶家庭在分离与结合之间存在很强的张力。排瑶的宗族兼有父系血缘性、地缘性和利益性，这使其边界呈现一定的弹性，只要符合一定的条件，个人、家庭都可加入或离开其所在的宗族。现实利益的因素也会影响到家庭间的结合与分离状态，这使家庭结合呈现出一定程度的动态感。

宗族的要素可以不同，其形态也可以各异，但从家庭分化、结合的内在机制来看，排瑶的宗族与汉人社会中的宗族有一定的类似性，这也是我一直强调的以父系血缘关系为纽带家在纵向世代之间的延续性和横向兄弟之间的差序性。而宗族的构成要素、外在表现形态只是其宗族运作机制在特定自然社会环境中被形塑的结果，也是当地人对现实环境的适应策略。

在《宗族实践：粤北排瑶的社会结合》一书中我们可以看到，排瑶的宗族与经典人类学家笔下的汉人社会宗族虽然在组织原则、宗族结构、祖先崇拜文化等方面有着诸多相似之处，如父系血缘、祖先崇拜文化以及以祖先崇拜为基础系统的祖先祭祀仪式。但排瑶的宗族在和汉人社会中的宗族存在相似性的同时，也有自身的显著特征。首先，在组织层面上，虽然排瑶的宗族以父系血缘为组织原则有一定的世系关系，但因为排瑶有频繁的迁徙历史，并不像华南汉人社会宗族那样有着严密、完整的世系关系，其宗族结构有一定的松散性。其次，在祖先崇拜这一文化层面，排瑶的祖先神并不仅仅包括本姓神明还包括异姓祖先，且其祖先神升格为地域神。最后，相较于汉人社会宗族所体现出的宗法性，排瑶的宗族没有很明显的宗法性特征。有鉴于此，荣垆在参照人类学家经典宗族概念的基础上考虑到排瑶自身的社会文化逻辑，认为排瑶的宗族是"非典型性"的；而排瑶宗族的"非典型性"本身就是南岭民族走廊内排瑶与周边客家族群长期交往交流交融的结果。

三 排瑶的历史记忆与村落整合

记忆研究的一个核心问题就是个体对过去的诠释如何被转换成为群体对过去的集体记忆。哈布瓦赫指出，尽管集体记忆是在一个由人们构成的聚合体中存续着，并且从其基础中汲取力量，但也只是作为群体成员的个体才能够进行记忆。在一个社会中有多少群体和机构，就有多少集体记忆。①

---

① 参见〔法〕莫里斯·哈布瓦赫《论集体记忆》，毕然、郭金华译，上海人民出版社，2002，第39~40页。

　　从瑶族的族源、语言、体质特征等方面分析，其来源是广泛的，其形成的过程也是复杂的，本身就是"多元一体"的格局。瑶族是一个历史悠久、内部支系众多的民族，不同的瑶族支系在社会文化方面存在一定的差异。瑶族内部文化上的多元，离不开其与周边民族，尤其是汉族的交往交流交融。瑶族分布相对分散，其与周边族群的互动构成了今天瑶族的不同支系和多样文化，形成了瑶族内部的多元一体。

　　排瑶和过山瑶虽然同属瑶族的盘瑶支系，但历史上两者在生产方式、社会组织、宗教、语言以及风俗习惯等方面都存在一定的差异。日本人类学家竹村卓二基于对泰国北部过山瑶社会的考察后认为，"超越瑶族各个家庭之上的宗族集团，只是在观念上存在。这基本上是同姓集团。姓大体上再进一步划分为几个集团。这种亚姓集团成为瑶族中真正的宗族集团的外婚制单位。这种被称为同姓的宗族集团，无论在日常生活中还是在礼仪方面，几乎没有作为自律集团的机能，最多不过是如前所述选定配偶时的本质上的外婚单位而已。"① 而与过山瑶不同，排瑶在形成的过程中由于长期定居形成了稠密的大规模定居村落，继而产生了不同的社会文化。

　　排瑶主要由八个规模较大的村落组成。传统上每个村落是一个独立的小型社会，不相统属，只有在遇到共同敌人时各排才结成短暂的联盟。排瑶的瑶歌将排瑶八个排的祖先描述为同一父母所生的八个兄弟，强调其拥有共同的祖先。这种传说是排瑶族群历史记忆的一种表现。此外，排瑶有着共同的始祖——盘古王和盘古王婆，每个大排的庙中都供奉有盘古王和盘古王婆。而排瑶的盘姓更是将盘古王和盘古王婆视为本姓始祖。村庙中供奉的是各姓的祖先神像以及盘古王公、盘古王婆等神像。作为村落中各姓整合象征的村庙成为排瑶村落共同体的标志。而"家先单"是研究祖先记忆和集体认同的重要切入口。我们以南岭走廊的瑶族为例，瑶族在南岭走廊的立体空间内不断迁徙。我的老朋友日本瑶学家吉野晃根据祖先记录的册子"家先单"中的祖先埋葬地点勾勒出一支瑶族先民的迁徙路线。在一定意义上说，这些埋葬地点承担的就是瑶族对空间的记忆、对民族的集体记忆以及对民族的认同。瑶族将家先的观念、空间的记忆、民族的认同相互关联起来，比如广西龙胜的莫瑶就坚信他们死后会到祖先曾居住的美好世界"梅山"。然而，历史上不断出现的瑶族寻找

---

　　① 〔日〕竹村卓二：《瑶族的历史和文化——华南、东南亚山地民族的社会人类学研究》，金少萍、朱桂昌译，民族出版社，2003，第140页。

先民居住地的"千家峒运动"则生动地展示了空间所承载的民族记忆与民族认同。①

而北粤村排瑶每家每户大厅中的"家先单"在主要记录各姓祖先法名的同时也包含了村落内的其他姓氏，这也是排瑶村落中各姓整合为一个共同体的象征。北粤村排瑶每年的集体祭祖仪式从房族开始，依次扩展到宗族内部的集体祭祀、宗族间的联合祭祀，而在耍歌堂的头三年则要举行整个姓氏的联合祭祖仪式。共有祖先的意识对不同层次的宗族组织有着整合作用，定期的集体祭祖活动也在一定程度上强化了宗族成员的集体意识，起着团结宗族成员的作用。

排瑶的先民虽然在历史上有着漫长的迁徙史，但一直保留着对祖先的集体记忆。已有的研究表明，排瑶对共同祖先的祭祀具有周期性，排瑶村落内部各房族、宗族每年都会有共同祭祀祖先的仪式。这些周期性的活动，强化了排瑶对祖先的共同记忆，生发了排瑶的民族历史记忆，保证了排瑶历史记忆的稳定性和延续性。对于排瑶这一族群而言，宗族、村落乃至整个族群虽然是不同层次的共同体，但拥有祖先这一共同的纽带，不同层次的共同祖先将其成员整合在一起。排瑶基于对本姓共同祖先的追忆，联合本族其他多个姓氏共同完成对共同祖先盘古王、盘古王婆的追忆，形成更高层次的认同。宗族认同与民族认同是同构的，宗族认同为排瑶的民族认同奠定了基础，在一定意义上民族认同是宗族认同的延伸。排瑶的族源记忆、祖先记忆通过各种周期性的节庆仪式、宗教仪式、祭祖仪式得以传承、存续。可见共同祖先的集体记忆在排瑶族群意识产生的过程中起着关键作用，对共同祖先的历史记忆成为排瑶整个族群凝聚力产生的社会基础。

四 宗族韧性与流动社会

恩师费孝通对瑶族的凝聚力进行过讨论探索，他认为瑶族的凝聚力一部分是来源于外力的。基于对广西大瑶山瑶族的考察，费孝通先生对上述问题做出了回答："不同来源的民族集团在共同敌人的威胁下，为了生存必须团结一致，形成一股自卫的力量。这种凝聚力使他们形成了一个共同体，接受共同的名称。他们在语言上、风俗习惯上的区别并不成为离异的因素，因而得以长期共同生存下来。"② 就排瑶民族凝聚力的形成而言，外力的压力也确是其民族凝

---

① 参见何海狮《家屋与家先——粤北过山瑶的家观念与实践》，社会科学文献出版社，2015。

② 费孝通：《费孝通全集》（第十卷：1983—1984），内蒙古人民出版社，2010，第94页。

聚力形成的来源之一。当遇到共同的敌人时，各排会团结一致共同对外。排瑶的"白石洞"会议就是各排结成短暂同盟的重要会议。外在因素固然能对一个民族凝聚力的形成发挥一定的作用，但，并不是民族凝聚力产生的内生动力。

荣垆在该书中通过对排瑶的研究，说明个人对民族的认同，主要体现在血缘、习俗、语言之类的原生纽带、原初群体中。对于排瑶而言，宗族就是这种能够体现民族认同的重要原生纽带和原初群体之一。历史上排瑶经历了长时间的、频繁的迁徙，同时又受汉文化影响比较深。但一直能保留自己的族群意识，与周边族群维持着相对较为清晰的族群界限，共同祖先的观念以及基于祖先崇拜文化而展开的一系列祭祖活动发挥了重要作用。

在本书中宗族是一个核心的研究单位之一，作者试图提升作为宗族研究中传统的继嗣群的亲属研究的脉络，把宗族作为一种方法来展开讨论。排瑶的宗族组织拥有形制完备、程序繁杂的祭祖仪式。从宗族这一视角入手可以看到汉人宗族与排瑶宗族在外在表现形态上存在诸多相似性。前面我们也提到王同惠女士和费孝通先生在广西大瑶山对瑶族社会组织进行调查时，就关注到了瑶族的宗族组织，并不经意地将瑶族的宗族组织与汉人社会中的宗族组织进行了比较。正是因为这种相似性，以往的人类学家在研究排瑶的父系血缘继嗣组织时，大多借用汉人社会中的宗族、房族这样的概念。这种民族之间在社会文化上的差异性和相似性并存的情况要求我们要用辩证的视角看待瑶族和汉族的社会文化。这有助于我们从社会结构的互动的视角，更好地理解中华民族的多元一体格局。

此外，作者用宗族的韧性来展开其从宗族到民族的讨论。在作者看来排瑶宗族的韧性来源于亲子间的活力。宗族韧性在强调变迁一面的同时，也关注到了延续的一面。就北粤村的宗族而言，社会环境的变化使宗族成员在时空上处于分散状态，但父系纽带影响下的结合性仍在相当程度上得以保留。虽然村民在居住空间上的"破碎化"和"离散化"导致村落血缘与地缘结合的松动，但因父系血缘的纽带以及村民的祖先观念而生发的家庭间的伸缩性仍表现出较强的延续性。这集中体现了排瑶宗族的韧性。宗族韧性的概念把焦点放到传统在当下现实社会中的意义及作用上，传统与现代之间的关系并不是割裂的，传统是现代的有机组成部分。宗族韧性这一概念关注宗族在社会转型过程中的动态调适状态，在这种状态中作为文化主体的人发挥自己的能动性对作为传统文化资源的宗族加以利用改造以适应现实社会。

我们知道排瑶的宗族是封闭内聚农业社会形态下的产物，是乡村社会文化的一种形态。宗族为农民提供了经济、社会和情感等多个方面的支持。从 20 世纪 80 年代开始，香港中文大学人类学系的师生，在排瑶村落做过很多调查。出版了很多研究成果。如谢剑先生就用"巢居"这一概念，描述传统排瑶社会地缘与血缘紧密结合的特征。[1] 在相对封闭的社会环境下，小单位"巢居"于更大的单位，形成家庭—房族—宗族—"龙"—排的结构。处于这一结构底层的家庭、房族和宗族以父系血缘关系为纽带凝聚力较高，处于高层的"龙"和排更多的是一种地缘关系，凝聚力较弱。封闭的北粤村在 1949 年以后，尤其是改革开放以后日益走向开放，当地村民与外界的互动也愈发频繁，随之而来的是外界对当地村民生活各个方面产生着越来越大的影响。人口、信息和物品在北粤村进行着加速的双向流动，这些给北粤村社会文化带来全方面的冲击。在这种背景下，封闭乡土社会中孕育而生的排瑶宗族也必然会发生变化。1949 年以后，北粤村宗族的共有田产消亡，民间信仰对当地村民的影响力在消散。改革开放后，村民的生计方式也经历了巨大转变。可以说，北粤村传统宗族存在的社会、经济和文化条件受到很大挑战，日益流动开放的社会彻底改变了宗族成员聚族而居的格局，宗族成员在时空上呈现出相对分散的状态，宗族成员的日常交往受到时间和空间的双重限制。另外，北粤村排瑶宗族成员间的交往也更多地趋向于"仪式化"和"事件化"。这使得其家庭间的结合也呈现出"事件化"、"仪式化"的特点。荣垆认为，维系排瑶宗族存续的血缘、地缘和互惠机制在一定程度上发生了变化。这些变化造成宗族成员间熟悉感的削弱，作为组织形态的宗族整合力在下降。当下北粤村的宗族已处在一个开放流动的社会环境中，村民的人际关系网不再是一个封闭内聚的社会关系网络。对当地越来越多的村民而言，宗亲关系只是其众多人际关系中的一部分，宗亲关系的重要性也在下降。在城镇化快速推进的背景下，以及宗族成员在时空中的分散状态下，宗族成员对宗族中公共活动参与程度大大降低。个人通常代表其所在的家庭参与宗族事务，而不再是整个家庭成员参与到宗族事务中。宗族成员更多地通过"仪式性"与"事件性"事务而联系起来。个人和家庭与房族、宗族、"龙"和排处于一种间断性的关联中。

当下，北粤村的开放性和流动性持续增强，无论是个体还是家庭都比以往有了更大的自由参与到市场经济及更大的社会关系网络中。在日益开放、流动

---

① 谢剑：《连南瑶族的社会组织》，香港：香港中文大学出版社，1993，第 166 页。

的排瑶乡村社会，流动的村民也在发挥自己的能动性利用传统的文化、传统的组织获得信息和资金等多种资源。在这一层面，当下宗族出现的"社团化""公司化"现象是人们利用宗族文化的表现形式。作为村民集体生活方式和家庭结合形式的宗族在日益开放流动的排瑶乡村社会表现出较强的适应性特征。

宗族之所以表现出较强的延续性在于父系纽带作用影响下家庭之间的结合属性，特别是文化仪式在其中扮演了重要的角色。我曾经把这一类的结合称为社会结合。排瑶家的结合属性使其家庭之间以灵活、多样的形式进行结合以适应日益开放、流动的社会。

在中国社会急剧转型的过程中，作为传统的宗族在社会变迁中所表现出来的延续性和替代性是同时存在的，两者犹如一枚硬币的两面。在我看来，家族、宗族研究是了解和认识民族文化观念的重要途径，是认识区域文化的重要基础。特别是在中国这样一个多元一体的多民族国家中，只有保持着"你中有我，我中有你"的整体思维，才能更好地理解家庭、宗族与社会、民族、国家的关系。在研究中要强调中华民族的整体性，从这个角度来看，无论是对汉族，还是少数民族的家族、宗族研究，都是一个理解多民族国家社会的重要起点。

最后，我想用我当时指导作者博士毕业论文时的讨论作为小结。当时我给他的部分评语为：博士毕业论文的核心应该是通过家庭、宗族的研究来看民族，特别是通过家庭、宗族的聚合力来看民族认同和区域文化认同。我的问题是所调查的排瑶的家庭、宗族是如何形成其特有的文化逻辑和运行秩序的？排瑶的家、宗族在外界影响下经历了什么样的变化，如何应对外界社会、经济的变化的？在日益流动、开放的社会，作为社会结构的家庭、宗族是如何调整应对的？排瑶家庭、宗族调整中的变与不变呈现出怎样的状态？排瑶的人生仪式还保留得相当浓厚。这与它们的人生观念有密切联系。祖先的凝聚力为什么这么强？这些社会性和文化性的因素，对于认识排瑶社会的变动有着重要的学术意义。同时，在乡村振兴背景下，如何看待生产方式和社会文化的衔接问题等。本书回答了大部分的问题，但还有一些问题没有回答，期待作者在今后的研究中予以关注和拓展。

导　论

第一节　研究意义

一　多元一体的瑶族

瑶族有 330 万人口，主要分布在中国南方的广西、广东、湖南、云南、贵州、江西六个省（区）的 130 多个县。由于历史上的迁徙，在中国境外，还有几十万瑶族人分布在越南、老挝、泰国、缅甸、美国、加拿大和法国等国家。瑶族是一个历史悠久、迁徙频繁的民族。因此，需要从历史发展的动态过程中去考察瑶族的起源、形成和发展。

（一）从族源看瑶族的多元一体

关于瑶族的族源，学界主要有三种观点。第一种观点认为瑶族由历史上的长沙、武陵蛮或五溪蛮发展而来，持这一观点的学者主要有江应樑[①]、胡耐安[②]和潘光旦[③]等人。从"长沙""五陵""五溪"等名称来看，这一观点认为瑶族起源于湖南的湘江、资江流域和洞庭湖地区。持第二种观点的学者有徐仁瑶等人，他们认为瑶族来源于百越。[④] 这一观点认为，瑶族起源于今天的江浙一带。与前两种观点不同，费孝通等人认为瑶族不是由单一族群演化而来的，其来源多样。费孝通根据广西大瑶山的调查资料认为，大瑶山瑶族的五个支系

[①] 江应樑：《苗人来源及其迁徙区域》，载《边政公论》，1940，转引自练铭志、马建钊、李筱文《排瑶历史文化》，广东人民出版社，1992，第 54~55 页。

[②] 胡耐安：《中国民族志》，转引自练铭志、马建钊、李筱文《排瑶历史文化》，广东人民出版社，1992，第 55 页。

[③] 潘光旦：《湘西北的土家和古代的巴人》，载《中国民族问题研究集刊》第四辑，1955，转引自练铭志、马建钊、李筱文《排瑶历史文化》，广东人民出版社，1992，第 55 页。

[④] 徐仁瑶：《关于瑶族源于古"摇民"初探》，《民族研究》1983 年第 5 期，第 54 页。

很可能原来不是一个民族的人，进入大瑶山之后才形成现在大瑶山的瑶族。① 李默先生根据对历史文献资料的梳理认为瑶族先民有着多元的来源，汉人和其他族群在历史上都有瑶化的情况发生，如元代广东就有大量僚人瑶化变成瑶僚。② 由于瑶族支系众多、历史悠久，其本身又没有文字，学界对瑶族的来源尚难达成共识。但多数学者认为瑶族来源于"长沙、武陵蛮"或"五溪蛮"。③ 奉恒高所主编的《瑶族通史》一书综合学界已有关于瑶族族源的讨论认为，"瑶族的来源可追溯到夏以前五帝时期的九黎、三苗，瑶族、畲族和苗族都源于三苗"④。在本书中关于瑶族族源亦采纳目前的主流观点。

瑶族在历史上迁徙的过程中与迁徙路线沿线不同的人群交往，其他族群也逐步融入瑶族这一群体中，融入瑶族的群体有汉族、壮族、苗族等民族。其他民族变为瑶族称为"瑶化"。这包括历史上部分汉族因逃避徭役税赋自愿"瑶化"的情况，也有部分汉族因婚姻、经商等原因长期与瑶族相处最终变成瑶族。此外，还有一部分南方土著"俚僚"最终变为瑶族。可见，瑶族的来源是多元的，在其形成发展过程中，其他民族尤其是汉族因种种原因最终变为瑶族，充实了瑶族这一群体。

（二）从语言看瑶族的多元一体

瑶族并不是使用单一语言的民族，而是一个多语言的民族共同体。根据语言学家的研究，现代瑶族语言分属于两个语族——苗瑶语族和壮侗语族，包括四大语言支系。据此，可将瑶族本身分为四大支系：一是操勉语的盘瑶支系，其语言属于汉藏语系苗瑶语族瑶语支，这一支系所占人口最多，分布最广；二是苗语支系，也称布努瑶支系，其语言属汉藏语系苗瑶语族苗语支；三是侗水语支系，也称茶山瑶和那溪瑶支系；四是汉语方言支系，其语言属于汉语方言。⑤ 从瑶族语言分类与分布来看，瑶族语言来源极为广泛，融入了多个人群的语言元素。瑶族的主体勉语群体自身形成了盘瑶支系（分布于6省区107县内）；与苗语人群接触形成了布努瑶支系；与讲侗水语的族群接触形成了茶山

---

① 费孝通：《〈盘村瑶族〉序》，《费孝通全集》（第十卷：1983—1984），内蒙古人民出版社，2010，第90页。
② 李默：《瑶族历史探究》，社会科学文献出版社，2015，第65页。
③ 胡起望、华祖根：《瑶族研究概述》，载《瑶族研究论文集》，中南民族学院民族研究所，1985，第6页。
④ 奉恒高主编《瑶族通史》（上卷），民族出版社，2007，第21页。
⑤ 奉恒高主编《瑶族通史》（上卷），民族出版社，2007，第5~6页。

瑶和那溪瑶支系；与汉语不同方言群体接触形成了平地瑶支系。据考察，平地瑶是从盘瑶分化而来的，除其语言受汉语影响改变较大外，基本上保留了盘瑶的特点，属于盘瑶的一个支系。因此，学界一般将瑶族划分为盘瑶、布努瑶和茶山瑶三大支系。

（三） 从瑶族的自称与他称来看瑶族的多元一体

在不同时期瑶族有着不同的称呼，瑶族在南北朝之前与南方其他民族一道被称为"蛮"，如秦汉时期瑶族的先民被称为"长沙蛮""武陵蛮"。从历史文献资料的记载来看，南北朝时期瑶族先民被称为"莫徭"。"莫徭"是免于徭役的意思，这与《过山榜》中所描述的瑶族先民因有功于汉族皇帝被免除徭役的记载有关，这一事件也成为瑶族族名的来源。瑶族在历史上长期迁徙的过程中与其他民族接触和交往，形成了很多新的族群文化，也产生了很多不同的自称和他称。一些学者经过统计，得出全国瑶族共有 28 种不同的自称。[1] 例如，自称"勉"（或绵、曼、门、敏、努、诺、璃、奈、迎）等的含义都是"人"，而"尤""标""藻"等称呼则是"瑶"的族称。[2] "瑶"是其他民族对瑶族的称呼，瑶族的他称很多，这些他称多因瑶族的一些文化特征而得。例如，将信仰崇拜盘瓠、盘王的瑶族称为盘瑶；根据生产耕作方式的特征将瑶族称为过山瑶、开山瑶等；依据瑶族居住地的特征将瑶族称为高山瑶、深山瑶、平地瑶、排瑶等；也可依据瑶族的服饰、头饰等特征将瑶族称为白裤瑶、黑衣瑶、板瑶、尖头瑶等。此外，除了上面所述的他称，瑶族还有其他一些他称。复杂而多样的他称，反映出瑶族内部多样的文化。虽然这些他称不同，但均带有"瑶"这一共同的称呼。

对族源、体质特征、语言、族称等文化特征的分析表明瑶族的来源是多元且复杂的。瑶族是一个由分属不同支系的组成部分在历史上形成的民族共同体。瑶族的来源和构成虽然多元，但从总体上来看主要由盘瑶、布努瑶和茶山瑶三大支系构成，而盘瑶因其人数最多是瑶族的主要组成部分。从时间维度来看，历史上瑶族有过长期的迁徙，由于远离迁出地，面临迁入地新的环境，同时在迁徙过程中与沿途其他族群的互动中受其他族群的影响形成了新的族群文化，使瑶族分化出新的支系。从空间维度来看，瑶族主要分布在南岭民族走廊地区，是南岭民族走廊中人口数量最多的少数民族。散落在南岭山地不同区域

---

① 毛宗武、蒙朝吉、郑宗泽编著《瑶族语言简志》，民族出版社，1982，第 5~8 页。
② 奉恒高主编《瑶族通史》（上卷），民族出版社，2007，第 8 页。

的瑶族通过与周边其他族群的长期相处，也吸收了周边其他族群的文化，形成了新的富有特色的族群文化。南岭民族走廊东部的瑶族与客家、畲族关系密切，位于南岭民族走廊中部的瑶族与苗族、侗族关系密切。因此，可以说瑶族的形成和发展过程是复杂的，瑶族众多的支系表明其本身就是多元一体的。

二　瑶族研究的意义：多元一体的瑶族与中华民族的多元一体

费孝通先生的民族研究起始于对广西大瑶山瑶族的考察。1935 年，费孝通先生偕同妻子王同惠女士一起去广西大瑶山从事调查研究，此后费孝通先生又多次回访大瑶山。大瑶山中五种不同的瑶族来源不同，在语言、风俗等方面也存在差异，但这却并不妨碍其成为一个民族。费孝通先生在大瑶山的调查使其开始思考一系列有关民族的问题，例如："什么是形成一个民族的凝聚力？一个民族的共同体中能承担多大在语言、风俗习惯、经济方式等方面的差别？民族共同意识是怎样产生的，它又怎样起变化的？为什么一个原本聚居在一起的民族能长期被分隔在不同地区而仍然保持其民族共同意识？依然保持其成为一个民族共同体？一个民族又怎样能在不同条件下吸收其他民族成分，不断壮大自己的共同体？又怎样会使原有的民族成分被吸收到其他民族中去？"[①] 这些有关民族的一系列问题，成为费孝通先生进行民族研究的出发点和落脚点，使他开始思考贯穿在我国各民族历史发展过程中的一般性规律，为其后来提出中华民族多元一体格局理论奠定了基础。在《瑶山调查五十年》一文中费孝通表达了自己对进行大瑶山瑶族研究意义和目的的看法："从宏观和微观两方面进行研究，并期望从这种研究中，能对我们整个中国民族大家庭，尤其是对研究全世界人口最大的民族——汉族的形成问题有所启发。"[②] 通过对大瑶山的微型调查，费孝通先生开始思考民族间又分又合的关系，并在此基础上进一步扩展到对整个中华民族又分又合的历史进程的思考。

费孝通先生对广西大瑶山的研究为后辈学者的瑶族研究指明了方向，也影响了后续很多的瑶族研究。多元一体的瑶族为民族研究提供了广阔的空间。作为瑶族主要构成部分的盘瑶支系，其自身也是多元一体的。

盘瑶支系是瑶族四大支系中人数最多、分布最广的支系，我国六省区都有

---

① 费孝通：《〈盘村瑶族〉序》，《费孝通全集》（第十卷：1983—1984），内蒙古人民出版社，2010，第 92 页。

② 费孝通：《瑶山调查五十年》，《费孝通全集》（第十二卷：1986—1987），内蒙古人民出版社，2010，第 8 页。

这个支系的瑶族分布，因此盘瑶的研究对整个瑶族的研究非常重要。盘瑶内部也分化出很多族群，如全国各地的盘瑶、蓝靛瑶，全州的东山瑶、金秀的坳瑶、连南的排瑶、贺州的土瑶、防城的板瑶等。因此，盘瑶支系最能体现出瑶族内部的多元一体。费孝通先生对盘瑶研究的重要性做过相关论述。他在对广西大瑶山瑶族进行研究的基础上认为，"盘村的瑶族可能和其他地方的瑶族具有更多的共同点。盘瑶可能是瑶族的基本成分，就是很早从淮水流域，逐步南徙，后来退入山区，进行刀耕火种的游耕的所谓'过山瑶'。说他们是基本成分是因为在他们游动的过程中，不断吸收其他民族游散的成分，构成各地瑶族共同体"[1]。进而，费孝通认为，"我们要解剖一个瑶族聚居区，广西大瑶山是个比较好的对象。但是这只是一个'麻雀'，固然具有瑶族的共性，但也有它不同于其他瑶族聚居区的特点。从研究方法上讲，它只能作为瑶族研究的开始。至于这个聚居区在瑶族中有多少代表性，或是说哪些是瑶族的共性，还得在其他瑶族聚居区进行比较研究之后才能做出答案"[2]。本书是对盘瑶其中一个支系排瑶的民族志研究。研究对象排瑶，也称八排瑶，属于盘瑶支系中的一支，本书的田野点北粤村在历史上是排瑶人口最多的聚落。排瑶主要分布在今天广东省的连南瑶族自治县，这是我全国唯一的排瑶聚居地。瑶族在历史上迁徙频繁，这使其较难形成规模比较大的聚落，但排瑶在迁徙过程中受汉文化影响实现了定居，形成了人口稠密的村落。定居使排瑶陆续形成了一系列富有特色的伴生文化。对排瑶具有代表性的社区在"微型研究"基础上进行"类型比较"，一方面可以与已有的盘瑶研究进行对比，探讨瑶族内部不同支系文化的共性与个性，从中总结出不同瑶族支系发展的一般规律；另一方面也可以进一步深化对整个瑶族、南岭民族走廊甚至中华民族形成发展的认识。

三　排瑶宗族的研究意义

（一）　与汉人宗族和瑶族其他支系宗族进行类比分析

汉人宗族的人类学研究有着丰硕的成果，相比之下有关少数民族宗族的研究成果则比较少。在中国社会中，宗族作为一种社会文化现象广泛存在于汉人社会和少数民族社会。中国历史悠久、幅员辽阔，宗族这一在中国普遍存在的

---

[1]　费孝通：《〈盘村瑶族〉序》，《费孝通全集》（第十卷：1983—1984），内蒙古人民出版社，2010，第97页。

[2]　费孝通：《〈盘村瑶族〉序》，《费孝通全集》（第十卷：1983—1984），内蒙古人民出版社，2010，第96页。

社会文化现象，不仅在时间和空间维度上具有多样性，在民族维度上也同样具有多样性。早期的民族学、人类学研究也关注到了少数民族中的宗族组织。费孝通先生和王同惠女士在广西大瑶山对瑶族社会组织进行调查时，就关注到了瑶族的宗族组织。

《花蓝瑶社会组织》一书对广西花蓝瑶的宗族组织做了概述：

这些同出于一祖的后裔，至今仍团结成一较家庭为大的血缘组织。他们称这种组织作 zoŋ，我们可称作宗族。这种宗族组织现有的性质和普通所谓氏族或 clan 不同。普通的氏族是一种外婚的单位，而花蓝瑶的宗族只是外婚单位的一部分。他们不相通婚的范围除同宗之外尚包括四代之内的姻亲。这种外婚单位可称作亲属。亲属包括宗亲和姻亲。宗亲是由生育及收养而产生，姻亲是由婚姻而产生。宗族是亲属中的固定部分，姻亲是亲属中的流动部分。

在本宗族的亲属中，还有一点值得注意的就是比己长一辈的及和己同辈的在称谓上没有辈分的差别，而只有长幼行序的区分。

花蓝瑶的宗族组织，因人口限制，已没有扩大的可能，但是却有缩小的机会。若是一家没有后代，田地又不多，同族的人又受经济的压迫，就不领养子来承继，把他们的田地并入他家，于是这一宗族就减少了一家。现在在六巷村上一共有六宗，都姓蓝，最大的有八家，最小只有三家。同宗的人都住在一村。一宗族有一族长。族长是以才能为标准，由同宗所拥戴的，并不选举，并不世袭，亦不一定是年纪最老的。凡是见识明白、能为族中断事、肯负责任的，在族中有事时，大家就找他办事，他就自然地成为一族的代表人了。

族长的职务，我们在叙述家庭时已经附带的说过。同宗的各家如有纠纷，好像离婚等事，族长是第一个受理解决的人。他可以不准同族的人离婚，他又可以作要求离婚者的代表去向对方交涉。族里有丧事时，族长要主持排场，招待客人。他亦是一族中最有能力的道师，在生孩子、满月等仪式中，他是重要的角色。若族中有孤儿寡妇，他要负责供养和代办婚嫁等事，还要代他们管理财产、收领养子。

族长要管理一族的公地。花蓝瑶每族都有公地，但是没有水田，水田都属私田，公地上的树木，同族人都能去砍，成材的出卖后，所得的钱分给各家。也有把公地租给汉人、板瑶或山子去造屋或耕种，每年请全族人吃几次酒，或每杀一只猪给多少肉。

　　每家虽有私田和地，可以自由管理，但是每逢有抵押的必要时，同宗的人有优先权，他不愿意田地流出宗族之外。抵押的规矩是抵押者须在三年之后，才能用钱赎回，并不取利。①

　　人类学往往通过对异文化的研究实现反观自身文化的目的，人类学家在对异文化的研究中通常会不由自主地将异文化与自身的文化进行比较。王同惠在对花蓝瑶宗族组织的研究中，也不经意地将其与汉人社会中的宗族组织进行了比较。王同惠、费孝通所调查的广西大瑶山花蓝瑶的宗族组织更多的是一种父系血缘亲属组织。花蓝瑶的宗族组织在结构和功能上与华南汉人社会中的宗族组织有一定的相似性，但也有自身的一些特点。花蓝瑶语言接近苗语，属于瑶族三大支系中的布努瑶支系。而排瑶属于盘瑶支系，对不同瑶族支系同一社会文化现象的考察分析有助于进行类比，探讨瑶族分化、演变的一般性规律。

　　中国是一个多民族国家，历史上各民族之间相互影响，不同民族之间在社会文化方面既有相似性也有差异性。在历史上瑶族与汉族的互动联系非常密切，两个民族形成了很多相同或相似的文化。花蓝瑶的宗族组织也同样存在于排瑶社会中。在排瑶社会中父系血缘组织是"温补"。"温补"是瑶语，"温"，是团体的小单位；"补"，是以男系长辈为代表的亲属的总称；"温"和"补"合用意为以男性祖先为代表、由两辈人以上的血缘亲属所组成的单位。② "温补"是瑶语的称呼，汉族人对排瑶社会这种父系血缘组织则用宗族或房称呼。如清代李来章《连阳八排风土记》一书中就记载有"则摊派宗族以及亲戚，莫有免者"③。撰写于民国时期的文献也用宗族一词指称"温补"："瑶人宗族及外戚观念甚浓，堪称合群。"④ 民国时期的胡耐安在《说傜》一书中用"房"来指称排瑶的"温补"，"就傜之姓名，亦可推究其宗支派系，傜民于氏族之系统，建立于'房'。其取名也，即以所属之房名夹置其中"⑤。民国时期

①　费孝通、王同惠：《花蓝瑶社会组织》，载《费孝通全集》（第一卷：1924—1936），内蒙古人民出版社，2010，第407~411页。
②　练铭志、马建钊、李筱文：《排瑶历史文化》，广东人民出版社，1992，第312页。
③　（清）李来章：《连阳八排风土记》，黄志辉校注，中山大学出版社，1990，第215页。
④　廖炯然：《瑶民概况》（1964年4月12日），连南瑶族自治县档案局藏，档案号：全宗号58，目录号G1.1，案卷号33。
⑤　胡耐安：《说傜：粤北之八排傜》（1942年），连南瑶族自治县档案局藏，档案号：全宗号58，目录号G1.1，案卷号32。"傜"及后文出现的"猺""傜"等均为古代及近代部分时期对瑶族的称呼。

岭南大学的吕燕华在其硕士学位论文中也将排瑶的这种父系血缘组织用宗族或房来描述。① 谢剑同样用宗族来指代"温补"。② 不难看出，正是因为排瑶"温补"这种父系血缘组织和汉人社会中的宗族、房族存在相似性，才使汉人的知识分子用宗族或房对其进行指称。虽然排瑶的"温补"与汉人社会中的宗族存在一定的相似性，但作为排瑶社会一种内生的社会文化现象，其带有自身的特点。由此，就会产生这么一些问题：排瑶宗族这一社会文化现象用人类学如何解释？排瑶宗族与汉人社会宗族在性质、结构和功能等方面有何相似性与差异性？如何解释这种相似性与差异性？排瑶宗族与其他瑶族支系的宗族在性质、结构和功能等方面有何相似性与差异性？排瑶宗族与瑶族其他支系宗族以及汉人社会宗族的相似性和差异性与瑶、汉两个民族的互动有什么关系？研究这些问题有助于探讨瑶族的多元一体、历史上与汉族的互动关系，对于深入理解中国作为一个多民族国家的历史和现实都有着积极的意义。

（二）以宗族为窗口探讨排瑶社会的演变

宗族可以成为我们考察社会的一个重要窗口。通过细致而严谨的实地考察，本书试图展现排瑶宗族在剧烈变迁社会环境中的真实状态。这能为研究南方山地民族的宗族组织以及将其形态与传统宗族组织进行对比打下基础。同时，通过实地调查可以获得一些有关此类宗族个案的详尽的田野资料。

排瑶的宗族组织作为一种民间社会组织，是村民在具体的日常生活中自发形成的一种社会文化现象。排瑶内部成员间的交往与互动体现出一套人情和伦理规范，宗族是他们的一种群体生活方式。20 世纪 80 年代，谢剑先生对排瑶的宗族组织进行了细致研究。在其《连南排瑶的社会组织》一书中，他认为"排瑶是个分支的社会，整个群体彻底划分成不同的部分，并且人们的居住与活动空间又与亲属相关，形成血缘与地缘的紧密结合"③。他用"巢居"一词描述排瑶社会的结构特征，其基本特点是小单位"巢居"于大单位，再衍生成独立平等的单位。④ 排瑶社会中家庭巢居于房族组织中，不同房族组织再构成更大的宗族组织、姓氏，直至形成整个瑶族村寨。排瑶社会组织的"巢居"特征产生于相对封闭、缺乏流动性的社会环境中，在当下排瑶社会日益走向流

---

① 吕燕华：《粤北瑶族社会的政制、宗族组织及其婚姻制度》，硕士学位论文，岭南大学，1944。
② 谢剑：《连南排瑶的社会组织》，香港：香港中文大学出版社，1993，第 165 页。
③ 谢剑：《连南排瑶的社会组织》，香港：香港中文大学出版社，1993，第 162、166 页。
④ 谢剑：《连南排瑶的社会组织》，香港：香港中文大学出版社，1993，第 162、166 页。

动开放的背景下，其社会组织呈现出什么样的形态？出现了哪些变化？在排瑶社会发生巨变的当下，"巢居"特征的存续状态值得进一步探讨和分析。在乡村社会日益流动化的当下，作为排瑶传统社会结构的家庭和宗族组织经历了怎样的演变？宗族内部的祭祖仪式等公共活动发生了怎样的变化？宗族组织内的个人和家庭又是怎样应对宗族成员在时空上的分离这一现实的？对这些问题的分析有助于我们认识当下排瑶真实的生活状态及排瑶乡村社会秩序的现状。

排瑶的宗族是内聚、封闭社会环境下的产物，探讨在日益开放、流动化的社会环境中宗族的真实存续状态将有助于丰富已有的宗族变迁研究。在乡村社会秩序方面，排瑶的宗族组织和瑶老制有着紧密关系。排瑶社会中维持社会秩序的瑶老制建立在宗族和房族组织之上，作为瑶老主要成员的头目公也从房这一组织中诞生。同一房的成员间有诸多权利和义务关系，排瑶的宗族组织，对维系排瑶内部社会秩序的正常运行起到重要作用，是瑶老制产生及运行的基础。目前，学界对排瑶瑶老制在 1949 年后的演变及在当下排瑶社会中存续状态的研究还比较匮乏。对作为瑶老制基础的排瑶宗族的研究能反映出瑶老制的变迁及其在当下排瑶社会中的存续状态。

在本书的研究中宗族既是研究对象也是研究方法。作为研究对象的宗族可以在延续已有排瑶研究的基础上进一步丰富拓展排瑶的相关研究，丰富已有的宗族研究。在将宗族作为一种研究方法时，本书的研究将民族的视角引入宗族研究中以丰富现有的宗族研究，同时从社会结合的角度探讨宗族与民族的内在联系。

第二节　研究策略与方法

在研究方法上本书的研究主要采取田野调查的方法，并在此基础上结合对相关历史文献及档案资料的解读和运用。在研究过程中，选取粤北连南瑶族自治县北粤村 2 个典型的唐姓和房姓宗族作为主要的研究对象。

一　研究对象的选定及田野过程

一方面，北粤村是连南八大排之一，人口众多，排瑶传统文化保留得较为完整，极具代表性。另一方面，从 20 世纪 90 年代以来，在政府的鼓励和支持下当地大量青壮年劳动力外出打工，继而给当地社会带来多方面的冲击。同时，近些年由于旅游开发，外来资本和游客的进入也对当地社会造成了一定程度的冲击。这样一个传统文化保留较好又在当下面临急剧转型的排瑶社会，为我们考察排瑶宗族组织在社会转型过程中的状态提供了很好的研究对象。唐姓是北粤村的第一大姓，该姓人数众多。根据已有的族谱和当地的传说，唐姓是最先迁徙来到北粤村的。在北粤村唐姓人数最多，宗族和房族组织也具有代表性。

作为乡村熟人社会中普遍存在的血缘组织，宗族具有明确的边界。宗族成员对外来者的戒心致使外来者并不容易进入宗族内部。因此，是否拥有或能否建立与某个宗族内部成员持续稳定的关系就成为本书的研究能否取得成功的关键。笔者在田野调查的过程中结识了北粤村的两位唐姓同龄人，他们都来自唐姓火生宗族，而火生宗族是北粤村人口最多的宗族。两人中年龄稍大者的父亲曾做过北粤村的村委会主任，现在虽已退休但仍任村民理事会理事，同时他还是火生宗族的先生公①。年龄稍小的也是一位先生公，且两人都在北粤村的景区上班，常年在家，方便调研。两人作为中介人和调查对象有诸多便利。此外，北粤村房姓的帮计宗族是另一个主要研究对象。在调研的过程中，笔者结识了北粤村房姓帮计宗族的一位老人，其父亲曾是北粤村德高望重的瑶老，他熟知排瑶传统文化，其儿子曾两次当选为北粤村的村主任。老人家中保留了大量的排瑶"经书"和"长单"。他为人热情，善于表达。鉴于此，本书将北粤村房姓的帮计宗族和唐姓的火生宗族共同作为研究对象。笔者在调研的过程中也关注了北粤村邓姓和盘姓的宗族，这两个姓氏的宗族在结构、外在形态及运行机制方面与房姓和唐姓宗族相同。笔者认为，北粤村的唐姓与房姓宗族具有典型性。由于田野调研的时间、经费以及个人精力等因素的限制，笔者并未详细考察北粤村每个姓氏的宗族情况；同时，考察一个姓氏的单个宗族情况又在覆盖面上不够。综合考量之下，在本书的研究中笔者选择唐姓的火生宗族和房姓的帮计宗族为主要考察对象。两姓的两个宗族组织在材料上可形成互补，更全面地反映出北粤村排瑶宗族组织的真实情况及演变历程。

与笔者自己位于豫东南的家乡相比，北粤村的自然地理环境和社会文化都存在较大差异。与北粤村第一次相遇是在 2018 年 7 月，那时笔者为田野工作的前期准备而来，在阅读完田野点的基本材料后自己带着新奇感在导师的指引下就来到了北粤村。从 2018 年 7 月中旬到 2018 年 9 月，笔者在北粤村进行了为期 2 个月的调研，对当地村民的生计方式、风俗习惯、民间信仰、历史和社

---

① 排瑶社会中对师爷的称呼，先生公掌握宗教知识，负责主持排瑶社会中的各种宗教仪式。

会组织等各个方面都有了一定程度的了解。在这次调研的过程中笔者对北粤村错综复杂的亲属关系网、宗族的名称以及民间信仰非常感兴趣，它们给笔者带来了强烈的文化冲击，直接影响到了后面研究主题的选取。

在确定完研究主题后，从 2018 年 12 月到 2019 年 4 月，笔者第二次来到北粤村，重点就北粤村的家庭、宗族展开田野调研。这一时期，笔者参与了当地村民很多的活动，如婚礼、葬礼等人生仪式，春节、清明节、开唱节等传统节日活动，还有宗族的拜山祭祖等活动。此外，笔者还与当地村民一起植树、种花生和修坟墓，直接参与到他们的日常生活中。入户访谈使笔者进一步地了解到当地村民的生活。传统上北粤村村民喜欢喝酒、抽烟，而为了更好地与当地村民沟通，笔者也抽起了从未沾过的烟，此外还要喝不少酒。正是在这一时期，笔者与当地村民建立起了良好的关系，真正地了解了他们的生产生活细节。

2019 年 5 月，笔者从田野点返回学校，在对已有的田野资料进行了系统的整理后又于 5 月底返回北粤村，直至 2019 年 9 月结束在北粤村的田野调研。这一时期的田野工作是对前期调研成果的核实、深化和查漏补缺，笔者重点对田野点的关键报道人进行深入访谈。此外，为了补充历史资料，笔者在连南县档案局查阅了大量文献资料。这一时期笔者对这个自己生活了将近一年的村落已不再有陌生感，村民们也已熟悉了笔者的存在。在田野的进入与抽离之间笔者也更理解了北粤村排瑶的社会与文化。

二 资料的获取

就资料的获取而言，本书的研究主要涉及文献资料的获取和田野资料的获取。在文献资料获取方面，笔者联系到连南县当地的排瑶研究专家，并通过其介绍与当地的档案馆、文化馆取得联系，获取了大量地方志、党政组织史、统计报表、村史等各种文献资料。

在田野资料获取方面，主要涉及访谈对象的选择和访谈策略的运用两点。在访谈对象的选择上，鉴于本书的研究以宗族为主要议题，所以访谈对象大致包括四部分人：第一部分是县、乡中熟知排瑶历史和文化的知识分子、教师与官员；第二部分是北粤村的政治、经济和文化精英，这部分人包括现任和已退休的村干部、教师和富裕户；第三部分是北粤村中一些通晓村落历史和宗族历史的老人，他们对宗族的历史有较深的了解；第四部分是北粤村普通的村民，针对普通村民笔者亦将每个年龄段的村民都包括进来。在访谈策略的运用上，笔者在田野调查中往往根据被访对象的情况和意愿采取灵活多变的策略。通常情况下笔者都是在征得访谈对象同意后，到被访者的家中进行访谈。但只要被访人愿意，访谈场所也可以是其工作场所、田间地头甚至路边。总之，笔者在访谈的过程中希望让被访人在愿意选择或熟悉的地方将自己的所见、所闻、所思、所想尽量地表述出来。针对年轻村民常年外出打工的情况，笔者亦借助现代社交软件微信、电话等渠道与村民进行交流，了解其生活状况。此外，要选择恰当的访谈主题与方式进入和展开访谈。宗族的现状和历史往往涉及家庭、个人的现实情况与历史等私密性较强的信息，要了解这些信息就要在访谈方法选择上采取一定策略。笔者在实际的访谈实践中，认识到从被访人的个人生活史和家庭史入手是一种较为合适的方法，对于隐私性较强的信息则采取间接、迂回的方式了解以使被访谈对象更容易接受。而对于公开化的事项，笔者则多采取直接进入主题的方式了解。对于一些重要的访谈信息，笔者会就相关问题向多个报道人求证，以求获取更接近实际情况的信息。

访谈法具有较强的主观性，访谈人的主观因素以及访谈过程中的各种客观因素都会影响到访谈资料的真实性和准确性。这时参与观察法的优势就凸显了出来，通过参与所调查社区的各种活动能更直观地了解田野点的社会文化状况。为了解当下北粤村宗族的状态，笔者亲身参与、体验了北粤村唐姓火生宗族和房姓帮计宗族的各种公共活动，通过观察宗族公共活动中家庭以及个人的言行了解宗族的结构和运行状况。

第三节　研究回顾

一　宗族概念的界定

在中国社会中宗族和家族是两个非常有中国文化特点的概念，这一特点最主要体现在两者的伸缩性和层次性上。家族和宗族的这些特性，给我们准确认识和界定其概念带来了一些困难。不同的学科基于本学科的特征对宗族的界定也存在一定差异。史学界倾向于从父系血缘关系上去定义宗族，如吕思勉在《中国制度史》中认为宗族中"宗"指的是亲族中奉一人为主，"族"指所有有血缘关系的人。李瑞兰在《中国社会通史》中认为宗族是指伴随阶级社会而产生的父权制血缘性亲属集团。① 冯尔康等在《中国宗族社会》中认为宗族

---

① 李瑞兰主编《中国社会通史》（先秦卷），山西教育出版社，1996。

是由有男系血缘关系的各个家庭在宗法观念的规范下组成的社会群体。① 社会学、人类学对宗族的界定则突出了文化比较的视角。马克斯·韦伯就中国汉人社会的宗族提出了"宗族共同体"的概念,他认为"宗族共同体是一种扩大了的生产组合的氏族共同体和累积性的家庭共同体"②。林耀华指出,宗指祖先,族指族属,宗族合称,是为同一祖先传衍下来而聚居于一个地域,并以父系相承的血缘团体。③ 许烺光认为,中国人的宗族是有共同祖先崇拜、共同财产、共同责任与行为规则等的社会组织。④ 弗里德曼则认为宗族是一个包含男性成员、女性未婚成员以及男性妻子在内的地方社区,它是以族产为基础的继嗣团体,其内部可分为宗族、房、支、家庭和户等组织系统。⑤ 基辛认为,宗族是由血亲和姻亲所组成的,祖父母同胞的后代或曾祖父母和更远亲属的同胞的后代为了一定的目的可能也被包含在宗族范围内。⑥ 麻国庆则认为,汉族的宗族是同一父系血缘下的家族的集合体,它既是血缘为主的亲属团体,又是聚族而居的地缘单位,还兼有血缘、地缘、利益三者的全部社会组织原则。⑦

以上关于宗族或家族的界定表明学术界对宗族这一概念的界定尚未形成统一认识。学者对宗族概念存在争议,也从一个侧面反映出中国宗族的多样性。

作为一种在中国乡村社会普遍存在的社会文化形态,宗族本身就是当地人们的一种社会文化实践。因此,宗族在不同的时空中表现出特殊性与普遍性共存的状态。哈扎尔顿根据历史资料,对安徽休宁县的吴氏宗族进行了分析,提出了华南型、长江下游型和华北、西北型三种汉人宗族类型。⑧ 武雅士根据汉人社会宗族的规模和内部结构归纳出九个组织特点,并以此把汉人宗族分为三种类型(见表0-1)。

---

① 冯尔康、常建华、朱凤翰、阎爱民、刘敏:《中国宗族社会》,浙江人民出版社,1994。

② 〔德〕马克斯·韦伯:《儒教与道教》,洪天富译,江苏人民出版社,2008,第103页。

③ 林耀华:《义序的宗族研究》,生活·读书·新知三联书店,2000。

④ 〔美〕许烺光:《宗族·种姓·俱乐部》,薛刚译,华夏出版社,1990。

⑤ 〔英〕莫里斯·弗里德曼:《中国东南的宗族组织》,刘晓春译,上海人民出版社,2000。

⑥ 〔美〕R. M. 基辛:《文化·社会·个人》,甘华鸣、陈芳、甘黎明译,辽宁人民出版社,1988。

⑦ 麻国庆:《永远的家:传统惯性与社会结合》,北京大学出版社,2009,第297页。

⑧ K. Hazelton, "Patrilines and the Development of Localized Lineages: The Wu of Hsie-ning City, Hui-chou, to 1528," in P. B. Ebrey and J. L. Watson (eds.), *Kinship Organization in Late Imperial China, 1000-1940* (Berkeley: University of California Press, 1986), pp.137-169.

表 0-1　不同类型汉人宗族的组织特点

组织特点	宗族类型		
	1	2	3
1. 分支结构	*		
2. 族人众多	*		
3. 实质性的共同财产	*		
4. 居住在一个或多个单姓村	*	*	
5. 祠堂	*	*	
6. 共同墓地	*	*	
7. 共同祭祀祖先	*	*	*
8. 拥有表示关系的标志物，如族谱、名册或牌位	*	*	*
9. 社会连带关系	*	*	*

资料来源：A. P. Wolf, "The Origins and Explanation of Variation in the Chinese Kinship System," in Kuang-Chou Li, Kwang-chih Chang, Arthur P. Wolf, Alexander Chine-chung Yin (eds.), *Anthropological Studies of the Taiwan Area: Accomplishments and Prospects* (Taibei: Department of Anthropology, Taiwan University, 1989), pp. 247-249。

　　古迪在武雅士划分中国汉人宗族类型的基础上将中国的宗族组织分为拥有共同财产（社团型）、拥有祠堂和墓地、拥有族谱（非社团型）三种类型。[1]上述国外学者对中国汉人宗族的研究表明，受所处地域自然环境以及区域文化的影响，中国汉人宗族内部呈现出明显的多样性。

　　宗族组织及其所表现出的宗族文化在不同的社会文化中都有一套自身的表达方式。南岭民族走廊在历史上就是多族群并存、互动较频繁的地区。南岭民族走廊中，汉族与瑶族、苗族、畲族等不同民族的互动交流相当频繁。在这种互动交融的过程中，不同民族相互吸收和借鉴彼此的文化元素。这也表现在相似的社会结构上。对排瑶社会中存在的这种父系血缘组织，用汉文化色彩浓厚的"宗族""房"来称呼，虽不能完全表现其在自身社会文化中的意义和内涵，但这种称呼本身就是排瑶与周边汉人社会交往互动的一种体现。排瑶社会中的"温补"就其本质和内涵而言与汉人社会中的宗族组织非常相似。正因为这种相似性，历代文献中关于排瑶"温补"的记载多用"宗族"一词，如清代李来章在《连阳八排风土记》一书中就有"则摊派宗族以及亲戚，莫有

---

[1]　J. Goody, *The Oriental, the Ancient and the Primitive* (Cambridge: Cambridge University Press, 1990), pp. 60-61.

免者"的记载。① 民国时期的文献也用宗族一词指称"温补"："瑶人宗族及外戚观念甚浓，堪称合群。"② 民国时期的胡耐安在《说傜》一书中用"房"来指称排瑶的"温补"："就傜之姓名，亦可推究其宗支派系，傜民于氏族之系统，建立于'房'。其取名也，即以所属之房名夹置其中。"③ 而人类学家和民族学家对排瑶"温补"这一组织也多用宗族、房族进行表述。排瑶研究专家练铭志、马建钊和李筱文合著的《排瑶历史文化》一书提出，瑶语的"温补"中，"温"，是团体的小单位；"补"，系以男系长辈为代表的亲属的总称；"温"和"补"合用意为以男性祖先为代表、由两辈人以上的血缘亲属所组成的单位。④ 谢剑认为，排瑶在姓之下，早已发展出宗族和宗支的父系继嗣群，后两者排瑶统称为房；总之，排瑶的房，是在父系世系群的分支过程中，具有清楚的谱系关系、地域化的名称和一定功能的继嗣群体。⑤ 而在汉人社会中，宗族可由数个层次较大的房组成；在各大房之下又可细分出更小单位的房；房这种可大可小的概念以及与之相对应的更大单位——家族或宗族构成了父系血缘组织的整体结构。⑥ 排瑶社会中的姓以及姓氏下面不同层次的父系血缘组织在结构上与汉人的宗族以及宗族下面的房族高度相似。而就其功能而言，排瑶的宗族、房族与汉人的宗族、房族也有不少相同的地方。在谢剑看来，排瑶社会的房具有维持排内秩序和团结、规范调整婚域、开辟土地、扩展领域、争取较多生存资源以及宗教方面的诸多功能。⑦ 从这一概念出发，可以看出在排瑶社会中"温补"这一社会组织具有明显的父系特征。一些人类学家认为排瑶社会中的"温补"类似于汉人社会中的房。排瑶在与周边汉族接触的过程中，接受房的这一称呼，以房指其"温补"。在笔者所调研的北粤村，笔者在询问当地村民"宗族是什么"时，收到的最多的回答是"宗族就是大家一起做兄弟喽"和"宗族就是一个祖公的兄弟姐妹"。同时，他们在对外人提起自己所在的"温补"时也常用宗族一词。可见，无论是对当地人还是外来人而言，

① （清）李来章：《连阳八排风土记》，黄志辉校注，中山大学出版社，1990，第215页。
② 廖炯然：《瑶民概况》（1964年4月12日），连南瑶族自治县档案局藏，档案号：全宗号58，目录号G1.1，案卷号33。
③ 胡耐安：《说傜·粤北之八排傜》（1942年），连南瑶族自治县档案局藏，档案号：全宗号58，目录号G1.1，案卷号32。
④ 练铭志、马建钊、李筱文：《排瑶历史文化》，广东人民出版社，1992，第312页。
⑤ 谢剑：《连南排瑶的社会组织》，香港：香港中文大学出版社，1993，第165页。
⑥ 〔日〕首藤明和、王向华主编，宋金文编《中日家族研究》，浙江大学出版社，2013，第354页。
⑦ 谢剑：《连南排瑶的社会组织》，香港：香港中文大学出版社，1993，第167页。

用宗族来指排瑶的"温补"都是一种"双重借用"。

在本书的研究中，笔者更愿意将排瑶宗族视为一种社会文化现象，将宗族这一社会文化现象产生的原因放置于南岭民族走廊族群互动中进行考察。宗族这一社会文化现象是排瑶在历史和现实生活中的社会文化实践。在北粤村，父系亲属组织和祖先对宗族来说是两个非常重要的概念。在北粤村当地村民的观念中，宗族对于他们而言更多的是一种关于亲属关系的概念。本书使用宗族这一概念来指称排瑶社会中的父系血缘组织。具体来说，本书使用的宗族的概念在参考了众多学者对家族或宗族概念的诸多界定的同时，也考虑到了排瑶本身的社会文化机制。笔者对排瑶宗族所做的定义具有灵活性，这是考虑到排瑶宗族这一父系血缘组织在观念和实际上具有较强的伸缩性和变通性，定义得更清楚不利于真实反映排瑶宗族的实际情况和运作方式。此外，在本书的研究中宗族不仅是研究对象，也是一种研究方法和视角，即强调用辩证的视角来看待中国境内的少数民族与汉族在社会文化上的相似性和差异性。

二 宗族研究综述

（一）宗族研究的社会维度

早期对宗族进行研究的学者多将宗族看作为一个实体性的社会组织。葛学溥、林耀华和胡先晋是最早用西方社会学、人类学理论来研究中国家族、宗族组织的一批学者。他们借鉴当时流行的结构功能理论将中国的宗族视为亲属组织，侧重于对宗族组织的亲属制度、继嗣原理和亲属称谓方面的研究。1925年，葛学溥出版《华南的乡村生活——广东凤凰村的家族主义社会学研究》一书，在书中他提出"家族主义"这一概念，用以强调血缘聚居团体在华南乡村社会中的重要性。[1] 林耀华先生重点描述了义序宗族的结构和功能。[2] 而弗里德曼把宗族视为有组织的社会实体，认为土地和族产是宗族的重要基础，中国东南宗族组织的形成应归因于这一地区的稻作农业、水利建设以及其自身处于远离中央政府的边陲地区。[3] 他对宗族的社会功能进行了全面分析，与林耀华倾向于将宗族看作一个亲属组织不同，弗里德曼倾向于将宗族组织作为一

---

① 〔美〕丹尼尔·哈里森·葛学溥：《华南的乡村生活——广东凤凰村的家族主义社会学研究》，周大鸣译，知识产权出版社，2011，第 2 页。
② 林耀华：《义序的宗族研究》，生活·读书·新知三联书店，2000，第 187 页。
③ 〔英〕莫里斯·弗里德曼：《中国东南的宗族组织》，刘晓春译，上海人民出版社，2000，第 161~167 页。

种政治与地方组织看待，强调宗族组织的政治和社会功能。

华南乡村社会中的宗族之所以在不同时空呈现如此多样化的形态，其原因在于宗族作为中国传统乡村社会的一种普遍的社会文化现象，本身兼具社会属性和文化属性。作为社会实体的宗族组织普遍表现为一种父系血缘组织，而文化、观念面向的宗族则表现出极强的适应性。人们往往会根据现实条件，利用宗族的某些文化象征对宗族文化进行创造，这也就使得中国的宗族在不同的时空中呈现不同的形态。

（二）宗族研究的文化维度

在宗族研究的早期很多人类学家都将宗族看作实体性的组织，随着宗族研究的深入，一些学者开始质疑宗族作为实体性社会组织的存在。从 20 世纪 60 年代末开始，台湾的一些学者通过强调观念的宗族和检讨宗族的意识形态来发展宗族理论。如李亦园先生强调祖先祭祀，[1] 陈奕麟强调共同祖先的集体意识，[2] 而陈其南强调系谱观念对宗族形成的重要作用。[3] 学者王崧兴更是认为：功能模式的宗族，并非所有的汉人社会人人都有，但观念上的系谱模式的宗族，只要一个人还是汉人社会的一分子，对他来说它就是永远存在的。[4] 一些大陆学者也对宗族的实体性论断进行了反思。如冯尔康等就强调宗法观念对汉人宗族组织存续的重要性，他们认为"宗族是由（有）男系血缘的各个家庭，在宗法观念的规范下组成的社会群体"[5]。

到 20 世纪 80 年代，认为宗族是文化性的的研究有了进一步发展。一些学者更多地关注宗族的文化象征意义和非组织性的一面。吴燕和通过对东南亚华人移民群体的研究视宗族为文化价值的传承和社会化的结果，[6] 美国学者杜赞

---

① 李亦园：《中国家族与其仪式——若干观念的检讨》，《中研院民族学研究所集刊》第 59 期，1986 年 6 月，第 47~61 页。
② 陈奕麟：《重新思考 Lineage Theory 与中国社会》，《汉学研究》1984 年第 2 期，第 403~445 页。
③ 陈其南：《房与传统中国家族制度：兼论西方人类学的中国家族研究》，《汉学研究》1985 年第 1 期。
④ 王崧兴：《汉人的家族制——试论"有关系、无组织"的社会》，载《中研院第二届国际汉学会议论文集》（民俗与文化组），中研院，1989。
⑤ 冯尔康、常建华、朱凤翰、阎爱民、刘敏：《中国宗族社会》，浙江人民出版社，1994，第 10 页。
⑥ 吴燕和：《中国宗族之发展与其仪式兴衰的条件》，《中研院民族学研究所集刊》第 59 期，1986 年 6 月，第 131~142 页。

奇通过对华北宗族的研究将宗族归入权力的文化网络。[①] 钱杭则指出，中国农村宗族的结构、功能是一个极为复杂的问题；中国农村的宗族并没有一个统一的结构，也没有划一的功能；不同时代、不同地区、不同文化背景中的各类宗族的结构和功能特征不同。[②]

中国境内的宗族组织在表现形态上共同性与差异性并存，使我们很难找到固定的、模式化的宗族特征及形态。

（三）有关宗族动态过程的研究

宗族具有复杂性和多样性，仅从静态的角度对其进行分析很难准确而全面地对其进行把握。需要引入历时性的视角，考察宗族的演变、发展过程，只有这样才能更准确而全面地理解宗族。实际上，不少学者早已开始运用历时性的视角来研究宗族。

宗族在新中国成立后的存续状态一直是学界比较关注的研究议题。有关宗族变迁的研究比较丰富，不同的学者所持的观点也不一样。总体而言，现有对宗族变迁进行研究的学者按照其观点的差异大致可分成三类。第一类学者认为外在社会环境的变化如社会主义革命、改革开放等极大地改变了农村传统的社会结构。持这类观点的学者以王沪宁、陆学艺、王朔柏等人为代表。王沪宁就认为在地主被消灭后，宗族文化失去了主要的存续动力，宗族组织的治理功能不复存在。[③] 陆学艺等人认为，宗族在社会主义改造过程中深受冲击，在人民公社化时期销声匿迹，其对农村和农民的生活已没有什么影响。[④] 同样，王朔柏和陈意新则认为农村宗族虽然在新中国成立初期没有被革命政权打碎，但在改革中遇到了历史性瓦解。[⑤] 这类学者都强调外在的来自国家政权的力量对传统中国社会结构所造成的影响。

第二类学者则与上述学者持相反的观点，他们强调中国社会虽然经历了几十年的变革，但整体社会结构仍然处于延续的状态，传统的亲属组织仍对人们

---

① 〔美〕杜赞奇：《文化、权力与国家》，王福明译，江苏人民出版社，1994。
② 钱杭：《关于当代中国农村宗族研究的几个问题》，《宗族的传统建构与现代转型》，上海人民出版社，2011，第237~238页。
③ 王沪宁：《当代中国村落家族文化——对中国社会现代化的一项探索》，上海人民出版社，1991，第58~60页。
④ 陆学艺等：《社会结构的变迁》，中国社会科学出版社，1997，第86页。
⑤ 王朔柏、陈意新：《从血缘群到公民化：共和国时代安徽农村宗族变迁研究》，《中国社会科学》2004年第1期。

的日常生活和行为规范有重要影响。持这类观点的学者主要有朱迪思·斯泰西、波特夫妇、韩敏、何国强、凌志军等人。朱迪思·斯泰西就认为："在革命社会主义引导下的现代化，比起资本主义现代化过程，对传统时期的宗族关系的破坏较为轻微。大部分在中国社会主义革命后得以留存的传统宗族价值观念和习俗，并不是与时代潮流不合，而是通过一系列重新出现的充分的结构上的支持保留下来。"[1] 朱迪思·斯泰西虽然是根据二手资料进行的研究，但其观点仍然有一定的合理性。波特夫妇根据对广东增步的调查结果认为，在中华人民共和国成立后的 30 多年里，在增步虽然有很多表面上的流动，但是给他们印象最深的还是显著的延续性；宗族在表面上有些改变，但是深层的结构特点在经历了毛泽东时代以后仍然被保留了下来。[2] 韩敏根据其在李家楼收集的田野资料，发现宗族在社会变迁中表现出明显的延续性。[3] 何国强则通过对客家地区的调查研究进一步指出，宗族同社会变迁不是对立关系，前者是变迁的条件而不是障碍；变迁也不是要消灭宗族，而是改变它的某些内容与形式，使宗族得以延续。[4] 凌志军通过其在安徽凤阳县小岗村的研究表明：小岗村的改革历史清楚地展现了宗族组织的延续和力量增强；当公社制度把农民挤压至艰难境地时，宗亲关系把农民联结到了一起，血缘成了他们保障生存的坚强凝聚力。[5] 这类学者认为，虽然宗族在国家权力的冲击下受到重大打击，但其文化观念和深层结构并未被摧毁，宗族在深层次的意识形态和社会关系等方面仍发挥着重要作用。

　　第三类学者认为包括宗族在内的亲属组织在近现代中国社会的变迁并不是简单的延续或非延续，而是一个动态调适的过程。改革开放后，随着国家经济体制的改变，宗族在乡村社会得到复兴。但这种复兴并不是一种传统的复兴，更多的是一种能动的再造。学者们更多地关注到作为一种过程的宗族在改革开放后所经历的变迁，探讨宗族在现实社会变迁中的角色调整与适应。这类学者

[1] Judith Stacey, *Patriarchy and Socialist Revolution in China* (Berkeley: University of California Press, 1983), p. 258.
[2] Sulamith Heins Potter and Jack M. Potter, *China's Peasants: The Anthropology of a Revolution* (Cambridge: Cambridge University Press, 1990), pp. 23-25.
[3] 韩敏：《回应革命与改革：皖北李村的社会变迁与延续》，陆益龙、徐新玉译，江苏人民出版社，2007，第 260 页。
[4] 何国强：《族群依赖与冲突的共生模式——客家族群生存策略研究系列之三》，《广西民族研究》2002 年第 4 期，第 32～39 页。
[5] 凌志军：《历史不再徘徊：人民公社在中国的兴起和失败》，湖北人民出版社，2008，第 3～7 页。

有景军、庄孔韶、麻国庆、王铭铭以及周大鸣等人。景军关注了甘肃一个孔氏宗族的宗族文化重建问题。在《神堂记忆：一个中国乡村的历史、权力与道德》这本书中，他从集体记忆理论出发探讨了大川孔氏族人是如何修复自己的痛苦，并从政治压迫、经济剥削和文化破坏中恢复过来重建自己的宗族文化的。[①] 庄孔韶则从中国本土循环论的角度阐释了"金翼家族"在 20 世纪 80 年代以后的复兴。[②] 麻国庆通过对福建北部樟湖镇宗族复兴的个案分析探讨了宗族组织的复兴与重构问题，他基于对个案的分析发现宗族复兴的过程一方面是对宗族传统及其文化仪式的某种"复制"，另一方面也是对固有文化传统进行的一种"创新"和"生产"。[③] 王铭铭认为宗族在近现代以来中国社会的剧烈变迁中并不是被动地受到冲击，它也在新的、充满敌意的环境下寻找自身的生存空间，并且已在社会现实中通过适应和自我更新获得自我延存的力量。[④] 周大鸣和黄锋以家族主义的视角，基于对凤凰村近百年的追踪研究，发现其传统的家族主义在现代化转型中并未式微而是针对外界的变化进行着动态的调整和适应。[⑤] 这类学者的研究更注重在社会变迁过程中作为传统的宗族在社会和文化上的调适，超越宗族简单的消亡论和延续论。

宗族在中国是一种本土的社会文化现象，从不同的领域、不同的视角研究宗族会得出不同的理解。学者们对宗族的研究已超越传统的领域，其研究主题和领域进一步丰富与拓宽。萧凤霞[⑥]和刘志伟[⑦]考察了清代珠江流域里的水上疍民如何借助国家修辞积极创造了宗族。随着中国城镇化进程的加快，村民的频繁流动给传统的宗族组织带来巨大冲击。对于宗族成员来说聚族而居已成为历史，分散居住则变得越来越现实。高丙中、夏循祥从作为组织的宗族的视角出发，认为宗族组织归根结底只是利用传统组织资源的一种当代社会的公民组

---

① 景军：《神堂记忆：一个中国乡村的历史、权力与道德》，吴飞译，福建教育出版社，2013，第 8~16 页。

② 庄孔韶：《金翼家族沉浮的诠释》，《广西民族学院学报》（哲学社会科学版）2004 年第 1 期。

③ 麻国庆：《宗族的复兴与人群结合——以闽北樟湖镇的田野调查为中心》，《社会学研究》2000 年第 6 期，第 76 页。

④ 王铭铭：《王铭铭自选集》，广西师范大学出版社，2000，第 91 页。

⑤ 周大鸣、黄锋：《家族主义的传承与发展——纪念凤凰村研究 100 周年》，《民族研究》2019 年第 5 期，第 67 页。

⑥ 〔美〕萧凤霞：《廿载华南研究之旅》，程美宝译，《清华社会学评论》2001 年第 1 期。

⑦ Zhiwei Liu, "Lineage on the Sands: The Case of Shawan," in David Faure and Helen Siu (eds.), *Down to Earth: The Territorial Bond in South China* (Stanford: Stanford University Press, 1995), pp. 21-43.

织而已。① 周大鸣和黄锋探讨了宗族传承与村落认同建构间的关系。他们通过调查发现，在今天华南的乡村，宗族既是维系内部认同的机制，也是进行"他我区分"、协调族际关系的动力，并逐渐向地域认同转化。② 杜靖通过对汉人宗族研究发展脉络的分析，认为汉人宗族的研究应该告别以组织为先导的视角，转向文化制度及其实践的层面；从社会组织到礼制实践是汉人宗族研究的新转向。③ 可见，在中国社会剧烈变迁的当下，在中国社会延续了几千年的宗族在现代化过程中的调整与适应成为宗族研究的主要焦点之一，宗族的研究仍然表现出相当的活力。

　　就宗族研究的理论转向而言，张小军在其博士学位论文中借鉴布尔迪厄的实践理论来解释中国的宗族，他把宗族看成一个象征体系，作为文化象征实践，一方面使社会结构内化为并制约着人们的习性，另一方面又使习性外化为并建构着社会结构。④ 张小军的理论视角超越了以往宗族研究的社会偏向和文化偏向，用一种更加综合性的历时性视角考察汉人宗族的形成及变迁机制。张小军的宗族研究影响了其后不少研究中国宗族的学者，如宋怡明、朱爱岚、韩敏等，他们都在不同程度上借鉴了布尔迪厄的实践理论。杜靖将张小军的宗族研究观点称为"宗族实践理论"，认为其是继进化论、结构-功能论、系谱理念理论、历史过程主义、现代化变迁论与后现代主义之后的又一观察中国宗族的新视角。⑤ 笔者认为，张小军以及受其影响的后来学者运用布尔迪厄的实践理论对中国汉人宗族的研究在方法、视角上都有很强的包容性，涉及个人、地方社会、国家，共时与历时，社会和文化等多重面向，可谓是对汉人宗族的"立体式研究"。在借鉴张小军等人"宗族实践理论"的基础上，笔者将其理论视角运用到作为华南汉人周边社会一员的排瑶这一族群上，以宗族为切入点从"中心与周边"互动的视角来探讨排瑶这一族群的社会文化。本书的研究中宗族不仅是一种研究对象也是一种研究方法。笔者认为将"宗族实践理论"

---

① 高丙中、夏循祥：《作为当代社团的家族组织——公民社会的视角》，《北京大学学报》（哲学社会科学版）2012 年第 4 期。

② 周大鸣、黄锋：《宗族传承与村落认同——以广东潮州凤凰村为中心的研究》，《文化遗产》2017 年第 6 期。

③ 杜靖：《从社会组织到礼制实践：汉人宗族研究的新转向》，《青海民族研究》2018 年第 1 期。

④ 张小军：《再造宗族：福建阳村宗族"复兴"的研究》，博士学位论文，香港中文大学，1997，第 20 页。

⑤ 杜靖：《百年汉人宗族研究的基本范式——兼论汉人宗族生成的文化机制》，《民族研究》2010 年第 1 期。

运用到中国境内少数民族的研究上是对宗族研究的延续和拓展。

（四）少数民族社会的宗族研究

在人类学的宗族研究中研究对象长期以来以汉人社会的宗族为主。事实上，宗族组织及其所表现出的宗族文化在不同的地方文化中都有一套基于自身文化机制的表达方式。以研究异文化见长的人类学尤其注重不同社会文化间的比较研究。早在人类学传入中国之初，中国的部分人类学家就已对国内少数民族社会中包括宗族组织在内的亲属组织展开研究。许烺光先生的《祖荫下——中国的文化与人格》是为数不多的对少数民族亲属组织进行研究的著作之一。许先生运用心理人类学的研究方法来划分中国喜洲的父子、夫妻等家庭和亲属关系，勾勒出特定文化与人格模式之下的中国社会体制和形貌。[1] 王同惠在对广西大瑶山花蓝瑶社会组织的研究中，专门考察了花蓝瑶宗族组织的结构和功能，并将其与汉人社会的宗族组织进行了简单比较。[2] 新中国成立后的民族识别、民族调查中，民族工作者在调查各少数民族的社会经济情况时对其社会组织有过较为详细的调查和记录，但是这一时期对各少数民族社会组织的调查和研究侧重于描述与记录而缺少理论视角的分析。

改革开放后，一些学者将汉人社会中的宗族文化概念运用到少数民族社会的研究中，直接对少数民族的宗族文化现象进行归纳和分析。钱宗范等从史学角度对我国部分少数民族历史上及现在的宗族组织状况进行了分析和研究。他们分析了广西众多少数民族社会中的宗族组织：广西壮族家庭—宗支（房族）—家族三个层次构成的宗族组织、广西瑶族传统的家—房—族的三级宗族组织、广西仫佬族家庭—房族—冬的三级宗族组织、广西毛南族家庭—轻—族姓三个层次构成的宗族组织。[3] 此外，他们还注意到在广西一些少数民族社会中存在血缘性的社会组织与地域性的社会组织相结合的情况，如广西侗族村寨中村寨统治和宗族统治合一，仫佬族社会组织中存在冬这一血缘与地缘结合、宗族统治和地方行政相结合的稳定的社会组织。[4] 刘援朝通过对云南元江县白族的宗族组织与制度的研究，认为白族发达的宗族组织及制度与历史上汉族人

---

[1] Francis L. K. Hsu, *Under the Ancestors' Shadow: Chinese Culture and Personality* (New York: Columbia University Press, 1948), pp. 188-189.

[2] 费孝通、王同惠：《花蓝瑶社会组织》，载《费孝通全集》（第一卷：1924—1936），内蒙古人民出版社，2010，第 407~411 页。

[3] 钱宗范、梁颖等：《广西各民族宗法制度研究》，广西师范大学出版社，1997。

[4] 钱宗范、梁颖等：《广西各民族宗法制度研究》，广西师范大学出版社，1997。

口大量融入白族群体密切相关，白族的宗族组织和制度在本质上与汉族并无多少差异；白族宗族制度的衰落一方面与国家政权力量的渗透有关，另一方面也与宗族组织所具有的政治性功能有关。① 李良品和李思睿通过对西南民族地区历史上宗族组织的研究，认为明清时期西南民族地区的宗族组织结构由宗祠、族谱、族规、族长、族田等要素构成。② 可见，南方众多少数民族社会中宗族组织的存在具有一定程度的普遍性。在对少数民族地区的宗族组织进行研究的过程中，部分学者关注到少数民族社会中的宗族力量在乡村社会自治中的作用以及与国家之间的关系。在这方面，李良品和李思睿认为，明清时期西南民族地区乡村社会宗族组织的结构、特点及作用，无形之中鼓励了宗族组织的快速发展，使宗族组织不仅成为明清时期西南民族地区乡村社会的重要组成部分，而且也成为维护中央王朝统治和封建宗法伦理秩序的有力工具。③ 易谋远对四川凉山彝族的宗族（家支）制度进行了研究，他发现宗族观念、宗族关系以及与此相联系的宗族活动在过去的凉山彝族奴隶社会里渗透于经济、政治和文化的各个领域，在现实彝区中也仍在一定范围内和某种程度上起着作用。④ 谷家荣通过对广西大瑶山坳瑶宗族功能的分析，认为宗族社会是大瑶山瑶族理想的沟通情景。⑤ 朱炳祥通过实地调查提出并探讨了宗族的民族性这一议题，他发现一些少数民族不大重视血缘关系，从而使他们在村民自治实践中的表现与汉族地区形成鲜明对照。⑥

　　上述学者对国内少数民族社会中存在的宗族组织的讨论围绕少数民族宗法文化的起源、亲属组织与初期国家行政及军事之间的关系、宗法组织形态在当地的实际表现情况等主题展开。一些学者在考察少数民族社会结构的过程中通过将其与汉人社会结构进行比较探讨了少数民族社会结构研究的意义和价值。麻国庆从作为社会结构基础的家和家族入手分析了瑶族和蒙古族的社会结构，

① 刘援朝：《云南元江县白族的宗族组织与制度》，《社会学研究》1997 年第 5 期。
② 李良品、李思睿：《明清时期西南民族地区宗族组织的结构、特点与作用》，《广西民族研究》2015 年第 1 期。
③ 李良品、李思睿：《明清时期西南民族地区宗族组织的结构、特点与作用》，《广西民族研究》2015 年第 1 期。
④ 易谋远：《凉山彝族宗族（家支）制度研究的三个问题》，《西南民族学院学报》（哲学社会科学版）1987 年第 4 期。
⑤ 谷家荣：《坳瑶社会的变迁——广西金秀大瑶山下古陈村调查》，云南人民出版社，2010，第 110 页。
⑥ 朱炳祥：《宗族的民族性特征及其在村民自治中的表达——对捞车土家族村和摩哈苴彝族村的观察》，《民族研究》2005 年第 6 期。

以汉人社会为研究参照并探讨了受汉文化影响较深的瑶族和蒙古族在家、宗族以及村落等社会结构上所表现出的特点。[①] 此外，对非汉人社会结构的研究还有汉森（Mette Halskov Hansen）的《边民》[②]、段伟菊的《大树底下同乘凉——〈祖荫下〉重访与西镇人族群认同的变迁》[③] 等。王建新在看到了汉人周边社会中家族研究重要性的同时注意到这种比较研究在区域上存在的差异性，他试图在汉族的周边社会中寻找一种不同于传统宗族的结构分析途径。王建新指出：需要摆脱"历史的真实"和结构功能分析理论模式的桎梏，走向历史过程与现实问题结合的比较分析之路，从研究对象之传统建构的话语体系的象征分析中寻找理解其自身问题的有效思路。[④] 可以看出，王建新为将宗族研究成果运用到少数民族社会研究中提供了方法上的指导，他在将宗族研究最新的成果运用到少数民族社会研究中的同时也注意到这种研究在涉及的文化和地域上的差异性。周建新也认识到对少数民族宗族组织进行研究的重要意义。他认为，关注现实生活中的宗族、宗族成员的生活以及他们自己所讲述的宗族故事，可以为深入探讨中国农村社会结构和认识中国社会多样性提供帮助。[⑤] 近些年，一些年轻的人类学学者将南岭民族走廊中部分少数民族社会结构中的家庭、宗族与族群认同和祖先祭祀结合起来进行研究。于鹏杰通过对湘西南一个苗族社区的研究探讨了当地宗族的变迁与族群认同之间的关系。[⑥] 何海狮以作为社会结构基础的家为视角探讨历史记忆、族群文化和民族认同等议题。[⑦] 一些硕士和博士学位论文以宗族为切入点探讨少数民族的现代化问题，如兰州大学杨沛艳的《黔中苗族宗族研究——以高坡苗族为例》以及贵州大学张旭的《高坡苗族传统社会组织——以高坡乡杉坪村为例》等。[⑧] 他们的研究都是尝试将汉人社会结构的研究方法运用到少数民族社会中的成功案例，以家或家

---

① 麻国庆：《汉族的家观念与少数民族——以蒙古族和瑶族为中心》，《云南民族学院学报》（哲学社会科学版）2000 年第 2 期，第 20 页。

② Mette Halskov Hansen, *Frontier People: Han Settlers in Minority Areas of China* (London: Hurst & Company, 2005).

③ 段伟菊：《大树底下同乘凉——〈祖荫下〉重访与西镇人族群认同的变迁》，《广西民族学院学报》（哲学社会科学版）2004 年第 1 期，第 39~45 页。

④ 王建新：《两个父系社会家谱的编撰和利用——历史记忆、族群关系及传统建构的人类学研究》，《思想战线》2007 年第 6 期，第 7 页。

⑤ 周建新：《人类学视野中的宗族社会研究》，《民族研究》2006 年第 1 期，第 93~110 页。

⑥ 于鹏杰：《城步苗族——蓝玉故里的宗族与族群认同》，社会科学文献出版社，2013。

⑦ 何海狮：《家屋与家先——粤北过山瑶的家观念与实践》，社会科学文献出版社，2015。

⑧ 杨沛艳：《黔中苗族宗族研究——以高坡苗族为例》，博士学位论文，兰州大学，2011；张旭：《高坡苗族传统社会组织——以高坡乡杉坪村为例》，硕士学位论文，贵州大学，2009。

族为切入点来研究少数民族社会进一步丰富了中国的家和家族研究，也更有利于认识和了解中国作为一个多民族国家的现实。

从以上研究来看，宗族这一社会文化现象是南方诸多少数民族传统文化的重要载体，是研究少数民族社会文化的重要切入点。在这些少数民族社会中，族群与宗族本身有着密不可分的联系。通过对少数民族宗族组织的研究来看少数民族的社会文化以及其与周边汉人社会的互动不仅是可行的，而且在理论和方法上也有意义。本书的研究是关于排瑶宗族的研究，排瑶是与汉人社会有着长期互动的一个族群，将宗族作为视角来研究排瑶对进一步丰富宗族研究的相关理论并拓宽宗族研究的议题范围有着积极意义。

三 排瑶研究综述

（一） 不同时期粤北排瑶研究的演变

粤北排瑶的人类学、民族学研究开始得比较早，其成果也非常丰富。排瑶的祖先在历史上曾广泛分布在今天广东省的各个地区，后来随着迁徙和民族间的融合才形成今天的分布状况。目前，排瑶主要聚居在粤北和粤西的山区，尤其集中在广东的连南县。广东连南县的排瑶因主要居住在八个村寨（当地人称大的村寨为"排"）中也被称为八排瑶。广东的八排瑶虽讲勉语，但由于其在历史上长期从事定居农业，因此与同讲勉语但从事游耕的过山瑶形成了不同的社会文化。排瑶所体现的社会文化特性很早就被国内外人类学家所关注。

1. 1949 年之前排瑶的人类学、民族学研究

早在 20 世纪 30 年代，岭南大学的师生就对今天连南县的八排瑶进行了调查，他们从社会组织、宗教信仰、教育、经济以及语言等多个方面对八排瑶的社会文化进行了调查研究。

李智文在《八排瑶之来历及其社会组织与争端》中关注排瑶尤其是油岭排瑶的历史。[①] 李季琼在《瑶族家中之生育婚嫁与丧葬》中则关注排瑶的生育、婚姻、丧葬等人生仪式。[②] 宏永就在《瑶人之宗教与教育》中对排瑶的宗教与教育情况进行了分析。[③] 林傲隅着重对排瑶经济情况进行调查，他详细记

[①] 李智文：《八排瑶之来历及其社会组织与争端》，练铭志译，载广东省民族研究学会、广东省民族研究所编《广东民族研究论丛》（第八辑），广东人民出版社，1995，第366页。

[②] K. K. Lee, "The Yao Family in Birth, Marriage and Death," *Lingnan Science Journal* 18（3），1939.

[③] W. C. Wang, "Yao Religion and Education," *Lingnan Science Journal* 18（4），1939.

载了 20 世纪 30 年代瑶山的作物价格。① 黄锡凌从语言学的角度分析瑶语，撰写了《连州八排瑶语》；在文中，他明确指出了瑶语的不同，将其分为八排瑶（蛮瑶）与过山瑶（南瑶）语两种。② 总之，在 1949 年之前岭南大学的师生对排瑶就有了较为系统而全面的调查。

排瑶的人类学、民族学研究在人类学、民族学传入中国的初期就已开始。在早期的排瑶研究中，学者们从族群来源、生计方式、社会组织、亲属制度、仪式、宗教信仰和语言等多个方面对排瑶社会进行了研究。这一时期的排瑶研究虽然以短时间的调查为主，也缺乏理论分析，但为我们了解新中国成立前排瑶社会文化的各个方面提供了宝贵资料。

2. 1949～1978 年排瑶的人类学、民族学研究

1949 年新中国成立后的较长一段时间，排瑶的研究围绕民族识别和少数民族经济社会状况调查进行。1956 年 10 月至 1957 年 4 月，以黄朝中为首的调查组在今天连南县的南岗、内田等地进行了长期调查。调查组从经济、社会组织、生活习俗和精神文化等各个方面对排瑶社会进行了较为详细的调查研究。调查以描述当时排瑶社会的全貌为主，缺少理论分析，同时也没有从历史的视角考察排瑶社会的变迁，但由于调查成果详细而系统，所以极富参考价值，成为了解新中国成立初期当地排瑶社会各方面的重要资料。③

3. 改革开放后排瑶的人类学、民族学研究

改革开放后，南岭民族走廊的瑶族研究进入一个相对活跃的时期，排瑶的研究也有了新的进展。香港中文大学人类学系、中山大学人类学系、广东省民族研究所（现广东省民族宗教研究院）的部分学者对广东连南的排瑶社会进行了持续研究。由广东省民族研究学会和广东省民族研究所合编的《广东民族研究论丛》成为研究排瑶社会的重要资料。香港中文大学的乔健先生对连南排瑶社会的男女平等与父系继嗣进行了研究。④ 谢剑教授对连南瑶族自治县进行了较长时间的田野调查，结合前人的文献资料，他以排瑶的社会组织及其变迁

---

① K. Y. Lin, "The Economics of Yao Life," *Lingnan Science Journal* 18（4），1939.

② S. L. Wong, "Phonetics and Phonology of the Yao Language," *Lingnan Science Journal* 18（4），1939.

③ 《民族问题五种丛书》广东省编辑组：《连南瑶族自治县瑶族社会调查》，广东人民出版社，1987。

④ 乔健：《广东连南排瑶的男女平等与父系继嗣》，载广东省民族宗教研究院、中山大学人类学系、连南排瑶文化教学科研基地编《排瑶研究论文选集》，广东人民出版社，2013，第118～121 页。

为切入点来分析整个排瑶社会的变迁。^① 此外，他还关注了排瑶的命名制度，在《排瑶命名制度浅释》一文中对排瑶命名制度的特征和功能进行了分析。^② 练铭志等人在《排瑶历史文化》一书中从族源、经济生活、社会政治、文学艺术、节日风俗、宗教信仰、民族关系和语言等各个方面分析了 1949 年之前排瑶的社会文化状况，这本书是一部介绍连南排瑶传统社会文化的重要著作。^③

通过梳理众多学者对连南排瑶社会文化的研究，可大致将前人的研究以 1949 年和进入 20 世纪 80 年代为界分为三个阶段。在第一个阶段，国内外学者更多地关注排瑶社会文化的诸多特点，主要是对排瑶社会文化各个方面的描述及与其他瑶族支系社会文化的比较研究，这一阶段的研究以短期的社会调查研究为主，侧重于描述和比较，在研究深度上则存在不足。1949 年后，进入第二个阶段，民族工作者运用苏联的民族理论和研究方法对排瑶社会各个方面进行调查；这一阶段的研究调查较为系统科学，获得了丰富的第一手资料，但也缺乏理论分析。进入 20 世纪 80 年代以后，在第三个阶段，排瑶的人类学、民族学研究活跃起来，国内外学者运用新的人类学理论和规范的田野调查方法对排瑶社会文化的特点及其变迁进行研究。这一时期广东省的改革开放进程日益加快，排瑶社会更多地与外界社会进行互动，学者们也更多地关注到在与主体社会互动交流的过程中排瑶社会的变迁及其存在的社会问题，如陈晓毅和马建钊研究了瑶民进入珠三角城市地区务工过程中的文化碰撞与适应问题。^④ 在第三个阶段中，进入 21 世纪后，排瑶社会与外界的联系更加密切。此外，随着当地瑶族古村寨的旅游开发，外来资本和人口以前所未有的规模进入当地社会。这进一步促使传统封闭的排瑶社会走向开放和流动，在社会快速转型的当下排瑶社会的传统如何应对成为越来越多学者关注的问题。近些年一些学者对瑶寨旅游开发活动对排瑶社会文化的影响以及排瑶古村落的保护、开发和利用，传统民族文化的保护和传承以及扶贫等主题进行了探讨。^⑤ 排瑶的人类

① 谢剑：《连南排瑶的社会组织》，香港：香港中文大学出版社，1993。
② 谢剑：《排瑶命名制度浅释》，《贵州民族研究》1985 年第 1 期。
③ 练铭志、马建钊、李筱文：《排瑶历史文化》，广东人民出版社，1992。
④ 陈晓毅、马建钊：《粤北山区瑶族移民的文化适应》，《民族研究》2006 年第 4 期。
⑤ 盘小梅、汪鲸：《边界与纽带：社区、家园遗产与少数民族特色村寨保护与发展——以广东连南南岗千年瑶寨为例》，《广西民族研究》2017 年第 2 期；唐孝祥编著《大美村寨·连南瑶寨》，中国社会出版社，2015；盘小梅：《少数民族人口流动与民族文化变迁——以广东连南瑶族为例》，《广西民族研究》2019 年第 2 期。

学、民族学研究在延续传统主题的同时更趋多样化，也更加关注现实问题。

不同阶段的学者对排瑶的研究在研究方法和研究主题上有一定的差异性。将已有学者对排瑶研究的传统延续下来，探讨排瑶在当下社会环境中的演变规律和未来走向，对于丰富排瑶研究有着重要意义。

（二）排瑶宗族的研究

目前学界对排瑶宗族组织的研究比较少，学者们主要从其宗族组织的结构、功能和瑶老制这两个方面进行研究。

排瑶的宗族组织在具有一般宗族组织特点的同时也有自身鲜明的特点，充分体现了其宗族组织的民族特性。唐仁郭等人认为广东八排瑶社会的宗族聚居组织是家—房—排的模式。[①] 练铭志等人认为，排瑶社会中的房是出自同一实际祖先的若干代子孙的集合体，其成员间有确定的血缘关系和系谱关系，同时该集体兼有地域化性质；房有层次，是一个相对的不断变动的实体。[②] 排瑶中的房主要作用是维护房内成员的团结和利益、确定通婚界限。练铭志等人还总结了排瑶中的房与汉族家族之间的差异：他们认为，排瑶社会中的房不像汉人社会中的家族那样受封建主义因素的影响，因而不比后者组织结构紧密、功能多样；排瑶房中各成员间的地位较平等而不像汉族家族中成员间有明显的尊卑之别；在经济上排瑶中的房内成员比汉族中家族成员要承担更多经济上的责任。[③] 谢剑先生认为，排瑶在姓之下已发展出宗族和宗支的父系继嗣群，后两者排瑶统称为"房"，并进一步认为排瑶的房是在父系世系群的分支过程中，具有清楚的谱系关系、地域化的名称和一定功能的继嗣群体。"在一个排中，存在着许多细小单位——家庭，家庭巢居于房、姓组织中；而不同的房、姓组织构成一个大单位——瑶排，各房、姓组织巢居于大单位——瑶排中；每个瑶排因人口不断增长而衍生出新的瑶排，而各瑶排之间的关系是独立平等的，并无统属关系。"[④] 按照谢剑先生的这一观点，排瑶的社会结构由小到大依次是家庭，房、姓和瑶排。学者对排瑶宗族组织的研究以对其特点的探讨和描述为主，对其内在形成机理的研究以及对其与其他族群宗族组织的比较研究还有待

---

① 唐仁郭、钱宗范、王昶、陈雄章：《中国少数民族宗法制度研究》，江西高校出版社，2006，第359页。

② 练铭志、马建钊、李筱文：《排瑶历史文化》，广东人民出版社，1992，第312、313页。

③ 练铭志、马建钊、李筱文：《排瑶历史文化》，广东人民出版社，1992，第314、316、321~322页。

④ 谢剑：《连南排瑶的社会组织》，香港：香港中文大学出版社，1993，第165~167页。

深化。

排瑶的村寨是一个以地缘关系为纽带而组织起来的共同体，地缘和血缘关系之间有着密切联系。一个村寨里往往居住着几十户乃至上千户不同姓、不同宗族的人。同一排内各姓、各宗族间秩序的维系依靠瑶老制。根据文献资料的记载，"瑶老"之名，始见于明代史籍，其实它应是源于原始氏族酋长制而传袭下来的古老制度。① 李筱文认为，地缘聚居区基本代替血缘聚居区、以私有制为基础又有公有制残余的农村公社式的所有制，以及内部贫富不均和阶级开始分化的结构，正是瑶老制的社会经济基础。② 唐仁郭等人认为，广东连南排瑶社会中存在的是家—房—排的宗族结构；瑶老制的社会基础是一夫一妻的个体家庭，它是以房或排为单位设立的兼具经济、政治和军事等多种功能的社会组织；瑶老制既是村社性质的地域组织，又保留了较强的宗法性。③

对排瑶有着较深入研究的李筱文认为：排瑶瑶老制中既有以地理区域为单位推举的瑶老，也保留有以氏族血缘关系单元为单位推举的"头人"。④ 练铭志等人认为，瑶老是瑶老制的核心成员。瑶老在瑶语中的意思是"明理人"。瑶老有各房瑶老和全排瑶老之分。瑶老制中的瑶老其实就是全排性的瑶老，由各房瑶老中群众威信较高的老人组成。据调查，做全排瑶老的，须满足如下条件：①年纪大；②懂得道理会说话；③懂得巫经；④会说汉话，能与汉人官吏打交道；⑤有威望。⑤ 赖才清认为："瑶老制"，就是由族中具有权威的老人来管理公共事务、处理纠纷、维持社会秩序。瑶老之间有明确的分工，分常设和非常设两种。常设的瑶老有天长公、头目公、先生公、放水公、管庙公，他们各司其职。天长公、头目公、先生公是瑶老中最主要的人物。非常设的瑶老是各姓之下的各房族中的老人，他们负责处理本姓本房的事情，但涉及全排的一切活动，尤其是对重大问题的决定，均得有他们参与，某些大事甚至要通过群众大会决定。⑥

---

① 奉恒高主编《瑶族通史》（中卷），民族出版社，2007，第505页。
② 李筱文：《浅析瑶老制》，载广东省民族研究学会、广东省民族研究所编《广东民族研究论丛》（第一辑），广东人民出版社，1986，第164~165页。
③ 唐仁郭、钱宗范、王昶、陈雄章：《中国少数民族宗法制度研究》，江西高校出版社，2006，第370页。
④ 李筱文：《浅析瑶老制》，载广东省民族研究学会、广东省民族研究所编《广东民族研究论丛》（第一辑），广东人民出版社，1986，第165页。
⑤ 练铭志、马建钊、李筱文：《排瑶历史文化》，广东人民出版社，1992，第272页。
⑥ 赖才清：《建国以来连南瑶区的社会变化》，载广东省民族研究学会、广东省民族研究所编《广东民族研究论丛》（第九辑），广东人民出版社，1996，第399~400页。

现有关于排瑶瑶老制的研究存在两种明显的取向。一种是侧重对瑶老制的性质、结构及功能的研究。例如：郑立行将解放前排瑶的瑶老制看作氏族社会的遗迹，[1] 李筱文[2]和许文清[3]将排瑶的瑶老制看作一种政治组织，强调其政治功能，杨鹤书则对瑶老制的结构及职能进行了研究。[4] 另一种则从国家治理的角度对瑶老制与国家两者间的关系进行研究。如李筱文分析了清王朝推行的瑶长制对传统瑶老制的影响。[5] 对于近代瑶族社会的政治体系，奉恒高用"二重结构"这一概念来表述，即代表国家或主流社会的政治体系为一重结构，代表瑶族传统社会组织的政治体系为一重结构。[6] 学者们对瑶老制的研究主要从瑶老制的演变、形成的基础、内部机制以及作用等多个方面进行，但很少有学者从宗教信仰、宗族文化这两个方面来分析瑶老制的功能和内部机制。

综上所述，排瑶的民族学、人类学研究有着很好的基础，尤其是关于排瑶社会组织的研究。但以往的研究多是静态的研究，关于排瑶社会动态的研究还有待深入，尤其是能反映排瑶社会在改革开放后变迁的研究更是不足。本书的研究希望在延续排瑶研究优良传统的基础上，运用历时性的视角关注排瑶社会文化在转型过程中所呈现出的具体形态。此外，排瑶属于盘瑶支系，对不同瑶族支系同一社会文化现象的考察分析有助于进行类比，探讨瑶族分化、演变的一般性规律，进一步深化和丰富有关瑶族的研究。

[1] 郑立行：《粤北瑶族的氏族社会遗迹》，《史学月刊》1957年第6期，第17页。
[2] 李筱文：《浅析瑶老制》，载广东省民族研究学会、广东省民族研究所编《广东民族研究论丛》（第一辑），广东人民出版社，1986，第158~169页。
[3] 许文清：《连南瑶族的来源及社会组织》，载广东省民族宗教研究院、中山大学人类学系、连南排瑶文化教学科研基地编《排瑶研究论文选集》，广东人民出版社，2013，第122~133页。
[4] 杨鹤书：《八排瑶"瑶老制"新议——八排瑶政治制度变迁研究之一》，载广东省民族宗教研究院、中山大学人类学系、连南排瑶文化教学科研基地编《排瑶研究论文选集》，广东人民出版社，2013，第144~154页。
[5] 李筱文：《浅析瑶老制》，载广东省民族研究学会、广东省民族研究所编《广东民族研究论丛》（第一辑），广东人民出版社，1986，第158~169页。
[6] 奉恒高主编《瑶族通史》（中卷），民族出版社，2007，第513页。

第一章

排瑶族源、形成
与北粤村的历史

　　排瑶是一个有着悠久历史的族群，在历史上排瑶先民经历了漫长的迁徙过程。在迁徙的过程中，排瑶先民通过与其他族群的互动、交流逐渐形成了自己独特的族群文化。本章共分三节，在第一节笔者主要从历史文献资料、语言学、生物人类学和地方民间资料四个方面来分析排瑶的族源，第二节主要探讨排瑶在形成发展过程中所产生的一系列伴生文化，第三节主要是对田野点北粤村的历史和自然区位进行介绍。

第一节　排瑶的族源

　　历史上瑶族与汉族的互动交往一直没有中断，双方相互影响。历朝历代的历史文献中有不少内容都涉及瑶族。利用这些文献，我们能梳理出排瑶在历史上的发展及迁徙情况。瑶族虽然没有自己的文字，但有自己的语言。对于自己的历史，瑶族同胞以神话或歌谣的形式一代代口耳相传。这些流传于排瑶民间的歌谣和神话也为我们了解排瑶的族源和迁徙情况提供了宝贵资料。在本节中笔者将历史文献与当地的民间资料相结合，并从语言学和生物人类学角度出发来分析排瑶的族源。

一　历史文献中的排瑶族源

　　目前，居住在连南县的瑶族有两种：一种是过山瑶，另一种就是排瑶。连南县境内的过山瑶和排瑶在语言上都属瑶语支，属盘瑶支系。连南的瑶族以排瑶居多，过山瑶只是少数。关于连南排瑶和过山瑶的族源问题，学界尚有争议。目前比较流行的观点认为，两者同源于历史上的莫徭，但两者是在不同时期各自迁入今天的连南的。[①] 连南境内的排瑶和过山瑶在服饰、语言、风俗习惯等方面存在明显差异。

《隋书·地理志》中记载："长沙郡又杂有夷蜒，名曰莫徭，自云其先祖有功，常免徭役，故以为名……武陵、巴郡、零陵、桂阳、澧阳、衡山、熙平皆同焉。"[②] 在隋唐时期，排瑶的先民尚未完全定居。历史上瑶族的先民在迁徙路线上整体上是向南迁徙。北宋中叶以后，生息于粤北的一部分瑶族变成瑶族新的支系。从相关历史文献的记载来看，到两宋时期，瑶族先民的活动区域相较于前代有了明显的南移趋势。《宋史·蛮夷列传》中记载："庆历二年（1042年），桂阳监蛮僚内寇，诏发兵捕击之。蛮僚者，居山谷间，其山自衡州长宁县属桂阳，郴、连、贺、韶四州，环行千余里，蛮夷居其中，不事赋役，谓之徭人。"[③] 可见到了宋代，瑶族在湘、桂、粤交界地区形成了一个聚居中心。

根据历史文献的记载，隋唐以后，瑶族先民在今天广东的分布、活动范围有了明显的扩大。这一时期入粤的不同群体，并不都是排瑶的先民。根据流传于世的部分排瑶族谱，到北宋中期，排瑶的祖先已初具规模。[④] 这一时期新迁入的部分人群与原有活动在这一区域的莫徭族群融合，共同形成了今天排瑶的祖先，排瑶的文化雏形开始出现，作为一个族群的排瑶的文化特征开始显现。练铭志等人通过查阅历史文献并参考考古实物和民间族谱，认为排瑶最初可能出现在北宋中叶稍后这一时期，其标志是定居与水稻种植业的形成和发展。[⑤] 从北宋中叶至明初的几百年，是作为族群的排瑶形成的关键时期。这一时期，大规模的聚居点开始形成，人口规模逐步扩大，族群的文化特征逐步显现。

明清时期，作为民族共同体的排瑶先民有了进一步的发展，日趋活跃。从明、清两朝有关排瑶先民的记载来看，作为一个稳定民族共同体的排瑶先民与封建王朝之间的关系呈现斗争和依附相互交织的状态。由于明清统治者对排瑶先民采取歧视、压迫与招抚兼施的策略，排瑶先民也在斗争中求生存。清朝康

---

① 许文清：《连南瑶族的来源及社会组织》，载广东省民族宗教研究院、中山大学人类学系、连南排瑶文化教学科研基地编《排瑶研究论文选集》，广东人民出版社，2013，第123页。

② 《隋书·地理志》，转引自练铭志、马建钊、李筱文《排瑶历史文化》，广东人民出版社，1992，第95、96页。

③ 《宋史·蛮夷列传》，转引自练铭志、马建钊、李筱文《排瑶历史文化》，广东人民出版社，1992，第98页。

④ 练铭志、马建钊、李筱文：《排瑶历史文化》，广东人民出版社，1992，第98页。

⑤ 练铭志、马建钊、李筱文：《排瑶历史文化》，广东人民出版社，1992，第101页。

熙年间，李来章在连州任职期间根据其在瑶山的所见所闻，撰写了《连阳八排风土记》，该书因是作者根据其所见所闻而著，所以并不同于过去有关排瑶的论述。《连阳八排风土记》从自然环境、婚丧嫁娶等方面对当时排瑶先民的社会做了较为详细的描述，成为研究排瑶先民十分珍贵的文献资料。[1] 该著作从一个方面表明排瑶先民作为一个稳定的民族共同体在清代已经成熟。《连阳八排风土记》对排瑶的来源做了如下记述："自宋绍兴年间（1131～1162年），州乡宦廖姓者，为西粤提刑。及旋里，带瑶八人防道。见连地皆深山峻岭，易于耕锄，遂去……皆居峻岭邃壑之中。历年以来，衍息不可胜数。"[2] 一些地方史志也记载了排瑶的族源及迁徙情况。《广东通志》中记载："瑶……由楚省蔓延粤之新宁、增城、曲江、乐昌、乳源、连安、连州等七州县。"[3]《连州志》中记载："瑶产湖广溪洞间，即古长沙、黔中五溪蛮，其后生息繁衍，南接两广，右引巴、蜀，绵延数千里。排瑶峒，崇山峻岭，错处其间。连州属三排，曰行祥（南江）、横坑、油岭。连山县属五排，曰军寮、马箭、里八洞、火烧排、大掌岭，八排形势相毗连。外复有二十四小排，悉八排支派，延袤二百余里。"[4] 民国时期，岭南大学的硕士研究生吕燕华在其硕士学位论文《粤北傜族社会研究》中"从史乘、方志、口传各方面证明傜族原出自中州，繁盛两湖，其后蔓延两广。当中流迁原因，主要系由于其他民族的压迫。而两广傜人，因地理毗连，则发生互迁情形"[5]。吕燕华女士的考证再次说明了迁徙在瑶族形成发展过程中的重要作用。

　　排瑶在形成的过程中经历了较长时间的迁徙，同时这种迁徙在时间跨度以及地域范围方面呈现出复杂性，这也造成排瑶族源的多元性。《百粤风土记》记载："瑶人，盘古后也。有生熟黑白四种：熟瑶与州民交易，或通婚姻；生瑶惟处穷谷；白与熟类，黑与生类。又云僮与瑶杂处，风俗略同。"[6] 此外，《连州志》也有"宋绍兴间，有州人廖姓仕粤西，瑶仆男妇十余人归连，遣谷

---

① （清）李来章：《连阳八排风土记》，黄志辉校注，中山大学出版社，1990。
② （清）李来章：《连阳八排风土记》，黄志辉校注，中山大学出版社，1990，第49页。
③ 廖炯然：《瑶民概况》（1964年4月12日），连南瑶族自治县档案局藏，档案号：全宗号58，目录号G1.1，案卷号33。
④ 廖炯然：《瑶民概况》（1964年4月12日），连南瑶族自治县档案局藏，档案号：全宗号58，目录号G1.1，案卷号33。
⑤ 吕燕华：《粤北傜族社会研究（提要）》，《民族学刊》第64期，《中央日报》1948年9月9日，第7版。
⑥ 廖炯然：《瑶民概况》（1964年4月12日），连南瑶族自治县档案局藏，档案号：全宗号58，目录号G1.1，案卷号33。

耕种。厥后丁口蕃息，分为八大排二十四小排，近增十余小排"的记载。[①] 上述两则记载说明，历史上，排瑶的祖先与包括周边汉族在内的一些族群通过贸易、通婚而实现融合；同时，因各种原因迁入瑶山的汉人最终也变成了瑶人。由此说明，迁徙、流动过程中族群间的交流、融合对排瑶的形成起着重要作用。

二 语言学视角下的排瑶族源

瑶族语言分属于两个语族——苗瑶语族和壮侗语族，包括四大语言支系——勉语支系、苗语支系、侗水语支系和汉语方言支系。其中勉语支系是瑶族内部使用者数量最多的语言支系。而连南的排瑶使用的是藻敏瑶语，是一种属于勉语支系的瑶语方言。部分研究语言的学者根据藻敏瑶语音韵学研究成果，发现该语言中有大量唐宋时期的汉语借词，并依旧保有古音，而藻敏瑶语本身与苗语支系语言有明显类似的发音规律。在语源学上，亦可得出结论：八排瑶应在"南唐之后，北宋之前"由湖南迁入广东。[②] 现有语言学的研究表明，历史上排瑶的先民来源于湖南。

三 生物人类学视角下的排瑶族源

人类的基因承载着遗传密码，生物人类学利用现代科学技术通过对人类基因的分析来研究各民族的源流、迁徙与融合。生物人类学的研究方法与历史文献资料、考古资料、语言学以及民间资料相结合能更全面、准确地探究民族的起源、迁徙，从而得出更为科学的结论。已有的研究表明，苗族和瑶族生活习俗、文化信仰类似，地域分布也往往相接，且在父系和母系遗传上都有明显相似性。[③] 东亚族群中常见的 17 个 Y-SNP 单倍型分别命名为 H1～H17，其中 H7 型在瑶族出现频率明显高出他族，且与土家族和畲族频率接近。[④] 而针对八排瑶的 Y 染色体遗传分析证明：相比于其他瑶族支系，八排瑶与畲族在遗传关系上反而更为接近。[⑤] 生物人类学的研究表明，排瑶与畲族有着更为紧密的

---

① 廖炯然：《瑶民概况》（1964 年 4 月 12 日），连南瑶族自治县档案局藏，档案号：全宗号 58，目录号 G1.1，案卷号 33。

② 龙国贻：《藻敏瑶语汉借词主体层次年代考》，《民族语文》2012 年第 2 期。

③ 徐杰舜、李辉：《岭南民族源流史》，云南人民出版社，2014，第 390 页。

④ B. Su, L. Jin, P. Underhill, and R. Deka, " Polynesian Origins: New Insights from the Y-chromosome," *Proceedings of National Academy of Sciences* 97 (15), 2000.

⑤ 李君：《广东连南八排瑶源流研究》，《清远职业技术学院学报》2022 年第 3 期。

关系。

四　排瑶族源的地方民间解说

历史文献关于排瑶先民的记载并非出自排瑶先民之手，且多为封建王朝的官方记述。瑶族没有自己的文字，但通过代际的口耳相传，其族源及其族群迁移的历史以神话、传说和歌谣的形式得以流传至今。此外，民间保存的族谱、瑶经等民间文献也在一定程度上反映了排瑶的族源及其迁徙过程。对神话传说、歌谣、族谱和瑶经等民间资料的分析与解读会对我们深入认识排瑶的族源和迁徙过程有所帮助。本书收集到的民间文献，均来自笔者田野作业时获得的资料。这些材料从不同程度上反映了排瑶及北粤村先民的来源及迁徙情况。

（一）瑶歌中排瑶的族源及迁徙

南岭无山不有瑶，作为山地民族的瑶族广泛分布在南岭山区。排瑶没有自己的文字，现存的瑶经多用汉字书写。但排瑶先民通过歌谣这种特殊的形式来记录、传承自己的族源和迁徙历史。在排瑶众多的瑶歌中，《八排瑶歌》是一首以讲述排瑶族源和迁徙为主要内容的瑶歌。笔者在北粤村调研期间，经当地一位村民介绍，认识了一名研究排瑶的民间学者 FXQ。后来笔者从 FXQ 家中看到了流传于排瑶民间的《八排瑶歌》。在 FXQ 帮助下，笔者将其整理成如下文本。

会稽山浮海洋洋，

千万重山南海浪里。

建元年，太始。

太平年间，

洪水滔滔难当。

入山火种食，

子孙万代保存《歌堂断卷书》。

崇祯戊辰冬，照古本抄立。

六母八兄弟，

扬州大庙元师爷来拜请。

当时日前时焦，

盘古皇好出，

房十六帝也。

古皇帝传下好命生平峒，

吾好命在高山望对顶，

百姓民在平地街。

九姓十姓瑶民，

在高山芒对高州芒面。

八排瑶民六母八兄弟，

在会稽山扬州府，

过海九州十府。

对宜州、青州、连州、润州、雍州、荆州、兖州、徐州、道州。

禾经庄而何大理，

东于白水全州对泼山面。

大道岭上相道侠境，

黄泥山关白泥山境。

连州渡马坪，

田埂岭高良洞三江街。

准当千年万世，

对连州顶执当。

百姓民兴光管，

相对道州。

六母人八兄弟，

寅生悲死比系。

九年横大旱吾勇，

水生悲春比十年，

大干四凡宴真。

六母民起冷量，

八兄弟量。

八兄弟后来，

民光漂冲表光漂坑。

六母八兄弟，

三百峒山照，

千里眼照。

刘暗对,
漂是云中对望是铁山佳。
六母人八兄弟,
商量想却法。
茶子山对六暗暗山顶,
兴光管执住古当。
又吾岔气暗忿仙,
又商望黄泥山关,
白引山顶六年。
二至三年又商量,
长眉吾白州对马花良县,
兴光管五年。
渡马坪西样管地,
西勇管地方。
千州万州西连州,
千县万县西贺县。
行彭连州望白,
百姓见兴光管,
商量跟龙跟水跟脉。
带步吾却银称水,
天平过水。
大雾山河水六厘七分,
猪经河水六厘九,
天平称定获水河带水。
足足七厘二分,
古陂龙水足七钱二。
跟吊涧大棚龙,
八兄弟,
在黄埂甲午定庙堂,
大边定众堂。

大哥佬对行项，

二哥佬对油岭，

三哥佬对横坑。

又分五峒人，

大哥佬军寮，

二哥佬马箭，

三哥佬里八峒，

四哥佬大坪（火烧排），

五哥佬大掌岭，

买光后来量，

八兄弟，

众堂白石峒。

五峒人，

众堂辛塘对化意佳，

分八排二十四冲。

大会有（不）大会堂，

小会有小会生礼。

当日万世也，

开元辛酉年。

建元年传下万世，

子孙耕管山地。

大始建元年敕封，

瑶人刀耕火种，

山场永长安。①

这首《八排瑶歌》主要描述了排瑶的族源及迁徙过程。从瑶歌的内容来看，其中先后出现的会稽山、南海、扬州、宜州、青州、连州、润州、雍州、荆州、兖州、徐州、道州、三江街、渡马坪等地大体上反映了排瑶祖先从江淮一带迁徙到今天连南的过程。在迁徙时间上，瑶歌中所提到的建元、太始、太平等未必准确，但也从一个侧面反映出排瑶先祖长期的迁徙历史。就迁徙的原

---

① 2019 年 9 月由 FXQ 提供。

因来看，自然灾害和官府的压迫是主要原因。瑶歌的中间部分讲述了排瑶形成、分化的经过。瑶歌将排瑶的八个规模较大的村寨（瑶歌中提到的行项、油岭、军寮、里八峒、大坪、大掌岭与今天的南岗排、油岭排、军寮排、里八峒排、火烧排、大掌排相对应）说成由八兄弟繁衍生息而来的，这从一个侧面反映出其同源的意识。排瑶祖先在黄埂定居与分化的历史，也以瑶歌的形式被反映出来。而今天西三排（南岗排、横坑排、油岭排）与东五排（军寮排、火烧排、大掌排、里八峒排和马箭排）的划分在瑶歌中同样能找到相应的内容。瑶歌最后，"建元年传下万世，子孙耕管山地。大始建元年敕封，瑶人刀耕火种，山场永长安"不仅反映出排瑶先祖刀耕火种的生计方式，更反映出的他们希望自己的耕山生活能受到中央王朝认可的诉求。这与《评皇券牒》的内容有相似之处。王明珂认为，一个族群需要强调其共同的起源并经常以共同的仪式定期或不定期地强化这些集体记忆以维持族群成员的认同。[1] 排瑶世代传唱的《八排瑶歌》是排瑶集体记忆的一种体现，将祖先的来源、迁徙过程以歌谣的形式传唱进一步强化了排瑶的族群认同。

（二）传说中排瑶的族源及迁徙

和瑶歌相似，关于排瑶族源及族群迁徙的历史也以村落故事及祖先故事的形式流传于北粤村的老人中。

盘古王公和盘古王婆[2]

盘古王公和盘古王婆，又名叫房十六和莎方三，俩人是姑侄，相传创世之初，天又低又矮，伸手都可触摸得到，不分白天黑夜，天分十三个角，地分四面八方。

在天下的一角，住着一位叫洛神乔的姑娘，还住着莎方三和房十六两个聪明伶俐的童女童男，洛神乔相貌生得很怪，嘴巴长在额头上，眼睛生在下巴底，耳朵长在脖子里，乳房生在腰背后。她聪明能干，善良温和，后与一个叫敖逊罗（瑶语，意为神仙）的男子，门当户对，情投意合，结成了夫妻，但婚后多年未生子女。因此洛神乔整天愁眉苦脸，忧心忡

---

① 王明珂：《华夏边缘：历史记忆与族群认同》，台北：允晨文化实业股份有限公司，1997，第 57 页。

② 采集时间：2010 年 10 月。采集地点：连南排瑶地区。采集人：李春荣、李林。整理人：许文清。

忡，伤心哭泣。她觉得老天爷不公，越想越不服气，于是出门寻找"生儿药"。她踏遍了千山万水，历尽了艰难险阻，终于找到了雷都仙念（专管生儿育女的神仙）。雷都仙念怜悯她的悲伤，就送了七粒黄豆，吩咐她一春吃一粒，分作七年来吃完。洛神乔回到家，一下把七粒黄豆都吃完，不久就生下了七兄弟。

七兄弟各具本领，非常强悍。天兵天将都被他们打得一败涂地，连天皇都惧怕三分。从此，七兄弟作威作福，花天酒地，尝遍了天下美食，唯独没有尝过雷公肉，于是设计捉拿雷公。他们故意拿自己的母亲作诱饵，用喂狗的碗装饭给母亲吃，雷公听后怒火冲天，要下凡劈砍无情七兄弟。七兄弟听到消息后，立即捞青苔放在屋顶上，埋伏在屋角下，专等雷公下来。雷公下到屋顶，不想被青苔滑到滚落下地，七兄弟猛扑过去按住雷公，捆绑后关进了谷仓。七兄弟赶紧分头采集佐料，要焖雷公肉。恰好莎方三和房十六玩耍来到谷仓边，雷公心生一计，苦苦哀求姑侄俩给水喝，姑侄俩听得心软，就回家装水，又找来芒杆，透水给雷公喝，雷公喝足后，浑身充满了力量，猛力崩断绳，震开谷仓，飞到空中，愤怒得要把人类全杀光，但想到莎方三和房十六的救命之恩，便回头拔下一颗牙递给姑侄俩，并嘱咐要她们赶紧种在地里，洪水滔天时，听到一只鸟啼叫就躲进葫芦里。暴雨下了七天七夜，洪水铺天盖地而来。姑侄俩按照雷公的吩咐进入葫芦躲过了洪灾。洪灾过后，世上一切都没有了，只剩姑侄俩。天地一片混沌，姑侄俩伤心之余，决计再造天地和人类。他们用石头垒天柱，东西南北各一根，升起了天；用泥土筑地脚，东西南北各筑一只，地牢固啦。又把天拉圆，把地拉缩，天盖地合。

为再造人类，他们又撒葫芦籽，平地又有了人烟。撒完了葫芦籽，山岭尚无人居住和开垦。为了人类，为了美好的明天，在天神的帮助下，在隔山的青竹根根相交、天圆地方相会时，姑侄俩结成了夫妻。后来生下了一像葫芦的肉团，没眼、没耳、没鼻、没嘴、没手脚，伤心之下，把它剁成了肉块，丢弃地下。第二天肉块全都变成了人。夫妻俩高高兴兴给他们安名：掉在火塘的姓唐，掉在板凳的姓邓，掉在枕头的姓沈，掉在盆里的姓盘，掉在房门的姓房，掉在箩筐的姓罗，掉在灶头的姓赵，掉在鸡笼的姓龙，掉在猪栏的姓朱。从此世上有了瑶民，子孙兴旺，分排分寨，住满了山岭。瑶民便把房十六和莎方三尊称为盘古王公、盘古王婆，用楠木雕刻成偶像，供在盘古王庙正中，世世代代祭祀。

盘古王公和盘古王婆是排瑶各姓公认的始祖，盘古王公也被称为盘古大王、盘古王。排瑶的村庙中都供奉盘古王公和盘古王婆。盘古王公和盘古王婆的传说反映了排瑶对自身族源的认识，盘古王公和盘古王婆也成为排瑶各姓共同的祖先。对盘古王公和盘古王婆的崇拜成为凝聚排瑶各姓的共同纽带，对维系排瑶的民族认同发挥着重要作用。

排瑶来源的传说①

我们瑶族的祖先最早是住在湖广平地上的，那里田多水足，土地肥沃，（瑶人）人口兴旺，丰衣足食，势力强大。为什么迁来连南称为排瑶呢？相传是这样的。

有一次，天大旱，一连三年都没有下过一滴雨，田地干旱得无法耕种，瑶人与汉人为争水打起架来，结果双方都有死伤，后来事情闹大了，汉人告到衙门去，衙门官员收受了汉人送的钱财，便以此为借口向瑶人索钱，逼得我们祖先把旧地房屋都卖光了，十二姓瑶族人便分散去谋生。

我们这路祖先共有四兄弟，没有了田地，生活不下去了，只好学做生意，跟着族人逃难，到处去流浪。他们跋山涉水，经过宜州、青州、梁州、润州、雍州、荆州、辰州，来到道州后，住了几年便分成三路出去谋生，留在潮广的是大哥，去江西的是老二，来广东的是老三和老四，我们排瑶的祖先是老四，名字叫呆免果。

我们的祖先离开道州后，靠吃芒花蕊救命，经历了不知多少的苦难，才到了干山顶呼山街，在那里住了一段时间，生活不下去，便"鱼水涧入坑潭，人穷苦走山岭"，靠着一只白狗在前面探路，一只黄狗在后面保护，沿着地势龙（山）脉，经过铜干境阳山顶，走到连州圩的堵马坪（有的排说是芒草坪），看到这个地方的风水好，又没有人住，便搭起茅草房住下做起生意来谋生。

在堵马坪住了一个月又四十天，由于生意不好，维持不了生活，又沿着连州河水走到三江圩街来。这天刚好在街上遇到一个好心的汉人，招呼他们住了下来。

他们在三江圩街住了八九年的时间，靠种菜卖过日子，后来生活还是

① 采集时间：1980年秋。讲述人：邓马铃一公、房哈里公。搜集人：许文清、张景祥。整理人：许文清。在讲述时，邓马铃一公先讲，他讲完后，房哈里公作补充，两人认同这个传说较为完整。

过不下去，又沿着三江河水往上走，去到章古峒，在那里停留了十八天，有一天，他们走上起微山远望时，看到章古峒山苍苍，水茫茫，不是个理想的住人的地方，便再一次搬家，沿着河流去寻找好的住地。后来走到连山和涡水交界的地方，看到连山交界河水好，涡水交界河水清，便拿起银秤来称水，称得连山的河水是二分五，涡水的河水是二分九，哪条河水大跟着哪条河走。就沿着涡水河走了九十九弯，到了黄埂山界，看见黄埂这块地方九条龙脉来得好、十条喜马招得真（风水好的意思），便砍开芒草，劈开荆棘，搭起茅草房住了下来。

在黄埂住下不久，逃难分离的各路瑶民兄弟闻知这里是个适合瑶家生活繁衍的好地方，便从各地纷纷跟来。很快，迁来的人愈来愈多，左边住一百八十户，右边住四百五十家，成了一个大山寨。后来便建了盘古王庙宇，造了三十六个神像，在农历十月十六这天，全体瑶民会集庙堂，杀猪宰牛，唱歌跳舞，吹牛角，打铜锣，跳长鼓舞，先生公念瑶经做法事，隆重祭祀盘古王始祖和各姓祖先。

不料，有一年在盘古王祖庙举行祭祀活动的时候，来了个穿得破破烂烂的人，名字叫罗仙秀才。他走到一个叫呆南小妮的人的家时，人们不知道他是个地理先生，以为是个讨食的叫花子，见他爬山上瑶寨，走得满头大汗，便先给他一瓢水喝，然后才给他酒。为这事罗仙秀才十分恼怒，一心要败坏黄埂寨的风水。他对黄埂寨的人说："黄埂这个名字很不吉利，黄埂是指得黄肿病死的人抬出去埋葬的意思。从此以后你们寨会一个个生病发黄，死个精光。"

罗仙秀才说了这些话，以后黄埂寨的人果然一个个病死，本来是热热闹闹的寨子，很快变成了荒山。

黄埂的龙脉走了气，只剩住在寨边的八户人没有死。他们八户人商量重新找住地，便把庙堂的梁木砍成八段，把盖庙宇的茅草拆成八块，八户人分别到各个山头去谋生。一年复一年，各个山头都兴旺起来了，变成一个个大寨子，被汉人称为瑶排，在涡水河以北的军寨排是大哥，里八峒是二哥，火烧排是三哥，大掌排是四哥，马箭排是五哥；在涡水河以东的油岭排是大哥，南岗排是二哥，横坑排是三哥，统称为八排瑶。以后人口逐渐增多，八排住不下，人们又分散到二十四个山冲里去住。分散后，由于山高路远，大家很难相见，便在各瑶排建立盘古王大庙，并约定每三年或五年耍歌堂，让大家来聚会。就这样，我们瑶人在连南这块地方定居下来，成为现在的排瑶。要歌堂也就成为我们排瑶人世代相传，大家相聚一起纪念祖先、回顾历史、唱歌跳舞娱乐的民族大盛会。

上述流传于排瑶民间关于排瑶迁徙与来源的传说，在内容上与同样流传于民间的《八排瑶歌》有诸多相似之处。例如，两者所提到的排瑶先祖的迁徙地点有不少是一样的，且都提及八排瑶是由八个兄弟的后代繁衍而来。

排瑶迁徙的传说①

相传瑶族的始祖是盘古王。古时候，瑶族是住在平地上的，人丁很兴旺，生活很富足，人们过着安居乐业的幸福生活。有一年，天下大乱，瑶族的祖先遭到官兵的追杀，只好举族逃离家园，过州过府，不断迁徙。有一次，十二姓瑶民乘船漂洋过海，去寻找新的住地，不幸在海上遇到狂风暴雨，海浪如山，船在海中漂了九天九夜靠不了岸，眼看就要船翻人亡。在这危急关头，全族人跪在船上祈求始祖盘古王显灵，保佑子孙平安度过灾难，并许下大愿：船到岸人得救后，瑶人凡建寨必建盘古王庙，年年敬奉盘古王。许完愿，风平浪静，船很快靠了岸，十二姓瑶人得救了，这一天正好是农历十月十六，又恰巧是盘古王的忌日。瑶人上岸后，急忙砍来琴树雕成盘古王神像，又把糯米蒸熟舂成圆糍粑，还杀猪宰鸡，进行祭祀。全族人在盘古王神像前唱盘古王歌，吹牛角号，敲打铜锣，跳长鼓舞，庆贺十二姓瑶人获得新生，纪念盘古王的忌日，以后，瑶人把农历十月十六定为"盘古王节"，年年祭祀盘古王。

漂洋过海后，十二姓瑶人分成几路到各个地方去谋生。排瑶的祖先经过宜州、青州、梁州、润州、雍州、荆州、寅州、辰州、道州，然后进入连州，于隋唐年间到达连南瑶区，在涡水黄堤结寨定居下来，并在山寨附近建了一座盘古王大庙，在正厅设"仙人桥"摆放盘古王公、盘古王婆，各姓祖先和帮助瑶人避难与对瑶民有救命之恩的汉人黄家大王、廖家大王、邵十四公、邵弟一郎、邵弟二郎、莫落大王的塑像，还专门设了掌庙公和烧香公，常年供奉，香火不断。以后瑶人逐渐增多，人们又分散到各个山头去建寨居住，于明代形成了"八排二十四冲"，便被称呼为"八排瑶"。分散后，由于山高路远，大家很难相见，以后便在各个大排建立盘

---

① 流传地区：连南瑶山。采集地点：九寨甲塘冲瑶寨。采集时间：1989 年 3 月。讲述人：唐买道八公。收集整理人：许文清。

古王大庙，并约定每三年或五年每个排在盘古王节后举行一次"耍歌堂"活动，让大家来聚会，到盘古王庙念瑶经，唱盘古王歌，跳长鼓舞，共同纪念盘古王。在"耍歌堂"期间，瑶人举行盛大的典礼祭祀盘古王。瑶民还定下规矩，二十年举行一次"打道箓"捡法名，死后让灵魂回归故里，"挨旦堂"时，要进行一次"游九州"的仪式，以纪念祖先在逃难时"过九州"之壮举。这样，"耍歌堂"和"打道箓"也就成为排瑶最隆重的传统节日。

排瑶在历史上进行过长期的迁徙，但这并没有消解其族群意识。排瑶各姓对盘古王的信仰对维系排瑶的族群意识起到重要作用。而围绕共同始祖盘古王展开的周期性的节日和祭祀活动进一步强化了排瑶共同的历史记忆，保证了其历史记忆的稳定性和延续性。

排瑶是一个有着突出祖先崇拜文化的民族，有关祖先的事迹往往会被后代所传诵。北粤村的唐姓老人认为其祖先是从今天湖南的道县迁过来的，大约在宋朝时期其祖先迁徙至北粤村附近。其先祖唐十二公家中养的一头母猪多年不产崽，后来这头母猪跑到北粤村老村的位置产下了 12 只小猪崽。这样，其祖先认为这个地方风水好就在此定居下来，经过若干代后人口逐渐繁衍形成村落。另据北粤村房姓老人的回忆，其先祖来自今天河北的清河县。直到现在，北粤村房姓一些人家中的香案上还刻有"清河堂"的字样。根据北粤村房姓老人的口述，其房姓祖先在广东的迁徙路线为：佛山—英德—阳山底—连县渡马坪—大雾山—连县—连山小三江—福田村—油岭—旺行村（唐姓人家的母猪带上来的）—行祥村。① 该名房姓老人的口述内容均是其祖先一代代传下来的，在流传的过程中难免出现错误。关于排瑶的来源，民间还流传着多种传说。其中一个传说是排瑶原是从辰州迁到道州的，在迁徙过程中排瑶的先祖唐郎白公生了八个儿子，其中一个儿子唐郎发振一郎生下两个儿子，大儿子生下的三个儿子分别迁居到东三排，二儿子生下的五个儿子分别迁居到西五排。他们各自的子孙后代繁衍生息，最后形成了八排瑶。这些关于族源的传说在具体的内容和细节上有所出入，但都强调排瑶同出一源，是由八兄弟分立后繁衍而成的。② 老人们讲述的关于其祖先迁徙的故事就其内容而言与真实的迁徙历程

---

① 2018 年 8 月根据北粤村 FQGJ 口述整理而成。
② 《民族问题五种丛书》广东省编辑组：《连南瑶族自治县瑶族社会调查》，广东人民出版社，1987，第 4 页。

难免有所出入，但笔者认为迁徙路线的具体内容已不重要，重要的是这些内容向我们展示出北粤村排瑶的祖先来源比较多样，其是历史上不同时期不同群体的人迁徙于此形成的。这一案例显示出南岭民族走廊作为多族群交流互动的场域，其中不同的人群在交流互动的过程中形成了共生的格局。

（三）族谱及瑶经中的族源及其迁徙

根据对排瑶民间流传下来的瑶经进行的分析，八排瑶瑶经每卷开篇都有"炉中香火起分分，逍遥直上奏天门；拜请淮南门下祖师主，岭南门下本师爷"的字段，这从一个侧面表明其祖先来自江淮，后来才迁移至岭南。《夜头使用道书》中有"拜请淮南门下祖师主，岭南门下本师爷，连州高良祖先、大明二年房君法成九郎……旺（黄）埇祖先房君法应七郎……油岭祖先房君法才三郎……军寮祖先房君法灵九郎……大掌岭祖先房君法宝四郎……大坪脚祖先房君法养七郎……"[1] 这段文字。该段文字的内容是对祖先迁徙历史的记载，在经过世代的传递之后已经内化为族群的集体记忆，成为族群认同的源泉。

《房氏年命书》（相当于房氏族谱）提供了房氏排瑶祖先源于淮南的有力证据。[2] "它首先详列了祖先自淮南迁徙岭南后的十一世法名。房十四公、房十五公为其淮南祖师爷。法进六公、法传四郎为岭南本师爷，他们两代人在广州、佛山街区居住。法卯五郎迁往英德，法嫩六郎迁阳山。法章七郎、法周八郎在连州渡马坪。法能九郎、法银十郎在湖南道州居住。法仙十郎回到连州大雾山。到法成九郎，南朝宋大明二年间始定居于连州的高良洞。在高良洞住了八代，再搬到今天连南的涡水黄埇（在黄埇建立庙堂，其子孙后代又迁到油岭、军寮和大掌岭）、大坪脚等地居住。至 1964 年，已传至五十四代。"[3]

无论是瑶歌还是当地老人的口头传说或者是族谱，都为我们从当地人的视角探讨排瑶的族源和迁徙问题提供了可供参考的资料。这些资料与历史文献中关于排瑶的记载相互印证，有助于我们更加真实地了解排瑶的族源和迁徙历史。民族、族群的形成和发展是一个历史的动态的过程，笔者认为一个民族或族群的族源有主源和次源、远源和近源之分，因此，需要从历史的动态过程中去认识、考察排瑶的族源。已有的材料表明排瑶族源的组成部分大体有：夏商

---

① 2018 年 8 月根据北粤村 TSEG 家中的瑶经整理而成。
② 李默、房先清编《八排瑶古籍汇编》，广东人民出版社，1995，第 2 页。
③ 李默、房先清编《八排瑶古籍汇编》，广东人民出版社，1995，第 1~2 页。

时期生活在黄河、长江中下游地区的"三苗"，春秋战国时期生活在今天湖北、湖南等地的"荆蛮"，秦汉时期生活在今天湖南、贵州一些地区的"武陵蛮"，隋唐时期生活在今天湖南、广西和广东的"莫徭"，宋元时期生活在今天两广地区的"猺人"，以及各个时期进入瑶山最终"瑶化"的部分汉族、壮族和少量其他族群的人口。瑶族是一个有着悠久历史且支系众多的民族，如何看待瑶族的统一性与多样性是很多民族学家所关注的焦点。我国著名的人类学家费孝通先生在广西大瑶山开展研究进而思考瑶族的形成及演变过程，其有关瑶族的研究为其后来提出"中华民族多元一体格局"的理论奠定了基础。今天生活在连南的排瑶作为瑶族的一个支系，其形成和发展经历了一个漫长的过程。历史文献、语言学、生物人类学以及当地的民间资料都表明排瑶是一个古老的族群，有着悠久的迁徙历史，其迁徙路线错综复杂，族群来源多样。迁徙与融合贯穿了排瑶整个的形成和发展过程，历史上不同时期不同的人群迁徙到同一区域形成排瑶的过程，恰如众多支流汇聚于一处。

第二节　排瑶的形成

排瑶的先民在历史上有着漫长的频繁迁徙的历史，战乱、自然灾害、封建统治者的剥削压迫等都是排瑶先民迁徙的原因。迁徙是排瑶先民应对外部自然、社会环境的一种策略。排瑶是一个山地族群，在漫长的迁徙过程中通过借鉴学习周边汉族的文化，逐渐形成了富有自身特色的族群文化。

一　从迁徙到定居

现有的文献资料已经表明排瑶的先民在很早就已经实现了定居、种植了水稻。李默先生根据历史文献资料中关于宋代粤北连州瑶人的记载，认为当时部分瑶人已经实现了定居并种植水稻。[1] 排瑶先民从迁徙到定居，水稻种植业的发展起到了至关重要的作用。排瑶先民改变耕作方式的原因很多，环境的变换、与原有族体的脱离等都是原因之一，但主要的原因是受汉文化的影响。[2] 排瑶的水稻品种、农具的形制和类别以及耕作流程都与周边汉族相同或相似，同时排瑶一些种植水稻的农具的名称和耕作用词也多为汉语借词。[3] 这都在不

---

① 李默：《瑶族历史探究》，社会科学文献出版社，2015，第133、138页。
② 练铭志、马建钊、朱洪：《广东民族关系史》，广东人民出版社，2004，第297页。
③ 练铭志、马建钊、朱洪：《广东民族关系史》，广东人民出版社，2004，第297~298页。

同程度上反映出排瑶稻作农业的出现与发展明显地受到了汉文化（尤其是客家文化）的影响。排瑶的祖先在历史上长期保持刀耕火种的生产方式，在迁徙的过程中通过与汉族的接触逐渐掌握了水稻耕作技术，开垦梯田、引水灌溉。水稻可以在一片土地上反复耕种而无须迁徙。水稻耕作技术的发展使排瑶先民无须移动就可获得稳定的食物来源，因而水稻种植逐渐为其所接受。种植水稻需要人们在固定的土地上长时间地投入大量劳动力以获得稳定、充足的食物来源，这也就迫使种植水稻的排瑶先民逐渐放弃传统的游耕生产方式而选择定居下来。

在讨论瑶族水稻种植业与定居的关系时，日本著名的瑶族研究专家竹村卓二认为：灌溉梯田具有两个作用，就是使得局部地区人口的集中和相对长期的定居成为可能。[1] 利奇在讨论同样作为山地民族的缅甸克钦人的灌溉梯田时认为："一般说来，经营梯田并不经济。只限于地域人口密度大引起土地严重不足的情况下，梯田经营才是行之有效的经济手段……另一方面，由于梯田几乎没有休闲期，每年都能够耕种，相对而言使得稠密人口的局部集中成为可能。并且，只有在经营规模异常大较为持久的村办团体中，才能见到山地梯田。"[2] 梯田灌溉稻作农业的形成和发展在排瑶先祖从游耕走向定居的过程中发挥了重要作用，但排瑶先祖并没有完全放弃刀耕火种的这种生计方式，放火烧山耕种不同程度地保留在排瑶社会中，其主要表现形式就是排瑶的旱地农业。排瑶发展旱地农业有多种原因。在山地环境中，受制于地形地貌和水源等自然条件，大部分土地并不能被开发为梯田。此外，开发梯田需要大量劳动力，成本很大。受地形地貌的限制，很多梯田只有 2~3 米宽，为防止由雨水冲刷造成的滑坡，梯田的边缘都用碎石堆砌。建在山腰处的梯田不同于建在地势低平处的水田，因其地势较高不易储水而必须引水灌溉。灌溉用水则是人工水渠引来的山上溪水，或是山上石缝间的小量流水。所以梯田的修筑、维护和使用都需要极大的人力。而在山地大面积经营刀耕火种，虽然比较粗放，但成本低，也更适应于当地的生态环境。与梯田以种植水稻为主不同，旱地以种植玉米、黄豆、花生、番薯、芋头等产量较高、适应性较强的农作物为主。民国时期，胡耐安通过在排瑶地区的调研发现八排瑶的产米量并不多，一般情况下只能维持半年的生存，而贫穷人家的年产米量仅能维持一两个月的生存，为了弥补产米

---

[1] 〔日〕竹村卓二：《瑶族的历史和文化——华南、东南亚山地民族的社会人类学研究》，金少萍、朱桂昌译，民族出版社，2003，第 22 页。
[2] 〔英〕埃德蒙·R.利奇：《缅甸高地诸政治体系——对克钦社会结构的一项研究》，杨春宇、周歆红译，商务印书馆，2010，第 28 页。

量的不足，排瑶用甘薯、玉米等作为补充。① 旱地农作物在一定程度上弥补了稻作农业面积有限、产量不足的缺点，使排瑶的食物来源更有保障。发展梯田灌溉稻作农业和旱地农业是排瑶先民为了族群的繁衍生息选择适应山地环境的一种生存策略。

稻作农业的发展给排瑶的发展带来了一系列的深远影响，它不仅使排瑶的先民逐渐定居下来，还直接或间接地导致了其新的族群文化的产生。稻作农业的发展对排瑶社会组织所造成的影响就是其一。日本学者藤井胜通过对日本的分析认为，"稻作特别是水稻耕作一方面有地区社会和亲属关系的共同性的支撑，同时，由于主要部分是家庭经营，因而在东亚很多稻作社会中，地区社会中家庭的重要性或家庭的制度化自然地得到推进和发展"②。他还认为，水稻种植所需的水利管理对村落共同体的形成有促进作用。③ 相较于刀耕火种这种资源获取方式，稻作农业的持续需要亲属间的协作与配合，而对于水资源的管理也催生出村落相应的制度。现有的民族学研究表明，采取刀耕火种这种耕作方式的过山瑶为了适应频繁的迁徙在社会组织上往往以单个家庭为主，单个家庭就能独立获取所需的食物。但稻作农业需要超越家庭之外更大范围内亲属间的合作。排瑶房族组织以及一些村落制度的形成与稻作农业有着密切关系，如作为排瑶瑶老主要成员之一的放水公就专门负责整个村落水资源的管理。在农业社会中水资源与社会之间有着密切的关系，围绕着水资源的使用、分配和管理往往会产生相应的社会制度。在农业社会中围绕着水资源争夺而展开的利益之争可能会促成区域社会内部的结合。④ 稻作农业的发展带来的定居，使人们更重视血缘关系。在一定生产力条件下，一定区域内人们可以利用的资源是固定的；为了更好地争取、利用资源，人们会通过各种方式结合起来，而血缘关系无疑是人们结合的主要基础之一。定居使排瑶先民逐渐形成了注重血缘亲情、互助合群的文化。现有的历史典籍中对排瑶习性的描写就涉及其合群互助的习性："瑶人宗族及外戚观念甚浓，堪称合群。如甲姓与乙姓或同族中，此房族与彼房族发生争执，或人命事情，则必延请同族及十二代外戚联合以对

---

① 胡耐安：《说傜：粤北之八排傜》（1942 年），连南瑶族自治县档案局藏，档案号：全宗号
  58，目录号 G1.1，案卷号 32。
② 〔日〕藤井胜：《对日本的家的再探讨——从东亚稻作社会的视点出发》，载〔日〕首藤明
  和、王向华主编，宋金文编《中日家族研究》，浙江大学出版社，2013，第 33 页。
③ 〔日〕藤井胜：《对日本的家的再探讨——从东亚稻作社会的视点出发》，载〔日〕首藤明
  和、王向华主编，宋金文编《中日家族研究》，浙江大学出版社，2013，第 25 页。
④ 王铭铭：《"水利社会"的类型》，《读书》2004 年第 11 期，第 21 页。

付，而其同族及外戚，均各本其能力以相助，出力出钱，在所不惜，即因此而死伤亦无怨言，合群互助有如此者。惟每因此而纠纷已难排解，且摆酒以招房族外戚，损失不资，负债累累，两代不能偿清也。"①　不难看出，无论是宗亲关系还是姻亲关系均是排瑶先民维护、争夺利益所依靠的主要力量。超越家庭之外的房族组织以及重视血缘亲情的观念的形成无疑和排瑶先民稻作农业的发展与定居的实现有着密切关联，并促使排瑶逐渐形成了新的文化元素，为排瑶作为一个独立族群的诞生奠定了基础。

二　排瑶村落社会中的血缘与地缘

作为典型的山地族群，排瑶在历史上因长期生活在山地环境中形成了一套与山地自然环境相适应的山地社会文化系统。斯科特在《逃避统治的艺术》一书中总结了山地社会的一般特征，如刀耕火种的生计方式，无阶级、平等的社会制度，无文字。②　在排瑶发展的过程中，其族群在某一阶段确实呈现斯科特所说的山地社会特征，如排瑶先祖在早期迁徙的过程中采取刀耕火种的生计方式、民主平等的氏族社会政治制度。但随着排瑶的定居，其原有的社会文化也发生了变化，形成了自己独特的村落社会文化。

居于高山是排瑶村落的主要特征之一，排瑶先民选择在山上营建村寨并将其作为自己的栖息地，主要是为了抵御封建统治者的围剿。排瑶村寨的防御功能比较完善，村寨往往都有石墙环绕，有些村寨内还建有碉楼。排瑶村寨往往依据山体走势铺展开，村寨内的房屋形成层层相叠的分布格局。远处望去，房屋一排排展开，错落有致。因此，汉人根据排瑶居住村寨的特征将其称为"排瑶"。聚族而居是排瑶村落的另一特征。排瑶十分注重宗亲关系，宗族观念浓厚，同一宗族、房族的成员共居一处。以北粤村老村为例，老村内两条较大的主干道将整个村落分为三大片区，这些主干道成为不同姓氏所居区域的界线。共同体特征明显是排瑶村落的又一特征。排瑶村寨以多姓村为主，不同来源的人群长期共居、相互通婚，最终被整合为一个共同体。一个村落内的成员拥有相同的语言、服饰、风俗习惯及信仰。排瑶八个村寨中每一个村寨都有一个大庙，庙中供奉的是盘古王公、盘古王婆以及各姓的祖先。除了村民，村落内的

① 廖炯然：《瑶民概况》（1964 年 4 月 12 日），连南瑶族自治县档案局藏，档案号：全宗号 58，目录号 G1.1，案卷号 33。

② 〔美〕詹姆士·斯科特：《逃避统治的艺术》，王晓毅译，生活·读书·新知三联书店，2016。

储水池、水管等公共物品也都是村落共同体的反映。排瑶的村落还呈现较强的封闭性。排瑶村寨内部拥有较为完善的生活设施，排内居民自给性较强。同时，由于村寨位于深山，其与外界联系不便。这些因素都使村寨表现出较强的封闭性。

八排瑶中规模最大、人口密度最高的北粤村老村集中体现了排瑶社会组织结构的特点。传统上北粤村是一个血缘社会。费孝通认为，"血缘的意思是人和人的权利和义务根据亲属关系来决定"；用生育所发生的社会关系来规定各人的社会地位，这样的社会就是血缘社会。[①] 在 1949 年之前，北粤村老村的居民有唐、邓、盘、房四大姓氏。村民依血缘关系聚族而居，每姓都有自己集中居住的片区，各姓下面的房族亦有自己的聚居片区。北粤村老村内房屋前后左右都有石板道相连接，从而形成纵横交错、四通八达的道路网。村内有两条较大的主干道，将整个村子分为三大片区。当地人称三大片区为"龙"，三条"龙"将村子内部的四大姓分在三个片区，邓姓和大唐（唐姓的大分支）因人口较多各占一"龙"，房姓和盘姓因人数较少和"小唐"（唐姓的小分支）共占一"龙"（见图 1-1）。在老村的三条"龙"中，邓姓和大唐所占的"龙"既是血缘组织也是地缘组织，盘姓、房姓和小唐所占的一"龙"是地缘组织。血缘和地缘的紧密结合为瑶老制的形成奠定了基础。唐仁郭等人认为，广东连南排瑶社会中存在的是家—房—排的宗族结构；[②] 瑶老制以一夫一妻的小家庭为社会基础，是以房或排为单位设立的兼具经济、政治和军事等多种功能的社会组织。[③]

在北粤村，个人所在的核心家庭通过父系血缘与宗族结合起来，而宗族又将个人与作为地域组织的村落结合起来。排瑶社会组织的基础是核心家庭，其家庭成员往往只包括一对夫妇及其未成年的子女。排瑶的父系色彩较为浓厚，按父系血缘组成的房族是家庭之外重要的血缘组织。排瑶的房族组织是出自同一祖先的若干代子孙的集合体，是一个不断变动的血缘组织，具有较强的层次性，根据共同祖先的远近，可以伸缩为不同的层次。不同层次的房族组织居住在排内的同一个片区。"龙"在排瑶社会中是一个地域性的组织，已超越血缘组织界限。在北粤村老村，房姓、盘姓和小唐居住在同一个"龙"中，而唐

---

① 费孝通：《乡土中国 生育制度》，北京大学出版社，1998，第 69 页。

② 唐仁郭、钱宗范、王昶、陈雄章：《中国少数民族宗法制度研究》，江西高校出版社，2006，第 359 页。

③ 唐仁郭、钱宗范、王昶、陈雄章：《中国少数民族宗法制度研究》，江西高校出版社，2006，第 370 页。

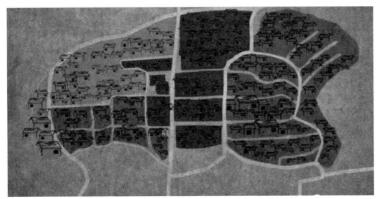

图 1-1　北粤村老村各姓居住片区分布

说明：图中左上角浅灰色部分为房姓和盘姓居住片区，中间最深的灰色部分为邓姓居住片区，左右两侧中等深度灰色部分为唐姓居住片区（其中左侧部分为"小唐"居住片区，右侧部分为"大唐"居住片区）。

资料来源：笔者在北粤村调研时获得。

姓、盘姓、房姓和邓姓共居一处又结合成地域性的排。北粤村老村由"龙"到排是由血缘结合到地缘结合的表现。"排瑶所处的生态环境首先影响了排瑶的经济生活，这种经济生活又影响了其社会结构。传统上排瑶生产力低下，其生产的农产品只能满足自身生活的需要。另外，针对生态压力的调适会直接影响社会结构的核心元素。气候的季节性、水源的便利性、土地的肥沃程度等因素可以决定聚落的大小、聚落的分布情形以及聚落人口如何组织生产活动等。因此，排瑶以血缘关系为主，在一个排内按姓氏、血亲房系连片居住的方式，同样是满足他们的生态环境和经济生活需要的。"[1] 谢剑将排瑶的这种社会分支结构的基本特点总结为"巢居"现象，即小单位"巢居"于大单位，再衍生成独立平等的单位。[2] 从核心家庭到层次不同的房族组织再到更大范围的姓和村落（见图 1-2），这种从血缘到地缘层层推进的结构是排瑶社会从血缘结合到地缘结合的具体表现。

---

① 朱洪、李泳集：《排瑶文化变迁的调适问题》，载广东省民族宗教研究院、中山大学人类学系、连南排瑶文化教学科研基地编《排瑶研究论文选集》，广东人民出版社，2013，第 272 页。

② 谢剑：《连南排瑶的社会组织》，香港：香港中文大学出版社，1993，第 166~167 页。

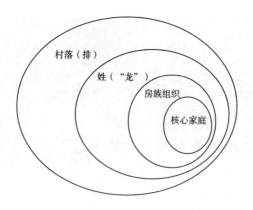

图1-2 北粤村排瑶社会组织的结构模式
资料来源：笔者根据田野资料绘制。

　　谢剑所指出的排瑶社会的分支结构特点强调的是排瑶社会从血缘组织到地缘组织的层层递进关系，但他没有对排瑶社会这种分支结构的内在机理进行深入分析。本书认为排瑶血缘组织与地缘组织结合的纽带是排内的庙。排瑶不同层次的房族组织是一种父系血缘实体，拥有共同的祖先，共有祖先所形成的集体意识以及围绕共同祖先的各种祭祖仪式强化了房族成员的团结，使其形成一个血缘共同体。而排瑶的村庙中主要供奉的是排内各姓的祖先神，除此之外还供奉有排内村民所共同信仰的盘古王公和盘古王婆以及黑面公和白面公等共同信仰神的神像。从北粤村一本传统的瑶经上笔者摘录了其记载的大庙中供奉的神像："行祥洞内，房十二公、梅氏七娘、梅氏八娘（女人神）、刘十五公、邓十五公、地主黄面黑面白面将军、收击（沈家）小家公、前代唐十三公、后代唐十三公、唐王白公、唐法大王、邓岳海首大王、五姓平王、开天立地盘古大皇、黄婆、青帝、南海三娘、西海四娘、房十五公、邓十五公、刘十五公、龙十九公、李十九公、法洪六郎、法通六郎、法清三郎、法交八郎、邓无孟供六郎、管庙祖师师爷、法清神境四郎、庙神三十六将面王。"从当地经书的记载中可以看到，北粤村传统大庙中供奉的主要是各姓祖先。这些神像都在村庙中，这是排内各姓结合的象征，围绕着村庙进行的各种仪式活动对排内各姓起到整合作用，村庙是排内村民共同的信仰空间和村落共同体的象征。中国汉人乡村社会中作为血缘集团中心的祠堂和作为地域社会中心的村庙是分离的，而在日本的乡村社会中同族集团在以共同祖先神为中心结合在一起的同时又与其他的同族一起祭祀共同的村守护神。① 从排瑶社会村庙中神像的构成可以看出，排瑶的村落中村庙是血缘和地缘结合的纽带。排瑶的村庙以及围绕着村庙展开的各种祭祀活动在团结村落成员的同时也进一步理顺了村落内不同宗族间的秩序，使村落表现出更多的共同体特征。首先，北粤村老村是一个地域共同体，村民居住在同一个村寨中，村寨内有大庙、水渠和水池等公共设施。其次，村民拥有共同的宗教信仰，有以村落为单位的集体的仪式活动。每隔三年或五年，会举办以村落为单位的祭祀盘王及祖先、祈福娱神乐众的耍歌堂活动。再次，村民共同生活在瑶老制这一政治制度下。最后，虽然村民分属不同的姓，但由于实行内婚制，各姓之间相互通婚，亲属网络将各姓联结起来。总之，北粤村老村表现出诸多村落共同体特征。

20 世纪 80 年代后，随着北粤村老村村民相继搬迁到附近海拔较低的地方，老村原有的多姓共居一处的状态被打破，村民以姓氏和宗族为单位分别迁徙到不同的自然村，形成了 7 个单姓村，每个单姓村由同一姓内的若干宗族组成。具体来说是大唐分成唐牛村和唐冲村两个自然村，小唐迁到唐坳村，邓姓迁到邓坪村和邓峒村两个自然村，房姓迁到房峒村，盘姓迁到盘坪村。② 虽然村民搬迁了，但聚族而居的格局并没有改变。血缘对地缘的决定作用在这里有着明显的体现。以唐冲村为例，该村由火生、大食、兀和京口四个宗族组成，而每个宗族又相对集中地居住在村子的一个片区。宗族成为联结家庭与村落的纽带。林耀华曾提出过宗族乡村这一概念，并指出宗族乡村是血缘与地缘兼有的团体。③ 搬迁后北粤村的各个自然村也属于宗族乡村。在北粤村，在当地人的观念中有共同的姓就是拥有共同的祖先，由于同一姓的人数较为庞大不便于进行群体识别，姓下面的宗族才是当地人更为重视的血缘组织。这可以从当地人的命名制度和通婚禁忌中体现出来。火生、大食这些宗族的名称在北粤村的观念中就是一种身份识别的标志，代表着个人所归属的父系血缘群体。在村的范围内，姓这一血缘单位过于宽泛，不便于村民识别；宗族作为更小的血缘单位易于识别。当地人的宗族观念较为浓厚，血缘关系仍是村民最主要的社会关系。聚族而居的人们不仅是一个血缘共同体还是一个地域共同体。虽然村庙在"文革"期间被毁，但北粤村每家每户厅堂上"家先单"中都有"唐姓、盘

---

① 麻国庆：《社会结合的纽带——日本的神社与中国的庙》，《永远的家：传统惯性与社会结合》，北京大学出版社，2009，第 206~207 页。

② 这些村名均为笔者所起的学名。

③ 林耀华：《从书斋到田野》，中央民族大学出版社，2000，第 158~159 页。

姓、房姓、邓姓"的字样来代表各姓祖先，这仍是村落共同体特征的外在表现形式。无论是在老村还是新村，村落都呈现共同体的特征。宗族是村落之下最主要的社会组织，也是村落与家庭之间的过渡组织。按照当地人的说法，北粤村的每个宗族都是村子里的一股力量。在北粤村这样一个高度依赖血缘组织的社区，血缘与地缘高度重合，血缘关系是最基本的社会关系，是一切社会关系的基础，社会秩序的维持也依赖血缘关系，而作为整个村落政治制度的瑶老制同样必然建立在宗族组织的基础上。

三 排瑶栖居环境的区隔与流动

排瑶所栖居的山地环境呈现区隔的相对性与流动的绝对性并存的状态，这种生存环境对排瑶族群特征的形成有直接影响。日本瑶族研究专家竹村卓二将广东的排瑶看作"深山瑶"，认为其与过山瑶有着不同的生态适应方式。[①] 排瑶选择在远离汉人的深山固定居住，而过山瑶则选择在比较开放的山麓地带散开暂住。在村落规模和人口集中程度方面，两者的差距非常明显。过山瑶的村落规模很小，最大的村落户数大约是 80 户，人口不到 400 人；一个村落的平均户数在 20~30 户，并且常能看到二三户组成的小村子。排瑶的八个较大村落人口稠密，村落规模较大。[②] 排瑶大型的村寨往往是一个相对封闭的小型社会，在群峰连绵的百里瑶山，空间环境所具有的立体性不仅使耕地碎片化，也使得居于其间的排瑶的社会文化呈现出一种破碎性，这种破碎性表现在排瑶各个排之间的文化呈现共性与个性并存的状态。各排在服饰、口音以及风俗习惯等方面大同小异，相互毗邻的排在文化上的相似程度要高于距离较远的排。排瑶所栖居的山地生态环境具有相对的区隔性，这种相对的区隔性使其易发展形成相对封闭的文化形态，但同时这种区隔性又不是绝对的，排与排之间保持着有限的联系与互动。这种相对区隔性不仅表现在排与排之间，也表现在八排瑶所栖居的瑶山与周边汉族社会之间。排瑶的先祖在迁居今天的连南时，地形相对平坦易于耕种的地区多被其他族群所占据，其被迫迁往深山。山区相对匮乏的资源使栖居于此的排瑶先民在经济上不能自给，其生产、生活必需品如铁器、食盐和布等的获取都严重依赖周边的汉区；而瑶山盛产的木材、药材以及

---

① 〔日〕竹村卓二：《瑶族的历史和文化——华南、东南亚山地民族的社会人类学研究》，金少萍、朱桂昌译，民族出版社，2003，第 18 页。

② H. Stübel, "The Yao of the Province of Kwangtung," *Monumenta Serica* 3（2），1938，转引自〔日〕竹村卓二《瑶族的历史和文化——华南、东南亚山地民族的社会人类学研究》，金少萍、朱桂昌译，民族出版社，2003，第 21 页。

兽皮正是汉区所缺乏的。文献记载："瑶汉交易，则以瑶区附近圩市为主。瑶人所需盐糖酒肉等，则按期至圩购买。所有盈余杂粮瓜果竹木等，亦依时运向汉人发售，公平交易，无歧视。于二十年冬，前连阳化瑶局复于三江设有交易坊一间，专为瑶人秤货计数，瑶人颇感便利，近更有汉人入排设店经商者，前颇隔膜，今渐融洽矣。"① 可以看出，瑶区与周边汉区的贸易往来具有天然的互补性，互通贸易是共赢的，但因为铁器、食盐和布均是生产、生活必需品，所以瑶区对周边汉区的依赖性更强。现实的经济需求使瑶区与周边汉区民间的交往和贸易一直都存在。日本学者竹村卓二从生态学方面分析了华中、华南的瑶族以其独特的山林资源为背景，与平原汉族之间维持着相对安定的经济的共生这一事实。② 他认为以不同的生态系统为背景、依靠生活必需品互通有无的交换而具有共生关系的主民和客民之间，不单是在物质方面，在思想和信仰等精神方面，也相互产生着种种影响。③ 排瑶与周边客家族群在经济上的相互依存促进了双方在社会、文化方面的密切互动。汉区的商人、铁匠是往来瑶区与汉区之间最为频繁的两个群体，为了方便，一些汉族商人和铁匠常年与排瑶接触，他们熟知排瑶风俗，学会了瑶话。商人和铁匠为瑶寨提供了必要的商品和铁器，受到排瑶群众的欢迎，少数汉族商人和铁匠娶排瑶女子，定居在瑶寨，成了排瑶。在文化方面，排瑶的稻作农业受客家人影响，排瑶语言中的很多词语直接借用客家话，排瑶的宗教信仰有着明显的道教元素，一些宗教仪式中的法器借鉴了道教的法器。可以说，瑶区与汉区的交往互动涉及经济、社会和文化等各个方面，是全方位的。

历史上封建统治者努力尝试将瑶族先民纳入其统治之下，对其多采取羁縻政策，这在一定程度上促进了瑶汉之间的民族融合。从明代中后叶起，政府通过武力镇压、经济开发、商品交易、兴办教育等，使广东的瑶族逐渐融于汉族，瑶区逐渐缩小。至清康乾之后，除粤北之外，广东其余地区的瑶族先后悄然消失，形成今天广东瑶族的居住格局。④ 排瑶与周边汉族虽然在经济、社会

① 廖炯然：《瑶民概况》（1964 年 4 月 12 日），连南瑶族自治县档案局藏，档案号：全宗号 58，目录号 G1.1，案卷号 33。

② 〔日〕竹村卓二：《瑶族的历史和文化——华南、东南亚山地民族的社会人类学研究》，金少萍、朱桂昌译，民族出版社，2003，第 77 页。

③ 〔日〕竹村卓二：《瑶族的历史和文化——华南、东南亚山地民族的社会人类学研究》，金少萍、朱桂昌译，民族出版社，2003，第 88 页。

④ 颜广文：《明代广东地区民族政策的演变与瑶区社会经济的发展》，《华南师范大学学报》（社会科学版）1996 年第 5 期。

和文化方面联系密切，但也存在资源竞争。历代典籍中常以猺、傜等带有侮辱性的称呼指代排瑶先祖，而瑶人和周围汉人间的贸易也多是不平等的，汉人往往会在贸易中做一些手脚。这必然会带来瑶人和汉人之间关系的紧张，历史上排瑶争取生存空间、反抗封建王朝的起义此起彼伏。明清两代，封建统治者对粤北瑶区的治理过程中，"都将军事力量的'兵'放在首位，以作为其推行方略、实施统治的基础和后盾"①。在这种情况下，在汉人眼中不宜生存的瑶山也就成了瑶人眼中的栖居家园，而汉人生活的平地则因为族群间的隔阂成了危险之地。地理空间上的区隔也成为族群间心理上的区隔，瑶疆的概念也因此而产生。尤其是明清两代的封建统治者曾多次派兵对排瑶先民进行围剿，排瑶先民也曾多次举兵起义反抗封建统治者的压迫和剥削。为了更好地反抗封建统治者的压迫，排瑶向内寻求团结。历史上排瑶有八排二十四冲之说，形成了八个比较大的排瑶聚居村落和若干小的排瑶聚居村落。冲往往依附于附近的大排，寻求大排的庇护，但各大排之间是独立的，互不隶属。只有在需要共同抵御外来入侵时，八排二十四冲才会召开"白石峒会议"结成短暂的联盟。由于粤北排瑶历史上的反抗，排瑶被封建统治者视为"叛服无常的越界者"。但总体而言，明清时期的封建统治者对排瑶先祖整体上实行镇压与安抚兼施的政策，因此虽然明清两朝瑶区与汉区之间的交流互动在某些时期有过阻断，但总体来说，瑶区与汉区交流互动是主流。

排瑶所栖居的山地生态环境这种区隔性特征对其族群文化的形成产生了重要影响。稻作农业技术的发展、人口稠密的大型聚落的形成，为排瑶的发展提供了良好的经济基础和稳定的生存空间，标志着排瑶作为一个新族群的形成。同时，由于山地的区隔使瑶区与汉区的交通受限，又由于历史上封建统治者间歇性地采取敌视镇压的政策，排瑶先祖能在一个较长的历史时期内在相对封闭的自然社会环境中形成自己的族群文化。但瑶区的这种区隔是相对的，排瑶栖居的山区海拔大多在1000米以下，连绵起伏的山区看似破碎但山峰并非不可逾越，人们穿行在瑶山虽然艰难但并非不可能。同时，瑶汉间的关系也并非一直是敌对的，交流互动是主流。此外，封建王朝始终没有放弃将粤北瑶区纳入其统治的尝试，不断对治理粤北瑶区的政策进行调整，排瑶与封建王朝的互动亦在动态中存续。

瑶区与汉区之间的交流互动使瑶区的文化在很多方面都受周围汉区的影

---

① 练铭志、马建钊、李筱文：《排瑶历史文化》，广东人民出版社，1992，第114页。

响。排瑶学习借鉴周边汉族的文化并不是照搬，而是结合自身的文化基础和生存环境对汉族文化进行一定程度的改造。例如，排瑶既学习汉族的水稻种植技术发展了山地稻作农业，也保留了原有的旱作农业技术，最终形成了富有自身族群特点的山地农业。排瑶与汉族在长期的交往交流中形成了在经济、社会和文化上既有所区别又有诸多相似性的关系特征，并最终形成了两个族群共存、共生的格局。排瑶与周边汉族在经济、社会、文化方面的区别，使排瑶在与周边汉族的互动中萌生并保持自己的族群意识。

四 "排瑶"作为族群称呼的产生

排瑶自称 jau$^{53/44}$men^{53} 或 dzau$^{53/44}$men^{53}，用汉字分别记作"邀敏"和"藻敏"。[1]"排瑶""八排瑶"作为族群称呼是他称。瑶族支系众多，不同的支系有不同的他称，这些他称通常来自其族群的服饰装扮、信仰和居住地等的特征。"排瑶"就来自其居住地的特征。所谓"排"，瑶民自称为 yong，汉语意译为"村寨"，指的是居室组合的形式，是较大的聚居处。[2] 明初，排瑶的先民大致形成了八个较大规模定居点和若干较小规模定居点的分布格局。练铭志、马建钊和李筱文所著的《排瑶历史文化》一书认为"排瑶""八排"这样的名词最初见于明崇祯年间，[3] 但李默先生经过考究认为"排瑶"一词最早见于明初。[4] 徐祖明指出上述两种观点的依据都是《连山县志》，但这一名词并不是明代就有的称呼。[5] 要想明确"排瑶"一词的具体所指，首先要明确"排"的意思。就排瑶中"排"一词的含义，不同学者有不同的解释。目前，比较流行的说法有"村寨""属种关系""一种最基层的行政单位"三种。[6]绝大多数学者认可"排瑶"一词中的"排"是人口聚居的村落之意。关于"排瑶"一词出现的具体时间学界尚有争议，本书关注的是作为一种他称的

---

[1] 练铭志、马建钊、李筱文：《排瑶历史文化》，广东人民出版社，1992，第9页。

[2] （清）李来章：《连阳八排风土记》，黄志辉校注，中山大学出版社，1990，第2页。

[3] 练铭志、马建钊、李筱文：《排瑶历史文化》，广东人民出版社，1992，第101页。

[4] 徐祖明：《排、排瑶、瑶排、八排瑶等称谓之辨析》，载广东省民族宗教研究院、中山大学人类学系、连南排瑶文化教学科研基地编《排瑶研究论文选集》，广东人民出版社，2013，第79页。

[5] 徐祖明：《排、排瑶、瑶排、八排瑶等称谓之辨析》，载广东省民族宗教研究院、中山大学人类学系、连南排瑶文化教学科研基地编《排瑶研究论文选集》，广东人民出版社，2013，第80页。

[6] 徐祖明：《排、排瑶、瑶排、八排瑶等称谓之辨析》，载广东省民族宗教研究院、中山大学人类学系、连南排瑶文化教学科研基地编《排瑶研究论文选集》，广东人民出版社，2013，第72页。

"排瑶"在明清时期的出现表明排瑶这一群体作为一个稳定的族群已被周边族群所承认。"排瑶"这一源于历史文献的称呼，最早并不是对某一族群的称呼，但经过新中国成立后的民族识别，"排瑶"一词成为对一个族群的特定称呼，排瑶也作为瑶族众多支系中的一个而存在。

第三节　北粤村的区位与今昔

连南县是排瑶的主要聚居地，也是历史上排瑶形成、繁衍生息的主要地区。北粤村是连南县的一个行政村，它与连南县有着千丝万缕的联系。在介绍北粤村之前，需要对其所在的连南县进行简单的介绍。

一　北粤村的区位

（一）连南的自然环境与历史沿革

连南瑶族自治县位于广东省西北部，北接湖南、西邻广西。全县南北跨度约71千米，东西跨度为45千米，总面积约1305.929平方千米。[①]

图 1-3　连阳八排瑶山地区地图

资料来源：《连阳八排猺山地图》，载《连山绥瑶厅志》（1877 年 8 月），连南瑶族自治县档案局藏，档案号：全宗号 1，目录号 A12.1，案卷号 034。

---

① 连南瑶族自治县地方志编纂委员会编《连南瑶族自治县县志》，广东人民出版社，1996，第 1 页。

连南县位于南岭民族走廊萌渚岭山脉南麓，全县四面环山，中部地势相对平缓。多山是连南县的主要特点，有"九山半水半分田"之称。连南瑶族自治县的地貌共分三种类型：一是海拔 500 米以上的山地，约占全县总面积的 61.57%，这一区域土层较厚，植被丰富，是重要的林区；二是海拔 250~500 米的喀斯特地貌丘陵区，占全县总面积的 33.40%，该区域地层透水性强，易干旱，是旱作农业的主产区；三是海拔 200 米左右的河谷冲积盆地，主要分布在三江、寨岗等乡镇，约占全县总面积的 5.03%，是该县主要的水稻产区。[①]第一种和第二种地貌为山地，是传统瑶族聚居区；第三种地貌为山间盆地，是传统的客家人聚居区；传统上形成了瑶族居于山地、汉人居于平地的族群分布格局，地形地貌的边界往往也是瑶族与汉族的边界。

连南县全县位于中亚热带季风湿润气候区，四季分明。气候受地形地貌的影响，表现出明显的立体性特征，山区和盆地温差较大。瑶族主要栖居的山地冬季寒冷，不适宜农作物的生长。全县无霜期长，降水充沛，适宜水稻和各种植物的生长。动植物资源非常丰富。温暖湿润的气候和物种的多样性为瑶族在这里繁衍生息提供了必要的物质基础。

（二）行政建制沿革

连南县在秦朝就被纳入中央王朝的统治范围，秦朝时连南属长沙郡，汉朝时属桂阳郡，南北朝时归阳山郡，隋和唐宋时先后属熙平郡、连州；元朝改州为路，归连州路，明朝属连州。[②] 行政建制作为国家的一种治理手段能较为直接地反映出国家对地方的治理状况。由于历史上排瑶先民曾多次起义反抗封建统治者的压迫，为了更好地对其进行治理，清王朝采取分而治之的策略，将八排瑶活动的区域一分为三，分别由连山县、阳山县和连县管辖，同时采取"以夷治夷"的策略在瑶区设立专门处理瑶人事务的机构。清代康熙年间，清王朝为加强对瑶区的管理设立专门处理瑶务的理瑶同知，并在今天的三江镇筑城。民国时期国民政府设瑶务处，后又设连阳化瑶局处理瑶务。1946 年国民政府成立连南县。[③] 新中国成立后，1953 年 1 月，政府将连山县、连南县合并，并将连县、阳山县部分地区划入，成立连南瑶族自治区，1955 年 6 月改称连南

---

① 连南瑶族自治县地方志编纂委员会编《连南瑶族自治县县志》，广东人民出版社，1996，第 2 页。

② 《连南瑶族自治县县志》，广东人民出版社，1996，第 56 页。

③ 《连南瑶族自治县县志》，广东人民出版社，1996，第 1 页。

瑶族自治县；之后行政区划多有变动，最终在 1961 年恢复连南瑶族自治县建制。[①]

古代时期，连南县历代的行政建制演变从某种程度上反映出瑶区与中央王朝的关系，封建统治者在对瑶区的统治中实行围剿与安抚并存的策略。

二　北粤村的今与昔

（一）老村的辉煌

北粤村有老村和新村之分，老村位于海拔 803 米的半山腰上，周围都是连绵的群山。北粤村老村作为排瑶八大聚居点之一，人口规模大、人口稠密是其主要特点。北粤村老村在明朝发展至鼎盛，在鼎盛时期有 1000 多户 7000 多人、青砖瓦房 700 余幢，整个山寨的面积达 160 多亩，其村寨规模之大、人口之多在整个瑶山都是首屈一指的。北粤村是排瑶传统的八个主要聚居区之一，有着悠久的历史。考古专家根据对北粤村老村古墓遗址的考察和分析，断定其是明代古墓。[②] 这显示出北粤村老村的形成不晚于明代，也证明了排瑶在明代形成八个规模较大聚落的论断是真实的。老村人口较多的有唐、邓、盘和房四姓。而根据当地老人的说法，唐姓是最早迁居到北粤村老村的。具体的迁移路线是：唐姓始祖约于隋末唐初从湖南道州迁至今天的连州，唐朝中期从连州迁至涡水黄埂，宋朝初年从黄埂迁至北粤村老村。北粤村的邓姓始祖约于唐朝初期从湖南道州迁至广西，随后迁至连州九陂，唐朝中期又从连州九陂迁到连南涡水黄埂，宋初迁到北粤村老村。房姓始祖也说他们最初是从道州迁来，但后来 20 世纪 80 年代修《房氏年命书》时，他们对其族源有了再认识，将其族源追溯到更远的河北清河县。[③] 盘姓始祖约于隋朝后期从河南淮阳迁至连南涡水黄埂，约唐朝中期从黄埂迁至连南大麦山，唐末宋初从大麦山迁移至横坑，约宋朝中期从横坑迁移至北粤村老村。历史上还曾有沈姓、李姓、龙姓、谢姓在不同历史时期迁徙到北粤村老村定居，但后来因为各姓间的械斗、朝廷镇压或灾害等原因迁出。明清时期，朝廷镇压导致排内部分人口迁移他处另建新寨。至新中国成立前夕，北粤村老村还有唐、邓、盘、房及沈五姓人在，只是沈姓人口极少。北粤村在形成的过程中，不同姓氏的人在不同历史时期迁入或迁出，最终形成了

---

① 《连南瑶族自治县县志》，广东人民出版社，1996，第 1 页。
② 《民族问题五种丛书》广东省编辑组：《连南瑶族自治县瑶族社会调查》，广东人民出版社，1987，第 8 页。
③ 笔者根据北粤村 FWD、FQGJ、FXQ 和 THR 等多名报道人的口述得出的结论。

唐、邓、盘、房和沈五姓共居一处的局面。上述北粤村各姓的迁徙路线和时间均由笔者根据访谈该村老人获得的资料整理而成，其更多的是一种对历史记忆的描述。但北粤村老人们这种祖先迁徙的历史记忆，表明现居于北粤村的各姓村民的先祖是不同历史时期以姓氏为单位迁来的。

（二）从老村到新村

目前，北粤村村委下辖9个自然村，其中2个自然村是1949年之前就已形成的。另外7个自然村是20世纪70年代后，村民从老村迁移下去形成的新村，它们分别是唐冲村、房峒村、邓坪村、邓峒村、唐牛村、唐坳村和盘坪村（见图1-4）。新村几乎都处在山间地势相对平坦的"坑"、"冲"或"坞"内。在本书的研究中，笔者所研究的唐姓火生宗族所在的自然村为唐冲村，房姓帮计宗族所在的自然村为房峒村。唐冲村的"冲"和房峒村的"峒"均为当地村民的称呼，"冲"在瑶语中为zungh，意为溪涧流经的地段；"峒"意为山间小平地。

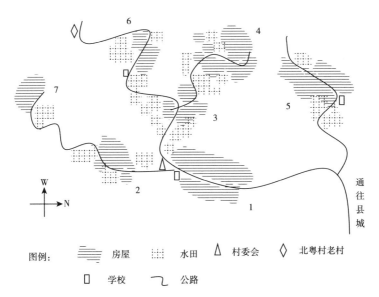

图1-4　北粤村部分自然村分布简图

说明：1片区是唐冲村，2片区是房峒村，3片区是邓坪村，4片区是邓峒村，5片区是唐牛村，6片区是唐坳村，7片区是盘坪村。

资料来源：由笔者根据北粤村各自然村的相对位置所绘。

北粤村老村的村民总共分三批搬迁到山下，时间分别是 1978 年、1987 年和 1999 年，其中 1987 年的搬迁是三次中搬迁人数最多的一次，在这次搬迁中整个寨子将近 1/3 的人口都迁到了山下新村。对于愿意搬下去的村民，当地政府会帮助村民在新村建新房。在 1978 年，当地政府给每户搬迁下去的村民提供一定数量的补贴，后面政府加大了对搬迁户的资助力度，为每家搬迁户提供 1 万元的补贴。在整个搬迁的过程中，大部分年轻人都愿意搬迁到新村。其实在政府鼓励和推动村民搬迁之前，老村中一些村民为了耕作和居住的方便已经搬离出老村，在新村建起了临时性的茅草屋。

当地政府鼓励村民搬离老村主要还是为了提升村民的生产生活水平。随着老村人口的增加，住房越来越拥挤，饮用水和干农活都不方便。于是，一些村民就在自己田地周边建起了永久性的房屋；后面，越来越多的村民这样做。随着越来越多的村民搬到山下，再加上政府的鼓励，住在瑶寨的村民越来越少。在 2003 年之前，老村曾因为输电线被树木压断而连续 4 年停电。正是因为这次停电，老村尚未搬迁下去的很多村民也都搬到了下面的新村，只有那些习惯了老村生活不愿意搬迁下去的 20 多户老人还坚持留守在老村。老村也因村民的大量流失无人维护而变得残破不堪，很多房屋都倒塌、损坏严重。

新村中最老的房子是 20 世纪 70 年代建的。那个时候的房子还是用大土块砌成的，只有少数房子是用老村的砖窑烧好的砖运下来砌成的。砖是青灰色的，用这种砖建成的房子和老村的房子在外表和内部结构上几乎一模一样。现在，在北粤村仍然能在路边看到少数用黄土块建成的房子，只是已经没人居住了，它们有的被废弃，有的被当作柴房。青砖建成的老房子在建造时间上较黄土块建成的房子晚，质量较好，在保存的数量上也更多，一些经济条件不好的村民仍居住在这种房子中。但现在北粤村的房子更多的是红砖砌成的楼房，这种楼房在建筑样式和风格方面和周边汉族村落中的房子一模一样，完全失去了当地传统的建筑风格。在唐冲村，一位经历过当年从老村搬迁到新村的唐姓老人回忆起当年的搬迁经历：

> 80 年代首先是村民自愿搬迁下来的，村民搬下来是因为这里离自己的田近，方便干农活。1987 年唐冲村差不多有一半的人住茅草屋。当时政府也鼓励村民搬迁。1987 年政府出钱，在唐冲村为愿意搬下来的村民提供水泥和砖头，村民搬下来只需自己建新房就行。即便有政府的优惠政策，老村的村民也没有完全搬下来。到了 20 世纪 90 年代大部分村民才搬

迁到唐冲村。我们家是最早搬迁下来的一批，但我们家搬迁下来的原因有点特殊。在搬迁下来之前，我母亲生下了我姐姐、我和我两个弟弟。但我的两个弟弟夭折了，一个是三个月大就夭折的，另一个是三岁夭折的。我外婆就说老村上面的房子不吉利，这样我们就搬了下来。当时，我们一家首先是在唐冲村盖茅草屋，后来才盖起水泥房。①

这些新村都是在原有农田的基础上建起来的，村落与农田很近，便于村民进行农事生产。同时因为山间的道路多修建在山间低缓的平地上，这些新村与外界的联系也更为方便。新中国成立后，实行民族平等、民族团结和各民族共同繁荣的原则，消除了汉族与瑶族间的隔阂。排瑶外部的社会压力消除，过去山势险峻易守难攻的老村因交通闭塞和人地矛盾的凸显成为制约当地村民发展的不利因素。因此，在政府的鼓励下，当地村民纷纷迁居到山下。

北粤村全村总面积 28.2 平方千米，耕地面积 6142 亩，下辖 9 个自然村 34 个村民小组 1560 户农户，总人口 5243 人。全村现有耕地面积 10794 亩，包括水田 1836 亩、旱地 8958 亩，同时有林业用地 37041 亩。② 经济发展富有山区特色，全村以种植玉米为主，玉米和花生是北粤村的主要经济作物。其他农作物有水稻、番薯、芋头和黄豆等。因喀斯特地貌的影响，全村水资源比较短缺，农业发展受限，当前村民获得收入主要依靠外出打工；但因生态环境良好、民族文化丰富，适宜发展民族文化旅游和生态农业。近些年，北粤村在当地政府的支持下发掘其旅游资源优势大力发展民族文化旅游产业，对当地村民的收入增长有一定带动作用。

小　结

刘志伟通过对客家这一族群形成历史过程的研究发现：元、明以后，大量逃离王朝国家户籍体制的人流入南岭山地并聚居，南岭山地形成一种吸纳各方流移人口的拉力，同时又逐渐形成一种向外流动的推力，今天所谓的"客家"，是这种拉力与推力互动的产物。③ 笔者认为在客家这一族群迁居南岭山

---

① 2018 年 7 月由北粤村 THSYLS 提供资料。
② 数据来源于 2019 年北粤村村委会的宣传栏。
③ 刘志伟：《南岭与客家——从客家历史看山地区域的整合》，《客家研究辑刊》2016 年第 1 期，第 17 页。

地之前，排瑶的先祖作为更早的逃离国家户籍体制的人群已广泛生活在这一地区。后来移居于此的客家人进一步挤压了排瑶先祖的生产空间，迫使他们向深山继续迁徙。排瑶现存民间的族谱、祖先迁徙的神话传说在一定程度上反映了这一过程。排瑶先祖迁居深山不仅是迫于封建国家的压力，还与这一地区族群间的竞争互动有关。在这一族群竞争互动的过程中，排瑶的先祖也将稻作农业带入瑶山，从而对排瑶族群文化的形成产生了深远影响。山地环境的立体空间使生活于其间的人们在流动方向上呈现多向度的特征，人群的流动带来文化上的交流和碰撞，进一步造成人群间的整合，促进统一族群的形成。排瑶形成的历史过程从一个侧面展示出南岭山地这一空间中不同族群的互动与整合过程。竹村卓二通过对瑶族的研究指出：瑶族能否取得发展取决于能否维持与附近居优势的民俗社会在政治、经济关系上的协调一致，也就是说，在生态系统不同的山地和平地间所形成的民族共生关系是具有重要意义的。① 排瑶的形成、发展离不开其与南岭民族走廊内其他族群，尤其是与汉族的交往互动，排瑶独特的族群文化也是在吸收借鉴汉文化的基础上演化生成的。排瑶在形成与发展过程中，与南岭民族走廊内部的其他族群形成了经济层面相互依存，社会层面相互交往、交流，文化层面相互借鉴、吸收的共生关系格局。

---

① 〔日〕竹村卓二：《瑶族的历史和文化——华南、东南亚山地民族的社会人类学研究》，金少萍、朱桂昌译，民族出版社，2003，绪言第3页。

第二章

婚姻、家庭的传统与变迁

人类学家默多克（又译为"穆道克"）通过对全球 250 多个社会的调查和分析认为，人类的家庭制度这种普同的社会结构，是通过每一个人类社会的文化演进而产生的，它可能是唯一适应人类各种需求的最好产物。[①] 家庭作为一种功能多样、普遍存在于人类社会中的社会文化现象，是我们认识和研究某一社会的重要突破口。家庭、亲属关系是中国社会里最基本的社会关系，中国人的生活很大一部分都围绕着家庭和亲属关系展开。家庭和亲属关系是我们认识中国社会文化一个很重要的窗口，这同样适用于中国境内的少数民族社会。本章的三节分别对北粤村排瑶的家庭结构、婚姻以及家庭生计三个维度进行分析，以展现排瑶家庭的传统与当代变迁。

第一节 家庭结构及其调适

一 核心家庭为主的传统与延续

民国时期胡耐安就排瑶的家庭形态有这样的记述："婚后一年，小夫妇即须离其父母，自组家庭，独立生活，其居室，由父母赠予。并分以田地若干，自是而后，父母对其子媳之生活，不相过问，子媳对其父母之生活亦然。常见有老年男妇独居排上各小弄间，衣食不完，状惨可悯，然并非无儿孙者，儿孙不之顾也。"[②] 胡耐安记述的儿孙不顾老人的情况仅是其所调查的一部分，虽不免有以偏概全之嫌，但也确实在一定程度上反映了排瑶子女在成家后分居独

---

① 〔美〕乔治·彼得·穆道克：《社会结构》，许木柱、林舜宜、王长华、梁永安、熊鹏翥、陈玛玲、李秀娥译，台北：洪叶文化，1996，第 11 页。

② 胡耐安：《说傜：粤北之八排傜》（1942 年），连南瑶族自治县档案局藏，档案号：全宗号 58，目录号 G1.1，案卷号 32。

立的习俗。核心家庭在性、经济、生育和教育等多方面的功能使其成为人类社会一种普遍存在的社会群体。[①] 20 世纪 50 年代的少数民族社会历史调查资料也显示，北粤村排瑶普遍实行一夫一妻制的小家庭组织模式，三代或三代以上同居一个家庭内的绝少，[②] 这一时期北粤村每户平均只有 3.2 人，1～4 人的家庭占总户数的 78.26%。[③] 由于生产力低下，加之处于恶劣的自然社会环境中，排瑶的财富积累相当有限，无法维持大家庭的存在；同时，新生婴儿较高的死亡率也进一步限制了家庭人口的数量。可见，传统上排瑶社会在家庭结构上有着明显的以核心家庭为主的特征。

改革开放以后，随着温饱问题的解决、医疗水平的提升，排瑶新生儿的死亡率大大降低，排瑶的人口数量显著增加。谢剑在 20 世纪 80 年代的调查数据显示北粤村所在的乡镇平均每家的人口数量为 5.17 人。[④] 在排瑶社会，通常情况下新婚夫妇在第一年与父母还住在一起，第二年就和父母分居而另立新家，分家后，父母只有在丧失了自理能力的情况下才会选择和子女住在一起。这种分家的习俗使排瑶社会形成以核心家庭为主的家庭结构模式。笔者在调研期间，从北粤村村委会搜集到唐冲村的家庭人口数量统计数据，以此来分析北粤村排瑶的家庭结构情况（见表 2-1）。作为北粤村 9 个自然村之一的唐冲村，其家庭结构情况颇能代表北粤村整个村庄的家庭结构情况。

表 2-1　2019 年 7 月唐冲村家庭人口数量

家庭人数（人）	1	2	3	4	5	6	7	8	9
家庭数量（个）	5	22	27	80	34	26	6	3	1
占家庭总数的比重（%）	2.45	10.78	13.24	39.22	16.67	12.75	2.94	1.47	0.49

资料来源：由笔者根据北粤村村委会提供的村民家庭人口资料制作而成，资料获取的时间为 2019 年 7 月。

通过表 2-1 不难发现，在唐冲村 204 个家庭样本中，4 口之家所占的比例

① 〔美〕乔治·彼得·穆道克：《社会结构》，许木柱、林舜宜、王长华、梁永安、熊鹏翥、陈玛玲、李秀娥译，台北：洪叶文化，1996，第 10 页。
② 《民族问题五种丛书》广东省编辑组：《连南瑶族自治县瑶族社会调查》，广东人民出版社，1987，第 72 页。
③ 《民族问题五种丛书》广东省编辑组：《连南瑶族自治县瑶族社会调查》，广东人民出版社，1987，第 15 页。
④ 谢剑：《连南排瑶的社会组织》，香港：香港中文大学出版社，1993，第 143 页。

最高，占家庭总数的 39.22%；其次是 5 口之家，其占家庭总数的 16.67%；再次是 3 口之家和 6 口之家，两者占家庭总数的比例十分接近，分别是 13.24% 和 12.75%，2 口之家占比则更低，为 10.78%；最后是 1 口之家和 7、8、9 口之家，其数量较少，在当地属于个别现象。在家庭的代数方面，204 个家庭样本中，2 代人的家庭数量是 124 个，占全村家庭总数的 60.78%；3 代人的家庭数量是 60 个，占全村家庭总数的 29.41%；独代家庭数量是 20 个，占全村家庭总数的 9.8%，其中有 17 个家庭为老年夫妇独居家庭。此外，唐冲村的总人口为 851 人，家庭总数为 204 个，平均每个家庭 4.17 人。这些从一个角度说明，该村具有以核心家庭为主的家庭结构模式。

在家庭拥有的未成年子女数量方面，唐冲村独生子女家庭数量所占的比重明显偏低。在有未成年子女的家庭中，独生子女家庭有 27 个，占全村家庭总数的 13.24%。有 2 个孩子的家庭数量为 101 个，占全村家庭总数的 49.51%。有 2 个以上孩子的家庭数量为 33 个，占全村家庭总数的 16.18%。传统排瑶社会虽然男孩偏好严重，但并不歧视女孩，女性地位较汉人传统社会要高。儿女双全是排瑶社会最理想的生育状况。在国家开放二胎政策的情况下，唐冲村现在独生子女家庭的数量在减少。在当地人的观念中，没有儿子是会被别人看不起的，多子多孙被认为是福气。哪怕是在国家计划生育管控非常严格的时期，唐冲村的村民也会为了生儿子而不惜丢掉好工作。在唐冲村，有三名当地中学老师因为生儿子超生而丢掉了稳定的乡村教师工作。三名教师的第一个孩子均是女孩，其中两名教师第二胎也是女孩，他们为了生儿子又生了第三胎，而另一名教师因第二胎生出了男孩就没有再要第三胎。在"只生一个好"的计划生育压力下，他们为了生男孩被迫舍弃了教师的好工作。在当地人看来，生儿子比有一份体面的好工作更重要。笔者后来访谈了其中一名教师。在他看来，生儿子不仅是为了养老和传宗接代，也是为了面子，因为没有儿子会被当地村民看不起。北粤村这种生男孩的偏好以及以儿女双全为理想模式的生育观念，导致北粤村家庭子女数量出现明显偏多的情况。在以核心家庭为主的家庭结构模式下，3 口以上的家庭所占比重达 73.53%。在北粤村，没有儿子的人不能成为先生公，举办宗族重要仪式的"祠堂"也不能选在其家中。宗族的"祠堂"必须选在儿孙繁盛成员的家中，因为这寓意着宗族未来的人丁兴旺。

费孝通将家庭结构视为一个家庭里包含的成员及其之间的关系，他将中国的家庭从结构上分为残缺家庭、核心家庭、主干家庭和联合家庭四种类型。[①]
根据这一标准，笔者对唐冲村的家庭结构类型进行统计（见表2-2）。

表2-2 2019年7月唐冲村家庭结构类型情况

单位：个，%

	残缺家庭	核心家庭	主干家庭	联合家庭
家庭数量	18	120	38	28
占家庭总数的比重	8.82	58.82	18.63	13.73

资料来源：该表由笔者根据北粤村村委会提供的村民家庭人口资料制作而成，资料获取的时间为2019年7月。

从表2-2中不难看出，在家庭结构类型上，唐冲村核心家庭数量占到了家庭总数的58.82%，核心家庭是该村最主要的家庭结构类型。笔者在调查该村的过程中发现该村虽然也存在隔代抚养的现象，但能自立的老年夫妇往往独自居住在一起，和子女居住在一起的较少。此外还有一些鳏夫、寡妇，这也从一个侧面反映出北粤村排瑶以核心家庭为主的家庭结构模式。这些残缺家庭，可以看作对排瑶社会以小家庭为主的家庭结构模式的反映。关于家庭中夫妻关系与父子关系对家庭结构的影响，学者很早就对这一问题进行了探讨。许烺光先生认为，在夫妻间的纽带强于父子间的纽带的结合关系中容易发生分家，相反，则易实现累世同堂。同时，这些都要依家庭的经济状况而定，即在富裕的阶层，因为容易形成家的意识形态，父子之间的关系得以加强；在贫困阶层相反，父子间的独立性较强，较易分家。[②] 排瑶在历史上生产力低下，基本的温饱问题尚难解决，社会财富难以积累。在这种情况下，小家庭这种家庭结构成为最好的选择。谢剑先生在于20世纪80年代对排瑶社会组织进行实地调查的基础上，认为排瑶家庭制度最重要的特点之一是因结构上重视核心家庭并以其为规范，相对于汉人社会而言，由夫妇构成的偶组在家庭关系中较占优势，而不像汉人的家庭父子主轴占优。[③] 父母在子女成婚后很少和子女住在一起，只有在自己不能自食其力的情况下才会和子女一同居住。例如，唐冲村THSYLS

[①] 费孝通：《三论中国家庭结构的变动》，《北京大学学报》（哲学社会科学版）1986年第3期，第1~2页。

[②] Francis L. K. Hsu, "The Myth of Chinese Family Size," *American Journal of Sociology* 48（5），1943：555-562.

[③] 谢剑：《连南排瑶的社会组织》，香港：香港中文大学出版社，1993，第150页。

的父母在他们兄弟三人各自成家后选择自己住在老房子。THSYLS 的父母两人身体都很好，他们有自己的田地，还能干农活。此外，两人还养了 3 头猪，父亲每个月蒸酒也能卖好几百元。这样，THSYLS 的父母就没有跟着儿子们一起住。在于北粤村进行调查的过程中，笔者走访的很多家庭中，不能自立的独居老人往往和自己的子女住在一起，仅有两例是特殊情况。其中一例是两位 80 多岁的老人，他们的老伴都已去世。男性老人有一女儿但无儿子，女性老人有一儿子，但他们都没有和子女一起居住，而是两个老人一起结伴生活。另一案例中，两位家庭成员一位是 74 岁的男性老人，其儿女均已成家；一位是 52 岁的妇女，育有两个还在上学的女儿。两人均已失去了老伴，故在一起生活。老爷爷虽然年事已高，但身体健康，耕田、干木工、装修房子都可以，每个月都能挣上几千元钱。正是因为老爷爷能干，这名妇女自愿与其结合在一起。两个女儿的学费和生活费老爷爷都会资助一部分。老爷爷的子女对于父亲的这种行为也不干涉，但对于父亲这位新的伴侣他们也不予以承认，彼此之间往来甚少。笔者列举上述两个案例意在说明，排瑶社会中父母和未成年子女构成的核心家庭是其主要的家庭结构类型。

二　重组家庭与拟制家庭

北粤村家庭的另一个特点是重组家庭的占比较高。传统上，北粤村男女婚配比较自由。根据 20 世纪 50 年代民族工作者在当地的调查，北粤村仅结婚 1 次的适婚人数仅占总适婚人数的 26.7%，结婚 2 次和 3 次的占比分别是 40.84% 和 19.37%，两者合计 60.21%。① 这些数字显示，在北粤村各种原因导致当地人结婚次数偏多，继而造成北粤村重组家庭现象比较普遍。

TSEG 的前妻 1978 年因病去世，他在 1980 年迎娶了第二任妻子。第二任妻子的前夫也是因病去世。TSEG 二婚时他的第二任妻子带着 3 个女儿 1 个儿子过来。1982 年，TSEG 与第二任妻子生下了 1 个女儿。这个重组家庭的子女加起来一共有 10 个（见图 2-1）。在北粤村，重组家庭的夫妻双方一般不会歧视对方的孩子。在 TSEG 家这一重组家庭的个案中，他们各自的子女通过婚姻又形成更大的亲属关系网络，使重组家庭的亲属关系网络更为复杂。

重组家庭较为普遍可以说是北粤村较为特殊的一种现象，其背后有着深刻的社会文化原因。一方面它说明婚姻对当地人的社会约束并不强，另一方面这

---

① 《民族问题五种丛书》广东省编辑组：《连南瑶族自治县瑶族社会调查》，广东人民出版社，1987，第 98 页。

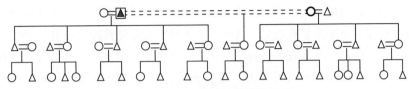

图 2-1　TSEG 重组家庭结构示意

注：▲代表 TSEG，○是 TSEG 的第二任妻子。
资料来源：根据 TSEG 的女儿 TSEM 的口述资料整理而成。

和排瑶社会女性地位较高的特征也有一定关系，人们并不在意妇女的贞节。在生产力低下、生存环境较为恶劣的情况下，排瑶的人均寿命并不高，这造成排瑶社会中丧偶现象比较常见。此外，女性地位较高，女性在婚姻上的主动性比较强，婚姻对个人的约束有限，离婚也是比较普遍的现象。夫妇中任何一方的缺失都不利于家庭功能的实现，会给人的生存造成困难。而为了更好地生存，更好地实现家庭的功能满足个人及群体的生存和发展需要，家庭就成为人们必然的选择。从某种程度上说，重组家庭的高占比是排瑶对所处自然、社会环境的适应，是其社会文化在家庭方面的反映。

除了重组家庭现象较为普遍外，北粤村还盛行认干亲的习俗。干亲是一种拟制亲属。当地人认干亲主要有两个原因，最普遍的原因是夫妇两人没有女儿或儿子，在这一类型的原因中以没有女儿的占绝大多数。另一个原因则反映出当地民间信仰的特色，就是孩子从小体弱多病，为了孩子能健康、顺利地长大，父母给孩子认一对家庭条件比较好、子女众多的父母作干父母。在北粤村人们的观念中，儿女双全是最理想的，如果自己生不出儿子，传统上人们会抱养儿子；如果没有女儿，人们也会抱养或认干亲。认干亲没有烦琐的仪式，干儿子或干女儿需要在逢年过节时探望所认的干父母。春节，干女儿或干儿子会带着猪肉或礼物来看自己所认的干父母，饭后作为回礼，干父母会给干儿子或干女儿送一瓶自己家里的水。在北粤村，人们认干女儿多是由于自己没有女儿，认干儿子一般情况下则是因为对方从小体弱多病希望通过认干亲来驱灾除祸。从接受干亲的一方来说，人们往往是为了弥补自己子女在性别上的缺憾，希望通过认干亲来建立起一种私人关系，使得在自己年老后有人关心、探望。从认干亲的一方来说，人们希望通过认干亲消除自己的灾祸，同时攀附上拥有更多社会资源的人，拓展自己的社会网络。认干亲的背后体现出来的是人们之间建立在工具理性基础上的互惠原则。通过认干亲，人们实现了家庭之间的联系，扩展了自己的社会关系和可以利用的社会资源。

重组家庭内部父母和子女之间不必然拥有直接的血缘关系；而拟制家庭则完全是社会文化意义上的家庭，子女和父母完全没有直接的血缘关系。在排瑶社会，无论是重组家庭还是拟制家庭都实现了家庭间的结合，拓展了个人及家庭可以利用的资源，体现出排瑶村落社会内部复杂的亲属关系网络。

三 家的分与合

美国人类学家默多克认为，一个人在其一生中必经历两个核心家庭，一个是他所出生并且被抚养的生长家庭，这个家庭包括了他的父亲、母亲、兄弟和姐妹，另一个家庭是生殖家庭，这种家庭是通过婚姻而建立的，并且包括他的配偶和子女。[1] 婚姻是个人所属核心家庭从生长家庭到生殖家庭转变过程中最重要的一环，但在这一转变过程中生殖家庭与生长家庭并不是完美衔接的，在实际的转变过程中两者往往有一个重叠期。在排瑶社会，生长家庭与生殖家庭的重叠期往往是一年。这一重叠期的出现有着现实的功能和意义。以笔者调研的北粤村为例，当地的婚礼多在农历十月十六当天或之后举办。新婚夫妇婚后并不和父母立刻分居，父母也不会立刻分给其田地。新婚夫妇在婚后的第一年中与父母一同劳作，由父母教授农业劳动技能、知识以及持家的一些知识。这一年中，宗族中的公共事务，新婚夫妇可以不用参加，不用分摊宗族的公共开支。这是宗族成员对新婚夫妇成立的新家在经济上的一种支持。等新婚夫妇真正获得了经济上的独立，不再享受照顾待遇，就需承担宗族内部的义务。经过一年的适应，新婚夫妇就要与父母分居，真正脱离生长家庭，建立起自己的生殖家庭。在北粤村，生长家庭与生殖家庭的过渡期为新婚夫妇更好地掌握生产及持家技能提供了条件，重叠期的家庭在结构上是联合家庭，是家庭转变过程中的一种特殊形态。

北粤村以核心家庭为主的家庭结构模式，与家庭的分化有着密切关系。分家不仅仅是居住空间的分离，更体现在家庭财产的分化上。北粤村的排瑶在分家时实行诸子均分制，长子在家庭财产的分配中并没有特权。唐冲村火生宗族的 THSYLS 向笔者讲述了他的分家情况：

> 我们家是兄弟三人，我排行老大。我结婚时，因为当时是做老师，并没有分田地出来。我二弟结婚后出去打工，也没田地。等到我们三兄弟都

---

① 〔美〕乔治·彼得·穆道克：《社会结构》，许木柱、林舜宜、王长华、梁永安、熊鹏翥、陈玛玲、李秀娥译，台北：洪叶文化，1996，第 13 页。

结婚后，就先分了旱地，但并没有分水田。分地时我们三兄弟没有参与，而是让自己的老婆去分。父母开垦出来的旱地平均分成三份，她们没有意见后就采取抓阄的方法把旱地给分了。2018年，因为土地确权我们三兄弟才把水田分开。分水田时，也是父母先把所有水田平均分成三份。我们兄弟三人一致同意后也是采取抓阄的办法。抓阄的当天父母和我们兄弟三人一同到水田附近进行抓阄。分完水田和旱地后，我们三兄弟今年（2019年）又把林地也均分了，也是采取抓阄的方法。①

耕地是乡村社会最主要的生产资料，是财富的主要形式。耕地的划分是分家中财产分配的主要内容。上述个案显示，在家庭财产的分配中北粤村具有明显的诸子均分制特征。诸子均分制体现了血缘共同体成员在财产上具有同等的权力，而这种同等的财产权利建立在诸子具有同一父母的血缘关系基础之上。

排瑶是一个有着浓厚父系色彩的社会，遵循从夫居原则。父母的财产主要由儿子继承，女儿只在结婚时从父母那里得到一些衣物、首饰和劳动工具，即便是带走的陪嫁田也要在若干年后归还父母。在北粤村，女儿出嫁时从父母那里继承来的土地要在三年后返还给自己的父母。女儿没有陪嫁田的所有权，只是拥有这份土地三年的使用权。女儿外出时带走的耕地是父母给予新成立家庭的一种经济上的支持。现在，在北粤村土地的经济价值已相当弱化，土地已不再被人们视为主要财产。女性出嫁带一份田地作为嫁妆的传统也发生了改变，很多女性在出嫁时主动放弃这份土地。唐冲村火生宗族的 THSSM（THSYLS 的弟媳）向笔者介绍了她结婚时没要陪嫁田的原因：

当年我出嫁时，考虑到自己父母比较贫困，我就没有带一块地嫁过来。我们家条件不好，我的两个弟弟把父母的土地都分完，一个人也就一亩多地。这边我公婆开垦土地比较多。嫁过来后，这边的田和地我各得了一亩多。在北粤村，水田是生产队分的，山上的旱地是个人开垦的。但因为土地和山林已经划分，他们开垦也只是在自己生产队范围内的土地里开垦土地。像我这一代人就很少去山上开垦土地。2018年我的两个弟弟分地，他们问我还要不要地，我告诉他们自己不要了。其实，地给了我也没有什么用。因为地种吃的还行，但现在已经很少种吃的了。种上树的话，

---

① 2019年1月根据唐冲村 THSYLS 口述资料整理而成。

这个树又是属于土地所在的生产队的，不是属于我的。此外，三年以后，土地又要还回去。所以，我就没有要地。①

在这一个案中，虽然该名妇女主动放弃了自己的陪嫁田，但其出嫁后带走一份田的权利被其两个弟弟所尊重。女性在所属核心家庭从生长家庭到生殖家庭的转变过程中，也从自己的生殖家庭获得了经济上的支持。这是排瑶社会中女性地位较高的体现。在北粤村，分家后，生长家庭与生殖家庭虽然在财产、居住空间上出现分化，但两个家庭成员间的互动仍十分频繁。在上述 THSYLS 一家的个案中，其兄弟三人结婚后只是分开了居住空间，作为家庭主要财产的土地并没有立即被分配。即便是在居住空间方面，新家和旧家之间的居住空间也更多的是空间上的分化而不是隔离。THSYLS 作为家庭中的长子在婚后从父母家族搬出来，在距父母房屋 10 米远的地方建起了新屋。过了几年他在原有新屋旁又建了一个新屋，以前的新屋被结婚后的三弟加以改造，成了他自己的房子。他现在住的房子与他二弟的房子紧挨着，兄弟两人的房子与三弟的房子仅有一条小巷子的宽度的距离，三兄弟的房子与其父母的住处相距大概 10 米。在北粤村，这种亲子之间、兄弟之间房屋紧挨着的现象十分普遍。传统上，北粤村村民都居住在老村。老村人口稠密，受制于地形地貌和经济水平，其居住空间狭小，十几口人往往挤在只有 30~50 平方米的房屋内。儿子成家后也只能和父母、兄弟住在一起。北粤村这种兄弟之间、父子之间分家后扎堆居住的居住模式在新村中以另一种形式被延续下来。这种亲子、兄弟间紧凑的居住格局密切了家庭之间的互动与联系。以 THSYLS 一家为例，兄弟三人结婚后各自从父母家中分离出来，父母也单独居住。分家后兄弟三人都有常年外出打工的经历，兄弟三人的孩子都跟自己的爷爷奶奶住过一段时间，其时间在 2~7 年不等。THSYLS 自己的两个孩子跟父母住了 2 年，二弟的大儿子跟父母住了 7 年，三弟的大儿子跟父母也住了 3 年。随着孩子的长大，THSYLS 三兄弟的孩子都不再跟随爷爷奶奶，而是回到了各自父母的身边。在北粤村，年轻夫妇因常年外出打工将自己的孩子交由父母照看的现象相当普遍。这种基于亲子之间关系的隔代抚养是生长家庭与生殖家庭互动的一种反映，也是小家庭无法脱离大家庭的一种表现。这种只有祖父母和孙子孙女的家庭被称为"隔代家庭"。"隔代家庭"的出现说明北粤村排瑶的家庭结构为适应社会环境的变化出现了

---

① 2019 年 1 月根据唐冲村 THSSM 口述资料整理而成。

新的状况，传统上那种子女成家后家庭结构固化的情况已经发生了变化。核心家庭出于经济上的考虑在一定时间段内寻求更大家庭的支持，将子女托付给孩子的爷爷奶奶照看，暂时由孩子的爷爷奶奶承担起核心家庭抚育孩子的功能，从而实现了家庭功能的转移。此外，分家后兄弟姐妹之间虽然在经济、居住空间上实现了独立，但在其他方面的互动仍然比较频繁。这种互动更多地体现在节庆仪式，尤其是各种祭祀活动以及平时的互帮互助之中。因女性多嫁到其他村子，兄弟间的互动更为频繁。分家更多的是在经济、财产方面，这种分割并没有隔断亲子间的互动。由此，我们可以看到北粤村排瑶家庭在结构和形态上对社会环境变化所具有的适应力。排瑶的家庭在具有分裂特性的同时，也具有建立在父系血缘纽带基础上合的特性。排瑶虽然以核心家庭为主要模式，但为了在相对恶劣的自然社会环境中生存和延续形成了重视血缘亲情的文化。谢剑认为，排瑶强调亲子关系之连续性，亲属行为表现出明显的集体责任观念。①因此，排瑶社会在注重核心家庭的同时，也非常重视亲属关系尤其是基于父系血缘的亲属关系。

在北粤村，由于地形地貌的限制，村子多建在山间面积有限的平地中。村民往往按照血缘关系的远近聚族而居，一般情况下房屋挨得越近彼此间的血缘关系也越近，同一宗族、房族的成员的房屋往往连在一起。即便父母与儿子分了家，新家与老家往往也挨着。因为新家与老家之间房屋靠得非常近，虽然分居但新婚夫妇仍然和父母保持着非常频繁的日常互动。每逢节日或亲属成员人生仪式的举办，亲属成员往往共聚一堂。在日常生活中亲属之间经常走动，互动频繁。北粤村的很多村民在搬到新村后，由于贫穷，房屋数量有限，儿子们往往共享一套三间式的房子，两个儿子各分得一间房子，共享大厅。后来随着经济条件的改善，村民都有能力盖起新房，兄弟共居一处、共用一间厅堂的现象越来越少。

核心家庭间的日常交往互动比较频繁是北粤村的一个特点。排瑶社会中的核心家庭并不是孤立的、原子化的。在村落内部，核心家庭通过亲属关系尤其是父系血缘关系彼此联结，日常互动频繁。只是随着近些年越来越多的年轻人进城买房以及新房的兴建，北粤村这种聚族而居的模式已经被打破。

① 谢剑：《连南排瑶的社会组织》，香港：香港中文大学出版社，1993，第196页。

第二节　婚姻形态的延续与变迁

在笔者与北粤村村民交流的过程中，给笔者留下最深印象的就是村民间错综复杂的亲属关系。与田野报道人走在村子里，碰到熟悉的村民打招呼时，诸多田野报道人会告诉笔者刚才打招呼的人和自己是什么样的亲属关系。笔者在知道北粤村传统上实行的是地域内婚制后，才逐渐理解当地村民间这种复杂的亲属关系。北粤村的家庭、宗族通过婚姻与其他家庭、宗族建立起亲属关系。婚姻把个人和单个家庭与更大范围的血缘群体联系起来，从而使整个村落因为姻亲关系形成一个庞大的亲属关系网络，每个人都是这张网络中的一个节点。对北粤村婚姻制度及形态的研究是理解北粤村社会的关键。本节重点讨论北粤村的婚姻制度及其变迁。

一　地域内婚的形态与亲属网络

排瑶在形成的过程中由于受到封建统治者的围剿、压迫以及自然地理环境的阻隔，各排自成一个相对封闭的、自给程度较高的社会。在这种自然社会环境下，为了种族的繁衍，排瑶发展形成了地域内婚制。一些学者认为传统上排瑶这种通婚圈仅限于本排的婚姻形式是地域内婚制，[1] 谢剑先生是这一观点的主要支持者。对此，一些学者提出了不同的观点。赖才清和童好认为，按婚姻形态发展的历史来看，1949 年之前排瑶的婚姻有的亦带有"内婚"的痕迹，但它已不再受内婚制血缘纽带的牵制，而是族内、族外皆有的自由婚配。[2] 练铭志等人则认为，排瑶实行地域同姓婚的根本目的在于保护或保证本排、本姓和本房族人口的顺利繁衍，同姓婚有助于地域内婚的形成。[3] 排瑶社会是地缘关系和血缘关系高度整合的社会，地域内婚中有相当一部分是同姓婚，同姓不同宗族间通婚的偏好是基于自保和抱团的需求，也是重视父系血缘关系的体现。为了保证种族的繁衍，长期实行地域内婚的排瑶自身也产生了婚姻禁忌以

---

① 谢剑：《连南排瑶地域内婚制度的初步研究》，载广东省民族宗教研究院、中山大学人类学系、连南排瑶文化教学科研基地编《排瑶研究论文选集》，广东人民出版社，2013，第191 页。

② 赖才清、童好：《也谈八排瑶"地域内婚制度"的演化》，载广东省民族宗教研究院、中山大学人类学系、连南排瑶文化教学科研基地编《排瑶研究论文选集》，广东人民出版社，2013，第203 页。

③ 练铭志、马建钊、李筱文：《排瑶历史文化》，广东人民出版社，1992，第301 页。

规范婚姻。在北粤村，传统上人们有同姓近亲血缘不通婚的限制，而且与异姓舅姑表亲中远至三代的人都不通婚。① 排瑶内婚制产生的原因很多，主要有自然环境、财产和观念三种。封闭的通婚范围是排瑶社会经济封闭性在婚姻关系上的反映。排瑶女子出嫁时的陪嫁田，在其死后必须交回娘家（北粤村是三年以后交回娘家），这种陪嫁田制度也在无形中助长了内婚制。在观念上，排瑶强调门当户对、彼此了解的择偶观念更加强了"好女不嫁外村"的观念，从而使地域内婚成为排瑶优先的甚至是唯一的选择。② 山地环境的阻隔在一定程度上限制了排际的人员往来和沟通也是促使地域内婚制形成的一个因素。同时，聚落内实行内婚制更有利于团结壮大自身力量，在资源争夺中取得优势。因此，排瑶地域内婚制的形成既有着客观的原因，也有当地人人为创造的因素，是排瑶一种生存策略的选择。

历史上北粤村的家庭结构虽然以核心家庭为主，但家庭人数偏多。根据笔者的调查，北粤村绝大多数 30 岁以上的村民都有 2 个以上的兄弟姐妹，就算有四五个兄弟姐妹也很正常。加之北粤村实行的是内婚制，各姓、同姓各房族之间长期相互通婚，家庭之间形成了一个复杂的亲属关系网络，这导致家庭与家庭之间多多少少都能扯上一点亲戚关系。亲属网络在很大程度上就是当地村民的社会网络。THSYLS 所在的家庭兄弟姐妹比较多，其家庭亲属网络对北粤村内部复杂的亲属关系网络有一定代表性。

THSYLS 2019 年 42 岁，他的爷爷先后娶了两个老婆，她们都来自北粤村邓姓的邓京宗族。按照当地的风俗习惯，女方在嫁过来后，其所在的宗族或房族的人也都会成为自己的亲戚。新婚夫妇的结合意味着夫妇两人所在的房族的结合。其两个奶奶均来自邓京宗族，更是亲上加亲。按照北粤村的风俗，只要是亲戚都要走三代。虽然现在他的两个奶奶和舅舅们都去世了，但因为还没过三代，所以他现在每年过年还都会去邓京宗族自己的表哥家走亲戚。其爷爷和第二个奶奶生了 1 个女儿，也就是其小姑姑。THSYLS 有 3 个姑姑（加上第二个奶奶生的小姑姑就是 4 个姑姑）、1 个叔叔。大姑姑嫁到北粤村房姓的买德宗族，二姑姑嫁到北粤村唐姓的户唐宗族，三姑姑嫁到北粤村邓姓的京口宗族。第二个奶奶生的小姑姑嫁到了北粤村盘姓的亚林宗族。其叔叔的老婆来自

---

① 《民族问题五种丛书》广东省编辑组：《连南瑶族自治县瑶族社会调查》，广东人民出版社，1987，第 93 页。

② 《民族问题五种丛书》广东省编辑组：《连南瑶族自治县瑶族社会调查》，广东人民出版社，1987，第 299~300 页。

北粤村唐姓的管主宗族。THSYLS 的大姑姑育有 3 个女儿、1 个儿子；叔叔育有 2 个儿子、1 个女儿；二姑姑育有 3 个儿子，没有女儿，后来抱养了 1 个女儿；三姑姑育有 3 个女儿、1 个儿子。THSYLS 在家排行老大，他有 2 个弟弟和 1 个妹妹（见图 2-2）。大弟弟的老婆是北粤村唐姓户唐宗族的，二弟弟的老婆是北粤村邓姓卖尾宗族的。他的妹妹嫁到了北粤村唐姓的户唐宗族。THSYLS 的老婆来自附近的一个村庄油村，他是这个大家庭中唯一一个娶到外面老婆的人。因为他上学时间长，读到了高中，当时本村同龄的女孩子都结婚了，他和现在自己的老婆是高中同学，两个人彼此了解，聊得来就结婚了。THSYLS 的 4 个姑姑分别嫁到北粤村四个不同的姓氏中，他的二姑姑、叔叔、大弟弟和妹妹的伴侣都是来自同村同姓的，从婚姻形态上说是地域同姓婚。

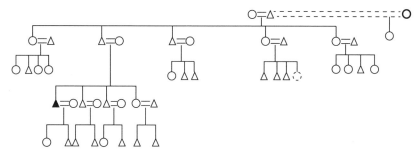

注：▲代表THSYLS，○是THSYLS的第二个奶奶，◌代表抱养的女儿。

图 2-2　THSYLS 所在的大家庭亲属结构

资料来源：根据 THSYLS 的口述资料整理而成。

在北粤村姻亲要走三代，三代之后双方的后代就可以结婚了。这是在封闭的社会环境和实行村内婚的背景下，当地人为了避免近亲结婚采取的一种习惯法。这种姻亲三代之内不婚的婚姻禁忌与同一房族不能通婚的婚姻禁忌一样成为当地人判断亲戚关系以及能否通婚的一种标准。当地人对自己的亲属关系有自己的一套认知和观念，对亲属关系差序性的认知自小受父母的影响就已经养成。哪些亲戚比较亲要经常走动、哪些亲戚比较远不需要经常走动，当地人从小就知道。北粤村的婚礼过程中有一些特殊的环节，新娘要手拿脸盆和毛巾请新郎房族的长辈和兄弟洗脸，此为洗脸认亲。这个仪式多在婚礼第二天中午举行，举行完，新郎新娘在下午一起返回新娘父母家挨家挨户地通知新娘房族的亲戚晚上去新郎家喝酒。晚上新郎和新娘各自所在的房族一起开怀畅饮，两个房族算是认亲了。依据这种习俗，一对新婚夫妇的婚姻结合代表着两个父系血缘组织的结合。在北粤村实行内婚制的情况下，加上一个人兄弟姐妹众多，单个家庭被血缘亲属关系串联起来，从而形成一个庞大的亲属网络。笔者通过对唐冲村中中年及老年人的结婚对象的了解发现，其婚姻偏向同姓婚。唐冲村的男性倾向于娶北粤村的大唐内的其他房族或小唐的女性，其女性倾向于嫁给北粤村大唐内的其他房族或小唐的男性。

法国人类学家列维·施特劳斯曾指出：所有结构各异的家庭都具有共同的特征，家庭是个体与错综复杂的社会关系网络联结的纽带，它通过契约性的婚姻关系对社会关系加以规定和限制；乱伦禁忌似乎确立了在每个家庭之间而不是在家庭内部进行婚姻交换的模式；夫妻之间的劳动分工是相互依赖的基础，正如男女间的婚姻促进了家庭群体之间的相互纽连一样，相互间的义务是两性之间、家庭之间以及血缘群体与更广泛的社会系统之间的桥梁。[①] 在北粤村，个人通过婚姻、家庭与更大范围内的社会群体产生关系。北粤村的亲属关系网就是其人际关系网，婚姻和家庭将个人纳入一个亲属网络中。在排瑶这种采取内婚制的村落社会中，各家庭之间的纽带建立在婚姻和共同居住两个因素的基础上。内婚制使一排内部各宗族、各姓之间建立起姻亲关系，进一步密切了村落成员间的交流和加强了他们情感上的认同，巩固了村落的共同体属性。

二　婚姻传统：父母包办与自由婚相结合

排瑶传统上有男女青年自由婚配的习俗。排瑶传统的"讴莎腰"婚俗就是青年男女自由婚恋的一种反映。所谓"讴莎腰"就是青年男女自由恋爱，一般是男性青年在晚上到心仪女性的窗前以唱山歌的形式向其倾诉爱慕之情，讨其欢心。如果女孩对男青年中意，就会递给他火把，给其照亮回家的路，并以山歌的形式互诉衷肠。如果女孩不中意对方，则闭门不予回应或以山歌的形式谢绝其追求。李来章在其所撰写的《连阳八排风土记》中对排瑶"讴莎腰"的婚俗也进行了记述："少年男女，唱歌山坳。其歌，男炫以富，女夸以巧。相悦订婚，宿于荒野。或会度衫带，长短相同，遂为婚。次日，告父母，方请媒行定。"[②] 事实上，李来章对排瑶婚俗的描写不免有猎奇的嫌疑。传统上，排瑶青年男女结婚仍主要听父母安排，北粤村也流行"订小亲"的婚俗，所谓"订小亲"就是由家长做主包办婚姻。根据20世纪50年代民族学者在北粤

① 〔美〕马克·赫特尔著，宋践、李茹等编译《变动中的家庭——跨文化的透视》，浙江人民出版社，1988，第6~7页。
② 李筱文、许文清编《广东排瑶史料辑录》，中山大学出版社，2019，第245~246页。

村的调查的资料，在所调查的 432 对夫妻中，有 181 对是夫妇双方通过自由恋爱的形式结合的，占总数的 41.9%；余下的 251 对是通过父母之命而结为夫妻的，占到总数的 58.1%。① 这一数据显示出北粤村婚姻的缔结是自由婚和父母包办两种形式相结合的。

谢剑先生对排瑶社会中存在的开放、自由的婚姻形态有过较为深入的分析。他认为，排瑶社会中男女地位相对平等，女性也是生产者，女性身份独立而非依附，且男方的婚姻偿付已为女性的嫁妆所平衡，因此婚姻对女性约束力较小，这造成其婚姻稳定性比较弱。② 传统上，生计的艰辛、生存环境的恶劣，使聘礼从初婚的一头牛和两头猪，下降到再婚时的仅几斤酒，婚姻的离合均不涉及大量财富的转移，再加上女性一方平衡父系的某些机制的作用，这些因素都明显地削弱了婚姻的稳定性。③ 谢剑继而认为，排瑶在亲属、家庭和婚姻等制度上必须保持弹性，以求适应；排瑶社会中人们对血统的淡化对增强其在结婚、再婚以及家庭重组过程中的宽容起着明显作用。④ 排瑶社会在婚姻形态上的自由、开放使其重组家庭数量较多，亲属关系也更为复杂。

在笔者调研期间，2019 年 43 岁的 TZM 向笔者讲述了其奶奶的婚姻经历。这在传统北粤村颇具代表性。我们也能从此个案窥见传统排瑶社会中的婚姻形态。

我爷爷不是火生宗族的，从父系血缘关系上说他是小唐大口宗族的。他是一位猎手，同时也会瑶经。他经常外出打猎，一去就是很多天，他和我奶奶生过我父亲后就经常外出打猎。那个时候我奶奶带着我父亲住在唐坳村和盘坪村中间的地方，她搭了一个茅草屋。经常吃不饱，晚上还会遭到野兽的威胁，有一天晚上一只老虎来到茅草屋外，我奶奶就很害怕。后来我奶奶因为没有安全感就和我爷爷离婚了，那个时候离婚也很随便。后来我奶奶带着我父亲又去了邓氏家族的第二别娄宗族，又生了我一个叔叔。后来我奶奶带着我父亲和叔叔来到了火生宗族，我也就加入了火生宗族。⑤

① 《民族问题五种丛书》广东省编辑组：《连南瑶族自治县瑶族社会调查》，广东人民出版社，1987，第 98 页。
② 谢剑：《连南排瑶的社会组织》，香港：香港中文大学出版社，1993，第 202 页。
③ 谢剑：《连南排瑶的社会组织》，香港：香港中文大学出版社，1993，第 231 页。
④ 谢剑：《连南排瑶的社会组织》，香港：香港中文大学出版社，1993，第 231 页。
⑤ 据 2019 年 3 月唐冲村 TZM 的口述资料整理而成。

可见，传统上北粤村女性在婚姻上拥有很大的自主权，改嫁、再嫁都比较普遍，人们对婚姻在观念上持开放态度。婚姻对夫妇双方的约束力都比较小。婚后，夫妇双方对子女的归属并不太在意。排瑶的家庭是一个血缘群体，但又具有较强的包容性，拟制血缘甚至非亲生子女都可以包括在内，并不像汉人社会那样重视父系血统。排瑶的家庭在血缘性方面有一定的弹性，具有非血缘性的一面。而这又影响到超越家庭的宗族组织的性质，其宗族组织也有非血缘性的一面，具有一定的弹性。从整体上来说排瑶的宗族是一个血缘共同体，虽然它也可以包含非血缘的成分。

1949 年后，排瑶的婚姻形态在延续传统的同时也有所变化。以北粤村为例，北粤村"讴莎腰"的传统一直延续到 21 世纪的头 10 年。2019 年时 35 岁的 TFM 在结婚前有过多次"讴莎腰"的经历。TFM 年轻时看上了一位盘姓漂亮姑娘，这位姑娘住在距唐冲村大概有 3 千米的唐坳村。有一段时间，他每天晚上都来姑娘窗前唱歌或跟姑娘聊天。他不是每次来都会获得姑娘的回应，但在那段时间他很坚持。虽然还有村里其他小伙子喜欢她，但 TFM 因为会一些瑶歌，同时会找话题讨女孩子喜欢，坚持一段时间后，终于获得了这位女孩子的芳心。但这件事情遭到了女孩子父母的反对，反对的理由是他们两家前两代人中有亲戚关系。这样，两个人就不能结婚，这事也就没有了结果。2010 年左右，北粤村还流行青年男女在每年初五结群相伴谈情说爱的风俗，过年回家的青年男女也流行"讴莎腰"。但近些年这些传统习俗都已消失，QQ、微信等社交软件的流行以及智能手机的普及都极大地方便了人们之间的沟通和交流，北粤村的青年男女也更多地通过社交软件谈情说爱寻找伴侣。青年男女谈恋爱的手段变了，但传统婚姻的规则和形式变化并不大。父母在婚姻上对子女仍有着相当的干预力。笔者在调研过程中遇到的一位北粤村青年男性，其本人 24岁时父母已为其找到了邻村的一位年龄相仿的女青年，两人计划年底结婚。该名青年告诉笔者，他并不太喜欢父母给自己安排的对象，但也没办法只能听从父母的安排。传统上北粤村的村民对婚姻并没有汉人社会看得那么重，人们结婚、离婚都比较简单和随意，尤其是女性在婚姻选择上自主性比较强。乔健教授认为在排瑶这种以父系继嗣为原则的社会中人们却注重男女平等，主要得益于女性在经济上拥有相当的贡献：传统上除需大量体力的耕田和砍树两项工作外，妇女参与了其他所有的生产劳动。[1] 在北粤村，随着打工潮的出现，夫妻

---

① 练铭志、马建钊、李筱文:《排瑶历史文化》，广东人民出版社，1992，第 120~121 页。

双方长期分居两地，加之传统上男女社会地位较平等，近些年离婚现象有增多的趋势。笔者在唐冲村就遇到两起青年夫妇结婚不久就离婚的案例。年轻夫妇没结婚就生了小孩的现象也在增多。同时，村里一些年轻人的结婚年龄在推迟，大龄单身青年的数量在增多，在唐冲村，大龄单身男性就有 30 多个。贫困是这些大龄青年讨不到老婆的主要原因。

家庭是社会的细胞，而婚姻是家庭产生的必要条件，是社会延续的基础。一个社会要维持生存和发展，就必须创造出一套相应的婚姻制度保证社会的延续。自由婚与父母包办相结合的婚姻形式是适应排瑶社会的。传统上排瑶的婚姻在注重个人意愿的同时也强调父母的权威。北粤村历史上流行的"订小亲"的婚俗可以说是社会为了其自身的延续将家长意愿强加给个体的一种制度。

三　通婚圈的扩展

根据 THSYLS 所在的大家庭中三代人的婚姻情况，THSYLS 这一代人的通婚圈相较于其父辈有了明显的扩大。通婚圈从仅限于北粤村内部扩展到附近的几个村子，这种扩展多通过在外打工和上学这两种渠道实现。THSYLS 告诉笔者，北粤村第一桩外娶的婚姻是 20 世纪 90 年代出现的，第一个实现外娶的是以前北粤村学校的校长，他是北粤村小唐的人。他有文化，一直读完了高中，很晚才结婚，因为和附近油村的女同学感情好，两个人就结婚了。当时，他结婚也是冲破长辈们的种种非议。2019 年 46 岁的 THSYZR 与其妻子认识则是因为两人同在一家工厂。

进入 20 世纪 80 年代之后，随着北粤村出现外出打工潮，村里的人更多地走出去与外界进行互动。村民社会关系网的拓展、人际交流范围的扩大，打破了北粤村仅限于村子内部通婚的传统，通婚圈拓展到周边乡镇。北粤村现在的年轻人因为外出打工的很多，出去上大学的也越来越多，通婚圈还在扩大。2000 年后，通婚圈从连南县、广东省一直拓展到全国（见图 2-3）。在北粤村，相较于男性外娶的数量而言，女性外嫁的数量要少一些。在重视亲情的氛围下，父母一般不希望自己的女儿外嫁，同时因为风俗习惯等文化上的差异本村女青年也倾向于嫁给本村男青年。

TGZYM 2019 年 29 岁，初中毕业后她在家待了两年就去东莞一家公司做起了销售员的工作。2016 年，她又到佛山一家风扇厂打了两年工。在佛山打工期间，她认识了自己家在江西的汉族前男友。前男友那边的风俗习惯和连南地区的很不一样。比如，在北粤村客人来了都是请男客人喝酒、吃饭，女客人的

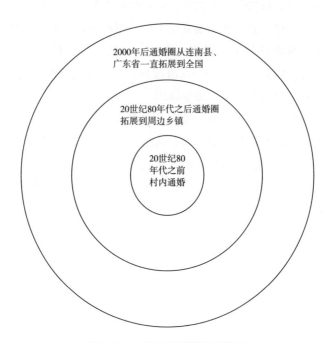

图 2-3　北粤村通婚圈变迁简图
资料来源：由笔者根据在北粤村调研时获得的资料所绘。

话就请吃饭，但到了汉族家中就是喝茶。她最终没有和前男友结婚，其中的一个原因是遭到了母亲的反对。TGZYM 的父亲意外去世后，其前男友并没有来家里，这使其母亲很生气。考虑到母亲的反对、风俗的差异以及距离等因素，TGZYM 最终还是决定和前男友分手，与唐冲村火生宗族的一位男青年结了婚。总之，在北粤村，相较于男性外娶，女性外嫁的情况要少。不难看出，随着北粤村由封闭走向开放，其传统的通婚圈有了很大扩展，但在其扩展的同时，当地村民仍然有着明显的以本村人为结婚对象的偏好。这种明显的结婚对象偏好存在的基础主要是文化的同质性与亲属关系的约束。

　　排瑶传统的婚姻形态是其所处社会文化环境下的产物，地域内婚以及同姓婚在本质上是对当时社会自然环境的适应。在自然环境阻隔下和封闭的社会环境中，人们的通婚圈被局限在村落内；在资源匮乏的情况下，对婚姻对象的选择成为一种策略被用于团结更多的人，这也使人们倾向于同姓婚。影响婚姻的因素有很多，内在的、外在的因素均比较复杂。如今，原本封闭的小山村由于现代交通工具和通信技术的出现已经变得越来越开放。北粤村老村被开发成旅游景点就是最好的例子。在外来人涌入北粤村的同时，北粤村的村民也越来越主动地投入外部更大世界的怀抱。今天的北粤村，个人和集体都置身于日益开放流动的社会，年轻一代的村民活动范围和思想认知范围都更加宽广。就排瑶婚姻形态的发展历程来看，在可见的未来，随着其与外部社会的互动更为频繁密切，通婚圈会进一步扩展。

第三节　排瑶的家计传统及当代调适

卡尔·波兰尼将人类经济秩序的组织原则概括为互惠、再分配和家计三种。[1] 在家计经济中人们的生产主要满足自身的消费需求，生产不以交换为目的。家计经济在市场经济出现之前普遍存在于人类社会，世界范围内很多农业社会都存在家计经济。芮德菲尔德在研究农民社会及其文化时认为，传统的"耕种的农民们"都至少有一个共同点：他们耕种都是为了谋生，而不是为了攫取利润，所以耕种就成了他们的生活方式。[2] 在 20 世纪 80 年代北粤村打工潮出现之前，北粤村传统上是一个自给自足的乡土社会，村民世代以耕山为生，绝少离开自己的出生地，在山里耕种对于绝大多数北粤村村民来说都是一种生活方式。然而随着与外界互动的增加，越来越多的北粤村村民开始离开故土到城市打工、生活。离土给传统的山地农业带来很大冲击，在村民生计方式日益多样化的北粤村，当地村民在做出生计抉择时是如何兼顾经济收益和家庭的、他们在城乡之间有着怎样的抉择，正是本节所要讨论的主要问题。

一　山中谋生的家计

北粤村位于喀斯特地貌区，山峰林立、地形崎岖、土层较薄是这一地区的主要特征。北粤村所在地区的山地大多可以分为两种类型。其中一类是喀斯特地貌中常见的山地，这些山的山体都不大，山形通常为不规则的三角形，山的坡度比较大，土层也比较薄，不适宜开垦为梯田，这些山多长满各种灌木。另一类山山体较大，往往绵延很长，山体表面土层较厚，山坡有陡峭的也有平缓的。北粤村的村民往往在这类山适宜开垦为耕地的地方开垦出梯田和旱地。因

---

[1] 〔英〕卡尔·波兰尼：《大转型：我们时代的政治与经济起源》，冯钢、刘阳译，浙江人民出版社，2007，第 41～48 页。

[2] 〔美〕罗伯特·芮德菲尔德：《农民社会与文化：人类学对文明的一种诠释》，王莹译，中国社会科学出版社，2013，第 40 页。

为土层较厚，这类山成为北粤村村民主要的耕地和林地。这些山地将地面区隔开来，极大地增加了空间的立体性。山间有各种面积不一、形状不规则、地势相对平坦的小盆地或山沟，它们多是溪水、道路及村庄的分布点。

在这样的自然环境中，当地村民形成了特有的山地农业。排瑶先祖在历史上形成的刀耕火种的生计方式作为一种旱作农业能比较好地适应山地的自然生态环境。虽然后来排瑶先民学习并掌握了周边汉人的稻作农业技术，但旱作农业仍在其农业生产中占有重要地位。在北粤村，村民对水田和旱地有着明显的区分。村民在日常生活中用田代指水田，用地代指旱地。在北粤村的喀斯特地貌区，这里的山体因为多石少土，本来很不宜开垦为田地。但在人口增殖的压力下，北粤村村民仍在这些山体上种植玉米、黄豆等农作物，巴掌大小的土地都被种上两棵玉米。当地村民回忆说，在 20 世纪 80 年代之前，村里的"打工潮"还未出现，村民很少外出，基本上都在家务农。北粤村附近的山坡都被种上玉米，漫山遍野的玉米从很远都能看到，而不像现在山上土地都被抛荒，长满了杂草和灌木。受制于地形地貌，梯田多建在山坡上，沿着山坡层层延展开来。梯田多呈条带状，宽度非常有限，多为 1~2 米。"巴掌田"和"巴掌地"的存在从一个角度体现出北粤村村民的勤劳与其在山中谋生的艰辛。

（一）农作物及其生长周期

北粤村的农作物可分为水稻类、旱粮类、油料类、瓜菜类和其他类五大类型。其种植的水稻主要是糯谷和黏谷两大类，据有关学者考证，排瑶地区的水稻品种均来源于周边的客家地区。[①] 排瑶喜欢吃稻谷，1949 年之前，稻谷是富裕人家的主食，普通人家更多的是以玉米、番薯等杂粮为食。1949 年后，在党和政府的帮助下更多的人才吃上稻谷。旱粮是排瑶的一大主食，其种类繁多，包括旱稻、小麦、黄豆、玉米、高粱、小米以及番薯、芋头和木薯等。在北粤村，玉米和黄豆是最主要的旱作农作物品种（见表 2-3）。现在，北粤村村民喜欢种植花生和黄豆，这两种农作物都是当地村民重要的食物（花生榨油食用）。瓜菜类农作物主要是南瓜、丝瓜、冬瓜等，蔬菜品种更是繁多。南岭山地降水充沛，气候温和，是天然的植物园，这为当地农业的发展提供了得天独厚的条件。

---

① 练铭志、马建钊、李筱文：《排瑶历史文化》，广东人民出版社，1992，第 187 页。

表 2-3　北粤村部分主要农作物及其种植周期

农作物	播种时间	收割时间
早稻	3 月初	6 月中旬
晚稻	6 月下旬	9 月下旬
花生	4 月初或 7 月初	7 月中旬或 10 月中旬
黄豆	5 月下旬	9 月底
玉米	4 月初	7 月中旬
番薯	5 月初或 6 月初	7 月初或 8 月初

资料来源：由笔者在北粤村根据多位村民的口述整理而成。

为更好地开发利用山地资源，八排瑶民发明出不少适宜于山地劳作的农业生产工具。锄头、耙、犁、柴刀以及镰刀是北粤村最常见的农业生产工具。锄头与柴刀的使用范围尤为广泛。北粤村的锄头，锄身修长，适宜翻耕深土。柴刀是当地村民重要的劳动工具，南岭山地雨水充沛、气候温和，植物繁茂，行走在山间，往往需要用柴刀开辟道路。因此，村民上山劳作常携带柴刀。此外，因北粤村处于高寒山区，冬季潮湿寒冷，烧柴取暖及蒸煮饭菜均需大量柴薪。每年为了准备日常所需的柴薪，村民外出劳作时常随身携带着柴刀，在劳作的间隙砍柴并将其背回家中晒干以备日常所需。村子里每家每户都备有专门存放薪柴的房屋。家庭分工中，砍柴主要由女性负责，传统上人们判断女性勤快不勤快的标准之一就是看其家中柴房是否满仓。在电器和煤气成为取暖煮饭主要方式的当下，砍柴仍然是北粤村不少中年妇女的工作。

虽然排瑶先民在历史上就发展了稻作农业，其水稻种植业基本实现犁耕，但由于自然因素和耕作技术的限制，其水稻的产量并不高。究其原因，还在于排瑶受传统耕作文化的影响，并没有形成像汉区那样精耕细作的水稻种植技术。稻作农业技术是排瑶先民在历史发展过程中从周边汉区习得的一种耕作技术，作为一种外来文化在融入本族群文化的过程中势必受原有文化的影响。稻作农业在传入排瑶社会时受传统旱作农业的影响，并不像汉区的稻作农业那样精细化，比如，犁耙田、育秧马虎，中耕除草次数少，不施追肥或追肥少，肥料品种单一，以及不分禾苗生长阶段一律深水灌溉，等等。[1] 这些因素都在一定程度上影响了排瑶水稻的产量。

传统上排瑶社会有两种差异明显的耕作方法，一种是适用于旱地的锄耕农

---

[1]　练铭志、马建钊、李筱文：《排瑶历史文化》，广东人民出版社，1992，第 200 页。

业，另一种是适用于水田的稻作农业。农业生产多以核心家庭为单位进行，日常的田间管理夫妇两人配合就能完成，只有在插秧、收割等重要的农事生产环节中才会出现劳动力短缺的问题。村民为了解决这一问题形成了约定俗成的换工制度，换工通常发生在同一宗族或房族内部。百里瑶山中，那些无人认领的山地被认为是村民的集体财产，只要个人有能力均可开垦，且这种行为被大家认可。只是这些无人认领的山地距村庄偏远，再加上土地贫瘠，只有少数非常能吃苦耐劳的村民才会对其进行开垦。开垦这种无人认领的山地瑶人多采用放火烧山的方法先将灌木烧毁，然后用锄具进行耕作。据北粤村村民反映，直到20世纪90年代仍有少数村民放火烧山开垦新地。后来，为了保护山林植被也为了防范火灾，政府禁止了放火烧山的行为并对其进行严格的监管。现在，北粤村已经没有放火烧山的行为发生了。

（二）自给自足的小农经济

从土地中获取生存所需的食物是农业社会的普遍特征，土地是农民最主要的生产资料。由于长期依附于土地，农民对土地产生一种特殊的情感。农民所持的价值观都非常接近，对土地都抱有既亲昵又尊重的态度，认为干农活才是正道，经商会走上邪道，都特别器重能工巧匠，因为他们有干活、创造财富的本事。[①] 北粤村也是这么一个乡土气息非常浓厚的农业社会，当地有一句俗语："瑶族是喝汗水长大的。"勤劳能干成为当地人心中最关键、最重要的个人品质。传统上当地姑娘找对象，首先看对方能不能干。山地农业文化的特征渗透在排瑶的族群特性之中。传统上北粤村所有的活动都围绕着农业生产进行，传统节日具有浓厚的农业文明色彩。不少节日的名称都与农业生产有关，如农历三月三的开耕节、农历六月初六的尝新节（当地早稻成熟）、农历七月七的开唱节（按照当地人的说法，这天过后一年主要的农事活动就结束了，青年男女就可以以山歌的形式互诉爱意），排瑶最重要的农历十月十六的盘王节也主要是为了庆祝丰收的。此外，为了不影响农事活动，婚礼都安排在农历十月十五以后。排瑶这些节日是在长期的农业活动中形成的。除了种植业，传统上每家每户还会饲养数量不等的鸡和猪用以自食。狩猎对于排瑶而言是一种兼业，并不是每个家庭都有猎手。由于生产力水平比较低，林业和手工业没有从农业中脱离出来。传统上，当地人所有生产活动都围绕着农业生产进行。受地

---

① 〔美〕罗伯特·芮德菲尔德：《农民社会与文化：人类学对文明的一种诠释》，王莹译，中国社会科学出版社，2013，第145页。

形、地貌、气候和降水等自然条件的限制，北粤村土地的开垦、农田的经营和管理相较于平原地区更为艰难，劳动产出比更低。北粤村在1949年之前是一个典型的比较封闭的乡土社会，社会分化不严重，即便是上层的瑶长、瑶练和瑶老们也没有完全脱离农业生产。自给自足的小家庭是最主要的生产单位，土地的产出常常仅能维持一家人正常的生活，并没有太多盈余。在这种高度自产自销的经济体系中货币是多余的，排瑶社会没有发展出货币，为全排服务的瑶老们的报酬是每家每户的米。除少数盐、铁和布等物品外瑶民的绝大多数的生产、生活资料都能自给。由于交通不便，瑶民也较少外出，出售的物品也仅限于木材、茶叶、草药和兽皮等山货。瑶民与汉区贸易也多采取以物易物的形式，直到瑶长制出现后货币才逐渐在排瑶地区流行起来。排瑶家庭中男女分工并不明显，仅有的区别便是男性在农业生产中从事更重的体力活，女性在家庭中除了负责农业劳动外，还需掌握必要的砍柴和刺绣技术。传统上人们心目中理想的男性伴侣一定要勤劳能干、体力充沛；而女性除了勤劳能干外，还必须能砍柴，会刺绣。在自给自足的农业社会，勤劳能干是最基本和最重要的品质。成家后的夫妇是一个独立的生产单位，独自经营，自给自足。儿子结婚后会从父母那里继承一份土地和必要的生产工具以及其他财产，女儿出嫁时也从父母那里继承一份田产和必要的生产工具。这些成为年轻夫妇建立起独立经营的小家庭的基础。北粤村位于喀斯特地貌区，石漠化严重，山峰林立，土层较薄，相对贫瘠。在这种地形地貌条件下，土地难以集中连片，耕地呈现明显的碎片化状况。由于家庭联产承包责任制的推行，原有的土地又被分割为更小的面积承包给农户个人。这就使原本破碎化的耕地更显破碎化，难以形成规模优势。在小家庭观念的影响下村民的小农意识很强，土地的规模化经营很难推行。

二　山外谋生：离土的过程

在自给自足封闭性较强的小型社会中，很多人的一生都在村寨内度过。排瑶所处的自然生态环境中，信息的交流非常有限，这使其社会文化发展几乎处于一种停滞的状态。北粤村在1949年前，人口稠密、生产力低下，村内很多居民仅能满足最基本的食物需求。冬季，不少村民衣服单薄，多是靠烧火取暖。1949年后，在党和政府的帮助下，北粤村的生产力有了很大发展，村民基本的温饱问题得以解决。1949年之后的相当一段时间内，当地村民的生计方式仍以种植业为主，村民仍没有摆脱土地的束缚，只是在新技术的帮助下，农业的生产效率有了很大提高，粮食有所盈余。当地村民仍没有改变千百年来以种植业为生的状况，村民生活仍然普遍贫困。

（一）外出打工：从被动到主动

改革开放后，广东省的经济飞速发展，相较于珠三角地区经济的腾飞，偏居粤西北的连南瑶族自治县因地理位置、交通等各方面的原因经济发展仍比较缓慢，居民生活水平不高，一直摘不掉贫困县的帽子。省政府为了帮助连南县的发展做了很多工作，在诸多帮扶工作中劳务输出是最重要的一项，对连南县排瑶社会发展的影响也最为深远。北粤村也并不例外地受到了政府劳务输出政策巨大而深远的影响。

个案 2-1　在北粤村担任过 23 年村干部的 TSSZR 讲起政府的劳务输出政策给村子和村民生活带来的影响：

20 世纪 80 年代时任广东省省长的叶省长到连南考察时，看到我们这里的人比较贫穷，村民住着简易的木板房，就提出将我们这里的富余劳动力输出到珠三角地区的国有企业工作的帮扶政策。在此之前我们这里的人都是去附近的连山、三江镇等地帮别人盖房子、收稻谷。我们这边因为自己的田地面积小就租种三江镇附近汉族人的田地，自己只是用别人的地皮，从种子到化肥农药以及田间管理都是自己承担。所产的粮食拿出一部分给田地的主人。以前，我们这边很少有人去大城市打工，主要是因为很多村民没去过大城市，又没有技术。村民出去后，把外部的信息带到山村，改变了山村。在政府的支持下，广州地区的国有企业如钢琴厂、造纸厂、橡胶厂、印刷厂等在吸纳我们的富余劳动力方面做得比较好。刚开始劳务输出的那几年，这些工厂都是派车来接送我们的村民。村民进厂后先接受技能培训，吃住都在厂里。第一批出去打工的人把外部的信息带了回来，录音机、牛仔裤、流行歌曲也带回来，一些村民还买了摩托车。出去打工的人回来后，都让我们眼前一亮。80 年代末第一批外出打工的人现在已经 50 多岁了。外出打工前村民要先报名，体检，上报政府。当时，劳务输出人数每个行政村是有指标的，只有符合条件的村民才能被选上出去打工。因为当时，外出打工一个月的工资有 200 多元，这个工资比当时的镇长都要高，因为工资高很多村民也都愿意外出打工。这样经过几年后，村民慢慢熟悉了城市的环境，第一批外出打工的村民带动自己的亲戚朋友，就有越来越多的村民自发出去打工了。90 年代以后基本上都是村民自己去城市找工作了。政府的劳务输出起到了很大作用，对我们思想意识、观念的改变很大。拿教育来说，外出打工的村民后来意识到自己再穷也要让孩子上学。①

从 TSSZR 的话中可以看出，政府推动的劳务输出为北粤村村民带来的影响不仅仅是经济方面的，还是思想观念方面的。外出打工者在政府的帮助下，接受工厂培训，掌握就业技能，首先有了一笔可观的经济收入，其次通过接触大城市将城市的文化、观念带回北粤村，继而又影响了周围的人。劳务输出真正打破了瑶山社会的封闭状态，从一开始政府主导村民外出打工，到后来村民自发外出打工，对于当地村民来说是一个很大的转变。随着北粤村越来越多的村民外出打工，之前村民被土地束缚的状态被打破，村民和土地的关系开始变化。外出打工所获得的可观收入使当地村民的收入来源更加多元，村民收入对土地的依赖程度开始降低。

个案 2-2 2019 年 42 岁的 THSYLS 回忆起北粤村村民外出打工的历史，告诉笔者：

我们村的村民在 20 世纪 90 年代才真正流行外出打工。在刚开始打工的时候，外出打工是政府支持的，外出打工的都是去国有企业，名额非常有限，只有百分之几的比例。后来外出打工的人就越来越多了。打工增加了村民的收入，外出打工的村民回来后，生活条件改善很快，房子也从土块房、砖瓦房变成钢筋水泥房。

父母和我们这一代可以说是外出打工的过渡时期。我的父母这一代200 人中可能只有一个人去打工，外出打工的地点离家也很近，都是附近的县城或集市。去这些地方打工也挣不了多少钱，打工回来后，来这边买一些糖果。在打工潮之前，我们都是帮别人种水稻、运木头。我 10 岁左右时，比自己大几岁的年轻人就开始去灯泡厂、钢琴厂这些工厂打工了。这些工厂对我们瑶族同胞帮助不少。我们当时都不懂城市里的生活，住在工厂里的条件也比较差。②

---

① 2019 年 3 月根据唐冲村 THSYZR 口述资料整理而成。

② 2019 年 3 月根据唐冲村 THSYLS 口述资料整理而成。

当地的村民能切身地感受到外出打工给他们生活带来的变化，他们对外出打工总体上是认可的。

北粤村第一批外出打工的村民几乎都是政府安排的，但政府安排的名额极其有限。对于在封闭农业社会环境中长大的村民而言，山外的城市生活充满着陌生事物和不确定性。都市文明对其而言是另一种生活方式，其适应也需要一个过程，政府的打工帮扶政策对瑶胞摆脱贫困、尽快适应城市生活十分必要。在政府的支持引导下，同时也为了获得更多的收入，越来越多的北粤村村民开始自发结伴外出打工。第一次离开家乡来到大城市闯荡的村民难免要经历很多辛酸。

个案2-3　2019年46岁的THSYZR向笔者回忆起其第一次外出打工时的经历：

> 我1995年去广州打工，当时一个月工资50块钱，进厂还要交200块钱的押金。一天只给两顿饭，吃不饱。当时，我带着250块钱出去，留50块钱不能用，要作为回家的路费。当时我和同村的4个人一起去的，当时没钱，为了节约花销，买面饼充饥，2块钱能买一大堆面饼，我们买下来用水泡着吃。这次打工经历很失败，打了一个月我们就回来了。挣的钱都花在吃上了。这样等于是给工厂白干一个月。现在回想起来感觉当时没签劳动合同，法律也不健全。但当时第一次出去打工，我们什么都不懂，怕出事，很快就回来了。后来就熟悉了，也经过同一个宗族的兄弟介绍找到了好的工厂。从1995年开始到2004年，自己先后在广州打了10年工。1996年我当时的工资是一个月1200元，这在当时算是高工资了。一般其他工厂，比如保暖瓶厂，工资才是500~800元一个月。工厂中午管一次饭，提供住宿。在珠江钢琴厂要给木凳打磨、上漆，长期做这个对身体不好。我和我老婆就是在打工时认识的，当时我们俩在同一个工厂上班，因为她是附近村的，大家都是瑶族，听得懂彼此的语言。这样，两个人就熟悉起来，后来就结婚了。①

THSYZR的打工经历与北粤村的很多同龄人相似，去大城市打工不仅提高了他们的收入，增加了他们对外部世界的了解，也改变了他们的人生，有些人

---

① 2019年3月根据唐冲村THSYZR口述资料整理而成。

通过与他人的接触而结婚。外出务工也扩大了北粤村村民的通婚圈和人际交往范围。因为有了上一批打工、对城市生活熟悉的村民，新加入外出打工浪潮的北粤村村民通过亲戚、同村人的介绍和帮助能更快地适应城市打工的环境。打工潮的出现使村民的生计方式更加多样，家庭和个人拥有了比以往更多的生计选择。北粤村村民自发的外出打工，真正使他们摆脱了土地的束缚，投入更广阔的社会经济活动中。

（二）离土潮中的土地情结

芮德菲尔德把"耕种的农民"定义为：一个基于传统和自己内心情感的纽带而使自己长期附着于一块土地上，而且对于这块土地有着充分的控制权的人。这块土地和他是一体的，是长期又固定的纽带把这两者焊接成了一体。[1]定居使排瑶先民对土地产生了严重的依附，土地不仅是他们的食物来源，还是他们最重要的财产。农民对土地在经济上的这种依附关系使其对土地产生了一种特殊的感情。作为山地民族的排瑶长期从事山地农业，其对土地的感情是深厚的。虽然打工潮的出现使北粤村越来越多的村民摆脱土地的束缚，"部分时间农"[2] 也越来越多地出现在北粤村，但村民对土地的情结并没有消失。

在政府的组织和帮助下，20世纪80年代北粤村的青壮年劳动力开始大量外出打工。大量村民外出打工给当地社会带来了很大改变，其中最主要的一点就是当地越来越多村民开始部分脱离农业生产，直至完全脱离农业生产。在生计方式日趋多元的情况下，越来越多的北粤村村民脱离农业生产是一种理性选择的结果。在北粤村当地的地形、地貌和自然条件下经营种植业需要投入更多的劳动力，难以使用机械导致几乎所有的农事生产都是靠人力来完成的。而现在农产品价格低廉，在家务农的收益少于投入。在这种情况下，村民自然选择外出挣钱而不是在家务农，土地的抛荒也就在所难免。但村民抛荒土地并非不要土地，土地被抛荒更多的是因为种地挣的钱没有打工多。

THSYZR 从 2004 年回到唐冲村就再也没有出去打过工，而是选择在村里开了一间商店，向附近的村民出售日常生活用品和猪肉、蔬菜。虽然常年在家，但他们夫妻两人几乎没有种过地，偶尔家里会种一些玉米用来养鸡。

---

① 〔美〕罗伯特·芮德菲尔德：《农民社会与文化：人类学对文明的一种诠释》，王莹译，中国社会科学出版社，2013，第40页。

② 〔美〕埃弗里特·M. 罗吉斯、拉伯尔·J. 伯德格：《乡村社会变迁》，王晓毅、王地宁译，浙江人民出版社，1988，第41页。

　　　现在种地都是白干，挣不了钱，赔钱还出了不少力。现在外出打工都有得饭吃，大家都不会种地了。这是现在土地抛荒的主要原因。我的旱地都种了树，水田借给自己的嫂子，也没有要她的钱。自己 2018 年用了 100 多块钱的化肥种玉米，想着喂鸡，但只收了 100 多块钱的玉米，等于是白干了，这样自己就不种地了。养鸡也不用吃玉米，剩饭给鸡吃就行。①

　　现在北粤村耕地多由留守在家不能外出打工的老人或少数留守在家的中年人耕种。

　　而那些仍然在农村种地的农民之所以选择种地，主要是为了满足一家人的粮食需求，所种的土地面积通常不会超过 3 亩。按照当地村民的话说，现在种田都是为了自己吃，自己种的田即便是产量少一些，吃着也放心。他们在稻谷抽穗之后就不会打农药了。村民种的花生、黄豆和玉米等也主要是自己食用，播种的面积很有限。现在除了水稻，花生是当地种植面积最大的农作物。村民种花生主要是用来榨油供自家食用。北粤村的花生可以成熟两季，每年的 4 月初种上第一季花生，7 月收，收完没几天就可以种第二季花生，10 月再收获。村民们种的花生主要供自己消费，他们说从市场上买的食用油不好吃，自己种的花生榨出来的油才好吃。村民种出的花生主要拿到附近集市的榨油厂或邓坪村的榨油厂榨油。在打工成为潮流的当下，土地的经济价值已经很低，甚至是负的，土地的产出已不是当地村民收入的主要来源。不能外出打工的老人、在家照看孩子或老人的妇女以及那些少数在村里从事其他劳动的人成了土地的耕种者。种田成了这部分人的副业，自己在家把土地抛荒并不是一种理性的行为。现在村民也深知从自己土地里产出的粮食吃起来更健康。年轻人外出打工，因种种原因不能外出打工的村民把农业作为一种兼业。总之，种地和不种地都是当地村民基于自己家庭生计的一种理性选择。北粤村的很多村民虽然现在不种地了，但并不把土地看作没有价值的存在，对当地的很多中年人来说现在不种地是因为还年轻，出去打工挣的钱更多。他们即便是把自己的土地抛荒也不愿意把土地给别人，更多的是流转给亲戚耕种。等自己年纪大了不能出去打工了，他们还有自己的那份土地。他们会把自己的土地传给自己的儿子。当地村民的土地情结还在，土地对于当地村民来说是一种保障。在调研的过程中，村民 THSYZR 告诉笔者："我们自己的土地也不愿意让别人来耕种。如果

----

① 2019 年 3 月根据唐冲村 THSYZR 口述资料整理而成。

把田给了别人耕种，怕别人到老了以后不把田还给自己。以后，万一在广州不能打工了，不能挣钱了，自己的耕地还能种一些自己吃的东西。"① 村民们在打工潮出现后对土地的态度说明，传统的种植业在村民们心中仍有一定的价值。对于当地村民而言，打工这种市场经济下的行为是一种新的生计方式，村民在主动参与市场经济的过程中对传统的农业生计进行策略性的运用。只要农民还没有成功进入城市拥有稳定可靠的生计方式，他们就会继续留在农村，就不会丢掉土地。

北粤村村支书 DLF 告诉笔者，近些年村委会处理的土地纠纷很多。

> 20 世纪 80 年代北粤村出现外出打工潮以后，很多年轻劳动力都外出打工。1994 年我高中毕业。在上初中的时候看到外出打工的人一个月挣好几百块钱我都想出去打工。因为打工挣钱，比在家种地好很多。村里的年轻人很多外出打工，这导致北粤村的土地抛荒现象很严重。那个时候，因为种田不挣钱，大家对土地也不在乎了。以前开荒的热情也没有了。以前，很多山地都被开荒，因为村民除了种地没有太多其他可靠的收入，种地是最主要的养家糊口方式。
>
> 从 2000 年开始，因修路占用农田、林地给村民补助。村民看到土地的价值，现在又开始重视起土地来，在占有的土地上种树苗。现在占用村民土地每亩地可以补贴 2 万~3 万元，石头山、荒山也要补助 1 万多元。也正因为这样，村民争地现象比较严重，村民出现大量的占山行为。现在政府禁止村民随意占山。虽然之前土地划分好了，但因为外出打工抛荒现象严重，村民之间借地用地现象逐渐增多。更常见的例子是，长期在外面打工的村民，有些十几年都没回来。他的地转让给邻居或亲戚耕种，其儿子看到这块地十几年都是自己家耕种，以为是自己家的。父母去世后，就引起矛盾纠纷了。②

据北粤村村委会的民事调解员 TZM 统计，2018 年 3~12 月北粤村出现的 50 余起纠纷中，有 30 余起和土地纠纷（包括耕地、林地的土地边界纠纷）有关。③ 土地纠纷事件频发，说明在当地村民的观念中土地的价值仍然存在。

---

① 2019 年 3 月根据唐冲村 THSYZR 口述资料整理而成。
② 2019 年 4 月根据北粤村 DLF 口述资料整理而成。
③ 2019 年 4 月根据唐冲村 TZM 口述资料整理而成。

目前，中国的城市化进程日益加快，农村中越来越多的人脱离农业生产进入城市工作和生活。在北粤村这样一个过去村民完全靠农业为生的山村，农业正在被越来越多的村民抛弃，当地村民也在更多地参与到各种市场经济活动中。但村民并没有完全抛弃土地，他们只是基于理性的选择抛弃了农业生产。在现阶段我国坚持维护土地使用承包权的情况下，农民对土地仍抱有热情，土地对农民而言仍然是一种可利用的资源和保障，因为他们在城里没有房子，没有稳定的工作，虽然外出打工很多年，但自己的根仍然在农村。在生计方式"非农化"的当下，无论是把自己的土地抛荒还是借给亲戚耕种，或是继续耕种，都是村民基于自己家庭情况做出的一种理性选择。在生计方式日趋"非农化"的北粤村，土地对村民的意义发生了很大改变。土地从一种生存必需的资源变为一种可有可无的资源，村民对土地的依赖程度大大降低。虽然土地的经济价值降低了，但村民对土地的感情还有所保留。对于未能脱离乡村搬进城市居住的村民来说，在村里生活，就有对土地的需求和感情，土地就是一种保障。

三　流动性的家计策略

在一家一户自给自足的小农经济中，生产的产品主要用于自身的消费。除了经营种植业，每家每户都还会饲养一定数量的家畜、家禽来满足生产生活的需要。在过去，猪是最主要的家畜，鸡是最主要的家禽。牛的数量虽然也比较多，但更多的是作为生产资料，而猪和鸡是村民主要的肉食来源。猪在北粤村有着极其重要和特殊的地位。首先，它是村民最主要的日常肉食来源；其次，它是婚丧嫁娶、节庆中必不可少的食物；最后，它是重要的仪式物品，无论是在家祭还是在墓祭中，猪肉都是必不可少的祭品。猪在北粤村具有很强的文化象征意义。在过去，北粤村每家每户几乎都养猪，只是绝大多数的家庭养猪主要供自家消费，养猪的数量也很有限，多在1~3头。养猪需要投入一定的劳动力，饲养猪的数量多了会影响农业生产。这些猪主要供过年、家庭的婚丧嫁娶或拜山祭祖时食用。如春节前后是消费猪肉的重要时间段，这个时候每家每户都要储备猪肉用于自食或赠送亲朋好友。而在春节后持续一周左右的拜山扫墓过程中，每天一个宗族都要杀10头左右的猪。养猪成为当地村民减少必要支出、获取额外收入的一种手段。

直到现在，养猪依然是北粤村不少村民的选择，只是现在养猪的家庭数量越来越少。养猪逐渐集中在少数几个家庭中，这些少数养猪的家庭养猪已不限于自己食用，更多的是为了向他人出售。养猪的商业化色彩越来越浓，在数量上也有了一定的规模。这些养猪家庭所养的猪多在 20 头以上。在唐冲村，围绕着猪的饲养、销售和买卖形成了一个完整的链条。在北粤村，村民对猪肉有着稳定且持久的需求，因此，养猪成为当地一些家庭重要的生计来源。市场经济的运行逻辑改变了北粤村传统的养猪模式，这是自给自足的小农经济向市场经济转变的必然结果。

个案 2-4：

> THSDKG 是唐冲村火生家族的大先生公①，2019 年他 48 岁，他的妻子 44 岁。他有 2 个女儿、1 个儿子，父母都已去世。大女儿已经出嫁，二女儿和小儿子都在广州打工。他以前也去外地打工，去过附近的寨岗、连南县城等地。2009 年他和宗族内的 TBA 一起去广州的厨具厂打工，当时一个月挣 1300 元，工厂包吃住。两人在工厂打了 8 个月的工，但因为 THSDKG 是宗族内的大先生公，宗族成员有婚丧嫁娶等人生仪式以及驱鬼治病的事情都会请他去做。一个宗族内都是兄弟，他不好意思不去。这些事情都属于帮忙，不能收钱，只是按照传统的习惯收取少量费用。在乡村这种熟人社会中，收钱就不是兄弟了。在外出打工的 8 个月时间里，THSDKG 因为宗族内有事，向工厂请了 23 次假，每次请假的时间从 3 天到 7 天不等。THSDKG 所在的宗族当时有 51 户，人多各种事情也比较多。因为经常请假，后来老板就把他辞退了。考虑到这种情况，THSDKG 就决定不外出打工了，而是专心留在家中。但夫妻两个人不能都在家，他的妻子最终选择外出打工。现在妻子在广州一家纸箱厂工作，工厂包吃住，一个月挣 3000 多元。THSDKG 回到家后就选择在家中养猪，挣一些钱。2019 年他养了 36 头猪，上半年已经卖出去 15 头。每天早晚 THSDKG 各喂猪一次。除了养猪，他还选择在附近的县城打零工挣一些钱。②

在 THSDKG 的个案中，作为宗族的先生公，他碍于人情选择留在村里。THSDKG 从事宗教活动基本上是免费性的，为了家庭生计其妻子选择外出打工，他自己留在家中靠养猪、打零工挣一些钱，这样也不影响自己从事宗教活动。

---

① 先生公是排瑶对掌握宗教知识的人的称呼，也称师公或师爷。
② 2019 年 5 月根据唐冲村 THSDKG 口述资料整理而成。

个案 2-5：

2019 年 42 岁的 THSYLS 曾经是本村的一名教师，后来因为超生被学校辞退了。家里有 1 个女儿、1 个儿子。女儿读了大学，儿子现在读小学三年级。因为之前一直在学校教书，他没有外出打过工，也很少干农活。在学校丢掉工作后，他去清远市打工过一段时间。但因为自己外出打工后妻子不会教育儿子，儿子的学习成绩下降很快。后来，自己就决定回到家中专门教育儿子，自己的妻子外出打工挣钱。自从自己回到家后，儿子的学习成绩有了很大进步。自家的土地已经荒废多年，他在家没有什么事情做，平时就是打麻将，2019 年 5 月他利用老房子做起豆腐来。因为就自己一个人做，他每天早上 8 点钟开始起床到中午 11 点能做 2 板豆腐。1 板豆腐 36 块，1 块豆腐 1 元。2 板豆腐能卖 72 元，除去成本，一天的利润是 30 多元。①

在 THSYLS 的个案中，为了孩子的教育他选择留守在家中。北粤村越来越多的村民开始认识到教育的重要性。

个案 2-6：

（THSYZR 外出打工的经历在上文中已经有过描述，笔者在此不再重复。）THSYZR 认为自己不能打一辈子工，并且打工不自由。做生意比较自由，不会有人管着自己。另外，在珠江钢琴厂打工时，他主要负责喷漆的工作，这项工作对身体有害。2004 年，在外打工 10 年的 THSYZR 回到唐冲村，在自己家开起了副食品商店，同时也卖菜和猪肉。每天，他都要从县城或稍远一点的连州进货，主要是从这些地方买进蔬菜、水果以及其他生活用品。到了下午 5 点左右的时候就用摩托三轮车载着这些蔬菜、水果去北粤村的各个自然村叫卖。这一路跑下来要到晚上 8 点才能回到家中。2005 年，他回到家中后生下了第二个儿子。因为孩子还小，就没有再外出打工，一直在家中靠经营店铺谋生。②

THSYZR 的个案是一个典型的个案，对于北粤村的很多村民而言，外出打

---

① 2019 年 3 月根据唐冲村 THSYLS 口述资料整理而成。
② 笔者在调研期间经常到 THSYZR 的商店找他聊天，该段资料由此整理而来。

工多年的结局可能还是回到自己的出生地。在自己回到村子后，家庭生计仍然是他们要面对的最主要问题。对于留守在乡村的村民，农业已不再是他们谋生的主要途径。他们在村中，但已不是依赖土地的农民，家庭性的商业活动成为其最重要的生计方式。外出打工的那些年，家里有什么事情都是 THSYZR 的父母帮着参与。回到家后，自己宗族内部以及亲戚、同村人的婚丧嫁娶这些事情都是自己参与了。这在北粤村是很普遍的现象：年轻人外出打工，常年不在家，但他们的亲属关系、人际关系网并没有因其外出打工而被隔断。这些亲属关系、人际关系网的维持在很大程度上依赖各种各样的人生仪式及节庆中的人情往来。年轻人在这些人生仪式中本身不在场，但通过其父母的代理以另一种方式在场，并通过这种在场来维系乡村的人际关系、亲属关系网。

个案 2-7：

      2019 年 TFM 34 岁，他是唐冲村一位民间文艺爱好者。初中毕业后他就来到广东一家技校学习空乘，毕业后在天河机场工作了一段时间。后来因为自己的文艺特长在深圳锦绣中华工作，主要为游客表演各种民族歌舞节目。在深圳工作期间，他连续 3 年没有回家，几乎没有参加家乡的任何活动。其父母因他这么多年不回家很气愤。因为不参加宗族的拜山、婚丧嫁娶等公共活动，他在宗族内的名声也不太好。2009 年，TFM 结束了多年在外的打工生活回到唐冲村结婚，结婚后他很快有了自己的第一个女儿。因为孩子还小，他就没有再去大城市打工。凭借自己的文艺特长，TFM 到本村新开发的瑶寨旅游区工作，为游客表演民族歌舞。虽然在瑶寨上班工资只有 2000 多元，但因为能照顾到家人，他并没有选择外出打工。结婚后的第二年，他的第二个女儿出生了。在后面的几年中，因为两个孩子小，他也没有外出打工，一直在瑶寨工作。2017 年，他的第三个女儿出生了。他结婚后，因为孩子多一直在家照顾孩子。面对养家糊口的压力，TFM 仍旧选择留在家乡，其间他多次想过回到深圳的锦绣中华工作，因为那里工资高，一个月 8000 多元。后来考虑到孩子小，他还是选择留在了家乡。①

TFM 为了家人最终放弃获利较高的外出打工而选择在家工作，还有一个

---

① 笔者在调研期间经常找 TFM 聊天，该段资料由此整理而来。

原因就是北粤村瑶寨的旅游开发在一定程度上带动了当地村民的就业。TFM之前在 5A 级景区工作过，在这方面又有经验，现在是瑶寨景区演艺部的经理。他对瑶寨各方面的发展也很期待，虽然在瑶寨工资不高，但在瑶寨工作能兼顾家庭。在生计和家庭之间他选择了两者间更好的平衡点。TFM 外出打工的那些年很少参与其所在的火生宗族的公共事务，宗族成员、亲戚以及同村人有各种红白喜事时，都是其父母帮着出面给份子钱。在北粤村，外出打工潮出现后，村子里的年轻人大多数都外出打工去了，传统的仪式活动受到冲击，年轻人在这些传统仪式中往往因为外出打工而出现不在场的局面。为了应对这种不在场，北粤村很多宗族内的长老制定了一些规则，比如过年拜山不参加的人一天要罚 100 元。TFM 外出打工的那几年就因没有参加宗族内部的集体拜山活动被罚钱了。TFM 向往大城市的生活，但并没有能力冲出乡村进入城市生活。他的各种社会关系仍在自己的家乡、自己的亲属范围内。现在，他不会再像以前那样不顾村子里的人际关系。因为在村子里工作，宗族内的各种活动他都有参与。

近些年，北粤村老村被外来开发商承包，实行规范化的景区管理，老村也升为 4A 级景区，游客数量逐年增加。老村景区的火爆吸引了一定数量北粤村村民回到家乡从事与旅游相关的行业。一些当地村民成为景区正式的工作人员，而更多的村民则选择在景区开民宿、经营农家乐或贩卖土特产。旅游业的兴起极大地提升了当地村民的参与度，一些在景区开民宿的村民在旅游旺季会暂时放弃打工回到家乡经营民宿，而到了旅游淡季又会回到大城市打工。此外，也有部分村民因为在老村景区做生意可以兼顾到家庭而选择放弃外出打工，回到家中。

个案 2-8：

2019 年 TJF 32 岁，高考后因为成绩不太理想只好上技校。他在技校读了 2 年，之后在广州市花都区格力公司上班。2009~2012 年他在格力公司工作了 3 年，当时一个月的工资有 5000 多元。因为在外面打工不好找老婆，从 2013 年开始，他回到了唐冲村。一开始是在村委会工作，负责村委会的消防工作，一个月的工资只有 1000 多元。但因为村里和他年龄相仿的女性都已结婚，他并没有找到合适的未婚女性。后来，在朋友的介绍下他认识到附近乡镇的一位瑶族姑娘，两个人谈得来，很快就结婚了。婚后，因其老婆身体的原因，他们最终通过人工授精的方式有了一个儿子。有了孩子后，他再也没有外出打工，而是选择在村里的学校当了一名宿管老师。①

个案 2-9：

　　2019 年 THSSG 26 岁，初中毕业后他就外出去广州打工去了。2012 年他挣了一些钱，就回到村子里在村里学校附近开了一间网吧，每天都有 300~400 块钱的收入。当时一台电脑 1 万多元，网费一年 800 元，平常的支出也就是电费。在网吧，男孩子就打游戏，通宵一晚 15 元，女孩子下载歌曲。他在网吧还卖肠粉、饮料等。后来，学校换了领导，不让在学校附近开网吧了。因为他家离学校远，他就在自己家开网吧，但来的学生很少，现在有了手机，学生上网的也少了很多。THSSG 在 2016 年结了婚，2019 年孩子已经 3 岁了。因为孩子小，他就没出去打工。2018~2019 年在家养猪挣一些钱。2018 年养了 60 多头猪；2019 年养了 1 头母猪、6 只小猪。2018 年养的猪是 2018 年 7 月从广西买回来的，200 多元一只买回来，一只 20 斤左右，养到 2019 年元宵节。买猪仔花了 1 万多元，猪都是喂饲料。因为 THSSG 养的猪多，就把猪卖到黎埠镇。猪小的也有 230 多斤，大的能有 300 多斤。活猪按 6 元钱一斤的价格卖掉，杀好的猪按 9 元钱一斤的价格卖掉。2018 年 THSSG 家里养猪除去成本，净利润有 2 万多元。半年 2 万多元还可以，再加上其他副业收入，他还能维持生活。养猪很累，一早就要喂猪，中午要清洗猪圈，晚上还要喂猪。THSSG 所说的其他副业包括在旅游旺季用自家的面包车拉散客去瑶寨，根据排队游客数量的多少定价格。排队短时 10 元一个人，排队长时 15 元一个人。以前，他们拉游客进景区，一个人收 50 元，后来被景区老板发现了，景区请交警上来管理，不让逃票。现在他只能把游客拉到景区大门口。2019 年春节长假期间，从初一到初八 THSSG 用车拉游客去瑶寨，挣了 1 万多元。THSSG 的另一项副业是在村子里的学校卖学生喜欢吃的零食。他从附近的县城买来原材料，将原材料加工成饮料、奶茶以及各种烤串，在课间以及放学时用自己的车载着零食到学校门口卖，这样一天也能有 100 多元的收入。另外，他靠自己养猪的收入，在村里新开了一家商店，卖一些蔬

---

① 笔者在调研期间经常找 TJF 聊天，该段资料由此整理而来。

菜，偶尔也卖猪肉。总之，为了照顾家庭和年幼的孩子，他没有外出打工，而是在家中通过做各种小生意挣钱，维持家庭生计。他告诉笔者，现在有了小孩，孩子还小，自己不想出去打工，在家一天挣 100 多元就行。①

在上述个案 2-7、个案 2-8、个案 2-9 中，留守在唐冲村的都是家里的男性成员，这反映了三个家庭生计的变化情况。他们有很多共同点：在年轻时都外出打过多年工，结婚有了孩子后就不再出去打工，这是因为他们把家庭和孩子看得最重要，而不是出于经济方面的原因。他们为了家庭选择留在村里，但其生计与农业关系不大。在年轻人身上，离土表现得更为彻底。他们留守在乡村，但生计和农业关联不大。他们也不像村中 20 世纪 70 年代出生的人对村庄的土地还有些许的感情。相较于 70 年代出生的人，他们这批人已经完全熟悉了打工生活。对各自家庭成员的牵挂使他们继续留守在农村，并想办法在家中营生。一方面，在北粤村打工潮出现后，村民的流动性有了明显增强。不同年龄段的村民或外出打工，或为了照顾孩子等原因回到家中。另一方面，不同年龄段的村民在生计选择上存在明显的差异，村中的年轻人更多地外出打工，而中老年人则更多地留守在农村。在流动性日益增强的当下，村民因经济收益选择外出打工，又因子女抚养、老人赡养等原因回到家中。村民在获取经济收益与实现家庭的抚养、赡养功能之间寻找着平衡点。

根据古德的家庭现代化理论，在现代化过程中，血缘家庭从原有复杂的亲属网络中脱离出来，形成夫妇式的家庭。通过分析，我们看到古德的家庭现代化理论在北粤村并不适用。从 20 世纪 80 年代开始，北粤村兴起的打工潮使村子里的富余劳动力为了生计离开乡土，他们不再从土地里谋生了。北粤村传统自给自足的家计体系在打工潮出现后瓦解了，越来越多的村民从土地的束缚中解脱出来，市场经济的逻辑逐渐成为支配村民行为的主导因素。生计方式的变化给北粤村带来的影响是巨大的，它使流动的个体拥有了更大的自主权，但流动的个人并没有脱离家庭。

小　结

排瑶社会在注重核心家庭的同时，也非常重视亲属关系尤其是基于父系血

---

① 笔者在调研期间经常找 THSSG 聊天，该段资料由此整理而来。

缘的亲属关系。排瑶的家庭在具有分裂特性的同时，也具有建立在父系血缘纽带基础上的合的特性。血缘关系是家庭结合的主要纽带，此外，核心家庭之间在经济、人生仪式等方面的合作也相当频繁。由于长期实行内婚制，通过婚姻纽带的连接作用，整个村落形成了一个覆盖每个家庭、每个个人的亲属网络。为了适应变动的自然和社会环境，北粤村排瑶的家庭在婚姻形态及亲属制度上表现出一定的弹性。由于婚姻对个人约束力较小，重组家庭比较普遍，这使村民的亲属关系呈现出更加复杂的状态。

在社会转型过程中北粤村的开放性和流动性持续增强，无论是个体还是家庭都比以往有了更大的自由参与到市场经济及更大的社会关系网络中。在流动性日益增强的当下，村民因经济收益选择外出打工，又因子女抚养、老人赡养等原因回到家中，但流动的个人并没有脱离其以家庭为主的"原初组织"。村民在获取经济收益与实现家庭的抚养、赡养功能之间寻找着动态平衡，家庭也在能动地适应日益流动化、开放的社会环境。

第三章

作为家庭结合的宗族

有血缘关系而无世系关系者断无可能同属一个宗族，因此，血缘关系（无论属于男系还是女系都）不应该是，也不可能是宗族的核心价值。[①] 汉人宗族组织世系强调的不仅是血缘关系，还有一种依据父系血缘展开的系谱关系。排瑶没有自己的文字，其祖先的系谱关系以"家先单"或"长单"的形式用汉字记录下来，而这些"家先单"中的内容先生公都熟记于心。所以，只有先生公熟知本宗族内的系谱关系，而普通人由于从小的耳濡目染对近世祖的系谱关系比较熟悉。只是由于排瑶的祖先系谱多以口耳相传的方式一代代传承，其系谱关系并不清晰，系谱关系出现缺失或错误的现象比较常见。排瑶的宗族有其自身的特点，本章主要从家庭结合的视角来分析北粤村排瑶的宗族。本章主要分两节，第一节探讨了北粤村排瑶家庭的宗教性，第二节从排瑶家庭的属性出发分析了排瑶的宗族结构。

第一节　家的结合：阴界之家与阳界之家

"灵魂不灭"是一个十分重要的观念，排瑶认为人生前都有灵魂，人死后灵魂并没有随着肉体的消失而灭亡。在排瑶瑶语中，灵魂是 mian[24]（缅）。灵魂不灭的观念直接影响着人们的现实生活，尤其是对死者的处理以及祭祀方面。[②] 灵魂不灭的观念集中表现在排瑶视死如生的观念中，在北粤村排瑶社会中，人们在生前就会采取各种方式准备自己的后事。而人死后，各种祭祀活动又将死者与现世子孙联结起来。黄树民先生认为："在传统农民世界中，家不仅是提供食物、舒适、保护及老年照顾等徒具物质和经济意义的房舍而已。更

---

① 钱杭：《宗族的传统建构与现代转型》，上海人民出版社，2011，第 89 页。
② 练铭志、马建钊、李筱文：《排瑶历史文化》，广东人民出版社，1992，第 457 页。

重要的是，家具有社会、意识形态和仪式上的意义。"① 排瑶的各种对祖先的祭祀活动围绕着家进行。葛学溥在《华南的乡村生活——广东凤凰村的家族主义社会学研究》一书中，对中国的家庭进行了分类。他按照家庭功能的不同把中国的家庭分为"自然家庭"、"经济家庭"和"宗教家庭"三种类型。② "宗教家庭"是祖先崇拜的实际单位，它只有在祖先崇拜仪式的过程中是一个自觉的单位，依据祖先崇拜时间的不同而不同。③ 葛学溥所提出的宗教家庭概念，主要是强调家庭的祭祀功能。这一概念不仅适合分析东南地区汉人的家庭，也很适合分析排瑶的家庭。如麻国庆通过对阳春麦姓排瑶的考察认为，宗教因素一直贯穿于其宗族、家族、家庭制度中。④ 本节借鉴其宗教家庭的概念，来分析北粤村家庭的宗教面向，从宗教的角度探讨排瑶家庭所蕴含的社会文化意义。

一　亲属关系之延续：阴界之家

要探讨排瑶家庭的宗教内涵，需要对排瑶的宗教有一个初步的了解。广东的排瑶在宗教信仰上比较多元，其信仰的主要是强调万物有灵、祖先崇拜，受道教影响但又不失本民族特色的一种宗教。排瑶崇拜自然，相信万物有灵，认为天地间有看不见的"鬼"和"神"主宰着一切，山有山神，水有水神，树有树神，等等。1949 年之前，每一个排都有一座大庙，遇有自然灾害，要请先生公到庙里念经祈祷，请求神灵保佑，消灾除害；上山狩猎，要祭山神；每年开耕时，要祭祀祖先和五谷神。排瑶祖先崇拜的对象，包括本姓的共同始祖以及各房族的祖先，而近世的祖先更是排瑶日常生活中祭祀的主要对象。排瑶的祖先崇拜具体体现在：把盘古王作为自己的始祖加以崇拜、庙宇中供奉祖先的神像、逢年过节都要举行祭祀祖先的活动。⑤ 祖先崇拜是排瑶最重要的信仰，对排瑶的生活影响很大。

排瑶对人去世后生活的阴界世界有一个较为系统的想象，对如何进入阴界

① 黄树民：《林村的故事：一九四九年后的中国农村变革》，素兰、纳日碧力戈译，生活·读书·新知三联书店，2002，第 15 页。
② 〔美〕丹尼尔·哈里森·葛学溥：《华南的乡村生活——广东凤凰村的家族主义社会学研究》，周大鸣译，知识产权出版社，2011，第 84～86 页。
③ 〔美〕丹尼尔·哈里森·葛学溥：《华南的乡村生活——广东凤凰村的家族主义社会学研究》，周大鸣译，知识产权出版社，2011，第 85 页。
④ 麻国庆：《汉文化影响下阳春排瑶的宗族家庭与宗教》，《永远的家：传统惯性与社会结合》，北京大学出版社，2009，第 219 页。
⑤ 练铭志、马建钊、李筱文：《排瑶历史文化》，广东人民出版社，1992，第 459～461 页。

世界也有一套相应的分类标准。在北粤村，死者的死因、死亡地点、死亡年龄往往决定了死者死后的境况和归属。死者的性别、年龄以及死因、死亡地点都会影响死者葬礼的仪式和流程。根据这些因素，可将死人分为走"上桥路"、"中桥路"、"下桥路"和"乱桥路"四个等级。生前没有做过坏事，同时又是在家病死的 12 岁以上的男性和 9 岁以上的女性，未婚的男女，死后走"上桥路"；意外死亡，如遭遇车祸、灾害等的人，死后走"中桥路"；非正常死亡、被迫死亡，如被人杀害的人，死后走"下桥路"；生前做过坏事，死因不明的人，死后走"乱桥路"。走"上桥路"的死者往往进入天堂，走"中桥路"的死者通常投胎做人，而走"下桥路"的死者往往会成为孤魂野鬼。根据死者的死因、死亡年龄及死亡地点的不同，通常会采取不同的丧葬模式。寿终正寝的先生公及老人死后升入天堂，其葬礼规格较高，需要做的仪式比较多，葬礼也更隆重。排瑶对死者的分类系统体现了一系列文化观念，其中最重要的就是家的重要性。在家中死亡被认为是正常的，而不在家中死亡被认为会影响死者在阴间的生活，会被归为另类。

对死后世界的想象，使排瑶在生前就要为死后的世界做准备。这种准备活动主要包括具有浓厚宗教色彩的打道箓。打道箓是传统上排瑶最重要的宗教仪式，这一重要的宗教仪式也集中体现了排瑶视死如生、灵魂不灭的观念。"其主要作用为给生活在阴间的祖先们施济衣物钱粮，以免其鬼魂作祟人间；为已逝的未经打道箓的先人补办'手续'，以便能为其立祖先牌位；为活人起法名，供死后使用；为在世的人死后的灵魂能平安返回故里打通关节。按照传统，生前没有经过打道箓的人，死后统统不能立神位。"[1] 灵魂不灭的观念在打道箓中体现得非常明显，由于相信人死后灵魂不灭，祖先会生活在另一个世界里，活着的人们会举行各种仪式与另一个世界的祖先进行互动。排瑶通过打道箓这一宗教仪式和祖先建立起联系，打道箓这一仪式中活着的人为死后的祖先敬献祭品，祈求祖先在阴间生活得更好。更为重要的是通过捡法名使人们在生前获得死后通往另一个世界的资格，这样人去世后，灵魂才会和家人团聚。在笔者于北粤村调研的过程中，有两个案例给笔者留下了很深的印象。THSYZR 的母亲原本姓盘，在几十年前 THSYZR 的外婆改嫁后 THSYZR 的母亲就随之迁到了北粤村的唐牛村，加入了唐姓的一个宗族，跟了继父的姓改姓为唐。THSYZR 母亲去世时，北粤村的一些先生公告诉他其母亲的法名要从唐改

---

① 练铭志、马建钊、李筱文：《排瑶历史文化》，广东人民出版社，1992，第 482 页。

为盘。改回名字是为了让死者回到死去的亲人身边与他们团聚。另一则事件也是死者改姓的故事，北粤村的邓姓有一家人，家庭的男主人的父亲本姓盘，是从别处被北粤村的人抱养过来做儿子的。其父亲去世后，并没有按邓姓写法名而是用盘姓。同村邓姓的人看到不舒服，曾就此事向该名男子提意见。但该名男子认为其父亲的祖先姓盘，去世后父亲改回盘姓能获得祖先的接纳。上述两个改姓的案例从一定程度上说明，北粤村的排瑶在观念上认为亲人去世后会和自己的祖先团聚，在另一个世界里生活。视死如生、灵魂不灭的观念在这里体现得比较明显。

北粤村排瑶有着突出的祖先崇拜文化，祖先观念体现在生活的方方面面。在当地人的观念中祖先与自己同在，自己的祖先随时随地都会跟着自己、庇佑着自己。出远门前，当地人首先要祭祖，请祖先保佑自己。比如去广州或北京打工前，都要首先祭告祖先。THSYLS 说：

> 我们就是相信自己的祖公时刻都会跟着自己。我们的说法就是，每个人都会有一个祖公保护，无论我们去哪里，我们都会请跟着自己的祖公先吃先喝。每天吃饭喝酒前就倒一点敬给祖公。这个是我们的潜意识，小时候我们都是这样来的。对于我来说，我只是喝酒时叫祖公，吃饭时不叫。但有些人是吃饭喝酒前都会叫祖公。[1]

正如 THSYLS 所说的那样，对于北粤村人来说祖先与自己同在的意识已经成为一种潜意识了。根据笔者在北粤村的观察体验，当地人所说的祖先通常是指与自己血缘关系最密切的直系亲属，比如自己离世不久的父母或爷爷奶奶。北粤村村民到别人家喝酒时，在喝第一杯酒之前会先敬主人家的祖先和自己家的祖先。他们会先将第一杯酒倒一部分在地上，在倒的过程中念出要敬祖先的法名。在这个过程中，他们也会祈求祖先的祝福和保佑。在念祖先法名请祖先喝酒时会说"某某阿公喝酒了，请您送钱来（或请您送儿子来）"。在北粤村排瑶人的观念中，祖先为大或祖先至上的观念还体现在生活中的其他方面，例如，当地人常常将自己在生活中遭遇的疾病、不幸、意外或灾祸归咎于祖先的降罪。在当地人的观念中，对自己生活影响最大的是与自己血缘关系最为亲密的直系祖先，而不是家中厅堂"家先单"中的所有祖先。传统上，北粤村村

---

[1] 2019 年 6 月根据唐冲村 THSYLS 口述资料整理而成。

民有在生活中遇到不幸、意外或生病就问仙探求是哪位祖先降罪于自己的风俗。TFM 向笔者讲述了 2019 年他跟随亲人一同去问仙的经历：

> 我 4 月底，有两次跟着家族的人去问仙。去大麦山、牛头岭去问。有些小孩子发烧，两三天不好。我爸爸堂哥的儿子，我也叫他堂哥。这都是瞎搞，去问仙，也没问出什么。我告诉他是感冒、天气热这些原因。但他不信。他说总是梦到我爷爷，我爷爷是个木工，是个师傅，按道理也应该搞一个黑面人，但最后没搞。我那个堂哥就说，梦到我爷爷，说没有给他搞黑面人。他故意让我去，看问仙公能不能说出是我爷爷的问题。但后来什么都没问出来，还浪费我的油钱。问来问去，问了两三个地方。搞得我半夜三更给他去问仙。我堂哥之所以这样，是和他的生活环境有关系。他一天没有什么事做，老是胡思乱想。①

美国人类学家武雅士认为："当一个人求问祖先时，他所求助的是一种包含一定相互依赖性的亲属关系。"② 人们在遇到灾害、疾病时会将灾害的起因与祖先联系起来并求助祖先，其实反映了现实生活中对亲属关系的依赖。而这种对亲属关系的依赖，又使人们相信逝去的亲人仍会对自己的现实生活产生一定程度的影响。因此，排瑶对祖先有着无限崇拜之情，在每一户排瑶人家的大厅正中央都会设有神龛，神龛上用红纸写着历代祖先的法名（法名在排瑶社会中是专门在人去世后使用的），每月初一、十五以及传统节日，每户都会向神龛敬香、献茶以祭拜祖先。

"现存的祖先崇拜实际上是亲属制度的组成部分，祖先崇拜是在活人与死者的关系上建立起来的，并影响着活人之间的关系。"③ 在北粤村，儿子和女儿都会以各自的方式祭祀父母。虽然儿子在祭祀中承担得更多，但排瑶社会有清明节由女儿专门拜祭自己父母的习俗，葬礼中也有环节包含专门由女儿为死去父母举行的仪式。因此，儿女双全是北粤村村民最理想的状况。因各种原因没有儿子的会抱养儿子，没有女儿的会想办法抱养一个女儿或认一个干女儿。人们会为死后得到祭祀而生女儿，也会为死后得到祭拜而领养儿子。李亦园先生认为中国传

---

① 2019 年 6 月根据北粤村 TFM 口述资料整理而成。

② 〔美〕武雅士：《神、鬼和祖先》，《中国社会中的宗教与仪式》，彭泽安、邵铁峰译，江苏人民出版社，2014，第 166 页。

③ 〔英〕A. R. 拉德克利夫-布朗：《原始社会的结构与功能》，潘蛟、王贤海、刘文远、知寒译，中央民族大学出版社，1999，第 56 页。

统祖先崇拜仪式中实际上包含了亲子、世系和权力三种亲属关系因素，而亲子因素是最基本的。① 在排瑶的丧葬仪式和祖先祭祀仪式中亲子间的关系同样得以呈现。在排瑶的葬礼中，父母去世的当天儿子要在先生公的引领下向父母的尸体行礼，引领父母的魂魄进入另一个世界。在父母入棺椁时，由儿子将父母的尸体背起送至棺椁。而在死者尸体由家中运至墓地的过程中，要专门由死者的女儿在送葬的途中准备鞭炮。每年春节后，是儿子专门来墓地祭拜父母的时候，而传统上每年的清明节则是女儿专门祭拜父母的日子。这些仪式都从一定程度上体现出排瑶社会注重亲子关系，尤其是父子关系的特点。阴界的家与阳界的家就这样被人们通过祭祀的方式连接起来，子女对父母的祭祀行为不仅仅是对父母的怀念也是其表达孝心的一种方式，父母通过对自己已逝父母的祭祀对子女言传身教，潜移默化中也使自己的子女习得这种孝。

孝顺是儿女对其双亲的奉献，也被看作维持家庭稳定和秩序的重要保证，起到了正式和非正式的社会控制作用；孝顺渗透在祖先崇拜（父系祖先崇拜）的传统之中，并完成了其制度化的过程。② 费孝通先生认为亲子关系的反馈模式可以说是中国文化的一项特点。③ 北粤村排瑶家庭伦理中父母与子女间的反馈关系在祭祀中体现得非常明显。排瑶对祖先充满敬意和依赖感，这种依赖感也是互惠关系的体现。排瑶瑶经《读什劝君书》中有不少劝人孝敬父母的内容，如"养子承后代，子孙吊宗枝。养儿防侍老，积谷又防饥，子孙有孝顺，谷饭要随身。命过西天吉，男女着麻衣，修斋四十九，七七存七人。三年行孝义，酒肉不能食，有酒不能饮，有饭不能食，父母生不敬，死后哭鬼神"④，其内容就涉及父母生前子女要孝顺父母，父母死后子女也要向父母祭祀行孝义。作为儒家文化重要组成部分的孝文化对排瑶的影响十分明显，子孙要向祖先供奉、祭祀以获得祖先的庇佑。父母对子女尤其是儿子的依赖不仅存在于现实社会，也存在于死后的世界。子女对父母的祭祀在本质上体现出子女对父母的依赖和尊敬，其本质也是一种对亲属关系的反映。

① 李亦园：《台湾汉人家族的传统与现代适应》，载乔健主编《中国家庭及其变迁》，香港：香港中文大学社会科学院暨香港亚太研究所，1991，第60页。
② 〔美〕马克·赫特尔：《变动中的家庭——跨文化的透视》，宋践、李茹等译，浙江人民出版社，1988，第396页。
③ 费孝通：《家庭结构变动中的老年赡养问题——再论中国家庭结构的变动》，《北京大学学报》（哲学社会科学版）1983年第3期，第7页。
④ 资料来源于笔者在北粤村调研时从先生公家中搜集到的瑶经。

二 作为祭祀空间的阳界之家

排瑶的宗教活动以家庭为中心，在北粤村瑶人的观念中家不仅是一个物质的空间，还是祖先栖居的神圣空间。家屋之内的不同地方以及家屋内外不仅在物理空间上有着清楚的界线，也被当地人赋予了神圣性的差别。

人类学家江应樑先生认为："在任何多神教或一神教的民族中，神与鬼的分别都是很严格的，普遍认为神是有权威的应受人敬奉的，而鬼则是漂泊的，是人只应避而远之的，且神皆为统治者而鬼则为被统治者，两者中不容混杂，但瑶人对于神与鬼的观念，却似乎很不清楚。"① 排瑶的祖先崇拜从鬼神崇拜的观念中发展而来。祖先崇拜属于鬼神崇拜的一种，祖先就本质而言也是鬼魂，不过，其与崇拜者之间被认为具有血缘关系。在排瑶社会中鬼和神之间没有明确的界限，两者在某种情况下可以转换。鬼和神也与自己的亲属关系挂钩，自己的祖先被自己奉为神明。排瑶对鬼、神这种情景化的分类，近似于武雅士笔下台湾汉人社会对鬼神的分类。在武雅士笔下的台湾汉人社会中，"一个特别的灵魂究竟被看作鬼还是祖先，取决于特定人的观点，一个人的祖先可能是另一个人的鬼，祖先通常是亲戚，而鬼通常是陌生人"②。在北粤村村民的观念中，自己的祖先就是神灵（这里的祖先是家中厅堂上神龛中"家先单"上的祖先），而鬼进不了自己家的门，他们只能游荡在自己的家门外。非自己的祖先之所以进不了自己的家门，是因为在建新房子时请先生公做了"安门"的仪式。"安门"后，要将房子的地基打好，再请先生公做法事，之后才是砌墙，房子安顶的时候也需要先生公做法事。这些仪式做完后，外面的鬼以及邪恶之气就进不来了。在建新房子之前，房子的主人一般都会先请本宗族的先生公到家中做法事，告知祖先要建新房，请祖先暂时离开并保佑新房营建顺利。营建房子之前，先举行"送木马"的仪式。所谓"送木马"就是用木头搭建一个三脚架，把它送到比较偏远的地方。这个仪式寓意把房子中不好的东西送走。如果在建新房之前不把祖先先请出去，祖先降罪下来会给家人带来不幸。"送木马"的仪式做完后，才开始营建新房子。建造房子时使用的斧头、凿子等工具也需要先生公先念经做法才能使用。新房建好后，房子主人会请先生公举行"进火"的仪式，请自己的祖先再次回到家中。"进火"在当地是一

---

① 江应樑：《广东瑶人之宗教信仰及其经咒》，《民俗》第 1 卷第 3 期，1937。
② 〔美〕武雅士：《神、鬼和祖先》，《中国社会中的宗教与仪式》，彭泽安、邵铁峰译，江苏人民出版社，2014，第 151 页。

个重要的仪式，举行前要选好日子，请先生公念经驱鬼。举行"进火"仪式的过程中，房子的主人杀猪祭祖，宴请亲朋好友；先生公将房子主人所在宗族祖先的法名写在一张红纸上，将红纸贴在大厅的神龛内，并将祖先的法名依次念出，意为请祖先进入新房保佑家人。只有先生公念到法名的祖先才能进入新房。能进入家中的祖先也是分类的，大厅香案上方的神龛内供奉的是祖先，香案下方左侧的墙角处供奉的是部分在未成年时去世的祖先。此外，门外供奉着孤魂野鬼及"外人"。"外人"不是鬼，只是他们不是自己的祖先。鬼则是指会害人的孤魂野鬼，是消极的存在。这些孤魂野鬼因为非正常死亡不能享受到子孙的供奉，就会跑到别人家讨要吃的，骚扰其他人。先生公在驱赶这些孤魂野鬼时往往会在大厅门外做法事，给这些孤魂野鬼酒肉，劝诫其不要再骚扰这家人。

THSYLS向笔者介绍了其妻子生病的一种解释，能比较典型地反映出北粤村排瑶的鬼神信仰及家的宗教性：

> 20多年前，当时我和我老婆还在谈恋爱。有一年过年，大年初一我把我老婆带到家中。但不知道是什么原因，她感觉身体不舒服，就昏了过去。遇到这种情况，我立刻就把她送到了村子里的卫生院。我当时也清楚地知道这肯定还是因为她有病。对于这种意外，我根据当地的传统后来还是问了先生公。先生公通过算卦，说我老婆的父亲在初一时跟着她一起来到了自己家。我岳父是一名木工，在我老婆12岁的时候他因为做工时意外触电而亡。当时，是我老婆第一个发现我岳父意外身亡的。像我岳父这种意外身亡的情况，他死后就变成了鬼。意外死亡的人变成鬼是进不了家门的，他没有吃的就到处讨吃的。初一就跟着我老婆来到我家，但因为我和我老婆还没有结婚，我们两家的祖先还不认识，他来到我家就进不了我家的门。因为我家的祖先会保佑这个家，不让外人进入。在这种情况下，我老婆就昏了过去。①

上述案例充分体现了北粤村家的宗教性。祖先与子孙同在，并没有离开自己的家且庇佑着子孙的观念，在这里体现得非常明显。

在北粤村排瑶的家庭祭祀中，大厅的香案、左墙角、门口以及大厅侧室的

---

① 2019年6月根据唐冲村THSYLS口述资料整理而成。

灶台是家庭祭祀中必须进香的（见图3-1）。这四处地方供奉着不同的神：大厅香案上方神龛内供奉的是祖先，要在香案上进香；香案下面大厅左侧的墙角供奉的是五郎公和部分在未成年时去世的祖先；大厅的门口处供奉的是负责看守家门的左右门神，除此之外，当地人在这里烧香、供奉酒水和肉也是给不能进入家中厅堂的孤魂野鬼和他姓祖先享用，以免他们骚扰自己；家中的灶台处供奉的是火炉公，火炉公类似于汉族地区的灶神，是上天派到每家每户负责监听每家每户情况的神灵。在家庭祭祀中，除了这四处地方外，每逢家中大的祭祀活动，还会在家中的鸡圈、猪圈、牛圈以及水井等处烧香，祈求家畜兴旺。

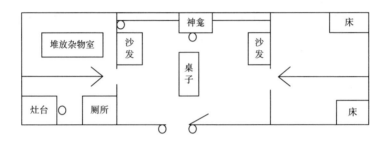

图3-1　北粤村某典型家庭房屋的空间布局与进香地点简图

说明：在北粤村，每家大厅神龛下都有一木制香案，用于安放香炉、茶杯等祭品。○代表家庭祭祀时供奉香火、安放茶杯的点。

资料来源：由笔者根据在北粤村调研所获资料绘制而成。

图3-2　北粤村村民家中大厅的香案

资料来源：由笔者2019年3月在北粤村拍摄。

图 3-3　北粤村村民家中大厅的左墙角
资料来源：由笔者 2019 年 3 月在北粤村拍摄。

　　在北粤村的家庭祭祀中有着明显的先后顺序和内外之分。在家庭祭祀中进香的先后顺序依次是香案，香案下大厅左墙角，大厅门口，灶台和猪、牛以及鸡圈。总体上是由内及外、由上及下，而在祭祀的对象上是首先从自己的直系祖先开始，再到旁系祖先、同一个地域内的他姓祖先，最后是无家可归的孤魂野鬼。这在祭祀上体现出一种由内及外依据与生者血缘关系的亲疏远近而形成的差序格局。排瑶神灵系统中，对祖先与鬼两者之间关系的观念与东南地区的汉人社会非常相似。而这种对祖先与鬼之间关系的观念本身体现了一种亲属观念中内与外的划分，这种划分也是对一种以己为中心向外推的差序格局的反映。人们会以相应的亲属分类将亡者根据亲属关系分为三个等级——祖先、鬼以及夹在祖先与鬼之间的人。排瑶人家大厅中由里及外的祭祀空间格局也是现实生活中亲属关系差序格局的反映，处于差序格局中心的是家屋。

　　在北粤村家庭中的神除了祖先外，还有三个神比较重要，它们是灶神、五郎公和门神。在家里举办的大型祭祀活动中，香案、墙角、门口和灶台是必须要进香的四处地点，香案敬奉的是祖先，墙角敬奉的是五郎公，门口敬奉的是门神，灶台敬奉的是灶神。在家庭里的诸多神明中，祖先的地位最高，祖先被供奉在家中厅堂最显要的位置，祖先对家人的影响也最大。家中的其他神明如灶神、五郎公、门神都有特定的职能。在北粤村灶神和门神在家中的作用与汉族十分相似，灶神在家中是监督者，监督一家人的活动并在春节上天向天上的神明汇报家庭情况。总之，灶神是负责家庭与上天之间沟通的神明，在家庭诸多神明中虽然地位不高但作用很大。先生公作为排瑶社会中的宗教人员，在其有生之年驱鬼无数，得罪了很多孤魂野鬼。当其去世后，其他先生公来到其家中首先要将其家中火炉塘里的铁支架倒立过来，并为灶神献上一只公鸡。这样做寓意堵住了灶神的嘴，使其不能上天汇报先生公去世的消息，以免刚去世的先生公遭到众多孤魂野鬼的骚扰。五郎公具体指的是东岳一郎、南岳二郎、西岳三郎、北岳四郎和中岳五郎，它们是五个方位的财神爷。门神主要负责把守家门以免外面的邪气以及孤魂野鬼侵扰家人。在家庭里不同的祭祀空间中，祭品在数量、质量上存在明显的差异。香案、墙角和门口是三个摆放祭品的地方，香案上的祭品最多也最丰富，香炉、米、12碗茶水是常设祭品；大厅的墙角处通常放着小香炉和一个小茶盅；而门口则只摆放小茶盅。在重要的节庆中，最好的供品如猪肉、鸡肉也是被摆放在香案上。这些都体现出在排瑶家庭的神灵系统中，祖先占据着最重要的地位。祖先之外的神比较少，也不存在比祖先地位高的神灵，祖先神是人们拜祭、祈求的主要对象。这和汉人神灵系统存在明显差别，汉人除了祖先之外，还有庞大而体系化、等级严密的神灵系统。武雅士认为汉人的神灵系统是现实帝国官僚体制的反映，[①] 而排瑶社会中没有这一套官僚体制，在排瑶的神灵体系中，祖先的地位是绝对的。排瑶子孙对祖先的依赖是其现实世界中注重亲属关系的一种反映。祖先死后其与子孙的亲属关系并没有完全结束，子孙对祖先仍然是有义务的，这种义务也是现实亲子关系的一种反映。祖先和子孙的关系在本质上是一种亲子关系、亲属关系的反映。祖先不会迫害子孙，会保佑子孙，这是祖先的义务，代表着父母对子女的责任和义务；同时，子孙也要供奉、定期祭祀祖先，对祖先在另一个世界的生活状况负有责任。

总之，从家庭祭祀中的祭祀空间、祭祀的先后顺序以及供品的数量、好坏来看，祖先无疑是最重要的祭祀对象。家不仅是排瑶人栖身的场所，还是其心灵的归宿。物理上的家为其遮风挡雨，宗教上的家为其提供心灵上的庇护。物质形态的家，因为祖先的存在而变得赋有神圣性。家的物理空间界线与神圣空间界线相统一，里与外既是物理空间上的也是神圣空间上的。作为家与外界唯一通道的门，也是自己祖先与他人祖先栖身之处的界线。排瑶的家庭祭祀行为，是其差序性亲属观念的反映。

---

① 〔美〕武雅士：《神、鬼和祖先》，《中国社会中的宗教与仪式》，彭泽安、邵铁峰译，江苏人民出版社，2014，第181页。

三　"家先单"：阴、阳两界家之纽带

排瑶有着突出的祖先崇拜文化，其最重要的表现形式之一就是"家先单"。在过山瑶社会中普遍存在着"家先单"，所谓"家先单"是过山瑶将自己的祖先登记入册而形成的文书。过山瑶的"家先单"没有统一的格式，何海狮认为过山瑶"家先单"最基本的格式就是一代代的（夫妻）家先的记录，不一定登记原名，但一定需要登记夫妻双方的法名。[①] 广西民族大学研究者根据 1992 年前往泰国进行考察时搜集的"家先单"，发现其有三种格式，除上面所说的第一种外，还有两种，一种是在某些家先后面加上生时死日，另一种是在家先后面加上埋葬地点。[②] 在已有的有关瑶族"家先单"的研究中，学者们都已认识到其在瑶族社会文化中的重要性。但学者对"家先单"的性质及作用还存在较大争议。张有隽根据"家先单"主要内容是记录祖先法名这一特点认为其类同于汉人社会中的族谱。[③] 张泽洪重视"家先单"中的法名，强调法名的宗教功能。[④] 莱蒙则将家先放置在瑶族宗教神灵体系中加以思考。[⑤] "家先单"普遍存在于盘瑶支系中，但排瑶的"家先单"又有自己的特点。

在排瑶社会也有类似于过山瑶社会中"家先单"的文本，在北粤村每家每户大厅中最显眼的位置上都贴有"家先单"。条件较好的家庭，"家先单"贴在大厅的神龛中，但更多的情况是"家先单"直接贴在大厅正中央的墙壁上。北粤村的"家先单"无一例外地是用一张一平方米左右大小的红纸书写而成。就其内容而言，北粤村排瑶的"家先单"与过山瑶的"家先单"有相似的地方，但也存在着明显的差异。

（一）"家先单"中的法名

排瑶"家先单"是祖先神灵的物化形态，是祖先灵魂的物质化表现形式。"家先单"因为承载了祖先的法名而变得具有神圣性。"家先单"中的法名只有在死者去世后才被正式用上，法名从 18 年左右一次的打道箓中获得。在这

---

① 何海狮：《〈家先单〉与过山瑶的家屋社会——基于粤北乳源瑶山的考察》，《文化遗产》2013 年第 4 期，第 131 页。

② 参见广西民族学院赴泰国考察组编著《泰国瑶族考察》，广西人民出版社，1992。

③ 张有隽：《瑶族传统文化变迁论》，广西民族出版社，1992，第 72 页。

④ 张泽洪：《文化传播与仪式象征——中国西南少数民族宗教与道教祭祀仪式比较研究》，巴蜀书社，2008，第 453 页。

⑤ Jacques Lemoine, *Yao Ceremonial Paintings* (Bangkok：White Lotus Company, 1982).

一仪式中，先生公事先将法名写在一张张小纸片上，之后将纸片抛向空中，纸片落地后，宗族成员随手去捡，捡得的法名就是自己的了。在北粤村排瑶人的观念中，经过打道箓捡得法名是一件非常重要的人生大事，它意味着死后能顺利进入另一个世界并被祖先接纳，也能享受到后世子孙的拜祭。因此，获得法名成为一个人被宗族成员接纳的重要标志。女性在结婚后，从其丈夫所在宗族的打道箓仪式中获取法名。

北粤村排瑶的"家先单"在书写的总体顺序上是从中间开始向左右两边展开，先右后左，由上及下。处于"家先单"最中央的是每姓的开山始祖，如北粤村所有唐姓家庭的"家先单"中最中央的均为"唐王白公"（有的也作"唐皇白公"或"唐行白公"）和"唐法大王"。法名的第一个字为死者的姓氏；第二个字均为法字；第三个字是由死者在生前宗族举行的打道箓中捡取的字，该字往往寓意吉祥、美好，如旺、福、财、良等字；法名中的第四个字通常表示死者的出生顺序；法名中的第五个字表示死者的性别，男性用郎，女性用娘。排瑶的"家先单"并没有注明各个祖先之间的系谱关系，法名整体上按祖先的先后顺序排列，相邻法名可以是父子关系也可以是兄弟关系。北粤村的排瑶并不太注重系谱关系，平常人看不出"家先单"中各法名间的关系，只有先生公知道"家先单"中各法名间的系谱关系。

北粤村的"家先单"记录的全为祖先的法名，没有真实姓名。笔者在北粤村见到的"家先单"最普遍的情况是贴在家中大厅中央，"家先单"中的法名主要是男性祖先的法名，限于纸张大小"家先单"无法将所有祖先法名记录在上，而是以"一百公，两百婆"代指其他未写在"家先单"上的宗族祖先。女性祖先一般不出现在"家先单"上，而是以"两百婆"代指。"家先单"中宗族内男性法名的主导地位体现出排瑶社会突出强调父系的特点，也象征着父系血缘的延续。在北粤村，宗族的先生公掌握着"家先单"的书写权力，他需记录宗族中每一个成员的生辰及死亡时间。因此，传统上每个宗族的先生公自己往往会保留另一种形式的"家先单"，当地人称之为"长单"。"长单"除了记录有宗族成员死者的法名，还会记录其出生、死亡时间，寿辰以及埋葬的地点。

宗族成员的葬礼通常由死者所在宗族的先生公主持，在主持葬礼前先生公会将写有死者出生年月、死亡年月的"家先单"（见图 3-4）贴在死者家中大厅的左侧香案上。先生公还会自己保留一份，供以后宗族成员祭祖、耍歌堂时使用。笔者在北粤村的房岬村调研期间，在一位年长的先生公家中亲眼看到其祖上流传下来的两份"长单"，这两份"长单"由于年代久远纸张泛黄，局部有破损，两份"长单"展开均有十多米长。"长单"在内容上主要记录了宗族成员的出生、死亡时间以及寿辰、死因和埋葬地点等信息。

唐发尾娘请唐发星带动前家头	主生受九年命八十七二娘请功	初五日午时在家因病身苦过世	部行戊戌交有秋季如来七月中	未时主生受乃年间八十六岁	癸酉年交有秋季如来八月中门	有头起亡故公唐君法旺一郎

图 3-4　北粤村 FQGJ 家所藏"家先单"
资料来源：2019 年 1 月由笔者根据 FQGJ 家中所藏的"长单"整理而成。

祖宗赐给了后代血肉躯体，并在死后继续庇佑子孙；但祖先必须由在世的子孙祭奠供养，活人要不断地侍奉自己的祖先；子孙存在的原因在于其祖先，祖先的存在也是由于其子孙。[①] 作为排瑶家庭祭祀核心的"家先单"集中体现了排瑶的祖先崇拜文化。在北粤村，历代男性祖先的法名就这样被供奉在每家大厅中，享受后世子孙的拜祭。在"家先单"中祖先的法名象征着祖先的灵魂，家中的厅堂贴有"家先单"寓意祖先神灵在家中。祖先被"物化"为"家先单"，排瑶社会中每个家庭的大厅相当于一个祠堂，因为其祖先被法名所"物化"，每一个家庭的大厅墙上都贴有历代祖先的法名。

（二）"家先单"的书写规范

宗族中"家先单"的书写权和保留权都在先生公手中。北粤村排瑶房屋大厅的"家先单"均由家庭所在宗族的先生公在"进火"仪式举行当天抄写而成。在北粤村一个宗族往往有 2~3 名先生公，他们负责整个宗族内的几乎

---

① 李卓主编《家族文化与传统文化——中日比较研究》，天津人民出版社，2000，第 119 页。

所有的宗教仪式活动。宗族的先生公都有一本小册子，册子中记录有宗族内历代祖先的法名。这些祖先的法名由宗族内之前的先生公一代代传下来。宗族成员中如果有哪一家需要"进火"，就会找到本宗族的先生公请他帮忙书写法名，这时先生公会依据流传下来的祖先法名为这一户人家重新抄写一份"家先单"。在抄写"家先单"的过程中，先生公会向该户主人询问其上几代祖先的法名，将该户家庭上几代祖先的法名抄写在已有宗族祖先法名的下面。宗族内的先生公虽然熟知本宗族内大多数家庭的祖先法名，尤其是历代共有祖先的法名，但具体到每个家庭时往往就不知情了，所以会在抄写"家先单"时，在保持历代宗族祖先法名存在的同时根据每家的情况进行调整。由此可见，在北粤村的"家先单"中，每一宗族中的各个家庭其"家先单"中的内容既有相同的部分也有不同的部分。北粤村排瑶的"家先单"总体说来由两部分构成，首先是宗族成员重要的共同祖先的法名，其次是每个家庭前几代直系祖先的法名。北粤村"家先单"的内容在突出父系的同时，也强调了宗族成员同出一源的特征。宗族的层次性在"家先单"上得以体现。"家先单"通过法名这一共同祖先的象征符号将单个家庭联系起来，宗族中的单个家庭之间既存在差异性又有共性。弗里德曼认为：族谱是宗族机构中一个重要的工具，它确定了宗族成员的界限。[1] 排瑶的"家先单"虽然在形制、内容上与汉族的族谱不同，但它也具有确定宗族成员界限的作用。异姓成员是被排除在"家先单"之外的，异姓成员的法名不会出现在"家先单"中，只是以姓氏符号的形式出现。"家先单"中共同祖先的法名在宗族成员的头脑中创造出一种集体意识，这种集体意识在宗族成员间制造出一种凝聚力。"家先单"中共同的祖先作为一种纽带将已分家的宗族集团成员团结起来，并使其结成一个祭祀共同体。排瑶"家先单"中的祖先法名里，位于中间的是始祖，先生公在抄写时从中间开始，然后先右边后左边交替抄写，第一排抄写完后，往下接着写。"家先单"的抄写过程遵循一定的先后顺序，体现着系谱原则。在世代的更替中，最远的祖先以及最近的祖先总是被人们保留在"家先单"中，大多数祖先的法名因为随着时间的推移他们与子孙的关系越来越疏远而被遗忘，也就不被记录在"家先单"中。随着世代的更替"家先单"也始终处于动态的继替中，在这种继替中，初创始祖以及一些重要的祖先法名被人们所铭记而永远留在"家先单"中，这是"家先单"继承性的一面。这些重要的祖先往往是宗族或房族

---

① 〔英〕莫里斯·弗里德曼：《中国东南的宗族组织》，刘晓春译，上海人民出版社，2000，第88页。

的开山始祖。同时，每个家庭的"家先单"中近代的法名随着世代的变更呈现出动态的更替。北粤村"家先单"体现出世代变更中共同祖先作为宗族成员的共同记忆成为形成宗族成员集体意识的重要资源。"家先单"的变动呈现出纵向上世代间的继替性和横向上的求同存异性。一个宗族中的"家先单"在内容上呈现统合与分裂并存的状态。相较于过山瑶的"家先单"，北粤村排瑶的"家先单"在内容上更突出男性祖先的法名，女性祖先的法名则被忽略。排瑶的"家先单"与汉人社会中的族谱亦不一样，汉族的族谱更强调世代间的延续性和连续性，中间不允许有断层，其族谱始终处在扩充的过程中。北粤村排瑶的"家先单"则处于一个选择性遗忘及整合的过程中，在这个过程中除了少数重要祖先的法名外较远的祖先不断被遗忘，新近的祖先不断被充实进来。这既是一个继替的过程也是一个人为选择的过程。

法行三郎	法道三十三郎	法真一郎	法清二郎	法朝五郎	法广四郎	法高九郎	上祖公爷父母	十万阴兵	法会一郎	法道十三郎	法何二郎	法高六郎	法洪八郎
	法回二郎	法尾二郎	法养二郎	法良三郎	法星一郎	法明二郎	唐王白公	十万阳兵	法才二郎	法良二郎	法王一郎	法才一郎	法福二郎
	法尾二郎	法实六郎	法本三郎	法平六郎	法道三十一郎	法才六郎	唐法大王	本坛教主	法令二郎	法良一郎	法秋六郎	法龙一郎	法才九郎
唐氏	邓氏	沈氏	李氏	龙氏	盘氏 两百婆	房氏 一百公	进上同内九引老引						

图 3-5　唐冲村 TJX 家大厅中的"家先单"内容

资料来源：2019 年 3 月由笔者根据 TJX 家大厅中的"家先单"整理而成。

北粤村排瑶的"家先单"蕴含着丰富的排瑶社会文化信息。"家先单"中的祖先法名及其书写规范，不仅是排瑶祖先崇拜文化的体现，还深刻地反映了排瑶社会结构。共有祖先的观念统合了单个家庭，但单个家庭在被统合的同时又被强调。"家先单"中每一个法名都代表着一个祖先，既包含单个家庭的近世的祖先，也包括宗族成员共有的远世祖。竹村卓二通过对泰国北部过山瑶社会的研究，认为过山瑶超越家庭的集团的自律性极其微弱。[①] 在北粤村的排瑶社会这种担负共同仪礼义务的集团包含的家庭从十几户到几十户甚至一百多户数量不等。竹村卓二认为："超越瑶族各个家庭之上的宗族集团，只是在观念上存在。这基本上是同姓集团。姓大体上再进一步划分为几个集团。这种亚姓集团成为瑶族中真正的宗族集团的外婚制单位。这种被称为同姓的宗族集团，无论在日常生活中还是在礼仪方面，几乎没有作为自律集团的机能，最多不过是如前所述选定配偶时的本质上的外婚单位而已。"[②] 北粤村排瑶社会中的宗族显然与竹村卓二所描述的过山瑶宗族存在巨大差别。北粤村的宗族组织不仅仅是一个外婚制单位，在历史上它是一个有着共同财产、共同经济活动、共同仪礼义务的组织。即便是在排瑶社会急剧变迁的当下，排瑶的宗族组织仍然是一个非常典型的仪礼义务组织。

除了远世祖和近世祖的法名外，北粤村排瑶不少家庭的"家先单"中在最下方还会有历史上在北粤村生活过的各姓氏名称，如"唐氏""邓氏""沈氏""李氏""龙氏""盘氏""房氏"。这些姓氏符号出现在"家先单"中体现出北粤村村民的一种地域认同，也是北粤村村落共同体意识的表现。

（三）当地人眼中的"家先单"

北粤村排瑶每家中的"家先单"包括的对象均由远世祖和近世祖组成，同一个宗族内各家庭的"家先单"都由宗族内的先生公根据每家近世祖的情况统一抄写。宗族内部各家庭的"家先单"在内容上呈现出同质性与差异性并存的格局。总体来说，宗族成员血缘越近，"家先单"内法名的相似程度就越高；宗族成员血缘关系越远，"家先单"内法名的差异性也就越大。这就会产生一个问题：在同一个宗族内其成员的所有祖先都能进入各成员的家中吗？

---

① 转引自〔日〕竹村卓二《瑶族的历史和文化——华南、东南亚山地民族的社会人类学研究》，金少萍、朱桂昌译，民族出版社，2003，第138页。

② 〔日〕竹村卓二：《瑶族的历史和文化——华南、东南亚山地民族的社会人类学研究》，金少萍、朱桂昌译，民族出版社，2003，第140页。

提出这一问题是因为，在北粤村排瑶人的观念中，家是只有自己的祖先才能进入的，自己的祖先往往就是家中大厅上所贴"家先单"中的法名。对于这个问题，当地人也不能做出确定的回答。

在唐冲村，火生宗族是人数最多的一个宗族，其下面又分化出三个房族，三个房族的成员拥有一个共同的祖先。属于其中一个房族的 THSYLS 告诉笔者：

> 我们一个宗族一起拜山的人，祖先应该是一样的。应该同一个火生的人都是同一个祖公，但这也很难说。因为，现在火生宗族分了三个"祠堂"，也有可能火生大宗族中不同"祠堂"的祖公不让另一个"祠堂"的祖公进。这也很难说，这个看祖公乐不乐意吧（笑着说）。不管怎么说，外人是进不了的。[①]

火生作为一个大宗族，其下分化出三个房族。三个房族的人只有在祭拜共同祖先的时候才聚在一起。相较于火生宗族，THSYLS 更认可自己所在的房族，宗族的分支结构在这里有着明显的体现。

（四）"家先单"与祭祀

日本学者竹村卓二将"家先单"放置到过山瑶的社会结构中进行考察。竹村卓二依"家先单"总结出过山瑶祖先祭祀的规则："现在共同承担祭祀一个祖先的义务的子孙们，以个人为单位举行礼仪祭祀，不存在由共同祖先祭祀而组成的宗族集团，也不存在形成宗族集团的原因……父亲死后直接由兄弟共同举行的礼仪，只是一时的合作，以后兄弟就分离了，组成各自独立的居住家庭，单独制作"家先单"，以不进行共同祭祀为原则。"[②] 根据竹村卓二的分析，在过山瑶社会，兄弟间的分家也会导致"家先单"的分裂。竹村卓二的田野点主要是泰国北部及老挝地区的过山瑶社会。排瑶与其不同，排瑶在历史上就已发展出结构较为严密的宗族组织，1949 年之前，排瑶的宗族组织拥有共同的财产"太公林""太公田"，宗族成员举行各种人生仪式时其他成员都会协助、参与，总体来说排瑶的宗族组织是一个相对紧密、界限明晰的组织。

---

① 2019 年 1 月根据 THSYLS 的口述资料整理而成。

② 〔日〕竹村卓二：《瑶族的历史和文化——华南、东南亚山地民族的社会人类学研究》，金少萍、朱桂昌译，民族出版社，2003，第 139 页。

兄弟间的分家并不会导致"家先单"的分裂。

麻国庆认为汉族传统社会结构得以延续的重要基础是祖先观念与祖先崇拜。① 通过对排瑶家庭的研究，本书认为这一观点同样适用于排瑶社会。北粤村瑶人的"家先单"象征着纵向上家的延续，也象征着横向上家庭间的结合，祖先观念是排瑶家庭实现结合的重要纽带。虽然北粤村瑶人的"家先单"在内容上既包括远世祖也包括近世祖，但在实际的观念中，近代的祖先更为重要。"家先单"被置于大厅之中，成为家祭的主要对象，宗族的共同祖先自然也是家祭的对象，这不同于东南汉人社会中家祭与祠祭分割的现象。在排瑶社会，"家先单"这种"物化"的形式将单个家庭的祖先与宗族的共同祖先整合在一起。同一宗族内不同家庭的"家先单"因为同出一源被象征性地整合起来，也成为联结阴界的家与阳界的家的纽带。北粤村的排瑶通过对祖先的祭祀活动将阴界的家与阳界的家结合起来，这象征着家的延续。

第二节　排瑶宗族的结构及其运作

一　干与支：宗族的层级结构与分化

排瑶社会是一个血缘社会，在这样的社会中人与人的权利和义务是由亲属关系来决定的。② 而家庭是血缘关系网中的纽带，排瑶的家庭在纵向上呈现出很强的延续性，在横向上则呈现出差序性的特征。这些特征使排瑶的家有序地结合起来，通过纵向上世代间的继替和横向上的延展形成排瑶宗族的层级结构。

（一）宗族的层级结构

北粤村有唐、邓、盘和房四姓，其中唐姓又根据父系原则分化出大唐和小唐。在北粤村，大唐和小唐的分化有一个传说故事，其颇能反映出北粤村宗族组织分化的原则。在很久以前，大唐和小唐的祖先是同父异母的兄弟，他们的父亲与第一个妻子生下了大唐（现大唐人的祖先），后来又与第二个妻子生下了小唐（现小唐人的祖先）。后来，小唐的母亲带着小唐嫁到了外地，但小唐的继父对他并不好，时常虐待他。小唐的母亲为了让小唐过得更好就把他送回

---

① 麻国庆：《家族化公民社会的基础：家族伦理与延续的纵式社会——人类学与儒家的对话》，《学术研究》2007 年第 8 期，第 7 页。

② 费孝通：《乡土中国 生育制度》，北京大学出版社，1998，第 69 页。

了北粤村，但因为小唐在外地生活多年，其亲生父亲不愿意认领他。在这种情况下，小唐的母亲就与大唐商量请他认回自己的弟弟，并愿意定期给大唐一笔费用。这样大唐和小唐就生活在了一起，大唐和小唐后来成为北粤村唐姓下面两个宗族（有的学者称北粤村唐姓下面的大唐和小唐为亚姓）的名称。这一传说就是排瑶宗族世系关系的反映。而北粤村房姓关于祖先系谱的记载更是体现了这种世系关系。

如图 3-6 所示，北粤村房姓下面的占比、买德、大猪和帮计四个宗族拥有共同的祖先房君法田四郎，而四个宗族又通过繁衍形成层次更低的房族，如房姓的帮计宗族现在分化出 4 个房族，买德宗族分化出 3 个房族。

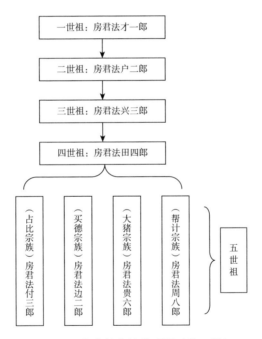

图 3-6　北粤村房姓世系图（前五代）

资料来源：《民族问题五种丛书》广东省编辑组：《连南瑶族自治县瑶族社会调查》，广东人民出版社，1987，第 7 页。

汉人亲属制度中的房强调父子间的关系。陈其南总结了中国汉人的房族组织的原则：①"男系的原则"——只有男系子孙及其配偶可以称为房，未婚女子不能形成房；②"世代的原则"——儿子与父亲形成房的关系；③"兄弟分化的原则"——兄弟分化，一个儿子形成一个房；④"从属的原则"——因各个儿子所形成的房都从属于其父亲，所以房永远是"家族"的下级单位；⑤"扩展的原则"——房在谱系上的扩大性是连续的，房既可指一个儿子，也可以指由同一祖先的男系子孙及其配偶所组成的父系集团；⑥"分房的原则"——每一父系集团的各个世代都依照兄弟均分原则，在谱系上不断分裂形成房。① 庄孔韶认为，就谱系概念而言，任何世代的某男子和他的全部男性后裔及其妻组成的父系继嗣群体均可称为房。② 从北粤村唐姓大唐、小唐两个亚姓出现的传说以及房姓前五代世系图中可以看出，无论是唐姓大唐和小唐两个亚姓的出现，还是房姓四个宗族的出现，都强调了父子间的分化与延续关系，这和汉人亲属关系中房族组织所体现出的男系的原则、世代的原则、兄弟分化的原则、从属的原则、扩展的原则以及分房的原则在本质上是一样的。

就宗族和房的关系而言，"宗族可由数个层次较大的'房'组成。在各大'房'之下又可细分为更小单位的'房'。'房'这种可大可小的概念以及与之相对应之更大单位——家族或宗族共同构成整个父系亲属组织结构"③。从分化演变的视角来看，在理解排瑶社会中随着世代繁衍产生的父系亲属组织时，套用汉人亲属组织中的宗族、房族概念有一定的合理性。所不同的是，在排瑶这样一个长期处于相对封闭状态的小型社会中，通婚、识别等需要姓下面分化出有特定名称的父系血缘组织，如北粤村唐姓的火生、大食，房姓的帮计、买德等。在本书中我们将排瑶下面具有固定名称的父系血缘组织称为宗族，而将其下面的父系血缘组织称为宗族（笼统称呼）或房族（相对于更大的宗族的称呼）。

在北粤村的四大姓氏中，同一个姓氏的人往往被认为拥有共同的祖先。后由于人口的繁衍，同一个姓氏下面又会分化出很多宗族。根据血缘关系的亲疏，宗族进一步分为不同的层次。这些不同层次的宗族、房族在规模上差别比较大。北粤村唐姓的火生宗族有 100 多户，而同为唐姓的京口宗族则只有 20 多户。根据 20 世纪 50 年代民族学家在北粤村获得的调查资料，当时北粤村唐姓的大唐分化出 9 个宗族：火生、担印、管止（又称"管主"）、瑶真、亚兀、唐山、勾胡、庙大和马零，房姓有占比、帮计、买德、大猪和瑶山

---

① 陈其南：《房与传统中国家族制度：兼论西方人类学的中国家族研究》，《汉学研究》1985年第 1 期，第 128～129 页。

② 庄孔韶：《银翅：中国的地方社会与文化变迁：1920～1990》，生活·读书·新知三联书店，2000，第 268 页。

③ 〔日〕首藤明和、王向华主编，宋金文编《中日家族研究》，浙江大学出版社，2013，第354 页。

等 5 个宗族。① 这些宗族往往是根据本宗族祖先的特征来命名。北粤村大唐下面的火生和管主两个宗族的祖先是两兄弟。管主的祖先在家中排行老二，管主在北粤村瑶语中就是往外跑看路的意思，火生祖先是大哥，火生的意思是在家里看家。房姓宗族的帮计是养鸡多的意思，大猪是养猪多的意思，占比是八字胡的意思。宗族名称来源于祖先的某些特征，出于对祖先的纪念，这些特征被子孙后代铭记，并一代代流传下来。这些宗族的名称具有识别亲属关系、确定通婚范围的功能。在北粤村一个男性的名字通常由四部分组成，第一部分是姓，第二部分是宗族名，第三部分是其在家中的排行，第四部分表示性别和年龄组。如未成年的男性姓名可以是"唐火生一贵"，老年的男性姓名可以是"房买德二公"，未成年的女性姓名可以是"邓买尾二妹"，结过婚的女性其姓名则是在其丈夫姓名后面加上"莎"字，意为某某的老婆，如"唐大口贵莎"的意思就是唐大口贵的老婆。人们可以通过一个人的姓名判断出其所在的父系亲属群。随着人口的繁衍，北粤村的宗族发生了变化，宗族又分化出新的支系。20 世纪 50 年代，北粤村的火生宗族只有 30 多户，但到了 2019 年已有 100 多户。整个火生宗族又分化出 3 个房族（见表 3-1），这 3 个房族并没有名称，但大家都比较清楚自己所属的房族。而有的宗族则因瘟疫、迁徙、战乱等原因消失或加入了其他宗族。

表 3-1　北粤村各姓部分宗族房族数量

单位：个

姓氏名称	宗族名称	房族数量
邓	第一别娄	2
	第二别娄	2
	第三别娄	2
唐	火生	3
	兀	1
	大食	1
	京口	1
	大口	4

---

① 《民族问题五种丛书》广东省编辑组：《连南瑶族自治县瑶族社会调查》，广东人民出版社，1987，第 70 页。

姓氏名称	宗族名称	房族数量
房	帮计	4
	买德	3
盘	亚林	3
	伍保	3

资料来源：由笔者在北粤村根据 FQGJ、TDBG、TDEG、TSEG 等多名老人的口述资料整理而成。

唐冲村是北粤村下面的一个自然村，村民由火生、京口、大食和兀四个宗族的人构成。四个宗族的人口数量相差很大。火生宗族有 143 户，下面分 3 个房族，各房族户数分别是 53 户、27 户和 63 户；京口宗族有 25 户，下面没有分房族；大食宗族有 28 户，下面没有分房族；兀宗族有 25 户，下面没有分房族。由此可见，北粤村的宗族组织在规模上可大可小，差异较大。

（二）宗族的分化

宗族、房族均是中国人亲属关系的系谱概念，其本身是作为生物属性的亲属关系在文化上的建构。亲属关系的社会文化属性和生物属性在排瑶宗族的分化上均有所体现，一方面世代的繁衍、人口的增殖促使宗族分化，另一方面宗族成员对现实利益的争夺也带来宗族的分化。排瑶宗族内房族的分化依据的主要是父系血缘的亲疏远近。以北粤村唐姓为例，唐姓大口宗族分为 4 个房族，4 个房族的祖先分别是唐财主公、唐大崩公、唐大年不公和唐王公，4 个人是亲兄弟。唐财主公、唐大崩公、唐大年不公以前在同一房族。唐财主公和唐大崩公都是地主，有钱、有地、有房子，在一年的打道篆中，唐财主公将打道篆的先生公都让自己的人当，唐大崩公没有当上先生公，这让唐大崩公非常愤怒，他决定离开原有的房族成立新的房族。宗族内部房族的分化在当地人看来是非常正常的事情，人多了就不好管理和组织，同时也容易产生矛盾。为了在打道篆、拜山等仪式性活动中好组织管理，同时减少因人口过多而产生的矛盾，宗族组织的分化就在所难免。根据田野资料，北粤村宗族组织分化的主要原因是宗族内部出现了矛盾。这些矛盾多种多样，其中以宗族内部先生公间的矛盾居多，由个人或家庭间矛盾最终引起宗族分化的现象虽然有，但数量不多。

在北粤村，父系血缘组织具有很强的弹性，它可以扩展到整个姓氏，也可以缩小至只有几个家庭的结合体。当地村民所说的宗族通常是一个以仪式性活动为主、互帮互助的父系血缘组织，他们称其为祠堂宗族，这里的"祠堂"并不是汉人社会中的祠堂，而是供奉有祖先木制神像、每 18 年左右一次的打道箓所用的"祠堂"。北粤村排瑶的这种"祠堂"更多的是临时性的，"祠堂"一般是宗族内一户人丁兴旺、子孙众多家庭的大厅。祠堂宗族是一个父系血缘组织，宗族成员彼此参与对方的人生仪式，一起拜山祭祖、打道箓。祠堂宗族有大有小，火生宗族下面分化出的 3 个房族就是 3 个祠堂宗族，其中户数最多的一个有 63 户，最少的一个只有 27 户。北粤村的祠堂宗族是一种超越家庭的实体性房族组织。祠堂宗族内部成员间的互动比较多，宗族成员的婚丧嫁娶、生老病死等各种人生仪式都需要宗族成员的参与。在祠堂宗族这一层级的宗族中，其成员对彼此有很多权利和义务。这些义务和权利的具体内容因宗族的层次不同而有所区别：层次越低，各成员间的关系就愈密切，彼此承担的义务和得到的权利就愈多、愈重要。本书中所探讨的宗族组织主要是这类祠堂宗族。

在北粤村，每一个宗族下面的房族内都有若干名先生公，年龄最长、宗教知识最丰富的先生公是房族的长老，备受房族成员敬重。作为房族内专门从事宗教活动的人员，先生公因为拥有宗教知识、年龄较长而享有威望。房族内部成员的人生仪式以及人们治病都需要先生公参与。先生公在宗族、房族中代表着一种权威，在处理宗族、房族内部的公共事务中有一定的话语权和影响力。在宗教活动中，先生公会获得相应的猪肉、鸡肉、米、酒以及一定数额的钱作为报酬。正因为如此，传统上排瑶社会中的先生公生活相对富裕。在物质匮乏的年代，男性成员很多都会学习瑶经。做先生公，除了能获得相应的物质和金钱报酬，还能获得他人尤其是房族成员的敬重。因此，无论是从现实的经济利益还是威望地位的角度来看，房族内的先生公之间都存在竞争关系。先生公之间的这种竞争关系，成为房族分化的主要原因之一。每逢重大仪式举行时，宗族内的先生公都会因争夺利益而造成宗族内部的分化。

火生宗族的每一次分化都和宗族内部先生公之间仪式主持权的争夺有关。1949 年之前，北粤村的火生宗族是作为一个整体而存在的，并没有分化出房族。1949 年，宗族内部两个先生公争夺打道箓仪式的主持权，造成宗族一分为二。2001 年，唐姓举行打道箓时，火生宗族内的先生公又因为争夺仪式的主持权使火生宗族分化成 3 个房族。这次分化打破了火生宗族内部的部分世系关系，一些家庭根据自己私人关系的好坏和个人喜好脱离了较为亲密的父系血亲组织，加入火生的其他房族中。火生宗族从 1949 年以来的两次打道箓活动，都因内部先生公的争名夺利而造成宗族内部成员间的分化与重组。这种分化重组的依据主要是父系血缘关系的远近，在分化重组的过程中各个家庭大多按照血缘关系的远近加入某一房族。

个案 3-1：火生宗族分化的个案

唐冲村的火生、大食、兀和京口 4 个宗族中，火生、大食和兀由共同的祖先繁衍而来。3 个宗族在北粤村老村时住在同一个片区，20 世纪 80 年代后搬到唐冲村依然住在一起。北粤村村民很重视血缘关系，血缘关系较近的人住在一起在当地是约定俗成的。

THSYLS 向笔者讲述了火生宗族分化的过程：

在打道篆时，先生公会因为做法事而得到一些猪头、鸡肉、米和钱；在物质匮乏的时代，这些比较稀罕。先生公为了利益争当打道篆时的一把手，因为第一把手获得的猪肉等物品更多。这样宗族就分开了。先生公要分开，与先生公亲的人也就跟着分了。宗族分房族主要还是因为宗族内的先生公闹矛盾分开。此外，一个宗族中的成员也有闹矛盾而分开的；但这种情况下只是几家离开这个宗族，而不会导致整个宗族大的分裂，因为闹矛盾的主要还是个人或几个家庭的事情，并不会牵涉到其他人。但如果是先生公要分，这些公共的仪式就没有办法在一起做了，宗族也就要分开。2001 年火生宗族打道篆时，我的爷爷当第一把（手）先生公，TFM 那一支是第二把（手）先生公，TJX 的爷爷是第三把（手）先生公。打道篆的仪式设在 TFM 那边。这样的设置是宗族的几位老人协商的结果。为了宗族的内部团结，宗族的长老们会兼顾宗族内部各父系血缘团体的利益。以前为了这些事情，（都想）当打道篆时的重要先生公，这样不仅能得到肉还能得到权威、威信。2001 年打道篆时，TZM 所在的房族的族长不愿意做打道篆，但其房族下面的人愿意做打道篆，因为北粤村的整个唐姓都搞，不做就没有面子。但他们房族人少，按照传统的习俗打道篆要杀猪、杀牛，花销比较大。这些费用需要平摊到各家，房族内户数越少，每家所花的费用就会越多。TZM 所在的房族因为户数比较少，其房族先生公不愿意做打道篆。但其房族内的三家为了打道篆就跟了我们房族。当年，我们房族人数多，每家捐 200 多块钱就行了。[①]

　　宗族内部的团结有赖于其内部各房族间利益分配的均衡，在上述材料中，宗族内部打道篆过程中每一个房族都会有自己的先生公参与进去，各房族的先生公在打道篆仪式中的地位和职责也是彼此协商的结果。同一房族内的一些家庭也会基于现实利益的考虑选择离开或加入某一房族。

　　对于宗族内部的这种分化，北粤村村民回忆起来显得很平淡，并没有表现出任何惋惜。在当地人看来，树大分枝，人多了一些公共的仪式性活动就不容易组织，宗族内的矛盾也会随之增多。北粤村宗族组织内部房族的分化与组合，不仅受到先生公个人因素的影响，也受到房族内部成员关系好坏的影响。宗族内部个人间的矛盾冲突、家庭间的矛盾纠纷均是宗族内部分化、重组的影响因素。

个案3-2：小唐大口宗族分化的个案

　　小唐的大口是一个比较大的宗族，有110多家，分为4个房族，各房族都有自己共同的祖公。在早些时候，大口还没有分化出这么多房族，大家都是一起拜山，一起打道篆。后来因为闹矛盾大家就分开了。大口宗族先是分化为2个房族，后又分化为4个房族。在1980年的时候TDEG与房族内一妇女通奸，这件事情最终成为房族分裂的原因。该名妇女的丈夫在邮电局上班经常不在家，她有一天在田里干活，肚子痛被TDEG背回了家里，该名妇女当晚就睡在了其家中。后来首先是TDEG去找这个妇女，后来这个妇女又主动去找TDEG。当时TDEG有两个房子，一个在北粤村老村，另一个在唐坳村。有一天他老婆住在北粤村老村，他住在唐坳村。早上他老婆回来，捉到他与该名妇女通奸。这事很快就被房族的人知道了。该名妇女的丈夫将TDEG告上法庭，TDEG因此被拘留了几天。后来该名妇女向法院说是自己自愿的，同时房族的老人也都主张不要把事情闹大。在这种情况下，事情就没有交由法院解决，而是在房族内部私了了。TDEG也就很快被放了出来。因为这件事情是一个房族内部的事情，房族内老人都主张不要把事情闹大，也就没有赔偿什么。虽然事发双方属于同一个房族，但房族内部还是有血缘的亲疏远近之分，按照血缘关系的亲疏远近大家也是各自选择支持与自己血缘关系更为亲密的人。虽然事情在房族内部的调解下没有闹大，但这件事情已经严重影响到事件当事人双方的感情，埋下了房族分裂的隐患。此事发生后的第二年春节过后的拜山祭祖时，因为双方觉得自己脸面上都过不去，双方的人就发生了口角继而打架，房族内的老人看到房族成员已无法团结在一起，也就同意分开了。[①]

在个案 3-2 中，房族内部两个家庭间不可调和的矛盾最终导致房族的分化。在分化的过程中房族内部各家庭依据血缘关系的亲疏远近而选择跟随其中新分出的某一房族。

家庭内部的矛盾纠纷也是导致宗族内成员分化的因素之一。瑶山宗族是一个有 35 户的宗族，前几年宗族内部成员因为争 5 厘地而闹矛盾。争夺土地的结果是 9 户人从原有的宗族组织中脱离出来，虽然宗族长老努力劝说他们不要分开，但并没有起到作用。分化后，这 9 户人不再参与到宗族内部的公共活动中，宗族内部的祭祀活动也分开了。每年拜山时，分化出来的 9 户人祭拜整个宗族 1/3 的坟墓。

如果宗族内部成员间能维持正常的关系，宗族就不会分裂。一旦宗族内部各成员之间正常的关系无法维持，宗族必然会发生分化。在上述案例中，TDEG 的通奸事件对房族成员感情伤害很大，房族成员间正常的交往已不可能，房族成员已无法进行共同的仪式活动。在北粤村，宗族是一个实体，除了血缘关系、共同的祖先意识外，现实生活中的利益也是一个使宗族得以维系的重要因素。保障宗族组织内部团结需要处理好现实中的利益分配，维护好现实中宗族成员间的关系。在北粤村宗族分化的几个个案中，我们能看到个人和家庭以及更大范围的宗族三者间的关系，从个人到个人所在的家庭再到更大范围的宗族，三者之间是一种差序性的关系，这种差序性的关系建立在父系血缘关系的基础上。随着父系血缘关系的疏远，人与人之间的血缘亲密度也会降低。个人与其所在家庭的关系最为亲密，与所在宗族成员的关系的亲密程度随着血缘关系的疏远逐渐降低。个人作为家庭和宗族的一员，受到家庭和宗族的制约。家庭是个人与包括宗族在内的更大血缘群体建立起联系的桥梁。在北粤村这样一个亲属关系网络错综复杂的小型社会，个人所在的家庭通过父系和母系的血缘关系网络与更大的社会群体建立起联系。在北粤村上述几个宗族分化的个案中，我们能看到个人被牢固地束缚在其所在的父系血缘组织内，个人对父系血缘组织的依附性较强。基于现实利益的争夺，个人以家庭为单位可以脱离出其所在的房族，但又必须依附另一房族，家庭脱离、加入的房族在同一个宗族内部。在北粤村，作为父系血缘组织的宗族表现为当地人的一种集体生活方

---

① 2019 年 3 月根据 TDBG 的口述资料整理而成。

式。众人为群，一个个人为了生活的需要而聚集在一起形成群体，通过分工合作来经营共同的生活，满足个人的生活需要。① 北粤村不同层次的父系血缘组织是当地人最主要的结群形式，个人或家庭依附于某一宗族既是出于对集体生活、归属感的需要，也是在共同祖先这一集体意识影响下的社会行为。在传统的北粤村，血缘关系是最重要也是最主要的社会关系。

二　出与入：作为人群结合方式的宗族

北粤村的宗族组织是一个相对的不断变动的实体，它在层次上具有较强的伸缩性。此外，北粤村的宗族组织并不是封闭的，宗族成员如果不履行其义务或与其他宗族成员关系不好，会被驱逐出宗族。同样，如果外人与宗族内成员关系好，并愿意履行作为宗族成员的义务，在征得宗族上层老人同意后也可成为宗族一员。北粤村的宗族组织虽然在本质上是父系血缘组织，但它又具有一定的弹性，并不排斥非血缘性因素的存在。

笔者在北粤村调研期间发现，通过人口流动迁徙而加入北粤村当地宗族组织的例子并不少。

个案 3-3：FMDDYG 的个案

2019 年 FMDDYG 54 岁，是北粤村房峒村房姓买德宗族的一位村民。他有 2 个儿子、1 个女儿，3 个子女都已结婚；其老婆 2019 年 52 岁。FMDDYG 的父亲是 FMDJDG，其姓名中的"坚单"在当地瑶语中是汉人的意思。FMDDYG 的父亲是广西的汉族，12 岁时被 FMDDYG 的爷爷带到北粤村。FMDDYG 的爷爷是北粤村房姓买德宗族的人，他的两个儿子先后去世了，因此就收养了 FMDDYG 的父亲作为儿子。在这种情况下，他父亲也就顺理成章地加入了买德宗族。因为是外地来的汉人，FMDDYG 的父亲只是被其爷爷的几个亲生兄弟认可，宗族内的其他人并不接纳他父亲，也很少帮助他们一家人。虽然不被宗族内的大多数成员接纳，但宗族内大多数成员并不为难 FMDDYG 一家人。最终迫使 FMDDYG 一家人离开买德宗族的是他与小部分宗族成员之间的矛盾。

> 我以前做生意，有一个买德的兄弟向我借化肥但没有还我钱。后来，他有了钱，出去买化肥，但仍然不还我钱。后来我去找他要钱时，他不但不给我钱，还叫了两三个人打我。这样我就不和他们做兄弟了，也不一起

---

① 费孝通：《个人·群体·社会——一生学术历程的自我思考》，《北京大学学报》（哲学社会科学版）1994 年第 1 期，第 7 页。

耍歌堂、拜山了。正是因为这样，我一家人和买德宗族的关系就不好。虽然我们和自己的堂叔他们关系还可以，但和宗族里面的其他人关系就不好了。也正是因为这样，在 1998 年耍歌堂时买德宗族的人就没有叫我家。当时我父亲就决定我们家自己搞，在自己家自己搞耍歌堂，请十几个先生公。但这些先生公就觉得，整个房姓这么多人，不可能抛弃某一个人单独搞。其中帮计宗族的一个先生公就叫我们参加他们宗族的耍歌堂。这样我们家也就加入了帮计宗族。自己加入帮计宗族后，帮计和买德两个宗族的活动我都会参加，平时只要自己不忙两个宗族的忙我也都会帮。我的两个儿子结婚时，买德和帮计的人我也都会叫。因为我是一个人没有亲兄弟，多帮别人不是坏事。你只有先帮了别人，别人才会帮你。今年我跟着帮计宗族的拜了 4 天山，因为我自己祖公的坟墓他们也来拜了。因为自己一家人已经加入了帮计宗族，我们是一伙人了，所有帮计宗族的事情自己都会参加。现在，买德宗族的事情自己就很少参加了，自己有空就参加比较亲一点的堂兄弟家的活动，其他人就不去了。①

FMDDYG 的家庭史表明，北粤村的宗族组织并不完全是一个封闭的血缘组织，其宗族组织的边界保持着一定程度的弹性。FMDDYG 的父亲作为汉人虽然从小被买德宗族的人收为养子，但由于养父子是社会文化意义上的亲属关系，不具有血缘关系，其并没有被其宗族的大多数成员所接纳，只是被其爷爷的堂兄弟所接纳，其与宗族内大多数成员的关系比较一般。FMDDYG 一家虽然不被买德宗族的大多数成员所接纳，但并没有与宗族成员闹僵。FMDDYG 一家人与买德宗族的成员保持着互惠式的交往，直到借钱不还事件发生后其与买德宗族成员才闹僵。这件事情也成为 FMDDYG 一家最后离开买德宗族的直接原因。虽然离开了买德宗族，但 FMDDYG 一家与买德宗族的联系并没有终止，只是仅保留在较为亲密的范围内。宗族的血缘性在这里有了明显的体现，FMDDYG 一家始终摆脱不了自己是汉族后代的标签，不被所在宗族的绝大多数成员真正接纳。这也就影响到 FMDDYG 一家对买德宗族的归属感。但因为地缘的因素，FMDDYG 一家又必须与邻里及同村人建立起一种互惠关系。FMDDYG 一家在获得帮计宗族先生公的同意后就加入了帮计宗族，这一过程也比较简单。加入帮计宗族后，FMDDYG 一家积极参与到宗族成员的事务中，

---

① 2019 年 4 月根据 FMDDYG 的口述资料整理而成。

履行自己一家作为宗族成员的义务。这使他们很快受到宗族成员的接纳，宗族成员也积极地参与到他们家庭的事务中。FMDDYG 一家人与帮计宗族的成员没有血缘关系，但这并不妨碍他们一家成为帮计宗族的成员，因为 FMDDYG 一家履行了作为帮计宗族成员的义务。从这一层面来看，北粤村的宗族更像是一种家庭间的结合，只要遵守相应的规则就会被宗族内的成员接纳、认可，从这一层面来看这和血缘因素无关，地缘因素发挥的作用更大。互惠机制与仪式在场是维系北粤村宗族组织内部团结的重要因素。宗族内部成员间的个人关系直接影响着宗族内部的团结，也影响着宗族的存续。宗族成员需要参与到彼此的一些活动中来增进成员间的联系，维系宗族内部成员的团结。

个案 3-4：THSSG 家庭分化个案

THSSG 是北粤村火生宗族的成员，他所在的火生宗族下面的房族有 63 户。THSSG 2019 年 26 岁，他有两个哥哥。原本他们一家并不在火生的这个房族，而是在 27 户的房族中。THSSG 的父亲是兄弟三人，他还有一个伯父和一个叔叔。三兄弟因为争夺家产而闹矛盾，最终分开了房族。笔者向其了解了其父亲三兄弟分化的过程。

THSSG 自述：

> 我父亲三兄弟因为闹矛盾就分开了房族，我大伯的儿子曾经因为争夺水田打过我父母。因为争夺田地，他们三兄弟以前经常吵架、打架。后来，大伯就让自己爷爷奶奶的坟墓迁走不让我叔叔和我父亲挂纸（扫墓、祭祀）。我们也都不知道爷爷奶奶的墓地迁到了哪里，现在都跟着自己房族的人参加挂纸这些活动。大伯跟了火生宗族下面 27 户的房族，叔叔跟了火生宗族下面 53 户的房族。三兄弟分了房族，分开房族后，联系就少了，也不怎么吵、不怎么打架了。我三叔，认了一户没有儿子的邓姓人家做父母；他帮我三叔娶老婆，他死后，三叔帮他办丧事，给他扫墓。现在我们三兄弟跟大伯和三叔他们完全断了关系，过年也不相互拜年，婚丧嫁娶这些事也不往来了。我父亲加入现在的房族时，事先征求了这边老人的同意，老人同意后我们就加入了现在的房族。①

在北粤村像 THSSG 父辈这样分化的案例屈指可数，仅是个案。通常情况

---

① 2019 年 4 月根据 THSSG 的口述资料整理而成。

下，亲兄弟之间的关系较为亲密。但 THSSG 的个案从某种程度上表明亲情关系的维系并不仅仅靠固有的血缘关系，还需现实生活中人们的经营。

北粤村的宗族组织虽然是血缘组织，但并不局限于血缘组织。北粤村的排瑶对血缘和亲属关系更多地持包容、开放的态度。前面已论述过北粤村排瑶在离婚、再婚以及家庭重组过程中并不注重妇女的贞节以及子女的血统。这使得北粤村排瑶在亲属、家庭和婚姻方面都保持着一定程度的弹性，这种弹性是其为了更好地适应现实的自然社会环境而选择的策略。北粤村排瑶在亲属、婚姻和家庭方面保持的弹性在宗族组织方面体现得比较明显。

LHB 是北粤村唐姓唐山宗族的人，2019 年 43 岁，有 3 个女儿和 1 个儿子。LHB 的爷爷是客家人，其在解放初期来到北粤村经营一家打铁铺。本来外姓人是很难加入排瑶宗族中的，但因为在解放的前几年北粤村刚发生过瘟疫造成大量人口死亡，唐山宗族的人口数量也大量减少，户数从 40 多户减少到十几户，又因为 LHB 的爷爷会打铁这门手艺，与唐山宗族的上层老人关系比较好，唐山宗族的上层老人希望 LHB 的爷爷能和他们做兄弟，加入唐山宗族，以此壮大唐山宗族。到 LHB 这一代，他们已经完全融入唐山宗族了，在风俗习惯上完全按照当地规矩执行。加入唐山宗族后，LHB 一家人并没有改变刘姓。因为参加了宗族的打道篆，死后的法名改为唐姓不再用刘姓，其爷爷的法名是唐法君十三郎。加入当地的某一宗族意味着认了所加入宗族的祖先，与宗族成员成为亲戚关系。LHB 一家人加入唐山宗族的过程，表现出北粤村宗族组织非血缘性的一面。这表明，北粤村的宗族组织在保留血缘组织性质的同时，也是人们基于现实利益的考量适应社会环境的一种人群结合方式。唐山宗族为了壮大自己的势力，吸收可利用的资源，将会打铁技艺的 LHB 的爷爷纳入自己的宗族，实现了人群的整合。从族群身份的角度来看，LHB 和 FMDDYG 的个案是汉族进入瑶山最终变为瑶族的例子，他们最终也接受了这一族群身份，被外人视为瑶族。历史上，瑶山周边的一些汉人因灾荒、逃难、婚姻、经商等各种原因定居瑶排最终变成瑶族的现象一直都存在，这就是"瑶化"。

以房族为单位组织打道篆活动的时候，往往是宗族组织的分化、重组时期。宗族组织的这种动态调整集中反映了当地人的人际关系状况和人情运行法则。在北粤村，加入一个宗族除了要征求要加入宗族上层老人的同意外，最重要的就是要履行宗族的义务，与宗族成员建立起一种互惠关系，彼此参与到对方的一些事务中。北粤村的宗族组织在规模和层次上差异比较大，最小的宗族可能只有十几户人，而最大的宗族可以延伸到姓氏。宗族的规模越小其成员的血缘关系也就越近，宗族规模越大其成员的血缘关系也就越疏远。层次较低的宗族组织其成员血缘关系较近，在日常生活中的互动也更为频繁，更多地表现出共同体的特征。低层次宗族不仅是一个血缘共同体还是一个情感共同体，其成员间关系的维系更多的是自发性、无意识的，成员关系的维系并不是建立在互惠的基础之上。但随着宗族组织层次的提高和范围的延伸，宗族成员内部的血缘关系亲密度逐渐降低，宗族成员彼此间的亲密感逐渐减弱，日常互动频率渐次减少，内部成员关系的维持也就更依赖于互惠原则。北粤村的宗族组织虽然有浓厚的血缘色彩，但却保持着一定的弹性，不过这并不意味着当地人不注重血缘关系。外姓人虽然加入了当地人的宗族，但并不在当地人的血缘系谱中，他们和自己人仍然有区别。利益是使宗族形成、维持下去的一个不能忽略的因素。这体现了宗族由社会文化建构的一面。

三　宗族成员间的社会交换

就北粤村排瑶的宗族组织而言，宗族组织所营造出的归属感至关重要。单个的家庭生活在群体之中，需要获得一种归属感。通常情况下，这种归属感由其所在的父系血缘组织给予。对于家庭结合而成的宗族，其凝聚力的产生凭借的不仅是血缘关系，现实的需要也是一个很重要的因素。在核心家庭占主导的北粤村，家庭所具有的生育、抚养以及经济职能使得个人大多数的需求在家庭这一层次得到了满足。但单个核心家庭能力有限，基于血缘关系的亲属组织成为人们依靠的主要对象。父系血缘组织内的成员在日常的生产生活中往往互帮互助以共同克服困难，宗族组织不仅是一个血缘组织还是一个互助组织。宗族作为众多家庭的结合体，在某种程度上弥补了家庭在功能上的缺陷。尤其是在生产力落后的情况下，超越家庭的血缘组织往往是人们依靠的主要力量。

（一）　无偿的换工和互惠的换工

生产生活中的互助是北粤村宗族组织的主要功能之一，换工是互帮互助的主要内容之一。在农忙时节如插秧、收割等环节中，单个家庭劳动力不足的问题凸显出来，宗族组织内部成员间的互帮互助就显得很有必要。盖房子、修筑梯田这样劳动强度和劳动量比较大的事情也是单个家庭难以完成的，此时人们的团结就显得非常重要，而基于血缘的宗族组织的成员成为人们首选的互助合作对象。北粤村不同层次的宗族组织成员间都有互帮互助的义务，层次越低的宗族组织成员间的互帮互助义务就越大。祠堂宗族成为当地人最为常见的互助组织，其内部成员间互帮互助的内容和形式是多种多样的。在北粤村同一父亲的兄弟往往比邻而居，在生产、生活上结成一个互动频繁密切的生活共同体。亲兄弟是人们寻求帮助的首选对象，家庭内的很多事情亲兄弟之间都会商量处理。亲兄弟间的互助往往出于血缘亲情，是不求回报的、义务性的，而不是基于互惠原则的。堂兄弟之间的互帮互助范围就有所缩小，但关系仍很亲密。这点可从其亲属称谓中反映出来，北粤村的亲属称谓中突出的特点是自己对亲兄弟的子女和自己的亲生孩子使用同样的称呼，即父辈对自己儿子和侄子、自己女儿和侄女使用相同的称呼。① 这些体现了排瑶社会重父系血缘、重视兄弟关系的观念。而超出堂兄弟范围的父系亲族承担的互帮互助责任就比较少了，两者间的互帮互助也更倾向于互惠性质的。总之，宗族内部成员间承担的互帮互助义务会随血缘关系的疏远而递减，呈现出差序性。就互帮互助的覆盖面而言，拥有同一父亲的亲兄弟间的互助在范围上几乎覆盖了生产生活的各个方面，相比之下堂兄弟之间的互帮互助范围则相对有所缩小，超越堂兄弟范围之外的父系亲族成员间的互帮互助更多地停留在人生仪式、建房子这类事务中。

北粤村村民各种人生仪式的完成都离不开宗族成员的帮助。在日常生活中宗族成员间的亲属关系成为人们可以利用的十分重要的社会资源。单个家庭难以完成的活动，常常要依靠宗族的力量。传统上，北粤村建房子，房子的主人是不需要花钱的，从砖头的烧制到房子的修建主要靠宗族内部的人或亲戚帮助来完成。宗族内的人帮忙建房子通常只帮 1~2 天，房子的主人要给帮忙的族人或亲戚提供饭菜。北粤村老村所有的房子都是靠族人间的互帮互助建起来的。建房子和收割庄稼是宗族内成员间互帮互助最重要的两项活动。在北粤村宗族内部，这种在重要活动中互帮互助的传统已成为一种约定俗成的规矩而被大家所遵守。宗族成员内部的互帮互助成为一种亲属行为，这种互帮互助的亲属行为既建立在血缘亲情的基础上，也建立在互惠原则的基础上。互惠是实现家庭结合的重要纽带之一。

THSYZR 现在居住房子的地基是靠人工打下的，当时如果用机器打地基就需要从连州请挖掘机，挖掘机一个小时的使用费是 300 元，来回的运费是 2800元，这在当时是很高的一笔费用，他无法承担。后来，在宗族内兄弟的帮助下房子的地基打好了。因为 THSYZR 之前帮助了宗族内的很多兄弟，所以他打地基需要帮忙时，宗族内的兄弟也来帮忙。这些来帮助 THSYZR 打地基的兄弟并

---

① 《民族问题五种丛书》广东省编辑组：《连南瑶族自治县瑶族社会调查》，广东人民出版社，1987，第 77 页。

不是 THSYZR 邀请的，而是自愿来的。来帮忙打地基的有男也有女，很多人都是帮两天忙，以前，THSYZR 也是帮他们两天忙。后面建房子的工作都是 THSYZR 自己花钱请别人来完成的。对于这些来帮忙打地基的族人，THSYZR 给他们提供猪肉炖豆腐作为午饭。除了建房子，插秧、做豆腐以及各种人生仪式中宗族成员之间都有互相帮忙的义务。对于来帮忙的人，主人不用记下名单和帮忙的时间，因为同在一个宗族大家彼此比较熟悉，如果某一家在生产生活中有事忙不过来，家庭的主人可以请求宗族成员的帮助，等到日后再帮他人。建房子、水稻插秧、收割以及人生仪式中的互帮互助都是熟人社会中一种基于互惠原则的换工形式。在北粤村，这种换工形式主要存在于祠堂宗族内部。排瑶社会内互惠式的换工主要以核心家庭为单位，换工的存在弥补了单个家庭劳动力不足的缺陷。宗族内的换工是宗族成员互动的主要形式之一。

（二）宗族成员权利、义务的对等性

北粤村宗族组织内部的换工是宗族成员互帮互助的主要形式，也是宗族成员权利与义务的体现。要获得宗族成员的认可和接纳就需承担作为宗族成员的义务，参与到宗族成员间的换工活动中，换工既是现实生活中家庭间合作的需要，也体现出人情互惠式的交往。宗族内部的这种互惠交往形式不存在于血缘关系较为紧密的父系血缘组织中，而是普遍存在于堂兄弟之外的父系血缘关系中。排瑶宗族内堂兄弟这一层次及以内的父系血缘组织成员关系很亲密，成员间的集体责任也就很多，彼此承担的义务和得到的权利也很多、很重要。传统上，排瑶社会有"食人命"[①]事件发生时，不同层次的宗族组织承担的经济连带责任不同，进行经济赔偿的优先程度也不同。最低层次的宗族组织承担的连带责任最大，在当事人无力负担经济赔偿时，"食人命"的经济赔偿首先从最低层次的宗族组织开始。最低层次的宗族组织无力承担时，经济赔偿主体范围再扩大到较高层次的宗族组织，并以此类推。不过，其赔偿主体的极限是火生这一层次的宗族组织。排瑶社会这种宗族组织成员间的经济连带责任是亲属关系带来的集体责任的一种体现。不同层次的宗族组织承担着不同的经济连带责任，这从某种程度上说是不同层次的宗族组织对个人的保护方式。宗族组织成为人们延续个体生命，对抗自然、社会中不可控因素的重要社会组织。在资源匮乏、环境恶劣的山地环境中，宗族组织成为个人生存所依赖的重要对象。在

---

① 一种针对凶犯杀人的处罚风俗。

争夺土地、林地等资源时，个人所在的宗族组织是其最重要的社会资源。历史上北粤村内部的械斗主要以宗族为单位而展开。宗族组织成为人们在资源争夺和保护过程中依靠的重要社会资源。

宗族内的成员彼此参与到对方家庭成员的人生仪式中是宗族成员的义务，这不仅体现出血缘亲情也体现出互惠机制。北粤村祠堂宗族在规模上存在较大差异，火生宗族下面的 3 个房族，最大的有 63 户，最小的有 27 户。规模不同的房族中，房族成员在人生仪式的参与方面存在差异。规模较大的房族有足够多的人手，在一些人生仪式中，房族成员不必全部回来；但如果房族规模小，房族成员的人生仪式就需更大比例的人参与进来，否则就会出现因人手不够而影响仪式的正常进行的情况。互帮互助是宗族成员必须履行的义务，除此之外，宗族成员的各种公共活动也需要宗族成员以家庭为单位参与进来。彼此参与到对方家庭成员重要的人生仪式中是维系宗族成员亲密性关系的重要方式。

（三）公共事务处理中的平等协商原则

在北粤村，宗族里的公共活动中，除了拜山祭祖、打道篆等宗教活动外，宗族成员往往都会参加宗族其他成员的人生仪式。在这些人生仪式中，婚礼和葬礼是最重要的人生仪式，宗族成员必须要参加，这是约定俗成的规则。婚礼和葬礼之外的人生仪式，如小孩子出生、满月、百日、"进火"一周年、两周年和三周年忌日等仪式活动参与与否主要视血缘关系的亲疏远近而定。每年的拜山祭祖是宗族成员重要的公共活动，每个家庭都要参与进来。近些年随着外出务工人员的增多，人们参与春节后拜山活动的积极性有所减退，一些年轻人为了挣钱不愿意参与宗族的公共拜山活动。为了维持宗族内拜山活动的正常进行，北粤村的很多宗族都规定不参与宗族内集体拜山的家庭每天罚款若干元。传统上，春节后宗族内部公共的拜山祭祖活动是一年当中宗族最大、最重要的公共活动，每个家庭都会参与进来，宗族内部所有的成员一起行动，拜祭宗族成员的各个坟墓。这一活动在本质上也体现出平等互惠和权利义务对等的原则。宗族内的其他家庭祭拜自己的祖先，自己也会祭拜宗族其他家庭的祖先。宗族共同拜山祭祖活动的具体日子、拜山具体地点的先后顺序都是宗族成员事先集体共同协商后确定的。宗族内的先生公虽然有权决定拜山的日子，但其选定的日子需要经过宗族全体成员的讨论才能最终被确定。宗族内部集体拜山活动集中体现了北粤村排瑶宗族组织内民主、平等的特点，宗族的公共事务须由宗族内各家庭共同协商来决定。排瑶的宗族组织没有汉人宗族组织中那种较为严格的辈分和长幼之别。排瑶有着浓厚的敬老风俗，老人普遍受到人们的敬重。宗族内部更是如此，宗族内的老人在处理宗族内部的各种公共事务时拥有话语权和一定的决定权。宗族内各成员在地位上都是平等的，相较于辈分的高低人们更重视年龄的大小。这与汉人社会宗族组织内辈分明显、长幼有序的特点存在着较大差别。宗族内的公共事务多由宗族内的老人商议，并最终由宗族成员集体民主协商决定。

在排瑶社会中个人存在于其所在的不同层次的亲属团体中，个人的行为在很大程度上也受制于其所在的宗族组织。在宗族组织中，个人被隐藏于其所在的家庭之中。宗族成员间各种换工活动中个人的活动代表的是其所在的家庭而不是个人。家庭是宗族活动的参与主体。排瑶社会中层次丰富的宗族将家庭和个人层层包裹起来，家庭和个人的行动都受制于其所在的房族、宗族。"在中国民间社会，'房'和'股'构成了家族组织的重要基础。这两个用语的核心主要指儿子相对于父亲称为'一房'或'一股'。它能直接表明汉人社会家族内部的运行机制和内在关系。"[1] 在排瑶社会，房族是构成宗族的基础，房族直接体现出宗族内部的运行机制和内在关系。宗族作为众多家庭的结合体，其内部各家庭大都是由不同层次共同祖先繁衍而来的，平等性和对等性成为宗族内各家庭相处的原则。互惠、权利与义务的对等以及处理宗族公共事务中所坚持的平等、协商原则都建立在以家庭为核心的平等性和对等性基础之上。

小　结

谢剑先生在其专著《连南排瑶的社会组织》一书中认为，"排瑶社会是一分支体系，排瑶社会由继嗣形成的父系世系群之间彼此相辅相成，既颉颃，又合作"[2]。他将排瑶社会的这一特点称为"巢居"，即小单位"巢居"于大单位，再衍生成独立平等的单位。[3] 笔者认为，就排瑶家庭与房族、宗族的关系而言，家庭结合更能解释排瑶社会分支体系的这一特点。排瑶社会虽然以核心家庭为主，但父系血缘的纽带、共同祖先的观念以及熟人社会中的互惠机制将各个核心家庭结合起来构成宗族组织。排瑶十分重视父系亲子间的关系，对祖先的祭祀行为就是很好的证明。排瑶的家庭具有很强的宗教性，祖先为大成为

---

①　麻国庆：《永远的家：传统惯性与社会结合》，北京大学出版社，2009，第4页。
②　谢剑：《连南排瑶的社会组织》，香港：香港中文大学出版社，1993，第166页
③　谢剑：《连南排瑶的社会组织》，香港：香港中文大学出版社，1993，第166~167页。

北粤村村民的理念。各种形式的祭祀活动将阴界的家与阳界的家结合起来，并对现实的家庭、宗族起到凝聚作用。父系血缘的纽带不仅象征着世代间的延续，也将现实中的诸多核心家庭联结起来，形成具有层级的宗族结构。

北粤村排瑶的宗族组织呈现层级性的分支结构。排瑶的宗族组织主要受血缘、地缘和现实利益三种因素的影响。相较于稳定的血缘和地缘因素，在现实利益的影响下宗族的边界呈现出一定的弹性，只要符合一定的条件，个人、家庭都可加入或离开其所在的宗族。在父系血缘纽带的作用下汉人社会中的家在纵向上有很强的延续性，横向上则表现出差序性。北粤村排瑶的宗族可看作众多家庭依据父系血缘原则结合而成的组织，但现实的利益也会影响到这种家庭间的结合状态，从而使其呈现出一定程度的动态性。

第四章

仪式中的宗族

排瑶具有突出的祖先崇拜文化，对祖先的崇拜直接体现在形式多样、繁杂的祭祖仪式中。人类学关于祖先崇拜与社会结构关系的研究比较丰富。福特斯认为，在祖先崇拜盛行的社会，这一信仰已根植于诸如家族、亲属、继嗣这样的社会关系和制度中。[①] 而日本学者渡边欣雄则认为，祖先及祖先祭祀是存在于其自身独有的象征领域的行为，和社会组织未必是相关联的。[②] 通过第三章对北粤村排瑶家庭宗教性的分析，其家庭祭祀情况得以展现。本章将通过具体的田野资料，来展现北粤村排瑶以宗族（如未提及宗族名称、未与房族相对而称，本章中"宗族"均指广义上包括房族在内的祠堂宗族）为单位进行的集体祭祀活动，进而对人类学关于祖先崇拜与社会结构关系的研究成果进行回应。先生公是排瑶社会中的仪式专家，先生公这一角色及其所从事的活动是我们了解北粤村宗族组织一个很重要的窗口。本章还会从历时性的视角关注宗族内的先生公这一群体及其所从事活动的变化，并以此展现北粤村宗族的变迁。

第一节　拜山祭祖仪式中的宗族

"瑶族族群充满着这样一种信念：人的生命（肉体与灵魂）在时空上具有绝对的双重制度，死者与家族联结的纽带并未中断，而且死者继续行使他们权威并保护着家族。"[③] 北粤村排瑶有着突出的祖先崇拜文化，为了表达对祖先的

---

① M. Fortes, "Some Reflections on Ancestor Worship in Africa," in M. Fortes and G. Dieterlen (eds.), *African Systems of Thought*: *Studies Presented and Discussed at the Third International African Seminar in Salisbury*, *December 1960* (Oxford University Press, 1965).

② 渡边欣雄编『祖先祭祀』凯风社、1989、15 页。

③ 彭兆荣：《抗拒生命的时空意识——瑶族文化研究札记》，载新亚学术集刊编辑委员会《新亚学术集刊》（第十二期），香港：香港中文大学新亚书院，1994，第 177 页。

崇敬、怀念或祈求祖先的庇佑，都需要举行仪式活动。北粤村存在着形式多样、内容繁杂的祭祖活动。在北粤村各种形式的祖先祭祀仪式中，在家中进行的家庭祭祀和在墓地进行的墓祭是两种最主要的形式。1949 年之前，北粤村还有在庙中祭拜祖先的传统，各姓始祖的神像被安放在大庙内，每逢节日村民都会来庙中祭拜祖先。涂尔干认为宗教是"信仰和仪式的一个统合系统，它与神圣的东西有密切关系。而这些信仰和仪式可以把一个社会群体整合成一个祭祀团体"①。祖先崇拜文化通过各种仪式实现对当地社会的整合。本节旨在通过对北粤村宗族拜山这一共同的祭祖活动的描述来分析其象征意义及社会功能。

一　拜山祭祖前的准备与动员

北粤村的家庭祭祀相当频繁，相比之下墓祭的频率比较低，一年中一般只有在重要的节日才进行墓祭。按照祭祀规模的大小，在北粤村，墓祭可分为以家庭为单位进行的墓祭和以宗族为单位进行的墓祭两种形式，在一年当中的重要节日进行的通常是以家庭为单位进行的规模较小的墓祭活动。北粤村以宗族为单位进行的墓祭活动并不在节日进行，它是一年一次专门祭祀宗族成员祖先的集体祭祀活动。因墓地多处于山上，对于这种以宗族为单位进行的墓祭活动，当地人称之为"拜山"。北粤村的拜山多在农历正月的上旬和中旬进行，此时春节刚过，人们通过墓祭给祖先带去钱财，祈求新的一年能获得祖先的保佑、诸事顺利。一年一次的拜山祭祖在当地有着悠久的传统，被当地人视为一年当中非常重要的事情。通过拜山这种墓祭活动表达自己对祖先的感激、怀念之情在当地人看来是理所应当的事情。拜山的人们往往在墓地杀猪、杀鸡献祭给祖先。因为每年只有一次宗族的集体拜山活动，所以每个家庭都比较重视。

作为宗族内每年重要的公共活动，拜山在北粤村有着相应的流程和规范，这些流程和规范作为一种习俗被大家所沿袭和遵循。正式进行拜山前，宗族中的先生公会召集宗族成员商议拜山的具体日期、每天拜山的地点和路线以及其他事宜。商议的日子通常定在每年的农历正月初四。在这一天，宗族中的每家每户都会派出一名代表出席宗族的拜山准备会。实际上，在北粤村，农历正月初四的这次聚会往往是宗族成员全年唯一的一次聚会。在这次一年一度的宗族聚会中，宗族成员讨论的不仅仅是当年的拜山事宜，还有宗族内部的其他一些公共事务。下面，笔者将展示北粤村 2 个房族祭祖仪式的准备和动员情况。

---

① Emile Durkheim, *The Elementary Forms of the Religious Life*, trans. by Joseph Ward Swain (London: George Allen and Unwin Ltd., 1912), p. 412.

（一）个案 4-1：FQGJ 所在房族的准备与动员

FQGJ 是房峒村房姓帮计宗族下面一个房族的长老，他 2019 年 64 岁。虽然 FQGJ 的年龄并不算大，但他却是其所在房族内最有影响力的长老。FQGJ 在整个房姓乃至整个北粤村都是有影响力的长老。他和他父亲熟知瑶经、瑶医、瑶药以及瑶族传统文化，利用自己的医术救治过很多北粤村村民，德高望重，深受房姓族人甚至整个北粤村村民的敬重。北粤村有非常浓厚的父子相承的传统，很多传统知识都只在父子之间传授，绝对不外传。FQGJ 从其父亲那里学习到很多有关瑶经、瑶医、瑶药以及瑶族传统文化的知识，加上他有父亲所带来的光环，因而处理整个房族的公共事务时房族成员都会征求他的意见。

截至 2019 年，FQGJ 因为前几年生病等一系列原因，已经有 18 年没参加过自己房族的会议。2018 年他的身体有了明显好转，这使他对房族的事情投以更多的热情。此外，房族的人也都非常希望他能为房族成员服务。召开房族会议的前一天，他已经通知了本房族的两位先生公，就开会的事情与他们初步进行了商议，让他们通知到房族内的每个家庭。由于现在房族成员居住分散，不像在老村那么集中，先生公更多地采取打电话的形式通知房族成员。考虑到房族内有几户人家搬到了较远的村子，FQGJ 将开会的时间定在了上午 10 点。初四这天早上 FQGJ 7 点多起床，很快地吃了早饭。这天是房族举行重要活动的日子，为此 FQGJ 精心打扮了一番，穿上北粤村的传统服装，认认真真地用一条带状的大红布做起盘头。在北粤村只有结过婚的成年男性才能用红布条做起盘头，和北粤村妇女的头饰一样，北粤村男性的盘头也有标识年龄段的功能。FQGJ 给自己做的盘头是中年男子的样式，现在北粤村会这种手工盘头的人已经很少了，只有他、TDBG 和 TDEG 三人还会。年轻人戴起了用海绵制成、更为便捷的"红帽子"，且很多人只是在一些重要的仪式中佩戴"红帽子"。FQGJ 很重视今天的房族会议，他要向房族成员和房族的 4 位先生公讲一些事情。打扮完后，FQGJ 带着一瓶米酒、一块腊肉、一沓纸离开家门，向房族的"祠堂"走去。房族的会议都是在"祠堂"内召开的，"祠堂"被选在房族内一户人丁兴旺的人家的大厅内。"祠堂"的正上方摆放着祖先的木制神像而不是村民家中常见的"家先单"。"祠堂"必须是瓦房，而不能是水泥房。FQGJ 是第一个来到房族"祠堂"的人，这间"祠堂"是五间砖瓦房，房屋样式很像北粤村老村的房间。"祠堂"中间最大的一间供奉有祖先的神像。"祠堂"只是在每年拜山以及耍歌堂时使用，平时则作为房子主人的客厅。FQGJ 来到后，房子的主人过来跟他打招呼，两人互相寒喧了几句。随后，FQGJ 就在"祠堂"内烧香、烧纸。他首先在香案前烧纸，并借着火点燃了手中的一把香，然后依次将香插在香案上的香炉、墙角的香炉里和大厅大门的两旁以及房子主人的灶台上。这些事情做完后，FQGJ 就和房子的主人坐在"祠堂"内边聊天边等其他房族成员到来。

上午 10 点左右房族成员已陆续地来到了"祠堂"。FQGJ 所在的房族有 52 户，这一年来参加房族会议的有 43 人，每个人都代表着一个家庭。来参会的房族成员以中年男性为主，年轻男性有 17 人，而女性只有 4 人。在北粤村，男性是房族公共活动的主要参与者，家庭中的女性只有在丈夫不在家时才会替代丈夫参加。这次房族会议是近几年参会人数最多的一次。每一个来到"祠堂"的人作为一户家庭的代表，都无一例外地带着一瓶酒、一块腊肉、一沓纸和若干支香。来到房族"祠堂"后，每个人先在"祠堂"烧纸上香，上香的顺序依次是香案、大厅的墙角、门前和炉灶。部分房族成员自愿带来了鞭炮，在"祠堂"外燃放鞭炮以敬告祖先。每个房族成员带来的腊肉，先在主人家里的炉灶处用热水煮上几分钟，清洗一下，然后用盆盛放，端放在香案上。香案的左右各有两盆，这算是敬送给祖先的。这些肉敬奉完祖先，被拿去厨房由几名妇女做成腊肉炖豆腐作为大家的午饭。

在"祠堂"香案摆放好肉后，这一年拜山的准备会就正式开始了。选定这一年拜山的日子，是召开房族会议最重要的议题。FQGJ 和房族里面 4 位先生公以及几位长者坐在大厅的沙发上，偶尔 FQGJ 会站起来向房族成员讲话。首先，他和房族的先生公以及几位长者商讨这一年拜山的日子，他们讨论出结果后再听取大家的意见。他拿出一本瑶经和一本皇历，和大家讨论。作为对照，另一位先生公也拿出自己带来的皇历。排瑶很重视选日子，结婚、建新房子、出远门等都要选择在吉日进行。北粤村村民尤其重视拜山日子的选择，如果没有选好日子就拜山，拜山就可能没有效果甚至适得其反。在哪一天祭拜自己祖先的坟墓也成为房族成员发生分歧的主要问题。拜山日子的最终确定需要房族内部的先生公共同商议，再由房族成员表决一致通过商议的结果。

在 FQGJ 和房族内 4 名先生公的商议下，拜山的日子很快就定了下来。之后，在 FQGJ 的带领下房族成员就其他事宜展开讨论。房族成员讨论的第二件事情是关于先生公服务的。开会之前，一位房族成员向 FQGJ 反映房族里的先生公因为自己不满 60 岁而拒绝为其架桥[①]。针对这一问题，FQGJ 根据自己掌

---

① 架桥是排瑶祈福禳灾的一种仪式。

握的瑶经知识向房族内的 4 位先生公解释为什么不满 60 岁也是可以做架桥的。

因为 FQGJ 熟知瑶经知识，在房族中又有威望，房族成员看他在今天出面了，就提出要由他来做先生公为大家服务。FQGJ 在会上向大家说明了自己不愿意做先生公的三点理由：首先，自己的父亲当了很多年先生公，接受了很多鸡肉、猪肉和钱财，自己不想再跟房族内的其他先生公争这些东西；其次，自己有退休金还拿着省级非遗传承人的工资，也不需要做先生公挣钱；最后，自己作为房族中的"明理人"，不能兼任先生公。（北粤村传统的风俗是，先生公负责念瑶经做法事，"明理人"才能和官府打交道。）①

FQGJ 不愿意担任房族的先生公并不是不愿意为房族成员服务，而是不希望自己担任先生公导致其他先生公不满继而造成房族内部的分裂。FQGJ 深知房族内的先生公害怕自己抢了他们的饭碗，在这次会上他坚持自己不当先生公是表明自己的态度，让房族内的其他先生公放心。

会上讨论的另一件主要的事情是确定这一年房族内部婚丧嫁娶等公共活动的负责人。在此之前，房族内婚丧嫁娶等公共活动中的做饭等事务由固定的人负责，但他们已经负责了好多年且没有任何报酬，不愿做了。因此，房族成员要商讨出解决办法，选出新的人负责这些事情。FQGJ 提出了两种解决办法：①用抓阄的方法选出 4 名负责人；②从房族下面 4 个更小的房族中按照年龄从大到小的顺序轮流选人，每年各选出 1 人。房族内的长老提出建议后，房族成员就开始商议。一些人用纸片和笔做好了抓阄工具，大家就开始抓阄。但这次抓阄出现了两名抓到阄的人是堂兄弟的情况，负责人在房族下面的 4 个更小的房族中分布不均。最终，为了公平起见大家一致同意采取第二种方法。

很快已是中午时分，到了饭点，在大家讨论的过程中饭菜也已煮好。饭菜主要是腊肉炖豆腐，腊肉由每家每户带来，豆腐和米也是由大家共同出资购买的。房族内的年长者围坐在祠堂香案下方最尊贵的位子上，大厅内和大厅右边的房间各摆了两张大桌子。房族成员围坐在一起，大家一边吃饭一遍喝酒聊天。吃完饭后大家并没有离开，而是继续讨论事情。FQGJ 继续主持，他讲了很多，教育年轻人不要偷盗、破坏别人家庭，房族成员要团结。房族内的成员也都纷纷发言，就一些事情表明自己的观点。其间，一位戴眼镜的年轻人提出要尊敬房族中的老人和先生公，建议每年正月初四开完会后向房族中年龄大于80 岁的老人以及房族的先生公送红包。房族的 4 位先生公对他的这一提议虽

---

① 2019 年 2 月根据 FQGJ 的口述资料整理而成。

然觉得不好意思，但并没有拒绝。FQGJ觉得这样可以，这些钱给先生公会让先生公更好地为房族成员服务，让年轻人更放心地外出打工。在他的提议下，这一决议最终被大家所接受。这件事情结束后，这一年房族的会议就全部结束了。据其房族成员说，前些年是房族的另一个"明理人"说话，但听的人不多；往年的拜山会议只是选日子，房族成员吃过饭就各自回家了，没有达成或讨论出什么决议，但这次房族会议不一样，大家讨论出了一些决议。在后来的访谈中，笔者了解到给房族内80岁以上的老人和4名先生公发红包的提议其实是FQGJ的儿子THR提出的，但他因为不方便出来讲话就把自己的这个想法托房族内的兄弟说出来。THR当过北粤村的两届村委会主任，是一个很有想法和能力的年轻人。他在其房族内很有影响力，房族内的很多年轻人都信服他。在这年的房族会议上，为了尽可能多地团结族人，THR并没有出面，以免让房族中的其他成员感觉自己家庭太过强势。

房族会议结束半个小时后，房族里的年轻人从家中带着红包又回到了"祠堂"。在FQGJ的带领下，他们一行34人走访了房族4位年龄在80岁以上的老人，并给他们送去红包，表示慰问。此外，他们还走访了房族中的4位先生公，给他们送去红包，以此对他们为房族成员做出的贡献表示感谢。收到红包的4名先生公都很高兴。一些村民到其家中还点燃鞭炮，这是一种比较高的礼节。走访到每一家，到访的族人都与老人和先生公合影留念。走访的人群中年轻人居多，没有女性，FQGJ是唯一一个老人，但他是代表其儿子去的。每到一户，他首先向受访人说话，表明来意和缘由，而年轻人只是送红包，很少说话。红包的金额不等，大多在20~50元。红包的金额由给红包的人决定，全凭个人心意。FQGJ一行30多人开着车或骑着摩托车，最远来到了北粤村附近的横村，给住在这里的一位83岁的老奶奶送红包。下午5点的时候，整个活动都结束了，他们都回到了各自的家中。

就其内容而言，拜山准备会议并不仅仅讨论拜山的日期和具体的流程，还涉及房族内部一系列的公共事务。这些公共事务能体现出宗族内部的运行规则。宗族的公共事务都是以家庭为最基本的参与单位的，个人代表的是其所在的家庭。集体协商、平等民主是北粤村村民处理宗族公共事务的基本原则。宗族内的老人在宗族的公共事务中享有较大的话语权和决定权。在FQGJ所在房族这一年的准备会上，整个会议从内容到议题都由威望最高和影响力最大的FQGJ掌控。他虽然有影响力，但并没有决定权。拜山日期的选定、先生公的服务、房族内负责婚丧嫁娶的人的选择、给房族内80岁以上的老人和先生公

图 4-1　FQGJ 带领所在房族的年轻人去看望房族中的老人和先生公
资料来源：由笔者 2019 年 2 月在北粤村拍摄。

送红包这些议题都由房族成员集体商议表决。宗族内的公共事务多是仪式性的，涉及宗族中的每一个家庭，需要每一个家庭的共同参与。宗族是一个父系血缘组织，宗族内部又会分化出若干房族。处理宗族的公共事务不仅要兼顾到各个家庭，还需兼顾到宗族下的房族。选择宗族内婚丧嫁娶仪式的负责人就必须兼顾到每一个房族，做到公平公正。FQGJ 所在房族组织下有 4 个更小的房族，其中每一个都有 1 名先生公，这些先生公都会为自己所在的房族考虑。要想维系房族内部的团结，就需照顾到其下每一房族的利益，也需要房族内的每个家庭都顾及彼此的利益。房族内有个别德高望重的长老对房族的发展和团结比较重要。FQGJ 作为受族人敬重的长老，为了房族的团结照顾到了每个更小房族的利益，靠自己的威望和智慧维系了房族内部的团结。排瑶的家庭结构以核心家庭为主，因此房族团结的维系更多地依靠各核心家庭间建立起来的互惠、权利义务对等机制，而不是个人的威望和权力。不过，房族内部有影响力的长老凭借其个人能力对房族内部的团结有着一定的影响力，拜山祭祖和打道箓都需要房族内老人的协调及房族全体成员的合作。许多仪式性活动需要房族成员团结合作才能完成，但每当遇到这类房族内部的公共活动时，房族内部的矛盾也最容易凸显出来。在北粤村，并不是所有的房族组织都像 FQGJ 所在的房族组织那样能够保持内部的团结与合作。在作为房族内部事务的拜山祭祖活动中，每个房族也都会表现出不同的状况。

（二）个案 4-2：TDEG 所在房族的准备动员情况

北粤村 TDEG 所在的房族在 2019 年的拜山事情上出现了分歧。TDEG 这一年 74 岁，其所在的房族有 27 户，他是房族内最有影响力的先生公，但影响力也并不很强。TDEG 根据皇历提出这一年正月初八、初十进行拜山，其中初八拜的是 TDEG 的父亲。但开会讨论拜山地点的时候，其房族中的一户执意要求初十拜自己的祖先。后来笔者了解到有几户人家比较固执，房族中要做什么事情，这几户人都不愿意做。比如，房族共同捐点钱为祖先修坟墓，他们几户就是不愿意出钱。TDEG 说这几户家庭的先生公心高气傲，并不认同 TDEG。就这一年拜山房族内部在选日子方面发生的分歧，TDEG 也想好了应对方法。他感觉反对自己的先生公和后面支持该名先生公的几户家庭与自己合不来，便由着他们去了，就看他们这一年正月初十跟不跟自己一起拜山，如果不跟，以后也就分开了。

（三）拜山事务中的长老权威

房族内部有影响力的长老对房族的整个风气都会产生影响。TDEG 的女婿所在的房族在拜山祭祖方面与其他房族存在较大差异。TDEG 的女婿所在的是一个 26 户人家的房族，他们房族的先生公只有一个，而且曾经是村委会干部。因为接受学校的教育比较多，对排瑶传统的民间信仰持批判态度，对瑶经也不熟悉。其房族在拜山时做的仪式比较简单，念瑶经一般只有开头和结尾，而中间的部分都省略掉。所以他们房族拜山的时候，虽然出发得晚，但回来得却早。2019 年，其房族拜山是正月初七、初八和初九三天。这在以前是绝不可能的，因为这种做法严重违背了排瑶的传统习俗。但因为他曾经担任过村委会干部，在村里有影响力，所以房族内的人都信服他，在他的带领下其房族的拜山仪式就比较简化。

房族内长老的影响力有大有小，长老权力的维系受多种因素的影响。FQGJ 的权威不仅来自他的知识还来自他家庭的声望及他儿子的影响力。而 TDEG 女婿所在的房族，其先生公因曾经是村干部又有文化在房族内更是有权威。TDEG 则不一样，他的权威主要来自自身所拥有的宗教知识以及资历，并不像其他两位先生公那样拥有村落内的政治影响力。

在北粤村，祠堂宗族是共同参与到拜山祭祖这一活动中的诸多家庭结合成的一个父系血缘组织，共同参与拜山象征着宗族成员的团结，祠堂宗族内部成员彼此都互称"兄弟"。某一宗族成员遇有人生仪式，宗族各成员就聚集在一起共同参与到这些人生仪式中。拜山是小家庭回归到宗族组织的一种方式，小家庭通过对宗族组织内共同活动的参与来维系宗族成员间的关系。不在一起拜山象征着家庭间合作关系的破裂，这会使正常的交往互动受到影响。

二 祠堂宗族拜山祭祖中的公与私

每年春节后的拜山祭祖是北粤村一年当中持续时间最长、规模最大的宗族活动。作为一种传统的民俗活动，北粤村的拜山整体上还是延续了传统的方式、方法。笔者将以北粤村唐姓火生宗族的拜山活动为个案分析拜山祭祖这一活动背后的社会和文化逻辑。

在北粤村，每年的拜山活动首先要从上一年的新坟墓开始，在新坟墓拜完后，才开始拜旧坟墓。TFM 所在的火生宗族下一个 63 户的房族是整个北粤村人数最多的房族，笔者在田野调研期间参与了其所在房族的拜山活动。2019 年 TFM 所在的房族把第一次拜山的时间定在了正月初八，因为 TJX 的爷爷是 2018 年 8 月去世的，所以初八要首先拜他的坟墓。火生宗族都居住在唐冲村，宗族成员的墓地集中分布在距离由唐冲村通往县城的公路约 3 千米远处的山地中，这片山地也是火生宗族成员旱地的分布区。

(一) TJX 家的墓祭

拜山祭祖虽然是宗族成员共同参与的活动，但具体到每个家庭的墓地时则需要每个家庭提前做好准备。当天如果要祭拜自己家庭的祖先，需要这家提前准备好祭祀物品。如果当天不祭拜自己祖先的坟墓，只要简单准备好香、纸、酒、炮和腊肉等祭品就行。因为第一个要祭拜 TJX 的爷爷，所以 TJX 和其父亲、叔叔还有哥哥在凌晨 4 点就起床了。前一天，他们已经把祭祀需要的猪、豆腐、鞭炮等物品准备好了。TJX 起床简单洗漱后就先点燃几炷香，依次插在大厅的香案、墙角和门口以及灶台处，然后在香案处摆上倒有米酒的一个碗。在拜山前，要在家中祭拜祖先，告知祖先今天要去墓地祭拜。在这里，家庭祭祀和墓地祭祀联系了起来。简单祭拜后，TJX 的父亲、叔叔和哥哥也陆续起床了，此外还有两个来帮忙的堂哥。几个人聚在一起把一头 120 斤的猪放到猪笼里然后抬到一台三轮车上，再把两捆干柴、几瓶米酒一起放到车上。将近5点的时候两辆三轮车开出，另外三辆摩托车也跟着。因为天色还没亮，这次去的只有TJX的父母、叔叔婶婶、哥哥、堂弟、堂妹和其他两个来帮忙的族人。来到墓地后，TJX首先到爷爷的坟头点香烧纸，并在墓碑前方摆上腊肉和米酒。随后，其他人也先后来到墓地烧香，清理坟墓周围的杂草。很快，他们就把车上的东西卸了下来。由于天气寒冷，众人把拿来的干柴点燃取暖。这个时候，宗族里的先生公来了。拜山活动中先生公是核心人物，他被视为能沟通祖先的人。先生公是THSSJQ，他是TJX爷爷墓祭的主持人。THSSJQ来到后首先在坟墓前烧纸敬香，然后拿出瑶经开始念。所念的瑶经是专门拜山时念的，主要意思就是告诉祖先他的后代今天来拜祭他了，给他买了地、送来了钱财，希望祖先庇佑子孙后代。在念瑶经的过程中，先生公把事先准备好的五根写有字的小木牌放在墓碑前，此外还偶尔丢诰。这些写有字的小木牌是敬献给祖先的，丢诰是与祖先沟通的一种方式。用30分钟左右，先生公念完了瑶经。这一过程主要是催请地脉龙神归位，保家人康泰、年终进宝、月中进财、万般吉利。先生公念完经后就要杀猪，猪必须要在坟墓的墓碑前杀，猪血要用碗接着供奉在墓碑前。五根写有字的小木牌和五张写有字的纸条也要沾上猪血。这些抹有猪血的木牌和纸条也是献给祖先的，木牌被插在坟墓的后方，五个小纸条挂在芒草秆上被插在坟墓前方。杀猪是拜山墓祭中重要的一个环节，在北粤村，对于新的坟墓，要连续3年在拜山时给祖先杀猪。按照当地人的说法，杀猪是对祖先最高的献祭，杀猪就是给祖先在阴界买地，而能在拜山时给祖先杀猪被认为是一件光彩的事，且杀的猪越大越好。在坟墓前杀的猪，猪头会被供奉在墓碑前。墓祭结束后，猪头由先生公带走，作为其主持仪式的酬劳。猪被杀死后被拉回TJX家中和豆腐一起煮，煮好后再装入桶中带到墓地分给宗族成员食用。

以拜山活动中杀猪这一活动为界限，杀猪前主要是死者的子孙拜祭，杀完猪宗族成员便陆续前来拜祭。这从一个侧面体现出北粤村排瑶社会以核心家庭为主的特点。对于这一点，死者（此处是TJX的爷爷）墓碑上的亲属关系也能体现出来（见图4-3）。

这个墓碑正上方是死者所在宗族的名称，碑文内容主要记载了死者的出生日期、死亡日期和寿辰。碑文的后半部分除了记载立碑时间外，按照从上到下的顺序刻有儿子、女儿和孙子的名字。碑文中所体现出的亲属关系有两个特点，一是强调父系，二是突出核心家庭的地位。

图 4-2 准备出发拜山的村民

资料来源：由笔者 2019 年 2 月在北粤村拍摄。

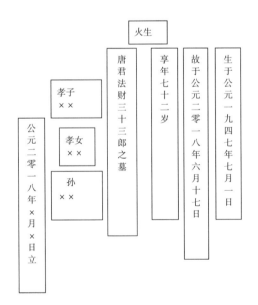

图 4-3 TJX 爷爷的墓碑示意

资料来源：由笔者根据 TJX 爷爷的墓碑制作而成。

猪在被拉回 TJX 家中煮的过程中，宗族成员陆续赶到坟墓前进行拜祭。每个人都挎着一个花腰袋，腰袋中装着香、米酒、纸、一个碟子和一块腊肉。每一个来到墓前的人首先依次在坟前、坟旁和坟后进香，然后在墓碑前摆上腊肉。之后先生公又会来到墓碑前念经。先生公念经的过程中，死者的女儿和儿媳、孙媳会在一根竹子上系满彩色的纸条。这根系满彩色纸条的竹子最终会被插在死者的坟墓上。宗族的其他成员会相互邀请族人喝自己带来的米酒并互相聊天。因为是新坟，第一年拜山时先生公要做的仪式就比较多。先生公需要将五根写有字的木牌插在坟墓前方台基的根部，中间插一根，两边各插两根，其寓意是为死者的阴宅装修。先生公完成这道仪式后，宗族成员就陆续来到坟墓前将自己带的彩色纸条挂在事先已插在坟墓上的芒草上。挂完纸，先生公做最后一道法事，他和其他三名先生公站在墓碑前念瑶经。其他三名先生公手里拿着镲。这时土炮响起，铜锣声和鼓声也响起。最后一项仪式持续了 15 分钟，结束后所有的鞭炮被点燃。最后先生公做的仪式结束，宗族成员陆续走到墓碑前收起自己摆放的碗和腊肉并在墓碑前放上一张纸，等所有人都放完后一起点燃。这些事情做完，宗族成员就开始吃饭。因为下午还要接着拜山，没有回家的时间，所以每个家庭在出发前都带着煮好的米饭。TJX 的父亲在族人的帮助下将煮好的猪肉炖豆腐分给宗族成员食用，宗族成员以家庭为单位三五成群地围坐在一起吃饭，相互敬酒。主持仪式的先生公和死者的儿子、孙子一起围坐在死者的墓碑前吃饭。在墓碑前吃饭寓意陪祖先一起吃饭。吃完饭，每个人会将筷子堆放在墓碑前。墓碑前堆放的筷子越多越好，筷子多寓意前来拜祭死者的人很多。吃完饭就可以去拜下一个坟墓了。

TJX 的爷爷在生前是宗族的先生公，主持过宗族内的打道箓仪式。按照北粤村的习俗，这样的先生公去世后会有两个坟墓，第一个埋葬其尸体，第二个埋葬其一颗牙齿。两个坟墓相距不远，在形制和外观上都一样，唯一不同的便是第一个坟墓有墓碑，而第二个坟墓没有墓碑。每年拜山扫墓时两个坟墓都会被人祭拜。所以，祭拜完第一个坟墓后，宗族成员还会来到第二个坟墓祭拜。但因为第二个坟墓埋葬的不是尸体，所以不需要先生公念经，也不用杀鸡、杀猪，只需要烧纸上香就行。TJX 的父亲作为家中的长子守在第一个坟墓前迎接亲朋好友的拜祭，他的叔叔作为次子守在第二个坟墓迎接亲朋好友的拜祭。排瑶以长为尊、长幼有序的伦理秩序在这里有着明显体现。前来拜祭的主要是 TJX 所在房族的 63 户人，因为这一年是第一次拜山，很多人还没出去打工，所以来的人很多。来拜山的以男性居多，一些妇女也背着孩子来拜山。除了

图 4-4　拜山时摆满祭品的坟墓

资料来源：由笔者 2019 年 2 月在北粤村拍摄。

TJX 所在房族的人，火生宗族其他房族的一些人以及死者的亲戚也来拜祭。中午 12 点左右的时候，前来拜祭的人数达到峰值，第一个坟墓有 76 人，第二个坟墓有 26 人。前前后后来参加拜祭的有 150 人左右。拜山活动为宗族成员乃至北粤村村民提供了一个交流的场所，人们通过这个仪式进行交流和互动。那些没有参加死者葬礼的亲戚来拜祭会带一盘鞭炮以示补偿。TJX 的父亲会给每位来拜祭的亲朋好友一条白色毛巾。

北粤村宗族内部的拜山活动围绕着死者所在的核心家庭或大家庭展开，并需要宗族成员的参与。围绕着拜山活动，宗族成员以及死者的亲属都在进行互动。拜山活动主要由当天所要拜祭坟墓中祖先的子孙负责准备祭品，宗族成员参与。以针对 TJX 爷爷的拜山活动为例，考虑到其所在的宗族有 63 户人，TJX 家杀的猪又是第一餐（因为新坟最先被祭拜），怕不够吃，他们就准备了一头大猪，此外还准备了一箱饼干（见表4-1）。

表 4-1　针对 TJX 爷爷的拜山活动中各项支出

单位：元

项目	花费金额	项目	花费金额
一头大猪（120 斤）	1200	酒	120
豆腐	100	纸	30
香	50	其他	240
炮	250	总计	2035
一箱饼干	45		

资料来源：由笔者根据 TJX 的口述整理而成。

在拜山活动的众多支出中，猪的开支所占比重最大。因为 TJX 爷爷是新坟，其所在宗族的人数又多，所以杀了一头大猪。一般情况下宗族内部的拜山不会杀这大的猪，猪的重量多在 50~60 斤。

因为 TJX 的爷爷在前一年（2018 年）刚去世，这一年是第一次拜山，所以先生公要做的仪式比较多。拜山时先生公做的仪式繁简程度差别很大，如果杀猪仪式就比较烦琐，如果不杀猪只杀鸡仪式就相对简单，如果不杀猪也不杀鸡就更简单了。在北粤村每个宗族第一天拜山都是先拜新坟，如果没有新坟就拜最近几年的新坟。从针对 TJX 爷爷的拜山活动来看，拜山活动是单个或多个家庭负责、宗族成员共同参与的一项扫墓祭祖活动。在死者坟墓前烧香、烧纸、摆放祭品，为死者坟墓挂纸这些事项前来拜祭的宗族成员都要完成。对 TJX 爷爷的整个墓祭过程，以在墓前杀猪为界限大致可分为前后两个部分。前一个部分主要是死者所在大家庭的祭祀，其参与者主要是 TJX 爷爷的两个儿子、三个孙子、一个孙女及两个儿媳。除了先生公外，在场的几个人只是来这里帮忙，在这个阶段中死者的儿子和孙子为其清理坟墓及周围的杂草。随后，在先生公做仪式的间隙，其他人围坐在篝火旁，烤火取暖聊天等待着。在北粤村整个墓祭的过程都由先生公支持和引导，根据是否献牲以及献牲的种类，还有所做法事的类别，先生公所做法事的流程也不一样。每一种流程都遵循传统，只有在前一项流程结束后，后一项才能开始。杀完猪，天也就亮了，墓祭进入后一个部分，这个时候 TJX 和其哥哥、堂弟在几个男性宗族成员的帮助下回家将猪肉分割并煮熟。而在他们煮猪肉的过程中，宗族的成员陆续来到墓地拜祭，TJX 的父亲和叔叔守在墓地迎接前来拜祭的亲朋好友。随着亲朋好友的到来，TJX 所在的大家庭由前面的以祭祀为主变为祭祀和招待亲朋好友并重的状态。TJX 的父母和叔叔婶婶不仅要参与祭祀还要招待亲朋好友，墓祭由家庭祭祀转变为整个宗族成员的共同祭祀，通过烧香、摆放祭品、烧纸和挂纸等活动宗族成员参与到死者所在大家庭的墓祭活动中。死者所在的大家庭将煮好的猪肉分享给宗族所在成员。吃到祭祀的猪肉是只有房族内部成员才能享有的权利，前来拜祭的不只是同一个房族的成员，还有火生宗族其他房族成员以及北粤村的其他村民，但他们只是来烧香，简单摆放一下祭品，待一会就回去了。围绕着拜山祭祖，整个北粤村的村民都会被串联起来。因为北粤村的很多宗族都会选择在吉日拜山，每个家庭会根据死者与自己亲属关系的远近而决定去不去拜祭。笔者在参加 TJX 爷爷第一次拜山活动的过程中碰到当地一位村民，他告诉我今天上午他要参加 15 个坟墓的拜山活动，走到每一个坟墓简单地烧香、摆放祭品、烧纸并与死者的亲属简单聊两句就走。总之，通过保持拜山活动中的仪式在场，人们间的感情得以增强，人际关系得以维系。

　　针对 TJX 爷爷的墓祭仪式有三个主要的构成要素。一是墓祭仪式的主体，即死者的后代、前来拜祭的宗族成员以及先生公；二是墓祭仪式的客体，即所祭拜的死者；三是墓祭仪式的中介，即埋葬死者的坟墓、先生公做法事所用的法器和各种祭品。作为仪式主体的祭拜者对作为仪式客体的祖先怀有一种敬重感，子孙对祖先的敬重与依赖是仪式存在的重要条件，这些仪式也是一种孝的展示。坟墓既是埋葬死者尸体的地方也是死者灵魂的"物化"载体，是沟通阴界和阳界最重要的物质纽带。阳界的人以敬献祭品、烧香、烧纸等形式通过坟墓与祖先形成单向的互动。在整个仪式中，先生公作为神职人员起着沟通阴界与阳界的作用，是整个仪式过程中的特殊中介，他通过念瑶经、丢诰等形式与祖先进行直接沟通。先生公与祖先和其子孙之间的互动均是双向的（先生公与祖先的双向沟通以坟墓为"介体"实现）。而通过参与墓祭仪式，祖先的子孙与宗族成员之间也存在双向互动（见图 4-5）。在诸多互动中，死者的子孙是整个仪式中互动交流的核心，几乎所有的互动都围绕着死者的子孙展开。子孙对祖先的祭祀、贡献祭品的整个过程被宗族成员、同村人看到，通过这种展演子孙进一步巩固其在宗族、社区中的地位。"祖先崇拜是在活人与死者的关系上建立起来的，并影响着活人之间的关系。"[①] 在作为祖先崇拜最主要表现形式之一的墓祭中，围绕着对祖先的祭祀，同一宗族内部的成员进行的互动有助于培养彼此间的亲密感情、巩固宗族成员的团结。

---

① 〔英〕A. R. 拉德克利夫-布朗：《原始社会的结构与功能》，潘蛟、王贤海、刘文远、知寒译，中央民族大学出版社，1999，第 56 页。

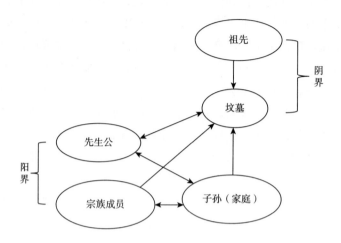

图 4-5　针对 TJX 爷爷的墓祭仪式中参与祭拜各方互动示意

说明：双向箭头表示双向互动，单向箭头表示单向互动。

资料来源：由笔者根据北粤村村民的墓祭活动制作而成。

TJX 爷爷的拜山活动结束后已将近下午 2 点，按照事先安排好的路线，宗族成员向下一个墓地转移。这一天天气晴好，温度比较高，太阳照在群山之中给人以暖洋洋的感觉，所以宗族成员来得比较多。年轻人扛着大鼓，提着铜锣；一些妇女背着幼儿或手牵着小孩走在平缓的山道上。为了拜山方便，当天的拜山路线都是提前经宗族成员商议好的，各坟墓间的距离并不远。下一个坟墓距 TJX 爷爷的坟墓差不多有 50 米的距离，这是宗族成员的一片田地，这一片有 5 个坟墓要祭拜，5 个坟墓相距并不远。这些坟都是老坟，并没有墓碑，看不出死者的名字，只是用一块大石块立于坟墓前方的正中央，大石块前用小石块铺成一块小台地便于亲人祭拜时摆放祭品。每个坟墓里祖先的后代都会提前来到各自祖先的坟墓前，除去坟墓上及坟墓周围的杂草，整修墓地。由于雨水充沛、温度较高，当地植物生长快，每年拜山清除坟墓的杂草很重要。5 个坟墓中祖先的后代都事先来到各自祖先的墓地把墓地清理干净，同时还需要在坟墓上铺一张白纸，在上面插上若干根芒草秆方便族人挂纸。很快宗族成员也都陆续赶到，依次在每个坟墓的正前方和后方插上若干支香，挂上自己带来的彩色纸条，最后在坟墓前放上自己带来的纸并把它烧掉。烧完纸也就可以去下一个坟墓，按照同样的流程祭拜就行。宗族成员挂完纸，每个坟墓上都飘满了五颜六色的纸。当地人认为，坟墓上的纸越多越好。每个坟墓埋葬祖先的后代根据自己的意愿决定当年拜山是杀鸡还是杀猪，或是什么也不杀。5 个坟墓中有 3 个杀了猪，2 个没有杀。杀猪的坟墓就要吃饭，由坟墓中埋葬的祖先的后代将猪肉分给前来拜祭的宗族成员。下午 3 点左右温度最高，暖洋洋的太阳更是激发了人们的热情。年轻人把锣鼓敲得更响亮了，鞭炮声更是此起彼伏。拜山的气氛在温暖的阳光下和此起彼伏的鞭炮声中达到了高潮。宗族的很多成员在挂完纸、烧完香后坐在地上等待先生公做完法事。一些人甚至在采摘野菜，小孩子更是在玩耍。拜山对于妇女和儿童来说更多的是玩耍和休闲，先生公做的法事与他们并没有什么关系。为了加快拜山进程，在当年的拜山活动中除了新坟是大家一起祭拜外，老坟都是分头拜。所谓分头拜就是宗族中的先生公分成若干组分别到每个坟墓去做法事，坟墓中祖先的后代则需守在坟墓旁。这一片区的 5 个坟头拜完后，宗族成员去了下一片墓地。这片墓地有 10 个坟墓，先生公被分成 3 组到各个坟墓做法事。这片墓地有 3 个坟墓杀猪，杀猪坟墓的主人都邀请族人来吃菜，菜多是猪肉炖豆腐。晚上 7 点时天已经黑了，这个时候才把今天规划好的 16 个坟墓拜完。宗族成员有的骑着摩托车、三轮车，有的开着车，各自回到自己家中。回到家中，每家每户都要在家中的大厅上给祖先敬香、敬茶，告知祖先今天的拜山事宜，祈求祖先庇佑。

　　第一天祭拜的都是近世祖的坟墓，这些坟墓通常是自己的父亲或爷爷的。女性祖先一般不在第一天拜。为了照顾那些外出打工的宗族成员，他们祖先的坟墓通常也会被安排在前面进行祭拜。村民在拜山的过程中是有策略的，对于不同的坟墓他们会依据死者与自己血缘关系的亲疏远近采取不同的祭拜方式。如果祭拜对象是自己的爷爷奶奶或父母，通常会杀猪或者杀鸡；如果祭拜对象是自己的堂叔、伯父，自己可能会带上一盘鞭炮；而对于宗族其他和自己血缘关系较远的祖先，则只是烧香、烧纸和挂纸。祭祀过程中祭祀行为也体现出明显的差异性，这种差异性建立在血缘关系的亲疏远近上。宗族内部成员在同一天的祭祀行为的这种差异性，使他们在拜山时的消费也存在差异。这一系列差异性是一种亲属实践的表现。总体上说，一天中拜山的消费在数额上大致可分为三个层次。500 元以上属较高的消费额，这一层次的消费中杀猪占了相当大的比重，所杀的猪的重量可能相差很大，从 30 斤到 100 多斤不等；在拜山时，一个宗族一天杀 10 只左右的猪仔是很正常的事情。中等层次的消费额在 50～500 元，在这一层次的消费中没有杀猪，只是杀了鸡或买了比较多的鞭炮。低层次的消费额一般在 50 元以下 20 元以上，这一层次的消费是当天拜山中所占比重最大的，其消费多是香、纸、酒和少量的鞭炮。

（二）拜山中的共同祭祀

每年拜山，每一户祖先的墓地都要照顾到。从正月初八开始 TJX 所在的房族共拜了 5 次山，这 5 次拜山的日期分别是农历正月初八、正月初十、正月十三、正月二十和正月二十五。前 4 次拜山分别祭祀的是房族成员每家每户的近世祖先坟墓。平均下来一天要拜 20 个左右的坟墓，每天要杀 10 头左右的小猪仔。

现在一天的拜山中就要杀这么多头猪在物质匮乏的以前是不可想象的。在以前，拜山时带上一些用自己种的豆子做成的豆腐就已经是很好的祭品了。自己孵出的小鸡，几两大小时就带出去杀掉，杀猪现象更是很少，所杀的猪仅是很小的猪仔。后来村里外出打工的人挣了一些钱回来，就给房族成员发糖，拜山时也给自己祖先杀猪。这样就慢慢带动起来拜山杀猪的风气。先生公也说拜山给父母杀猪是为了给祖先买地，其这样说也有获取利益的嫌疑。拜山杀猪体现出村民互相攀比的心态，但也体现出人情的互惠。一方面，看到房族中的其他人给自己祖先杀猪表示孝心，自己不杀面子上不好看；另一方面，吃别人的猪肉，自己不杀猪给宗族成员吃也不好。可见，拜山中杀猪这一行为背后不仅有信仰的因素，还掺杂着人情的互动。

TJX 所在房族所属的唐冲村是北粤村下面的一个自然村，村中的年轻人很多都外出打工。这对拜山活动有一定影响，第一天的拜山活动房族成员参加的人数最多，其中有不少年轻人。但之后的拜山活动中，随着年轻人陆续外出打工，拜山的人数就有所减少（见表 4-2），年轻人也越来越少地参与到拜山活动中。

表 4-2　TJX 所在房族 2019 年拜山参加人数情况

单位：人

日期	房族内参加拜山的人数	日期	房族内参加拜山的人数
正月初八	105	正月二十	46
正月初十	73	正月二十五	69
正月十三	56		

资料来源：根据笔者参与 TJX 所在房族拜山时的统计数据并结合 TJX 的口述整理而成。

参与或不参与拜山活动，体现着个人和其所在的家庭对拜山当天所要举行祭祀仪式家庭的态度。彼此参与到对方的事务中是维系双方关系稳定的一种有效方法，拜山活动中宗族成员需要彼此参与到对方的祭祀活动中。当地人也会在意在家的宗族成员是否参加了自己家庭的墓祭，除非有特殊原因，成年男性参与宗族内成员的拜山活动被认为是应尽的义务，不参加在人情上是说不过去的。正月十三这一天，TFM 因为工作的原因并没有参加宗族成员的拜山活动，而是去了瑶寨景区上班。他父亲 THSSJQ 知道这件事情后就打电话批评他，让他回来拜山。在 THSSJQ 看来，宗族内的男性成员都来拜山，而他在家却不去是不对的。但在 TFM 看来，拜山是一件极其浪费时间的事情，在上班时间来拜山更是不应该，况且他今天在工作上需要接待外地的到访者。同时，因为当天天气阴冷，他更不愿意去拜山而愿意去上班。但在其父亲的指责下，他忙完工作下午还是参加了拜山活动。这反映出当下北粤村不同代村民之间对传统文化、习俗的态度存在明显差异，年长的一辈由于自小生活在传统文化氛围浓厚的时代，受传统文化的影响比较深，是传统文化的坚守者；而现在的年轻一代，尤其是受过良好教育、外出打工的年轻人更多地接受外来的现代文化，再加上对传统文化习俗接触有限，他们对传统文化持改良的态度，认为传统文化中不适应社会现实的一些因素应该改变。这一事件也体现出宗族中的公共活动对宗族成员行为的限制是道德性的而不是强制性的。宗族对个体的约束力逐渐在减弱，个体有了更大的自由。其实，为了应对宗族内越来越多的年轻人外出打工的情况，北粤村的很多宗族都制定出了一些针对性的规则。比如，不少宗族都规定没有参加宗族拜山的家庭一天要罚款 30 元或 50 元，这些钱由宗族派人专门管理，用于宗族的公共开支。

拜山活动增加了宗族成员彼此之间的交流和互动。北粤村的拜山活动通常在春节过后，现在因为年轻人常年外出打工，很多年轻人只有春节才回家。通过拜山活动，宗族成员得以聚在一起。2019 年 2 月 14 日是农历正月初十，这一天 TJX 所在的宗族拜山结束比较早，当天下午 4 点就结束了。在宗族中几个年轻人的提议下，宗族成员举行了聚餐。外出打工的年轻人每人出 100 元，50 岁以上的老人和未成年的小孩不用出钱。最后，来聚餐的有 51 人，其中大部分是年轻的男性，也有 13 名妇女。他们在县城找了一家饭店，12 人一桌，坐了 5 桌。往年并没有这种宗族内部的聚餐活动，这一年的聚餐是年轻人临时提出的。

农历正月二十五这天的拜山活动祭拜的不是近世祖，而是 TJX 所在宗族的远世祖。这一天的拜山活动是整个宗族的公共活动，并不是祭拜宗族内某一户或某几户人家的祖先。这就和前面几次拜山不同，祭拜宗族成员共同的祖先需要宗族成员以家庭为单位共同承担其拜山所需的猪、鸡、酒和鞭炮等物品。为了顺利完成宗族内的联合拜山，购买拜山用的这些公共物品，每个宗族都会形成一套约定俗成被宗族成员所接受的方法。每年在选择拜山日子的时候，宗族内会推举 1~2 人负责当年宗族内的公共事务，这些公共事务主要就是拜山和婚丧嫁娶等事务。TJX 所在的宗族这一年选了 THSYZR 和另一位中年男性负责宗族内的公共事务。农历正月二十五这天所要拜祭的坟墓在北粤村老村附近的山上，路途比较远，宗族成员需坐车先到老村，然后分两队分别拜祭，年轻人组成一队去北粤村老村的后山上拜祭，其他一队去距老村不远处的山坡上拜祭。THSYZR 事先向每家每户收齐了钱，并用这些钱买好祭祀用品，把它们煮成饭，放到塑料桶中，用车拉到老村，再走山路用肩挑到后山位于野生树林中的老坟。在后山的老坟这边并没有杀猪，只是杀了鸡。

逝去的祖先虽然已不在人世，但祖先通过各种形式的祭祀活动对现实世界人们的生活发挥着持续而强烈的影响力。祖先的灵魂通过坟墓、法名等被"物化"为可见的物质载体。祖先对子孙的影响力通过坟墓、法名得以更好地发挥。因为当天拜祭的是宗族共同的祖先，所以联合拜山活动的公共支出由整个宗族的 63 户平摊（具体支出情况见表 4-3）。每一个家庭在祭拜宗族的共同祖先时都需要自带香、纸和腊肉作为祭品。在宗族共同的拜山活动中，公与私在这里分得很清楚。远世祖是宗族成员的共有祖先，具有公共性，因此，祭拜宗族内的远世祖也就成为宗族内的公共事务；祭拜自己的近世祖成为核心家庭或扩大家庭的私事。北粤村村民对近世祖的祭祀，不仅仅是一种对亲人的怀念，还是一种亲属实践。对祖先的祭祀活动，又强化了现实世界中人们的亲属关系。

表 4-3　2019 年农历正月二十五 TJX 所在宗族联合拜山活动公共支出情况

支出项目	数量	费用（元）
猪	72.1 斤	721
鸡	2 只	76
米	5 斤	5
鞭炮	2 盘	34
盐和纸	若干	5
米酒	20 斤	80
先生公	2 份	24
合计		945

资料来源：由笔者根据负责此次联合拜山活动的 THSYZR 提供的资料整理而成。

北粤村的宗族组织是一个父系血缘组织，依据父系血缘原则分化、扩展。每一个宗族通过追溯父系血缘都可以找到共同的祖先，这种共同祖先的概念通过世代间口头的传诵流传下来，并通过每年固定的祭祀活动在人们的头脑中被强化。近世祖往往与现实生活中的人存在着血缘关系，而远世祖和现实生活中人们的血缘关系比较远。远世祖在北粤村村民的观念中更多地被视为神明。在北粤村村民的观念中，远世祖是神明一般的存在，也被物化为家中厅堂里的法名和家庭之外的墓地。近世祖虽然也是神明，但因为与自己有过共同的生活经历，更多地存在于人们的记忆中；而相比之下，远世祖更多的是一种符号化的存在，并不被现实世界中的人们所感知。北粤村村民对远世祖的记忆有明显的选择性，只有那些重要的祖先才会一代代地被人们铭记。这些重要的祖先通常是宗族的开山祖。

三　联合祭祖活动中的规则和秩序

唐冲村有火生、大食、京口和兀四个较大的宗族，每一个宗族都由自己共同的祖先繁衍出来，其中火生、大食和兀三个宗族有共同的祖先。大唐下的火生、大食、兀、管主、瑶央五个宗族又有共同的祖先。每年各个宗族在结束内部的拜山活动后，要联合拜祭共同的祖先。首先是火生宗族内部各房族间的联合拜山，后面是火生、大食、兀、管主、瑶央五个宗族的联合拜山以及火生、大食和兀三个宗族的联合拜山。为了完成每年宗族间联合拜山的活动，在其内部形成了一套约定俗成的规则和秩序。

（一）联合拜山活动中不同群体的行为

火生宗族下面有 3 个房族，3 个房族的户数分别是 63 户、27 户和 53 户。TZM 是 27 户房族的先生公。2019 年的农历二月十三是火生宗族联合拜山的日子，在 3 天前火生宗族另外两个房族的 5 名先生公来到 TZM 家中，共同商议联合拜山的事情。商议的内容主要是定好拜山的日子、具体的分工安排、如何收取公共费用等事项。各房族的先生公在达成一致意见后，各自通知自己的房族成员做好准备。这年火生宗族联合拜山的活动轮到 TZM 所在的房族主持，所以他负责协调安排这年宗族内部的拜山事宜，并主持拜祭仪式。农历二月十三这天早上，TZM 送完儿子上学就回家准备拜山的事情了，他开上自己的三轮摩托车来到和自己一个房族的先生公家中请他做好准备。随后，他开着三轮车穿行在村子中敲起铜锣提醒唐冲村火生宗族的人准备参加拜山。车子穿过村子后，TZM 径直来到村里旁边的墓地。墓地位于一座小山的半山腰处，这片墓地有两座坟墓埋葬着唐君法清三郎和唐君法高六郎两位火生宗族的祖先，唐君法高六郎是唐君法清三郎的父亲。今天要先拜完这两个祖先的坟墓，再去更远的地方拜唐君法何二郎的坟墓。唐君法何二郎是唐君法高六郎的父亲。上午 9 点的时候 TZM 来到了位于半山腰的墓地，很快其他人也陆续赶来，最后有 26 个人来到墓地，其中 5 人是女性。因为当时年轻人都已外出打工，26 人中并没有年轻人，大多是老人。此处的拜祭并没有杀猪，只是杀了两只鸡。大家在坟墓前烧香、烧纸、放鞭炮，挂完纸后就赶往较远处的唐君法何二郎的墓地了。TZM 作为这年火生宗族联合拜山的主持者首先来到唐君法何二郎的墓地。很快，整个火生宗族的其他成员也抬着一头大猪、锅、桶以及其他祭祀物品陆续赶到墓地。首先来到墓地的是搬运东西的中老年男性，中老年妇女和孩子是最后才到的。由于事先已安排好分工，宗族成员分工协作，整个祭祀工作分工明确、有条不紊地进行。火生宗族下面的三个房族每年都会选出 1~2 名所谓的"管事头"来负责当年整个宗族内部的公共事务，这些公共事务一般是婚丧嫁娶和共同的祭祀活动。在这次火生宗族三个房族共同拜山的活动中，收钱、购买祭祀用的公共物品、杀猪、煮饭等事务都归三个房族当年的管事头负责。祭祀的法事则由 TZM 主持，其他两个房族的先生公协助完成仪式。

火生宗族三个房族的联合祭祀是一个比较重要的祭祀活动，要做的仪式也比较复杂，需要的时间比较长。参加拜山的村民为了打发时间，各自做着各自的事情。他们三五成群围坐在一起。中年男性围坐在一起打牌，老年男性三三两两围坐在一起抽烟聊天，中年妇女的活动多是采摘野菜、砍柴，老年妇女围坐在一起聊天拉家常，几个年轻人则在玩手机。不同年龄层、不同性别的村民在拜山的间隙做着他们日常生活中最常做的事情。在祭祖这样一个仪式性活动中，村民的日常生活在这里被展演。日常生活与仪式并不是割裂的，而是彼此镶嵌的。拜山对于他们来说更多的是先生公和管事头的事情，与他们的关系并不大。

先生公做的诸多法事中有一项很重要的事情就是为祖先"买地"。先生公事先要把地契书在一张黄纸上抄写好，在坟墓前祭拜时要将地契书拿出来放在坟墓上。TZM 的地契书内容如下：

> 大明国广东道广州府连州管是，四季瑶山向是行祥村南岗凹得见大村头是，东北向是，管下利高冲新寨立坛立宅，己主奉法，起见架祖推龙有夫弟子有册弟子唐氏是，邓氏是房氏是盘氏是，孝男弟子唐一哥唐二哥唐

三哥，孝女弟子唐一姑唐二姑唐三姑是，并同亡故公唐君法何二郎一位正魂存日年命，吉年吉月吉日吉时此生受得古地一道，今日孝男定出金银玖萬玖仟玖百玖拾元买大地一道主如，开天立地盘古大王，册婆王帝，买地契古地一道，升主天堂，下至地府地契明白，东至黄龙甲乙，南至赤龙丙丁，西至白龙庚辛，北至黑龙壬癸，中至黄龙土甲、安龙先生、龙府先生，大麦山对，起尾山街合龙来到，龙头、龙尾千山来向，万水来朝，龙龙来胚，买龙买到有银有香有酒有肉家门得清吉合，年年四季得平安，好册堂之上，亡故公唐君法何二郎，一位正魂阴司收用，京地契文疏，玉皇大帝星、紫微大帝星、三台大帝星，专星贵人、曲星贵人、天乙贵人、五方贵人先生、东方金龟贵人先生、南方天乙贵人先生、西方册堂贵人先生、北方明堂贵人先生、中央天保贵人先生，见证人唐阳人女主先生，见买人物九皮先生，买地人张星南先生，点地人李定度先生，过交人东主皇公，作中人西王册先生，代笔人一代一先生。大水年己亥年交有春季如来二月中门十三日是黄道福生续世吉日，吉良立地契一道，大上正一之天门坛收阴阳二交香火，福禄受请功行仙师唐法福立地契文疏——完。①

己亥年二月十三日宣

这份地契书是献给祖先唐君法何二郎的，由 TZM 执行这一仪式。地契书中包含有大量道教的元素，如里面提到的"玉皇大帝星"和"紫微大帝星"。地契书的主要内容就是火生的子孙后代向祖先献牲、为祖先置办地产。

火生宗族共同的祖先有很多，对于他们为什么只选择唐君法何二郎、唐君法高六郎和唐君法清三郎这三个共同的祖先拜祭，当地人的说法是因为这三位祖先比较有名气，影响力比较大。那些在历史上有名气、有影响力的祖先会被后代子孙铭记。唐君法何二郎的坟墓与北粤村大多数坟墓有所不同，坟墓的中央立着一大块平滑的石头，上面用红色的染料写着"唐君法何二郎"六个字，用以做特殊的区别。

到了下午 3 点的时候，猪肉煮好了，先生公的法事也做完大部分，大家敲完锣、放完炮就收起摆放在坟墓前的祭品，各房族的人围坐在一起准备吃饭。火生宗族三个房族的管事头围坐在煮猪肉的火炉旁，商量计算着怎么分猪肉，他们要根据每个房族的人数做到公平分配。他们把猪肉分别装在三个塑料桶

---

① 由笔者根据拜山祭祖时的资料整理而成。

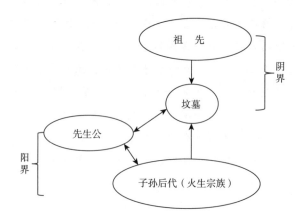

图 4-6　火生宗族祭拜唐君法何二郎参与祭拜各方互动示意

说明：双向箭头表示双向互动，单向箭头表示单向互动。

资料来源：由笔者根据北粤村村民宗族集体祭祀活动制作而成。

中，计算好后，就提着桶来到大家中间分发给大家。提前由管事头煮好的油豆腐炖白菜也被端过来分给大家吃。先生公们围坐在坟头吃饭。几个管事头忙完后，也围坐在火炉旁吃饭。其间大家并无走动，各个房族的人各自围坐在一起，不同房族间少有交流。吃饭的时候，TZM 走到明年主持火生宗族共同拜山的房族的先生公那里请他们喝酒，示意把明年共同祭拜唐君法何二郎的事务交给了他们。吃完饭，不少人已经离开，但吃完饭的先生公还要再做一会儿法事，吃完饭的管事头也没有立即走开，而是在收拾东西，收拾完东西后才离开。在几下铜锣声响后，TZM 作为最后一个人也离开了。随着铜锣声的响起，这年火生宗族共同的拜山仪式也就结束了。火生宗族联合拜山中各房族成员的交流并不多，大家只是为完成共同的事情而结合在一起。后来一些村民私下告诉笔者，因为祭拜唐君法何二郎的费用是由火生宗族的每个家庭平均分摊的，大家是为了吃上一口肉而来的。祭拜唐君法高六郎和唐君法清三郎时，虽然两者的墓地距村民住processing很近，村民来得却很少，但祭拜距离较远的唐君法何二郎时宗族成员就来了，是因为要在这里杀猪。TZM 告诉笔者，以前为了方便运送祭品，是在唐君法高六郎和唐君法清三郎的墓地杀猪的，但宗族成员吃完猪肉就很少去较远的唐君法何二郎的墓地祭拜了，这样就不好看，因此火生宗族的先生公经过商量就决定将杀猪的地点改在唐君法何二郎的墓地，以让更多的宗族成员来参加。这确实起到了很好的效果，对于联合拜山的大多数人来说，他们来拜山就是为了吃猪肉。远世祖对前来拜祭的人来说具有"公共"的性质，是大家共有的祖先。这与同一个祠堂宗族内各家庭的拜山存在很大差异，同一个祠堂宗族内各家庭的拜山过程中，每一天拜山的坟墓都不是宗族共同祖先的坟墓，而是宗族成员个人祖先的坟墓。宗族内的成员通过彼此参拜对方祖先的坟墓尽到一种对彼此的道德性责任和义务。这种道德性的责任和义务在宗族联合拜山的成员中并不存在。宗族间的联合拜山活动对成员的约束力比较弱。

（二）联合拜山活动中的公共物品

火生宗族内部联合拜完山后，按照传统还需和唐冲村的大食和兀两个宗族联合祭拜共同的祖先；此后，这三个宗族还需联合大唐下的瑶央、管主两个宗族联合祭拜共同的祖先。火生宗族和其他宗族的先生公通过协商，将拜山的时间定在了2019年农历二月二十五。唐君法高九郎是火生、大食、兀、管主、瑶央五个宗族共同的祖先，唐君法会一郎是火生、大食、兀三个宗族共同的祖先，唐君法高九郎是唐君法会一郎的父亲。但两位祖先距今有多少代当地人并不清楚，当地人对其的了解也只是停留在口耳相传的事迹层面，也没有具体的族谱来确定他们的系谱关系。这天上午，五个宗族首先拜祭唐君法高九郎，之后火生、兀和大食三个宗族再联合祭拜共同的祖先唐君法会一郎。

农历二月二十五的上午9点左右，唐冲村已经可以听到锣声。锣声响起是提醒村民们要拜山了。这年联合拜山的主持者是火生宗族，而火生宗族将这年主持拜山的事务交由TZM所在的27户房族负责，TZM要代表整个火生宗族在唐君法高九郎的坟墓前做法事。火生宗族这年的"当家"（管事头）一早就要煮好本宗族所需的豆腐，然后准备好活猪，带上铜锣、镰刀、锅，开着摩托车到北粤村老村附近今天要祭拜的墓地，然后众人再拿着拜山所需的物品来到墓地。要食用的豆腐由各宗族自行准备，而香、纸和腊肉由个人准备，活猪、鞭炮、土炮的火药则是公用的。负责这年祭拜的宗族要负责准备这些公共用品，还要将这些公共物品运到墓地。而这些事情主要由宗族这年的"当家"负责，"当家"一个人忙不过来就由帮手或宗族成员来帮忙。上午10点，火生宗族这年的"当家"在帮手和族人的帮助下，将拜山用的东西都运到了墓地。

此时，已经有8个人到了，先到的人在清理坟墓及其周围的杂草。猪被几个"当家"抬到坟前后杀掉，然后先生公念经。在几个人架锅、生火、煮热水的同时，几个男性成员和"当家"一起给猪褪毛、分割猪肉、清洗肠子。煮猪肉和先生公做法事两件事情同时进行，由于人多，虽然有两个锅，但要煮一头240斤的大猪还是需要两次才能煮完。煮猪肉花了两个多小时，时间比较长。先生公做完法事念完经后，猪肉还没煮熟。这些事务几乎都是由男性完成的。早一些到来的村民围坐在一起打牌、聊天或是玩手机。其中，尤以打牌的最多，男性成员打牌会玩一些钱，妇女则只是打牌，不玩钱。来的有一些是小孩子，年轻人来参加拜山的则不多。中午 12 点 40 分的时候，拜山现场有 86 个人，其中有 8 个小孩和 19 个妇女。每年的这个时间来拜山的人，基本上都是留守在农村的人，男的留在农村做一些工作，妇女则照顾孩子、耕田。后来，其他几个宗族的人陆续到来，下午 2 点的时候因为要吃饭、分猪肉，来的人也最多，有 100 多人。其中火生宗族的人因为这年负责整个活动，所以来的人也最多，大概有 50 多人。管主宗族的来了十几个人，其他宗族的人来了几个代表。因为很多人都外出打工，来的人并不是很多。五个宗族加起来总共有 200 多户，来的只有 100 多人。下午 3 点拜完唐君法高九郎的墓地后，管主和瑶央等几个宗族的人都散去了。火生、大食、兀三个宗族的人继续拜唐君法会一郎的坟墓。但因为下大雨，三个宗族的人大多也都回家了，只留下少数几个人完成祭祀仪式。因为雨下得很大，没办法生火煮猪肉，所以三个宗族的人就把猪肉切成一块块的分给大家。猪总重 210 斤，火生、大食和兀三个宗族一共189 户。只有前来拜山的人分得猪肉，没来拜山的人则没有。

2019 年 3 月 31 日的大唐五个宗族联合拜山一共有 235 户参与（见表4-4）。火生宗族负责购买祭祀物品的管事头 THSYZR 煮好猪肉，分猪肉的时候，把各项支出情况公布给大家（见表 4-5）。这天各宗族联合拜山活动结束后，这年的大部分宗族公共事务都已结束，剩下的事情中就只有自己宗族的丧事以及村子里的丧事还需要管事头负责了。管主宗族没有把钱收齐，他们一些人去广州打工了，THSYZR 就给他们打电话，表示如果他们愿意自己可以先把钱给垫上。

表 4-4　2019 年大唐五个宗族联合拜唐君法高九郎各宗族平摊金额

单位：户，元

宗族名称	户数	平摊金额	总金额
管主	31	310	
大食	20	200	
火生			
火生（一）	53	530	
火生（二）	27	270	2350
火生（三）	63	630	

续表

宗族名称	户数	平摊金额	总金额
瑶央	15	150	
兀	26	260	

资料来源：由笔者根据负责此次拜山活动的 THSYZR 提供的资料整理而成。

表 4-5　2019 年大唐五个宗族联合拜唐君法高九郎各项支出情况

单位：元

支出项目	支出金额	支出项目	支出金额
猪	1830	鞭炮	41
米酒	300	土炮	40
米	4	支付给先生公的酬劳	24
鸡	76	合计	2350
盐和纸	35		

资料来源：由笔者根据负责此次拜山活动的 THSYZR 提供的资料整理而成。

火生宗族内 TFM 所在房族的这 63 户在参与联合拜山时，每户出 15 元钱用于购买祭祀用的猪、鞭炮、鸡、米酒以及支付先生公的酬劳。2019 年农历正月二十五拜 63 户这一房族共同的祖先，农历二月十三拜火生宗族共同的祖先，农历二月二十五分别联合兀、大食以及兀、大食、管主、瑶央拜各宗族共同的祖先（见表 4-6）。总共拜三次，三次每户共计平摊 45 元钱（见表 4-7）。

表 4-6　2019 年 TFM 所在房族参与的联合拜山活动

	农历正月二十五	农历二月十三	农历二月二十五	农历二月二十五
祭拜对象	火生宗族 TFM 所在房族的远世祖	唐君法何二郎 唐君法清三郎 唐君法高六郎	唐君法会一郎	唐君法高九郎
祭拜人员	火生宗族 TFM 所在房族	火生宗族	火生、兀、大食三个宗族（同村）	火生、兀、大食、管主、瑶央五个宗族

资料来源：由笔者根据所参与唐冲村 TFM 所在房族的拜山活动经历整理而成。

表 4-7　2019 年 TFM 所在的房族在联合拜山中各户平摊金额

单位：元

序号	该户代表人姓名	金额	序号	该户代表人姓名	金额
1	卖得三	45	41	一贵一	45
2	亚八	45	42	沙坚一	45
3	邓四	45	43	龙贵	45
4	十贵一	45	44	龙贵三	45
5	十贵二	45	45	卖二	45
6	卖耘	45	46	亚二贵	45
7	卖米合一	45	47	亚二三叔	45
8	生一二	45	48	唐一贵	45
9	二贵一	45	49	坚二一仔	45
10	卖得四	45	50	坚二一沙	45
11	帮斗二	45	51	坚二三	45
12	风光	45	52	坚二	45
13	邓京疑	45	53	坚二仔	45
14	邓罗三	45	54	卖得一沙	45
15	唐三贵	45	55	沙里贵	45
16	生一贵	45	56	何养	45
17	生一三	45	57	何养一沙	45
18	邓一叔	45	58	沙金光	45
19	邓一贵	45	59	到四	45
20	亚六公一贵	45	60	到一	45
21	大口哥	45	61	到八	45
22	坚一	45	62	唐二贵	45
23	亚天	45	63	沙金四三贵	45
24	沙金坚贵	45			
25	沙金四叔	45			
26	何养三	45			
27	何养三仔	45			
28	大食	45			
29	大食贵	45			
30	一贵	45			
31	邓二贵	45			
32	医生贵	45			
33	邓二叔	45			
34	冲了一贵	45			
35	冲了坚贵	45			
36	书宝	45			
37	卖得二哥	45			
38	卖得二贵	45			
39	卖得坚贵	45			
40	沙坚二	45			

资料来源：由笔者根据负责 2019 年拜山活动收费工作的 THSYZR 提供的资料整理而成。

宗族联合拜山活动是每年宗族最主要的公共活动，共同的祖先需要大家共同祭拜，所需的费用由每个家庭平摊。作为一种传统习俗，联合拜山仍然在延续着。拉德克利夫-布朗认为："由于亲属间的相互权利与义务和他们的社会交际中所遵循的社会习惯是描述亲属关系的根据，因而它们又是这一制度的组成部分。现存的祖先崇拜实际上是亲属制度的组成部分。"[①] 参加共同祖先的祭祀活动是宗族成员的权利和义务，宗族成员需要平摊祭祖的公共费用。

（三）联合拜山活动中的强宗族与弱宗族

基于共同祖先的观念，每年拥有共同祖先的宗族都会联合起来拜山祭祖。北粤村的瑶山、大口、中工、界九四个宗族拥有共同的祖先，这四个宗族也会联合拜山。后来因为大口宗族人多，其他三个宗族的人数加起来也没有大口一个宗族多，各宗族的先生公之间因争夺拜山时的猪头而发生矛盾，矛盾爆发后就不一起拜山了。具体来说，大口宗族有四个房族，其先生公轮流来拜山，还是大口得到的猪头多；此外，在拜祭共同祖先的次数上，大口的人认为应该拜七遍，大口人多，分开拜山每户平摊的费用就少一些，但瑶山、中工和界九三个人口较少的宗族不同意。在共同祭拜同一个祖先的过程中各宗族之间利益分配不均导致大口之外其他三个宗族的不满。拜山分开了十几年，这段时间TDBG（大口宗族的先生公，在整个北粤村都很有威望）因在县城上班不在北粤村也就没有管。2017 年，TDBG 回到北粤村后决定将大家团结起来，于是他请四个宗族的先生公到他家吃饭喝酒、开会，号召大家一起拜山，这样显得团结。在分猪头的事情上，他建议大口每年只要 2 只。这样大家都同意了，每年拜最后一个祖公时，大家又一起了。在宗族联合拜山的活动中，每年各宗族要轮流主持拜山活动，这样做是为了使每个宗族的先生公有平等的机会获得猪头，以免猪头或猪肉在各宗族间分配不均。公平是在宗族间展开合作的最主要原则，拜祭共同的祖先，需要由同一祖先的后代子孙共同出力提供祭品，祭品的划分也应该坚持公平原则。同出一源的各宗族对共同祖先的责任和权利都是一样的。

（四）不同宗族中的拜山策略

北粤村祠堂宗族成员间的血缘关系通常比较近，祠堂宗族这一层次的宗族

---

① 〔英〕A.R. 拉德克利夫-布朗：《原始社会的结构与功能》，潘蛟、王贤海、刘文远、知寒译，中央民族大学出版社，1999，第 56 页。

组织规模从十几户到五六十户不等。每一个宗族对其内部事务都有相当的自主权，其宗族成员彼此协商处理内部的事务。对于拜山这一宗族内部重要的事务，不同宗族组织在具体的处理和执行等方面，在体现出共性的同时又表现出一定的差异性。

1. FQGJ 所在帮计房族

下面，笔者以 FQGJ 所在的帮计宗族下一个房族的拜山活动为例来展现不同宗族在处理内部公共事务活动中的策略。2019 年 2 月 14 日是农历正月初十，这一天在当地人眼中是个大吉大利的好日子。正因为如此，北粤村的很多宗族都选择在这一天拜山。FQGJ 所在房族选择把这一天作为房族这年拜山的第一天。每年的拜山要把房族成员的墓地都祭拜一遍。这天的拜山任务重，要拜的坟墓很多。第一个要拜的是新坟，坟墓里埋葬的是 2018 年因车祸不幸去世的一位 38 岁的房族成员。这天凌晨，房族成员还为其举行了入葬仪式。新坟因为要做很多仪式所以比较耗费时间，中午 11 点时新坟拜祭完后，房族成员按照事先协商好的结果分成三组按照规划好的路线分组拜祭。每组所拜的祖先不一定是自己的直系祖先，每个大家庭派出一名代表插到三组中，三组拜山同时进行。以笔者跟随的 THR 为例，在祭拜完第一个新坟后他与其堂弟就分开，他堂弟代表他拜祭另一组坟墓，他也代表堂弟拜祭别的坟墓，到中午拜祭自己的爷爷时他们再会合，之后再一起拜祭。这样，就可以在短时间内拜祭更多的坟墓。

这样分组拜山已经有十年时间了。因为每年都有新坟增加，所以每年拜山的路线也都不同，拜山的路线和流程都由宗族的先生公与族人商量决定。今天整个房族成员拜祭的有 50 ~ 60 个坟墓。在拜山的过程中虽然整个房族成员一起行动，但每个家庭都有较为自由的选择，他们更重视拜祭自己的直系祖先，尤其是父母亲和爷爷奶奶的坟墓，而对其他坟墓则只是烧香、烧纸、挂纸、燃放小型鞭炮就行。拜山的过程中并不是所有的坟墓都需要先生公来做法事，重要的坟墓他们会请先生公来做法事，而其他一些老坟就不用做法事了，只是清理墓地、烧香、摆放祭品、挂纸、燃放鞭炮。FQGJ 2018 年重修了父亲的墓地，这年拜山他没有拜祭其他家族成员的墓地，只是在自己父母亲的墓地拜祭。他尤为重视自己拜祭自己父亲的墓地，亲自教先生公给自己的父亲念经，并做了其他先生公不会的法事。他亲自带来了血块、两只鸡和猪头肉。而在拜祭自己的母亲时，并没有先生公做法事，只是杀了一只鸡。但他告诉笔者，自己打算在这年为其母亲修墓地、立墓碑。

　　FQGJ 所在的祠堂宗族（房族），这年正月初十、十三和十六拜了三天。此外，与北粤村的唐姓拜山不同，房姓帮计宗族联合拜山每年只有一次。在每年农历四月初八之前，帮计宗族的人谁去世，大家就联合拜他（从去世日期距离农历四月初八这一天最近的去世者拜起）。此外，联合拜山也会在打道箓时进行。这个规矩是 FQGJ 的父亲和帮计宗族的其他老人一起于 1989 年制定出来的，目的是团结整个房姓族人，拜山的策略是每家每户去一个人。上一年就有一个老太太在农历四月去世。收钱是宗族内的先生公收，通常一户收 5 元或 10 元。

2. FWD 所在的帮计房族

　　FWD 同样属于帮计宗族，但他和 FQGJ 并不是同一个房族的。FWD 所在的房族有 25 户，FWD 是一名党员干部，其两个儿子都是大学毕业，工作也好，其父亲又是房族内的先生公，所以他在房族内很有威望，整个房族成员在公共事务的处理上都会听取他的意见。每年的拜山活动中，FWD 都会在房族成员间进行组织与协调。由于有文化，会电脑也会玩手机和各种社交软件，2018~2019 年的拜山活动中，他都是通过房族的微信群组织协调拜山活动。2019 年 2 月 22 日是农历正月十八，笔者一早跟 FWD 所在的房族去拜山，他们分了两组进行拜山。每组都是凌晨 4 点多起床来到墓地杀猪、请先生公做法事。到下午时，房族成员再会聚在一起共同祭拜一个坟墓。FWD 的小儿子告诉笔者，他们房族规定，不来拜山的要每人每天罚款 100 元。这些罚款交给房族的管事头管理，用于房族的公共开支，如集体拜山时买猪肉和鞭炮等公共物品。FWD 的大儿子因为常年在外地工作，每年都没时间回来参加房族内的拜山活动，房族成员的坟地他也都不知道在哪，因此，每年他都会被罚钱。FWD 的小儿子因为在县城上班，他也只能参加宗族正月初八、初十的拜山活动。今天的拜山活动他只是在中午下班时来参加了，快要上班时，他就回县城上班去了。父亲没有阻止他，对他的行为也是很理解。FWD 的小儿子常年住在县城，但房族内的公共活动以及房族成员重要的人生仪式他会尽可能地参加、保持在场，并通过这种仪式性的在场来保持与房族成员的互动和联系，继而维持彼此之间关系的存在；但 FWD 的大儿子因为远在外地工作，很难请假，春节期间他也只能回家住上 4~5 天，平时房族成员的人生仪式很少参加，只能让自己的父母代表自己参与房族成员的仪式性活动。不过常年在外的大儿子也凭借自己的社会资源通过帮助在外打工的房族成员而获得房族成员的认可和支持。同一房族内部成员基于血缘观念的亲情并没有随着居住地的分隔而割裂，核心家庭通过其所在的大家庭与乡村的房族组织仍维系着互动。凭借现代化的通信技术和社交软件，居住地的分隔已不能割断人们之间基于血脉的情感联系。

北粤村排瑶的拜山祭祖活动总体上分为宗族内部各家庭的拜山祭祖和整个宗族或宗族间联合的拜山祭祖。第一种拜山祭祖是以扩大家庭为核心、由宗族成员参与的，祭祀的对象是近世祖，祭拜对象具有较强的个体属性。扩大家庭的祭祀更多的是一种亲子关系的体现，代表着子孙对祖先的依赖与怀念，情感色彩浓厚；宗族成员的参与更多地体现了亲属间的责任和义务，情感色彩较弱。第二种拜山祭祖活动祭拜的对象是所有参与者的共同祖先，具有较强的公共属性。这种祭拜行为更多地体现了对祖先的敬意，而参与祭拜对宗族成员更多的是一种责任和义务，参与祭拜的成员对祭拜对象的祭拜几乎没有感情色彩。整个宗族或宗族间的联合拜山祭祖活动中，每个家庭平摊购买拜山所需公共物资的费用。联合拜山中各家庭之间只有短暂的、特定场景下的结合。而宗族内部各家庭的拜山则不一样，宗族内部各家庭参与彼此的拜山是一种基于互惠原则的合作，家庭间的结合是长期的、稳定的，是平常关系在特定仪式下的表现。一年当中的联合拜山一般是同一姓下面数个宗族的联合拜山，这种联合拜山还没有涉及整个姓氏，只有在传统打道箓仪式的前三年时间里整个姓的成员才会集体祭拜姓氏的共同祖先。北粤村排瑶联合拜山的先后顺序和频繁程度高低差异体现出父系血缘的差序性。

四　拜山祭祖仪式的变迁

传统上，拜山活动对北粤村村民来说是一件神圣的事情，拜山虽然没有耍歌堂、打道箓隆重，但因为其每年都有，持续时间又长，所以受当地人重视。同时，拜山活动是当地重要的宗教仪式。作为一种延续了很久的民俗活动，祭祖在北粤村不仅是一种习俗，还具有一定的宗教色彩。祭祖是表达对祖先的缅怀和祈求祖先庇佑的一种方式。宗族里的先生公通过拜山这一仪式活动展现自己的权威；宗族成员也通过参与拜山这一集体的仪式活动增进彼此的情感联系，实现宗族内部的整合。不过，北粤村的拜山祭祖活动在打工潮等一系列因素的冲击下，也不可避免地发生了变化。

传统上拜山祭祖非常重视日子的选择，拜山祭祖必须要在农历正月十五后的吉日进行。拜山选吉日主要依据万年历和排瑶专门选日子的瑶经，其中又有很多因素需要考虑进去，比如坟墓的朝向、地点等。2019 年北粤村很多宗族选择在农历正月初十去拜山，这天是"中宫大吉"，意思是在这天所有的方位都吉利；而农历正月十三这天有一点不好，因为这天对属相是牛和马的人不吉利，但因为这一天有"福星"，所以也是比较好的日子。现在，虽然每年各个宗族的先生公还是根据传统的方法择吉日进行拜山，但已没有那么讲究，有些宗族甚至不再遵守传统的习俗。北粤村有大量青壮年劳动力外出打工，如果沿袭传统的习俗而选择在正月十五后进行拜山，宗族中的很多青壮年便会因为已外出打工而无法参加。为了在不耽误人们外出打工挣钱的同时能够让宗族成员完成祭祖，各宗族就把拜山的日子提前了。传统的拜山活动比现在规模大，宗族内男女老少几乎都会参加，不会缺席，敲锣打鼓也很热闹。过年拜山能吃上猪肉，这也会吸引不少人参加。但随着村子年轻人外出打工以及人们对拜山活动态度的转变，现在已见不到往日拜山的盛况了。拜山的具体流程也发生了变化。传统上每一个杀猪的坟头要放 9 支土炮，分别在拜山的开始、中间和结束这三个时间点燃放；而女人的坟头只放纸炮，不能放土炮。但现在这些也不讲究了。北粤村传统的拜山活动毕竟是农业社会的产物，在乡村社会快速变迁的当下，拜山活动的仪式必将简化，村民对其的重视程度也在降低。拜山活动对宗族成员的整合力也在弱化。

　　传统上拜山是宗族一项重要的公共活动，宗族中的各种公共事务也会在族人拜山时处理。以前拜山是要先到宗族的"祠堂"拜祭祖先后再到墓地祭拜，拜完山也要先回到宗族的"祠堂"祭拜祖先。宗族的先生公和其他长老会利用宗族成员聚在一起的机会和大家讨论宗族内部公共事务的处理。通常情况下，能在每年宗族拜山活动中讲规矩的长老都是德高望重、能说会道的男性老人。他们经验丰富，指导宗族成员当年的农事生产，同时对宗族成员进行教育、劝诫。现在，拜山活动中先生公更多的只是念经做法事、负责主持各种仪式，村民也只是单纯地为拜山而拜山，指导农事活动则由村委会负责。FQGJ是为数不多的在宗族中有影响力的长老，其影响力不仅仅体现在他所拥有的宗教知识上，还体现在其财富、威望和声誉等各个方面。实际上 FQGJ 才是其宗族真正的长老，但他为了宗族的团结不担任先生公，并以自己的能力尽可能地为宗族成员服务。2019 年正月初四宗族的"祠堂"会议上，FQGJ 还告诉宗族的先生公，在这年拜山结束后先生公要讲话。可以说，传统上北粤村宗族的诸多事务在拜山活动中都有所体现，而现在拜山活动则成为一种较为单纯的民俗活动。

　　当下北粤村年轻人大多认为过年后举行的拜山活动过程过于烦琐、开销过大，而起到的实际作用却很小。据当地村民估计，北粤村每个家庭在一年的拜山活动中通常要花费 1000 多元，而如果当年在拜山活动中杀两头猪，就要花费 2000 多元。TFM 所在的宗族有 63 户，按每户每年平均花费 1500 元来算，整个宗族需花费 94500 元。TFM 就曾向笔者说，如果用这笔钱做投资就好了，现在都用来拜山，每年白白浪费了这么多钱。对于家乡的这些风俗，当地人也表示很无奈，不做又不行，做了又麻烦。而北粤村的年轻人更希望用其他简化的形式来表达对祖先的哀思和纪念。他们认为可以尝试在宗族祠堂中举行拜祭，放一盘炮，集体摆放祭品就行。他们主张简化拜山的形式和内容，这样既可以节约时间也可以减少不必要的开支。虽然年轻人有心改变传统的拜山习俗，但在长辈占据活动主导权的情况下北粤村的拜山活动仍保留着较浓厚的传统色彩。不过，在可预见的未来，拜山这一活动的简化、弱化趋势在所难免。

在 1949 年之前，北粤村的宗族拥有多种功能，它不仅是人们获取、争夺、保护利益的工具，还具有生产、管理以及教化的功能，具有功能"普化"的特点。这一特点是在封闭社会环境下的产物，但在流动、开放的社会环境下北粤村宗族原有的特点必然发生变化。当下，宗族的拜山活动越来越向功能单一的民俗活动发展，其原有的指导农事生产、教化等功能日渐式微，其功能日益"单一化"。

第二节　先生公与宗族

先生公是排瑶社会中从事宗教活动的一类人，他们掌握排瑶传统的宗教知识，被瑶民认为是有文化的人，受到他人的敬重。先生公往往掌握很多排瑶传统文化相关知识。先生公所负责的宗教活动和仪式性事务与瑶民的日常生活密切相关。在北粤村每个宗族，乃至宗族下面的房族都有先生公服务于本宗族或房族成员。先生公这一群体及其所从事的活动是我们了解北粤村宗族组织一个很重要的窗口。本小节从历时性的视角关注宗族内的先生公这一群体及其所从事的活动的变化，并以此展现北粤村宗族的变迁。

一　先生公的性质和功能

瑶族社会中普遍存在着专门从事宗教活动的人员，在排瑶社会中这类拥有宗教知识的人被称为先生公，北粤村当地瑶语称之为"黑别公"，意为"驱鬼公"。公是排瑶社会内对老人的称呼，从当地瑶语的意思便可知所谓的先生公主要指专门从事驱鬼等宗教活动的老人。实际上，北粤村的先生公除了从事驱鬼等宗教活动外还是排瑶社会中各种人生仪式的主持者，有较高威望。先生公这一角色在排瑶社会的存在有其深刻的社会文化原因。首先，作为专门从事宗教活动的人士，先生公的存在是排瑶宗教信仰的反映；其次，先生公是排瑶社会传统政治制度瑶老制中瑶老的主要成员之一，很多瑶老都掌握一定的宗教知识，其本身就是先生公。在排瑶社会不是每一个成年男性都能成为先生公，作为从事宗教活动的人，先生公必须由经过打道箓、有儿子的成年男子担任。没有儿子或没有经过打道箓的人是没有资格成为先生公的。

FQGJ 的父亲是北粤村非常有名的先生公，FQGJ 从父亲那里学习了很多排瑶传统知识。对于先生公，他这样说：

> 先生公这个名字有 200 年的历史，原来就叫古丁人，丁是人丁的意思。古丁人就是高明的人，知道得多、会办事，所有人听他的话，年纪比较大，上了 60 岁的人。先生公是一个宗族的领导者、组织者。宗族里面的拜山、起房子、结婚、葬礼等事务这些都需要宗族里面的先生公来完成。先生公也分好几种，先生公不仅仅是做法事的，他要熟知北粤村排瑶传统的各种风俗习惯。①

以往的民族学家多将排瑶社会中的先生公视为主要从事宗教活动的人员。但在当地人眼中，先生公是有知识、有文化、有能力、威望高的人。民国时期的胡耐安记载："巫师在傜民观念中，是较为崇高之一阶层。故女子多以得嫁巫师为荣幸，巫师在傜民的日常生活中，实具有不可须臾分离之重要性。"②1949 年之前，排瑶社会有浓厚的学做先生公的风气，父母都鼓励自己的孩子学习瑶经。

在北粤村村民的观念中，人生病是受到了恶鬼的侵袭，要想病好就需要请先生公驱鬼。人们相信使人得病的鬼有三种。第一，祖先鬼（也称大鬼）。第二，八排二十四冲的大庙鬼，指八排二十四冲共同供奉的鬼神和盘古王公、王婆及各姓氏族祖公等。人们认为大庙主神既可降灾于世，也可拯救于民，取决于敬奉是否虔诚、是否有冒犯。第三，杂鬼（也称小鬼），如饿死鬼、跌死鬼

---

① 2018 年 8 月由笔者根据 FQGJ 的口述资料整理而成。
② 胡耐安：《说傜：粤北之八排傜》（1942 年），连南瑶族自治县档案局藏，档案号：全宗号 58，目录号 G1.1，案卷号 32。

等。① 排瑶世居深山，人烟稀少，当地人认为山中多邪恶之气，人们沾染上就会生病，只有先生公能将邪气逼出来。传统上一些先生公掌握有瑶医、瑶药的知识，在给病人看病时吃药和巫术两种方法都会用到。先生公的主要职能之一便是看病。《瑶民概况》一书中对排瑶的巫医就有这样的介绍："瑶人生病不用药，概请巫人念经逐鬼，初病时，杀一鸡，请一巫作法；不愈杀二鸡，请二巫作法；再不愈，则另杀猪羊甚至杀牛请数巫人作法。倘若无用，则听天由命，任其病死而已。是为'神弃'，计每年死于'神弃'不知凡几。"② 排瑶的宗教是一种渗透在日常生活方方面面中的宗教，用人类学家杨庆堃"弥散性宗教"③ 的概念来形容排瑶的宗教比较贴切。在北粤村排瑶社会中各种祭祖仪式、人生仪式等形形色色的仪式活动都需要先生公来操作。需要先生公参与主持的活动包括每年春节后的拜山、18 年左右一次以宗族为单位举行的打道箓等。具体来说，需要先生公参与的人生仪式包括孩子的出生、满月、百日，婚礼、葬礼，葬礼后的送饭，一周年、两周年和三周年忌日。在一些重要的事件中也需要先生公举行宗教仪式，这些事件包括迁坟、建房子、求雨等。在一些宗教活动中先生公更是主角，如打道箓、架桥等。这些仪式活动多是通过与祖先、鬼神的沟通达到消灾、祈福的目的。在北粤村，先生公所做的这些事情既有关于人生仪式的，也有与村民日常生产、生活紧密相关的事务。先生公所从事的活动虽然以宗教活动为主，但又不限于宗教范畴。总之，在排瑶社会，从日常的生产生活到各种人生仪式都需要先生公参与。一个宗族如果没有先生公会被别人看不起，女孩子也不愿意嫁过来。女孩子愿不愿意嫁进一个宗族主要看两点：一是宗族的人团不团结、兄弟姐妹多不多；二是宗族中有没有先生公。

　　20 世纪 50 年代民族学家对北粤村进行社会调查时，对当时先生公的情况进行了统计。从表 4-8 中，不难看出 20 世纪 50 年代北粤村的先生公群体在年龄、宗教知识、传承方式等各个方面都存在较大差异。一年中，先生公活动的次数无法确切统计。先生公活动量的多少与其所掌握的宗教知识、经验丰富程度和威望密切相关。道行高超、经验丰富的先生公会经常被村民请去从事宗教活动；而那些年龄不大、宗教知识基础薄弱的先生公则不容易被村民所认可，

---

① 李筱文：《排瑶"送鬼治病"的巫术行为》，《说瑶三十年》，广东人民出版社，2017，第183～184 页。

② 廖炯然：《瑶民概况》（1964 年 4 月 12 日），连南瑶族自治县档案局藏，档案号：全宗号58，目录号 G1.1，案卷号 33。

③ 〔美〕杨庆堃：《中国社会中的宗教：宗教的现代社会功能与其历史因素之研究》，范丽珠等译，上海人民出版社，2007。

也较少被村民请去做宗教活动。在北粤村 101 个先生公中，被人们认为全能的先生公只占 13.76%（14 人）；有 21 名先生公不能给人送鬼，只能当大先生公们的助手；能够送鬼的先生公有 80 人。[1] 从 20 世纪 50 年代整个北粤村先生公的数量来看，平均 20 多人中就有一个先生公。先生公数量比较多，从一定程度上反映出北粤村的宗教活动比较频繁。根据当时的调查统计，北粤村平均每天少说也要举行 10~15 次宗教仪式活动。[2] 在一年当中，先生公的宗教活动主要集中在春季和冬季。

表 4-8　20 世纪 50 年代北粤村先生公情况

年龄（岁）/年数（年）	开始学做先生公年龄 人数（人）	占比（%）	先生公执业年数 人数（人）	占比（%）	学做先生公年限 年限（年）	人数（人）	占比（%）	先生公师徒关系及先生公本领分类		人数（人）	占比（%）
合计	101	100.00	101	100.00	合计	101	100.00		项目	人数（人）	占比（%）
<1			2	11.88	<1	13	12.87	师徒关系	合计	101	100.00
1~4			25	24.75	1	3	2.97		父子	12	11.88
5~9			29	28.71	2	12	11.88		兄弟	3	2.98
10~14			13	12.87	3	43	42.57		叔侄	16	15.84
15~19	6	5.49	13	12.87	4	16	15.84		亲戚	1	0.99
20~24	13	12.87	9	8.91	5	10	9.90		其他	69	68.31
25~29	17	16.83	2	1.98	6	1	0.99	本领分类	合计	101	100.00
30~34	19	18.81	4	3.96	7				全能	14	13.76
35~39	25	24.75			8				一般	66	65.34
40~44	12	11.88			9				不能送鬼	21	20.89
45~49	5	4.95	2	1.98	10	1	0.99				
50~54	1	0.99	2	1.98	11						
55~59	1	0.99			12	2	1.98				
60~64	2	1.88			13						

资料来源：《民族问题五种丛书》广东省编辑组：《连南瑶族自治县瑶族社会调查》，广东人民出版社，1987，第 111 页。

---

[1] 《民族问题五种丛书》广东省编辑组：《连南瑶族自治县瑶族社会调查》，广东人民出版社，1987，第 112 页。

[2] 《民族问题五种丛书》广东省编辑组：《连南瑶族自治县瑶族社会调查》，广东人民出版社，1987，第 112 页。

　　按参与活动内容来划分，1949 年之前北粤村的先生公可分为掌庙公、收禁先生公、求雨先生公、求旺民先生公；1949 年之后北粤村的先生公可分为歌堂先生公，修斋先生公，婚礼先生公，破六甲先生公，架桥先生公和送瘟、送鬼先生公。按能力来划分，北粤村的先生公可分为：全能型先生公，凭个人能力能单独完成任何宗教仪式；一般型先生公，会一般的法事，但大型的复杂的法事不会；学徒先生公或刚出师门的先生公。

二　先生公的传承

　　先生公这一群体的传承主要通过父子传承和师徒传承这两种途径实现。FQGJ 的父亲传授给他瑶医、瑶经、各种风俗习惯和瑶歌等排瑶传统知识，他父亲在世时虽然收了很多徒弟，但教授这些徒弟时大多有所保留，而对自己的儿子则是倾囊相授。先生公的传承尤其注重基于父子、叔侄等血缘关系的传承。先生公以从事宗教活动为主，要掌握必要的宗教知识。其宗教知识主要由两部分组成：瑶经和诸多仪式流程。瑶经是先生公必须要掌握的宗教知识，其内容纷繁复杂。而作为排瑶社会中的仪式专家，先生公不仅要熟悉瑶经，将瑶经内容牢记于心，还必须熟知各种仪式的流程。《说傜》一书中对排瑶先生公的师承有如下描述："学巫者大率九岁以至十五岁，惟以日间须从事耕作，故多于夜间受学，且多为集体受学，其日间受学与个别受学，实不多见。巫师授徒之所，即为其本人之家庭。当'日之夕矣牛羊下来'之后，于晚炊之火光下，师徒围坐炉前，高声诵读。师徒授受之间，并无读本，仅事口授。其所认为必读之经文凡七章，半歌半谣，杂以诽语。据云尝有毕五年时日之功，不能卒其背诵之业。此项经文学生可以借阅誊抄，但先生并不检勘抄本，亥豕鲁鱼，积年累月。每一学生每年送先生公之修金，大致除一元国币而外，尚须呈送米柴酒肉等物。其在日间受个别教学者，修金及呈送物品自当加多，并于节日祭期，另送食物。"① 先生公的师徒关系是一种互惠性的私人关系。徒弟通过向师傅学习瑶经使师徒两者成为同行，师傅作为徒弟的领路人从徒弟那里获取一定的物质和经济上的报酬，同时受到徒弟的敬重。即便是在三年后徒弟学成出师，师徒双方依然会因为彼此都是同行而保持一种合作关系。徒弟学成后，还要在实践中被大家所认可，例如，先生公帮别人看病起到了很好的效果，就会被大家所认可。先生公出师也并没有统一的标准，出师后只要频繁地

---

① 胡耐安：《说傜：粤北之八排傜》（1942 年），连南瑶族自治县档案局藏，档案号：全宗号 58，目录号 G1.1，案卷号 32。

参与宗族或村落内的公共事务就会逐渐被大家所认可。

排瑶的文化很多都是通过代际、师徒间的口头交流进行传授的，这导致其在传承的过程中很容易出现变化、添补、遗漏、缺失等现象。传统上瑶经的学习都是通过先生公间的手抄背诵而实现的，这个过程难免会出现一些错误。前一代先生公怎么教的，自己就怎么学。而宗教知识丰富、有威望的先生公因为徒弟众多，就可以通过师徒传承的关系将其个人对瑶经的理解加入瑶经当中。在先生公传承的渠道中，单纯的师徒关系占有相当大比重。"据统计，先生公的师徒关系中，有血缘关系的（包括父子、兄弟、叔侄）占 30.7%，没有血缘关系的占 69.3%。很多先生公都想自己的儿子甚至侄子传得衣钵，但因年龄和兴趣的差别，事实往往不一定符合这种期望。非血缘关系的人反而占了学成出师者的多数。有这种情况：虽然父辈是先生公，却向外人从师。"①

2019 年 75 岁的 TDBG 是北粤村最有名的先生公之一。他学习做先生公的经历在北粤村有较强的代表性。

我 12 岁跟着父亲学习做先生公，后来北粤村的学校请了一个先生公，我就在学校里学习。当时，学校里的学生学习瑶经的也很多。当时在学校教授瑶经是群众要求的。17 岁的时候我开始拜师学习，前后拜了 5 个大师傅学习瑶经：唐大口贵二公（自己的叔叔）、唐中工二、唐界四、唐东同亚林和房计二公。这 5 个先生公都是北粤村的大先生公，他们会很多瑶经，几乎什么都会的。他们 5 个师傅我依次跟他们学的，一个先生公去世后就拜下一个师傅。其中我叔叔唐大口贵二公教我的最多。以前，拜先生公作师傅时，要拿 1 斤米、12 支香、1 斤酒、1 斤猪肉和 12 元。我拜的 5 位师傅中，除自己的叔叔没有给钱外，其他四位都是给 12 元。现在，徒弟拜我要交 360 元的学费，分 3 年给，每年给 120 元。拜完 3 年就不用拜了，3 年期间自己把一套书给徒弟，让徒弟自己念。在这 3 年期间，我把耍歌堂、结婚、作斋、拜山、架桥、"进火"、生小孩和百日等这些仪式的流程和瑶经都教给徒弟。这些瑶经加起来有 20 多本。TJX 这么年轻已经拜了我七八年了，他每次过年都带来 36 元或者是 1 斤肉、1 斤酒。现在像他这样愿意学做先生公的年轻人已经不多了。但先生公不满 36 岁不能出头，他现在年龄不到还不能出头，只能是帮忙或协助其他先生公。

---

① 《民族问题五种丛书》广东省编辑组：《连南瑶族自治县瑶族社会调查》，广东人民出版社，1987，第 112 页。

现在我有 52 个徒弟，前后加起来整个北粤村有我的徒弟 72 个。北粤村各个姓的徒弟我都有，现在的先生公做法事不会时就打电话问我怎么做。每年找我看病的差不多都有 50 多人。①

TDBG 现在是整个北粤村徒弟最多的先生公，也正因为如此，他在整个北粤村的各种公共事务中就有一定的话语权。他可以凭借自己在宗教方面的影响力影响村子里的民俗事务。同样地，FQGJ 也是能影响北粤村公共事务的老人。2015 年农历七月十五老君节（在北粤村这一天是先生公的节日，他们奉太上老君为祖师爷）这天，FQGJ 和 TDBG 每人出了 300 元请北粤村的先生公吃饭。当时来了 36 个人。开会主要是为了规范先生公所做法事的流程以及收费标准。因为 TDBG 和 FQGJ 是非遗传承人，县文化局的人也希望他们能发挥各自的影响力服务民众，所以他们出钱请整个北粤村的先生公吃饭，商讨有关事宜。2018 年老君节这天，TDBG 叫了自己的很多徒弟过去开会。TDBG 规定，拜山杀鸡也要钱，结婚也要钱。在以前拜山杀鸡是不要钱的，现在 TDBG 规定要 36 元；以前结婚也是不要钱的，只是要米和肉。TDBG 认为先生公收钱就是收辛苦费，因为先生公花了时间帮人做事。比如在葬礼上先生公主持作斋的仪式，往往要熬通宵，这很辛苦，所以，他主张主持作斋仪式的先生公可以收 120元。TDBG 作为北粤村先生公的代表，主张收钱是在维护先生公的利益。他主张增加先生公的服务费用主要是针对一定亲属范围以外的服务对象。对于自己房族的成员，他不会收费。

三　宗族中的先生公

在北粤村，每一个宗族通常都有 2~3 名先生公以满足宗族内部的各种公共事务和宗族成员的需要。各个宗族的事情都是各个宗族负责，人们不好管别的宗族内部的事情，而且一个宗族的人也不熟悉另外一个宗族的情况。

先生公为宗族成员服务相应地也会获取一定的报酬。在 1949 年之前，北粤村生产力低下，村民生活普遍比较贫困。先生公通过为他人服务能获取相应的猪肉、鸡肉、米和钱，有名气的先生公生活往往比较好。20 世纪 50 年代的调查资料显示，在传统排瑶社会中先生公从事宗教活动也是一种剥削方式。地主胡唐卖尾"送鬼"第一次收 1.2 元，第二次收 3.6 元，第三次收 7.2 元，且

---

① 2019 年 5 月由笔者根据 TDBG 的口述资料整理而成。

每次都勒索酒 1 斤、米 2 斤、鸡 1 只，每年送鬼收入就不下 70 担谷之多，如果遇到天灾人祸，其收入就更高。也正是因为做先生公能获得经济、物质上的收入，学习做先生公的风气在排瑶社会一直比较旺。虽然现在人们的物质生活水平有了显著提高，米、猪肉和鸡肉这些东西已成为人们日常生活中的食物，当先生公对人们经济的吸引力已大大降低，但做先生公能获取相应的报酬这一点仍对一些村民有一定的吸引力。

先生公就像一个祠堂宗族的"志愿者"，宗族里的什么事都需要问先生公，他告诉宗族的成员一些事要怎么做，在一些公共活动中指挥宗族成员。每个祠堂宗族至少要有两个先生公，一老一少，一正一副。祠堂宗族中的很多事情都需要问先生公，比如建房子、家庭成员有了病要治、各种红白喜事都需要先生公参与。在熟人社会中，先生公服务和帮助瑶民大多出于人情，即便是能获得一定的报酬也是遵循传统的习俗。根据仪式的繁简程度，传统上先生公收取的费用一般是 1.2 元、3.6 元或 7.2 元。2000 年左右时，连南一些地方的先生公认为先生公这份工作太辛苦，传统的报酬太低，就提出报酬应该增加的要求。现在北粤村的先生公更多的是收 12 元、36 元或 120 元。这些钱更多的是一种辛苦费。北粤村给先生公的报酬算是比较少的，其他一些村有收取几百元甚至数千元的情况。但在北粤村宗族中，先生公为宗族成员服务主要还是基于对族人的帮助而不是为了金钱。

现年 72 岁的 TDEG 是其所在宗族的先生公，从 50 岁开始学做先生公，拜过自己的叔叔，同时也拜过其他五六位先生公，谁教得好、教得对，他就用谁的。现在他所在的宗族还有另外一个 80 多岁的先生公，考虑到这位先生公年龄太大，宗族里面的拜山等公共活动中的仪式都是 TDEG 来做，但出于对老人的尊重，需在念完经报名的时候报年纪最大先生公的法名，猪头和鸡、米以及 12 元也都归年龄最大的先生公。TDEG 一年能挣 36 只左右的鸡和五六个猪头，但他对做先生公所得的这些收益并不满意，因为做先生公耽误其做零工挣钱。做先生公往往一个上午只能挣到 1 只鸡、1 斤米和 12 元，这些加起来的价值也就是 50 元。这比起做工一天能挣 180 元很不值得。但因为都是同一个宗族的兄弟姐妹请自己做，他也就不能只看钱。

先生公是宗族内必不可少的一个角色，先生公所负责的各种事务都体现了排瑶的传统文化。生活在这种文化中的人就需要遵循这种文化传统。在宗族内部一些人争着做先生公，而另一些人不愿意做先生公。为了选出宗族内的先生公，一些宗族采取抽签的方式。TYSEG 2019 年 63 岁，他曾经做过小学教师，对于先生公，他认为这是封建迷信不相信，因此他本人不愿意做先生公。但在宗族抽签决定谁做先生公的仪式上，他三次都抽中了，反而是想当先生公的人没有抽中。这样，按照事先约定好的规则，他只好当了宗族的先生公，学习瑶经。宗族成员也都支持他学先生公。

TJX 是其所在宗族年龄最小的先生公，他现在仍在学习做先生公。

> 我 2006 年 17 岁时就开始学做先生公。我爷爷也是宗族的一位长老。他那个时候（2006 年）70 岁，走路也不方便。他就让我学，学会后帮他做事。最后报名字时报我爷爷的法名就行了。我爷爷也是我师傅，我是我爷爷的接班人。每个宗族都会选出四个先生公，两位是长者，两个是徒弟。长者带徒弟。到了 36 岁就可以出头了。我年龄还不到，还不能出头。我现在学会了先生公的整个知识的 40% 左右了，到了三四十岁就基本上都学会了。现在拜山、生小孩、结婚这些怎么做我都知道了。慢慢来就学会了。我经常出去拜山什么的。宗族成员也知道我这些都懂一些。①

TJX 和 THSDKG 同属于火生宗族下面最大的房族，该房族有 63 户人。THSDKG 2019 年 44 岁，他 15 岁在其叔爷的鼓励下学做先生公，叔爷当时告诉他他不学就没人会了。在叔爷的支持下，他先后拜了 3 个师傅。THSDKG 所在的房族的先生公除了他之外还有 TJX 和 THSSJQ，2019 年，TJX 31 岁年龄不够，THSSJQ 55 岁但刚学会瑶经，且两人平时都要上班空闲时间并不多，而THSDKG 常年在家，主要打一些零工，加上他做先生公很多年，所以房族内的事情很多人都找他做。但其所在房族人数多，一个先生公根本忙不过来。同时，63 户的房族依据血缘关系的远近可进一步分为两个小房族。为了公平，两个小房族都需要有自己的先生公，房族成员有需要时两个小房族的先生公互相请。THSDKG 和 THSSJQ 分属 63 户房族内不同的小房族。这样，THSSJQ 作为自己所在小房族的代表就向 THSDKG 学习瑶经。THSSJQ 向 THSDKG 学了三年瑶经，但因为年龄大很多瑶经背不会，他也就没有学会。THSDKG 之所以教THSSJQ 是因为 THSSJQ 上过学，识字，以为他学得会快一些。后来，THSSJQ转而拜 TDBG 为师学习瑶经。THSDKG 主要为其所在房族的成员服务，在他做的仪式中架桥、拜山、看病这些是最为普遍的。以前，THSDKG 是外出打工

---

① 2018 年 6 月由笔者根据 TJX 的口述资料整理而成。

的，但因为房族内部的婚丧嫁娶等仪式性事情很多，他不得不回到家中帮忙，从此也就不再外出打工，转而在家打零工。

THSDKG 对现在一些先生公给别人帮忙收钱的行为是鄙视的，认为这破坏了传统的规矩。可见，北粤村这样的熟人社会中做先生公的目的不是挣钱，先生公给宗族成员做法事多是基于人情上的帮忙，有浓厚的人情色彩。而作为对先生公的补偿，被先生公服务的家庭给先生公猪肉、鸡肉和米等食物也是依循传统的风俗习惯。在熟人社会中，人们总是羞于谈钱，谈钱就显得见外了。宗族中的先生公为宗族成员做的这些事情按照当地的习俗是每个人都需要的，先生公成为每个宗族内部为宗族成员服务最多的人。正因为如此，先生公在宗族中就有威望。这种威望不仅来源于其所拥有的宗教知识，还与其在宗族事务中为宗族成员提供了必要的服务、与宗族成员建立起了一种稳定的关系有关。FQGJ 的父亲曾经是北粤村非常出名、德高望重的先生公，他懂瑶医、瑶药也精通瑶经。很多北粤村村民都请他看病，为了照顾穷苦人家，FQGJ 的父亲会在出发前吃饱饭，这样就不用吃病人家的饭了。如果对方穷苦，FQGJ 的父亲也不会要对方的钱，有时候甚至会自己带米给病人家送去。正因为非常照顾病人，FQGJ 的父亲才会受到北粤村村民的敬重。

火生宗族 63 户房族的成员对本房族的先生公有自己的理解。THSSG 2019年 26 岁，谈起自己房族的先生公，他说：

> 自己宗族，现在（说是）有十几个先生公，但其实很多人都不会。去拜山什么的，他们也就做做样子。以前我们宗族真正会做先生公的只有一个，现在这两年会的就多了。TJX 和 THSSJQ 也学会了，加上以前就会的 THSDKG，现在有三个先生公。我们一般有事，就找有空的先生公，一般是找 THSDKG。THSSJQ 虽然会，但要在瑶寨上班，空闲时间少。我们三兄弟现在很少请先生公做法事了。孩子不舒服就送医院看，但宗族的其他人就不是这样。小孩子三岁以下的就比较容易生病，生病就找先生公了。先生公在我们这边少不了。①

对于宗族内部先生公的作用、地位以及他们所从事的活动，当地村民也有自己的认识。火生宗族 63 户房族的一位中年女性 DSEM 说：

---

① 2019 年 5 月由笔者根据 THSSG 的口述资料整理而成。

我们的先生公也会互相换着请，一个宗族根据血缘关系的亲疏远近分若干派，每一派都有一个先生公，各派之间的事情大家换着请，我这边有事请你那边的先生公，你那边有事你请我们这边的先生公。

我跟 TFM 那边亲一些，是一派。TSB 和 TJX 他们则是另一派。我们宗族分两个派。现在架桥也是花钱的，买只鸡 30 多块钱，还要买菜，还要给先生公钱，买狗的话要 300~400 块钱，杀狗要给先生公 36 块钱。去年，我和我老公架桥了。经常有病就需要架桥。小孩子调皮，有什么事情不顺，也可以架桥。喜欢架桥年年搞也可以，但这要花钱；我们为了省钱也是能不架桥就不架桥。自己想架桥了就跟宗族的先生公说，让他帮忙选日子。我也不知道有没有用，有些是有用的，真的是有用的。一些老人说，年年架桥都有好处。我的婆婆每一年都要架桥。以前架桥是不用杀鸡的，用鸡的尾巴搞一点血就可以了。以前是不杀狗，也不用杀鸡的。但是现在生活条件好了，就流行杀鸡了。①

在村民的观念中先生公所做的事情是必不可少的，这种观念在老人中尤为盛行。虽然北粤村越来越多的年轻人对先生公所做的仪式持怀疑态度，但其作为一种风俗习惯仍然被年轻人所遵循。在处理疾病上，虽然越来越多的北粤村村民更相信现代医疗技术，但他们并没有放弃请先生公进行仪式治疗的传统方法。仪式治疗与药物治疗并用是当下北粤村村民最常用的治疗疾病方法。

THSSJQ 近年开始学做先生公，虽然很难但他还是坚持下来了。

我们火生宗族几乎没有人要做先生公了，让其他人当先生公很麻烦。我三兄弟有 20 户了，20 户了要一个先生公啊。不会拿书读也可以。我父亲让我学的。我是老三，我大哥 70 多了，二哥 60 多了。我当年不太愿意学。这些年都是家族的 TJX 跟我一块去拜山，念经，他去那边我去另一边，很快的。他帮我，因为年纪小不出头就行，念经我不是很会的，他可以搞出来，先生公我之前学了几年，现在重新学，瑶经这么厚，这么多，我都背不出来，太难了。要歌堂的经书有六七本，很多。要歌堂的瑶经是分类的，要歌堂时都要念出来。我这些东西学一点，但很难学会。拿着书念还也可以，但背不出来。死一个人先生公念经收 72 块钱，很少的。我

_____

① 2019 年 5 月由笔者根据 DSEM 的口述资料整理而成。

前几天搞的就给了 72 块钱。先生公同烧香公猪头一人一半，有五六只鸡。做先生公麻烦很累了，天热天冷都要去念经。①

宗族中的先生公主要还是为宗族成员服务，其本身并没有经济利益可寻。熟人社会中的人情法则在宗族先生公的服务中体现得淋漓尽致。对于北粤村先生公的现状，THSYLS 有自己的看法：

> 我们很多事情都需要先生公来做，我们一般都请自己宗族的先生公来做。不过每个宗族都有自己房族先生公的，这样自己房族的事情好解决，不用看别人脸色。宗族的人都会尊重先生公。现在先生公比较泛滥了，以前的人比较敬佩先生公。一般来说先生公都是老人来做，现在先生公年轻化、大众化了。先生公泛滥了，很多人对瑶经也是一知半解，没有学好、学通。比如 TJX 还不到 36 岁，他就出师了。还有 THSSJQ 学了几年也就出师了，但其实他并没有学会。很多先生公只是挂一个名。我爷爷是大先生公，但我自己并不会先生公。现在，我自己所在的小房族的人都开始逼着我学做先生公，他们觉得我有文化可以学会。但，我不想学这一行。现在很多人都开始学做先生公。学会后，很多事情都可以自己搞定了，不用看别人脸色了。所以现在每个房族，都会有一个先生公。我不想学做先生公是因为我比较懒，我不愿意半夜三更的帮别人做法事；如果我学会了先生公，亲戚来请我帮忙，虽然自己不愿意但又不愿意得罪人，这样自己会比较难受。我是担心学会做先生公后很麻烦。我这个人爱睡懒觉，自己不会就没事，会了不去就会得罪别人，伤了感情。先生公要学的，一代一代要传下去，不学不行。像我们这个年纪的人就知道，如果你房族的先生公不会这些仪式，请其他先生公要花钱，并且其他房族的先生公可能并不愿意来帮忙，或者不会好好做。②

有先生公是为了亲戚更方便，对于各层次宗族的成员来说有先生公就行，而先生公会多少瑶经则不是最重要的。

---

① 2019 年 6 月由笔者根据 THSSJQ 的口述资料整理而成。
② 2019 年 8 月由笔者根据 THSYLS 的口述资料整理而成。

四 先生公的变迁

传统上排瑶的巫师（先生公）分为三级，年龄是划分级差的标准。"其最高之一级，大率为六十岁以上之老年人，有主持全排宗教大典之权。第二级则为三十六岁以上且须有子之中年人，可主持一切典礼及参与生育婚嫁丧葬庙祭与仪式复杂之捉鬼等。第三级，则只可教授学生及主持简易仪式之捉鬼。"①现在北粤村先生公这一群体虽然人数比较多，但水平参差不齐，很多传统的仪式和瑶经已经没有先生公会做、会念。在北粤村现在年轻一点的先生公大部分只会念一部分瑶经，他们觉得懂一点先生公的知识就行了，在做法事时，一般人也听不出他们念的瑶经对不对、做的动作对不对。FQGJ的一些徒弟向他学做先生公，徒弟们嫌弃经书太厚、太复杂，不愿意学，只想着学一部分简单的瑶经。有些先生公念经、做法事时 FQGJ 感觉不对，给他们指出来，他们不但不承认错误，反而反驳说："我师傅就教我这样做的，我的没错，你的错了。"先生公过去所做的带有神圣性的仪式，到现在则成了一种仪式性的摆设，更多的是一种传统的习惯、礼节而丧失了神圣性。现在整个北粤村，真正能称得上是先生公的不多。真正的先生公不仅要懂瑶经也要懂仪式的整个过程。现在的情况是会读瑶经的人多，但知道仪式过程、程序的不多。

在对先生公和传统的民间信仰的认识上，北粤村村民的内部分化比较明显。不同年龄段、不同教育程度的村民对先生公及传统民间信仰的态度截然不同。受教育程度越高的村民越愿意将先生公及其做的各种活动视为一种民俗。TZM 曾经是一位中学教师，受过教育的他视先生公所从事的活动为封建迷信。他本人是不愿意做先生公的，也不相信先生公所从事的活动。但因为其父亲是先生公，父亲在临终前嘱咐他要做先生公，且他不做的话，宗族中就没有人愿意做先生公了，为了整个宗族他选择做先生公。先生公需要一定的文化，会读会写能记能背。现在，TZM 能更客观地认识先生公这一角色和其所从事的活动。他更愿意将先生公及其所从事的活动视为一种民俗和传统文化，而不是迷信不迷信的问题。笔者在调研期间接触到很多北粤村的年轻人，他们对先生公这一职位及其所做的各种仪式多持矛盾态度。一方面，在父母的安排下他们从小就经历过先生公所做的很多仪式，从心理上是认可这些仪式的；但另一方面，他们所接受的学校教育和主流文化是批判他们的传统民间信仰的。这造成

---

① 胡耐安：《说傜：粤北之八排傜》（1942 年），连南瑶族自治县档案局藏，档案号：全宗号 58，目录号 G1.1，案卷号 32。

他们对自身的民间信仰持批判与认同并存的矛盾态度。

当下北粤村先生公的存在有其深刻的文化逻辑,先生公所做的各种仪式反映了北粤村排瑶的宗教信仰。这种宗教信仰根植于他们的自然观、生死观和传统观念,渗透在排瑶日常生活的方方面面,涉及当地人如何处理与自然、生死以及意外灾害的关系。只要这种文化还在,当地人对先生公的需求就还会存在。对先生公的现实需求还体现在宗族组织方面,就是每一个房族、房支要有一个先生公,这名先生公为其所在的房族、房支成员服务。这从一个侧面证明排瑶社会父系血缘组织的观念非常强,每一个房族、房支都会尽量尝试拥有一个先生公为自己服务。先生公主要负责一个宗族或房族内的公共事务。先生公为宗族成员服务更多的是基于一种人情法则而并非遵循利益互惠原则。被先生公服务的对象依据先生公所做仪式繁简程度按照约定的习俗给予先生公一定的实物报酬,这是一种礼节性的回馈而不是等价值的回馈。宗族中的先生公凭借自己的宗教知识向宗族成员提供服务,并以此巩固双方的关系,树立起自己在宗族中的威信。此外,宗族中先生公的威信还建立在当地的民间信仰上。杨建新基于对云南山区瑶族的研究认为:寨老通过负责组织扫寨、支持祭祀村庙这一最为重要的集体性宗教仪式活动来展示和强化自身的权威,而进入仪式场域的村民都会感受到并认同和服从寨老的权威。[1] 北粤村的先生公通过主持或参与宗族内部各种仪式赢得村民的敬重。先生公的宗教权威虽然在弱化但并没有消失。许烺光认为:"人们同时采用宗教魔法与科学知识的现象并不是因为他们缺乏理性,而是因为人们的行为在很大程度上受到他们所处的社会组织以及他们在那种文化模式中形成的信仰的影响。"[2] 先生公这一排瑶宗教人员的存续,代表了排瑶民间信仰的延续,同时也是排瑶所处的宗族组织的影响。村民在生活中遇有灾害、疾病请先生公做法事是当地村民应对灾害等突发事件的一种处理方式,不遵守这种文化传统就会受到周围人的议论,当然也会引起其所在宗族先生公的不满继而影响现实生活中的人际关系。

小 结

北粤村排瑶一系列的拜山祭祖仪式充分体现了祖先祭祀与作为社会结构的

---

[1] 曹中建主编《中国宗教研究年鉴(2009-2010)》,宗教文化出版社,2011,第684页。

[2] 〔美〕许烺光:《驱逐捣蛋者:魔法、科学与文化》,王芃、徐隆德、余伯泉译,台北:南天书局,1997,第8页。

家庭、宗族之间的关系。北粤村排瑶的集体祭祖活动在先后次序上是差序性的，祭祀的范围和规模沿循父系血缘的差序性从单个核心家庭扩展到房族、宗族、联合宗族，甚至姓氏。基于共同祖先的纽带，排瑶通过祭祖仪式实现了人群的整合。在祖先崇拜文化氛围浓厚的北粤村，对共同祖先的祭祀活动将不同层次的父系血缘组织中的人们凝聚起来。对共同祖先的祭祀是每个子孙后代应尽的义务，同样也是每个子孙享有的权利，子孙有获得祖先庇佑的权利。宗族内某一成员如果不履行祭祀共同祖先的义务就会影响宗族成员之间的关系。在北粤村每年规模盛大的拜山祭祖活动中，每一层次的宗族都会祭祀共同的祖先。这种大规模的祭祖仪式在北粤村有着悠久的历史，近些年，随着村民外出打工的增多，拜山祭祖仪式的规模有所缩小，过程也有所简化，但每年春节后祭拜共同祖先的传统仍被包括年轻人在内的北粤村村民所遵循着。

作为排瑶社会中的仪式专家，先生公负责几乎所有的仪式活动。宗族中的仪式活动通常由该宗族内的先生公负责，而每一个房族为了方便其成员举行各种仪式往往会培养自己的先生公。宗族内部先生公的产生以及先生公酬劳的获得体现着差序性的排瑶宗族运行法则。

第五章

变中有续的宗族

　　前面的章节分析了北粤村当下宗族组织的结构、特征和功能。但正如北粤村的宗族组织不是从来就有的那样，当下北粤村宗族组织的形态也是在历史演变过程中形成的。从静态的视角能更好地把握北粤村宗族组织的结构、功能以及特点，但要想真正理解并认识作为一种社会文化实践的宗族组织，必须引入历时的视角，分析、把握排瑶宗族组织的演变过程，并对其发展演变的动因进行分析。在社会剧烈变迁的当下，排瑶社会宗族组织的发展呈现出怎样的状态？这正是本章所要讨论的问题。

第一节　离土过程中宗族的变迁

　　本节将从排瑶宗族共有地产与整合力这两个方面的演变入手，以历时的视角探讨北粤村排瑶宗族组织的变迁。

一　宗族共有地产的消亡

　　在弗里德曼对福建、广东两省宗族组织的研究中，他特别关注了作为宗族组织共有财产的土地对维系宗族存在的重要意义。弗里德曼认为，中国东南大规模地方宗族的存在在一定程度上依赖于共同财产的维持。[①] 福建和广东两省普遍种植水稻，水稻的种植需要兴建大型水利设施。这在客观上要求人们形成某种形式的互助组织，基于血缘关系的宗族组织无疑是理想的互助组织。弗里德曼认为，高生产率的稻作经济的剩余积累有助于共同财产体系的运行，反过

---

① 〔英〕莫里斯·弗里德曼：《中国东南的宗族组织》，刘晓春译，上海人民出版社，2000，第165页。

来，共同财产又推动了大的继嗣社区的发展。① 弗里德曼水田合作产生宗族组织的理论模式，后被 Pasternak 用台湾屏东打铁村的材料反击。② 一方面，从中国社会发展历史而言，黄树民指出，设置祭祀田作为族产始于宋朝，而祭祀田供奉宗祠内远祖的法则，是晚近明清两代才发展出来的；另一方面，黄树民利用台湾大甲地区的社会发展史，举出汉人移民为了建立水稻耕作，先发展地域性的乡党组织，而非宗族组织的例子。③ 土地作为宗族组织的公共财产对宗族形成和发展的影响成为学者关注和讨论的焦点。历史上北粤村排瑶各层次的宗族组织都有规模大小不等的公共财产，这些财产主要以公尝土地的形式表现出来。

北粤村排瑶的太公田和太公林等公尝土地被当地人称为"洞岭洞地"和"洞定"，其意思分别是共有的土地和共有山林。公尝土地分为"大太公"和"小太公"两种。所谓"大太公"为全姓或几房人所共有，"小太公"则为一房的几兄弟所共有。除了太公田和太公林，也有太公地和太公山的存在，太公地即宗族公共的旱地，太公山则为宗族公共的山地。"大太公"和"小太公"这两种土地共有形式的存在，也从一个侧面说明北粤村宗族组织具有层次性，重视父系小团体组织。排瑶社会内盛行小家庭，新婚夫妇成家并与父母分居后从父母那里分得土地独自经营，形成独立的经济单位。也就是说，排瑶社会中土地多以家庭私有的形式存在。那么，为什么还会存在太公田和太公林等土地共有的形式呢？其存在对排瑶宗族组织有什么影响？其经历了怎样的变化？本小节将围绕排瑶社会中公尝土地的来源、使用与管理及消失来回答上述问题。

（一）公尝土地的来源

北粤村的太公林、太公田等公尝土地起源于何时已无从考究，现有的资料显示，1949 年之前排瑶社会广泛存在着太公林、太公田等形式的宗族共有财产。已有的档案资料显示：北粤村所在的南江乡有太公田 292 担，太公地

---

① 〔英〕莫里斯·弗里德曼：《中国东南的宗族组织》，刘晓春译，上海人民出版社，2000，第 165 页。
② 吴燕和：《中国宗族之发展与其仪式兴衰的条件》，《中研院民族学研究所集刊》第 59 期，1986 年 6 月，第 133 页。
③ 吴燕和：《中国宗族之发展与其仪式兴衰的条件》，《中研院民族学研究所集刊》第 59 期，1986 年 6 月，第 133 页。

824.5担。① 北粤村的公尝土地主要有以下几种来源。

①祖先遗留下来的土地。排瑶普遍实行小家庭制，子女成家后会从父母那里得到一份土地。父母不会把土地全部分给子女，通常会留一份供自己使用。父母死后，父母的那份土地成为子孙的公共财产，这样一代代传下来成为公尝土地。远世祖传下来的公尝土地为一姓或一宗族所共有，近世祖传下来的公尝土地为一房族或近亲几兄弟所共有。

②集体买入或集体开荒所得。宗族或宗支成员为了集体的目的共同开荒或集资购买的土地，如卖掉从太公山（林地）砍伐的杉木，将积累下来的林地烧掉，再买入太公田地。除此之外也有以太公田地所产粮食或粮食放债所收利息购买公尝土地的。

③某一房族或近亲几兄弟人死绝后，其共有土地无人继承。在这种情况下，则由近房的人把其遗田继承过来，以其遗留土地的收入作为其扫墓之用。

④女人出嫁的嫁妆田。在北粤村女儿出嫁时会从父母那里继承一份田地，在其死后陪嫁田由其兄弟收回，或由兄弟均分或作为太公田地。

⑤没有子女的人其死后的田地便成为本房太公田地。

⑥全房人和外房搞"食人命"所得到的田地。

⑦本房借了太公田地的谷或钱到期还不起，将私人的田产转移给太公，抵债。②

上述7种公尝土地的来源中以第一种最为常见，其他6种不是很普遍。公尝土地的来源多样，但其主要来源于祖先的遗留。祖先或亲戚遗留下来的土地其后代或亲戚有同等的权利继承。从上述北粤村公尝土地的来源类型来看，公尝土地集中体现了公共性。排瑶社会中的公尝土地作为一种财产会随着各宗族、房族经济状况的变化在各宗族或房族之间流动，其流动主要以买卖、抵押或赔偿的方式进行。在以前，北粤村内各宗族、房族实力的此消彼长直接影响其所拥有的公尝土地面积大小，因此，排瑶内各宗族、房族在拥有公尝土地面积方面存在较大差异。

从1949年前后北粤村各宗族占有公尝土地（太公田地、太公山林）的情况（见表5-1、表5-2）来看，公尝土地在各宗族间的分布很不平衡。首先，

---

① 《区政府关于少数民族典型户基本情况统计、太公田和太公地的来源情况》（1953年），连南瑶族自治县档案馆藏，档案号：全宗号58，目录号G1.1，案卷号71。

② 《区政府关于少数民族典型户基本情况统计、太公田和太公地的来源情况》（1953年），连南瑶族自治县档案馆藏，档案号：全宗号58，目录号G1.1，案卷号53。

并不是每一个宗族或房族都有公尝土地；其次，不同宗族在拥有公尝土地的面积、片数上存在较大差异。如果按照公尝土地的来源推测，公尝土地在宗族间的差异不会如此之大，但实际上却相反，这说明公尝土地在宗族、房族间的流通较为频繁。一些房族的太公田地被均分，作为耕地使用，由公有变为私有；有些房族因自然灾害或"食人命"等原因将公尝土地变卖或抵押出去。公尝土地作为一种财产，常常会随着宗族、房族的经济状况变化和一些意外事件而出现变动。

表 5-1 北粤村 1949 年前后太公田地占有情况

单位：担

姓氏	太公名	占有面积		备注
		水田	旱地	
大唐	法国九郎		10	属管主、瑶真两房共有
	亚亢公	3		
	唐火生		10	
小唐	唐法海五郎	8		属全小唐所有，过去每年放利谷 30 担左右
	唐底九郎	5		属瑶山、中空、介九、大口四房所有
	唐户唐开手二郎	12		属户唐 50 户所有
	唐瑶山	5		过去每年贷出 3 担谷左右
	唐介九	3		
	唐大口	2		属大口 36 户所有
邓姓	邓底六郎	3		
	邓法行新京四郎		20	过去每年贷出白银 4 元
	邓六公	8	15	
	邓先生公	12		
	邓三公	6		
	邓六位公	10		
	邓八公	15		
	邓三担佬	2	15	
	邓沙十	8	100	

姓氏	太公名	占有面积		备注
		水田	旱地	
房姓	房法三郎	10		1949 年后分给农民
	法王殿二郎	15		1949 年后已典当
	法广六郎	5		
	法边二郎	4		
	法周八郎	0.15	10	
盘姓	法公十五郎	10		1949 年后分给农民
	法忠二郎	2		
	伍保房	6		
	亚林房	3		1949 年后分给农民
总计		157.15	180	

资料来源：《民族问题五种丛书》广东省编辑组：《连南瑶族自治县瑶族社会调查》，广东人民出版社，1987，第 43 页。

表 5-2　北粤村 1949 年前后太公山林占有情况

姓氏	占有山林片数（片）	占有杉木株数（株）	分属小房太公数（人）	说明
邓姓	25	7500	3	除个别山林已变荒山外多数都是有杂树和杉木的，这里杂树无法统计，只统计杉木。
唐姓	38	900	5	
房姓	6		2	
盘姓	21		1	
合计	90	8400	11	

资料来源：《民族问题五种丛书》广东省编辑组：《连南瑶族自治县瑶族社会调查》，广东人民出版社，1987，第 44 页。

（二）公尝土地的使用和管理

公尝土地主要来源于祖先的遗留，这决定了公尝土地的公共属性，继而决定了其使用和管理都建立在全体宗族或房族成员共同参与的基础上。公尝土地作为祖先遗留下来的公共财产主要用于宗族或房族的各种公共开支，其中包括购买祭祀祖先、要歌堂和打道篆所需的公共物品以及其他形式的以宗族或房族为单位的公共开支。公尝土地中，太公田地作为某一宗族或房族的公共财产主要服务于本房族或本宗族成员，它具有一定的福利色彩。这从太公田地的使用方式上可以看出来：①交由本房没有田地或仅有少量田地的人耕种，租额比租私人田地低；②借钱或借谷给本房人解决困难，利息较轻；③支付本房费用，以供耍歌堂、"拜山打醮"等。①

太公田地的这些使用方式在一定程度上帮助了宗族或房族内家庭经济条件不好的成员，本宗族、房族成员租种本宗族、房族的太公田地租额较低、利息较轻。

作为集体财产，太公田地的使用由整个宗族或房族决定，体现出宗族、房族内民主协商的原则。在平时，太公田地的使用主要有如下几种方式。

①分耕。各太公名下的子孙后代都有耕种本太公田地的权利，太公田地的分耕事宜由老人决定，耕种太公田地的家庭交耕地收获量的 30% ~ 40% 的租谷。

②轮流耕。以每户耕种一年为期，轮流耕种。由于缺乏保养，土地一年年瘦瘠，产量较低。

③长期耕。由太公名下的子孙确定每块田地能产多少谷，然后交给一户人家长期耕种。如果其能按时交出租谷，就不改变其耕种权。因土地有专人保养，所以产量较高。

④出租。将太公田地租给姓内人或别人耕种，每年收取租谷。太公田地的地租额一般是收获量的 30% 左右。②

由此可见，作为公共财产，太公田地在使用上体现出很强的公共性，这种公共性主要存在于宗族内部。

在太公田地的收入管理上，有以下几种形式。

①谁种谁管。分耕或轮流耕种的太公田地，由各耕户自行处理。到扫墓时，只要按规定的比例交出租谷就可。一般是种一担田地交 30 ~ 50 斤；有些人家分耕一二担田地，则规定在扫墓时拿出一只鸡、一些豆腐、几斤酒就算了。这种方法多数在小房中和太公田地少的情况下实行。

②轮耕轮管。房族内各户轮流耕种管一年。管理者负责太公田地的分耕、轮耕或出租，以及放贷收账、谷物管理等。每年扫墓支出若干，当众宣布收支数目，然后交给下一个管理人。交代后，把账单当众烧掉，责任便算完了。管

---

① 《区政府关于少数民族典型户基本情况统计、太公田和太公地的来源情况》（1953 年），连南瑶族自治县档案馆藏，档案号：全宗号 58，目录号 G1.1，案卷号 53。

② 《民族问题五种丛书》广东省编辑组：《连南瑶族自治县瑶族社会调查》，广东人民出版社，1987，第 44 页。

理人不得私自动用任何一份财产，也无权决定收支借贷和买卖事宜，所有这一切必须通过本房族众人集体决定。

③选人管理：每年扫墓后，召集房族内各户商议，选出一个或几个较老实的人负责管理，其权利义务与上一种形式中的管理人同。管理人不论怎样产生，都一概不给报酬，只有遇出账、称谷或做买卖脱产一天半天时，方可以和一起工作的人买一二斤酒共饮。吃后必须向众人说明理由，报清数目。总之，过去尚没有发现过贪污或利用公产假公济私的事例，可见北粤村排瑶对太公田地的管理与使用遵循民主的原则。①

不难看出，北粤村在公尝土地的使用和管理方面表现出较强的集体性，宗族、房族成员集体管理和使用共有的土地。北粤村排瑶的宗族组织内没有绝对的权威，成员间地位较平等；它不像汉人宗族组织那样族长拥有较大权力。排瑶对公尝土地的管理并不像汉人宗族社会中那样由族长负责。宗族内部成员间的平等关系，使宗族在处理公共财产、公共事务方面坚持民主、平等的原则。这些原则都建立在血缘关系的基础上。"中国人的亲属关系不仅比西方的关系名义明确，区分精细，而且还附有按其地位而定的不容争辩的权利和义务。"②总之，北粤村的公尝土地作为一种宗族、房族内的公共财产，在来源、管理和使用等方面都表现出较强的公共性。房族成员对公尝土地的管理和使用基于民主、平等和协商的原则。

受所在地区地形地貌和气候等自然环境以及耕作技术的限制，排瑶的稻作农业在生产效率上并不高。再加上公尝土地面积有限、流动性较强的特点以及各宗族、房族在使用方法上的差别，公尝土地作为宗族、房族的公共财产在积累财富方面作用有限。公尝土地增强了宗族成员在经济上的联系。围绕着公尝土地的管理和使用，宗族成员间必须进行密切互动。宗族、房族组织内的公尝土地无疑对成员间的团结起到了积极作用。

（三）1949 年后公尝土地的消失

1950 年，瑶区进行土地改革，排瑶内仍有小房族保有太公田地，但 1951 年起便停止收租。除少数房族在 1947～1948 年将田地分给本房族的家庭轮流耕种外，其他各房族的太公田地都由原耕户（都是较穷的瑶户）耕种。大房

---

① 《民族问题五种丛书》广东省编辑组：《连南瑶族自治县瑶族社会调查》，广东人民出版社，1987，第 45 页。
② 〔美〕费正清：《美国与中国》，张理京译，世界知识出版社，1999，第 24 页。

族太公田地也由各房族内各穷苦户轮耕，不再收租，其中也有在清明祭祖时由耕种户负担一些酒等祭品的，但并不做硬性规定。太公田地停止收租的决定由时任领导提出，后各房族自行开会通过。①北粤村的太公田地在 1952～1953 年分给各自房族的成员，②同一时期，太公林、太公山等公尝土地也随太公田、太公地被分给各自房族的成员。至此，北粤村的公尝土地不复存在。

作为宗族共有财产的公尝土地的消失并没有瓦解北粤村的宗族组织。北粤村的宗族组织在本质上是一个父系血缘组织，公尝土地的产生也主要来源于祖先土地的遗留。公尝土地是排瑶宗族组织的派生物，而不是排瑶宗族组织的基础。因此，1949 年之后公尝土地的消失并没有造成排瑶宗族组织的解体。公尝土地在功能上主要是用于支付宗族内的祭祖、耍歌堂、打道篆等公共事务的花销。公尝土地消失后，宗族成员采取平摊宗族公共支出的方法来解决宗族的公共事务开支。同一祖先的子孙对祖先在享有同等权利的同时也需承担同等的义务。这从一方面说明，排瑶宗族组织的外在表现形式会变，但维系宗族存在的血缘同等性原则并没有改变。弗里德曼强调土地共有财产对东南汉人社会宗族的重要性的观点在排瑶社会并不适用。共有地产的消亡并没有造成排瑶宗族存续核心因素——血缘同等性的消亡。因此，共有地产消亡后，排瑶的宗族组织又会以另一种表现形式存在。就这一层面而言，宗族是村民处理集体性事务的方式和办法。

二 宗族整合力的减弱

(一) 宗族成员间换工现象的减少

北粤村宗族组织的主要功能之一体现在各种人生仪式的完成方面，北粤村村民各种人生仪式的完成都离不开宗族成员的帮助。在日常生活中宗族成员间的亲属关系成为可靠的资源。一些单个家庭难以完成的活动，常常要依靠宗族成员的协助。传统上北粤村宗族组织内部各成员间存在各种各样的互助方式，在插秧、收割等农忙事务中宗族成员各家庭间存在普遍的换工现象，在建房子、修水渠等单个家庭难以独立完成的事务中宗族成员间的换工也普遍存在。

THSYLS 向笔者介绍了北粤村宗族组织内换工现象的变化情况：

---

① 《区政府关于少数民族典型户基本情况统计、太公田和太公地的来源情况》（1953 年），连南瑶族自治县档案馆藏，档案号：全宗号 58，目录号 G1.1，案卷号 53。
② 《区政府关于少数民族典型户基本情况统计、太公田和太公地的来源情况》（1953 年），连南瑶族自治县档案馆藏，档案号：全宗号 58，目录号 G1.1，案卷号 71。

宗族内部有亲疏远近之别。比如在我们房，我跟 TFM 他们比较远，跟 TJX 就近一些，跟 TSB 是最近的。TSB 的祖爷爷和我的祖爷爷是兄弟。这样同一个堂内，按亲疏远近，彼此的交流也有频繁与较少之别。前几天 TSB 盖房子，就叫我帮忙，帮完他要给我钱，我说"你以前盖这么大房子时我都没有来帮过忙，今天帮这忙你也不要给钱"。宗族成员间互相帮助是经常性的。帮忙不用记名单，大家彼此都很熟悉。帮忙的话，只要是一个祠堂宗族的，你看他不忙的话，都可以叫来帮忙。一个祠堂宗族肯定会帮忙，大家都是帮来帮去的。以前在我们北粤村，盖房子是不花人工钱的，一个宗族的人或者亲戚大家都互相帮忙，一家来帮一两天忙，这样房子就起来了，大家都有自己的事情，不可能帮你很多天。房子的主人只是请来帮忙的人吃饭，并不给钱。建房子别人来帮忙大多数只是在打地基、过面（房子盖好后的铺水泥）时来帮忙。砌墙时，房子的主人则要花钱请别人来做。现在，盖房子更多的是花钱请别人来。①

在上述个案中 THSYLS 帮助和自己血缘关系较为亲近的 TSB 出于情义没有要钱，而 TSB 在其帮忙后给钱则是出于礼貌。在 THSYLS 所在的祠堂宗族，TSB 与其的血缘关系比较亲近，血缘关系更远的宗族成员在换工方面则更遵循互惠原则。

THSYZR 年轻时去广州打工，打了 10 年工后他就没有再出去了，而是在家里开了一间小商店，卖蔬菜、猪肉和其他生活用品。因为常年在家，他参与宗族内的活动比较多，也经常和族人进行换工。谈及自己的换工经历，他告诉笔者：

自己因为在家，时间比较多，很多时候，看到自己兄弟需要帮忙，不用他说我都拿着锄头去帮忙，我帮别人已经做了很多了。但后来我发现，自己先帮了别人，但他不来帮我。所以，后来我也就懒得帮别人忙了。帮忙主要在宗族内部进行，此外，我的亲戚也会帮一下。其他宗族的事情，我就很少问了。20 世纪 80 年代时，唐冲村的房子，都是大家互相帮忙建起来的。我们这个互相帮忙也是讲人情的，做房子时宗族的人是一定要帮忙的。但现在建房子帮忙就少了，现在很多人建房子都是花钱请其他人来

---

① 2019 年 4 月根据北粤村 THSYLS 口述资料整理而成。

做。大家都变懒了，有钱了他不愿意来帮你，也不请你来帮忙了。①

笔者在北粤村进行田野调查时也明显地察觉到，村民之间这种换工现象已受到较大的冲击。在比较亲密的关系中，换工也受到一定的影响。TFM 的父亲因为自己的小儿子要结婚在建新房子，请了 TFM 的伯父和叔父来建房子，需要 40 天才能建好，除了中午管一顿饭外每天要给他们 150 元的工钱。可见，现在亲兄弟之间这种长期的帮忙必须付以相应的报酬。传统北粤村那种宗族成员间不计报酬式的互惠机制已很难见到。

谈到宗族内部的换工现象，TFM 说：

> 宗族内平时大家就没有什么，你忙你的我忙我的。宗族之间就是婚丧嫁娶，小孩子出生、满月、百日还有耍歌堂、拜山等仪式性的活动，宗族内部各家庭之间的互动主要是这些仪式性的。在以前不一样，以前有不少活动涉及生产、盖房子这些。现在这种情况，你叫人来帮忙也不好意思不给别人钱。因为现在的人都有途径去挣钱。你今天不让他来，他就可以有一天的钱挣；你叫他来帮忙就造成他这一天不能挣钱。你要补偿他。但是，关系好的话，你给他钱，他也不要。不用花钱请别人来帮忙的就剩下百日冲糍粑、结婚、丧事。这些事情不用给钱。如果这种事情都要给钱的话，就不像话了，就不是我们的文化了。要维护这种东西，就需要大家相互理解。比如我弟弟今年结婚，你叫别人回家，他回家要有损失。这个大家都要相互理解。现在能锁住这种东西的就是大家相互帮助，你帮我，我帮你。有一些懒的他不愿意帮助别人，别人也不会帮他。②

TFM 对宗族内事务的态度在北粤村中年人当中非常有代表性，宗族内部换工现象的减少是宗族整合力日渐减弱的表现。北粤村宗族成员间换工现象减少的原因有很多。首先，传统换工主要发生在农业劳动中，村民从土地中脱离出来自然减少了换工现象；其次，大量青壮年劳动力外出打工不在乡也是一个主要原因；最后，换工在本质上是一种互惠机制，帮忙的一方并不是完全不求回报的，当一方在付出劳动后得不到等价的回报时，互惠机制就会被破坏，双方间的关系也会受到影响。

---

① 2019 年 4 月根据北粤村 THSYZR 口述资料整理而成。
② 2019 年 2 月根据北粤村 TFM 口述资料整理而成。

　　相对封闭的社会环境迫使人们必须团结互助以谋求生存和发展，但在开放、流动的环境尤其是在市场经济条件下，个人和家庭获取资源的途径与方式更加多样，个人和家庭求得生存与发展的过程中包括宗亲在内的亲戚不再是唯一可以依靠的力量。在这种社会环境下，北粤村宗族组织成员间的互帮互助现象逐渐减少。而这也造成宗族成员间的连带责任感日趋淡化，宗族认同感有所消减，核心家庭的重要性日益凸显。FWD是北粤村房姓买德宗族下面一个23户房族的长老，他是镇政府的工作人员，两个儿子的工作也比较好，因此在房族中很有威望，房族的公共事务都由他管。因为做过教师，他喜欢说教房族成员。自己房族的成员房六初中没有毕业，文化水平不高，但因为有经商头脑，每个月能挣到6000~7000元，这在当地已经很不错了。只是他喜欢喝酒，存不住钱，挣的钱都用来消费了。FWD就在自己宗族的微信群（群里有46个人）里挖苦他，说自己的工资还没有房六高，但房六不住钱，挣的钱都用来喝酒、唱歌了，如果他能存得一些钱，也不至于现在三十多岁了还娶不到老婆。FWD每年拜山时，都会跟自己的族人讲道理、摆事实，希望通过自己的努力帮助族人，不让他们做违法犯罪的事情，说如果触犯了法律，就会给宗族添乱。FWD不喜欢房族的人向他借钱，他跟族人也是这样说的。用他的话来说，忙可以帮，但钱不轻易借。北粤村村民去广州打工的比较多，外出打工多是亲戚互相帮忙，喜欢抱团，FWD的大儿子曾经因为在深圳自己的兄弟少，就想调到广州。但FWD告诉他，在广州虽然兄弟多，但他们如果天天找他，就耽误自己的事情了，而且在深圳每个月的工资比在广州多五六千元，还不如在深圳工作。在FWD的劝说下，他儿子还是留在了深圳。他儿子曾经在深圳招过消防员，让自己宗族的人去，只是就去了一个人，其他人没有去。

（二）宗亲会中姓氏的符号化和人群的结合

　　无论是传统上还是现在，北粤村村民都有着浓厚的宗族意识。历史上，排瑶长期处于相对封闭的自然社会环境中。村落内部各姓各宗族都是聚族而居，宗族观念和姓氏观念在村民中是普遍存在的。北粤村村民人与人关系的处理法则是基于血缘亲属关系中的身份的，基于父系血缘关系产生的宗族、姓氏的观念比较强。在当下北粤村日益走向开放、流动的情况下，当地人重视宗亲关系的传统也在被利用，成为实现人群结合、获取利益的方式。

　　FQGJ的儿子THR在大学毕业后曾经当过北粤村的两届村委会主任，从村委会主任一职退下来后，他转而经商。THR接受过高等教育，头脑灵活，乐于接受新事物。在经商过程中，他通过网络渠道联系到了全国房氏宗亲会主办方，并参加了房氏宗亲会。通过多次参加宗亲会，THR 与全国的房氏宗亲建立起了联系。在参加房氏宗亲会的过程中，THR 结识了很多房姓商人和官员，这极大地扩展了他的交往圈。通过参加宗亲会，THR 熟悉了宗亲会的性质和运作流程，也萌生了在自己家乡通过举办宗亲会实现商业合作的想法。但举办宗亲会并非易事，需要资金、合伙人和平台等条件，一开始，由于时机尚未成熟，举办房氏宗亲会还不现实。于是，THR 就等待时机并为此积极地创造条件。

1. 宗亲会中姓氏的符号化

房姓是连南排瑶的一个大姓，有 4 万多人。这些年，THR 在经商的过程中在佛山结识了经营酒店的 FDH。两人同是连南人，在 THR 的劝说下 FDH 同意与他进行商业合作，在连南县成立房氏置业有限公司（公司名称经匿名化处理）。房氏置业有限公司的投资者主要是连南的房姓族人。在成立房氏置业有限公司的过程中 THR 努力劝说北粤村整个房姓的族人，尤其是帮计宗族的人参与投资。但帮计宗族中有钱人并不多，很多人都是靠外出打工挣一些钱，并没有多余的钱用于投资，此外，村民也缺乏商业投资意识。最终帮计宗族只有 5 位常年做生意、有一部分资金的人参与了房氏置业有限公司的投资，其他 6 位投资者均是连南县的其他房姓成员。这样，在最初房氏置业有限公司有 11 个股东。很快房氏置业有限公司就成立了，考虑到 FDH 有经营酒店的经验，公司的第一个商业项目就是 GE 酒店，他们把重点也放在酒店经营上。有了 GE 酒店这个平台和商业合伙人，THR 看到举办房氏宗亲会的时机已经成熟，就以房氏置业有限公司为平台向全国房氏宗亲会主办方表达了办宗亲会的意愿，并向其发出邀请。THR 是整个房氏宗亲会的策划者，他将这次宗亲会定义为房氏资源整合文化交流会，整个宗亲会围绕房氏文化交流和商业合作的主题展开。谈及举办宗亲会的初衷，THR 说：

> 首先，我们是为了追宗溯源，寻根。我们连南的房姓现在只能追溯到房姓进入岭南之后的历史，之前的历史基本上是空白的。我们房姓有一个堂号，叫清河堂，以前是清河郡，现在是清河县。直到现在，我们房姓大厅的香案上，写的都是清河堂。在我们瑶寨里面有三个始祖，房海公，房又公，房满公。这三兄弟下来我们都是有记录的，但之前的我们没有记录。我们房姓的支系少，脉络比较清晰，全国只有 80 多万房姓。我们想

通过这次宗亲会与全国各地的房姓进一步联系，追踪我们连南房姓的发展、迁徙脉络。2004 年在河南驻马店的遂平举办了第一届房氏宗亲会，有 1000 多人去参加。当时，韩国、全国各地的房姓宗亲都有参加。河南驻马店遂平县是尧帝的发源地，他册封我们的祖先为房龄侯，我们奉他为我们的始祖。1000 多年前我们的祖先也是汉族，我们不是南粤土著，我们是从北方迁徙过来的。我们连南的房姓先祖后来千里迢迢，长途跋涉历尽艰险才到达今天的连南。其次，我们希望通过宗亲会把我们连南的房姓宗亲宣传出去，让更多的宗亲知道我们连南房氏宗亲的情况，介绍我们的文化、特产以及资源。最后，我们房氏置业有限公司毕竟是以营利为目的的企业，举办宗亲会我们也希望与全国的房氏建立起商业合作关系。我们希望依托连南的自然和民族优势吸引房氏宗亲来连南进行商业投资。我们举办的这次宗亲会在内容上集商业洽谈、旅游体验和文化交流于一体。总之，我们希望通过房氏宗亲会达到商业、社会和文化效益的统一。①

依托房氏置业有限公司，经过团队合伙人的协商和策划，以商业洽谈、旅游体验和文化交流为主题的宗亲会的活动方案很快就出来了。

举办宗亲会需要大量的资金，整个活动的费用用份子钱支付了主要部分；除此之外，一些宗亲捐助、赞助了一部分酒水、制服等礼品。作为活动发起方的房氏置业有限公司为宗亲会捐款 3 万多元，占这次宗亲会活动总支出的 30%。这次宗亲会主要依托旅游活动举办，遵循自愿和 AA 制的原则。在自愿的前提下，THR 在整个宗亲会的策划、联络和协调中发挥了重要作用。在车辆的接送、酒店的住宿、旅游景点及路线的规划等多个方面，THR 都凭借自己的关系网做好了准备。THR 与各个景点、酒店事先做好了沟通，进行商业合作。而宗亲会的聚餐，也多在房氏置业有限公司旗下的 GE 酒店进行。因此，虽然房氏置业有限公司为本次宗亲会捐款 3 万元，但其通过举办宗亲会获利更多。

这次宗亲会得到了赞助商和连南房氏宗亲的大力支持。赞助的企业包括：

①广东房氏置业有限公司，赞助现金 3 万元；

②青岛厚道原浆啤酒有限公司，赞助"青岛厚道原浆啤酒"；

③广东杰茗原生态茶业有限责任公司，赞助"房杰茗茶叶"；

---

① 2019 年 7 月根据北粤村 THR 口述资料整理而成。

④连南房氏酒店。

除了企业赞助，在 THR 和 FDH 等人和房氏置业有限公司的推动下，连南的房氏宗亲也都进行了捐款，以支持宗亲会活动（见表 5-3）。

表 5-3　连南房氏宗亲个人捐款额

单位：元

姓名	个人捐款额	姓名	个人捐款额
FRH	3000	FJC	1000
FDH	3000	FYG	1000
THR	3000	FJI	1000
FY	2400	FMG	1000
FZR	2000	FQGJ	100
FSS	2000	FEM	100
FKY	1000	FXY	100
FZM	1000	FJH	100
FXF	1000	FJR	100
FJ	1000	FLH	100

资料来源：笔者 2019 年 8 月在北粤村的调研中获得。

在上述捐款中，企业的捐款以房氏置业有限公司为主，个人捐款中房氏置业有限公司的股东捐款额也是最大的。从中不难看出，房氏置业有限公司是宗亲会举办的主要推动力量。

房氏置业有限公司在本质上是一个以营利为目的的企业，其主要股东都为连南房姓成员，股东的行为是商业投资行为。房氏置业有限公司推动宗亲会举办只是打着团结房姓的旗号，其目的在于吸引更多房氏成员进行商业投资。在此之前，依托宗亲名义进行商业合作活动在连南有先例，但当事企业却因为宗亲之间的利益矛盾而分裂。借鉴以往的经验教训，按照 THR 的说法，他们旨在把房氏置业有限公司打造成一家社会企业，在注重经济效益的同时，也注重社会效益，关注公益事业。他们已经意识到这种宗亲活动不能只注重商业利益，也要讲公益；商业利益和社会效益是相辅相成的两个方面；宗亲会不能完全是商业性质的，其必须建立在感情纽带的基础上。基于这样的理念，THR 举办的这次宗亲会兼顾了一部分社会效益。宗亲会拿出一部分资金用于资助需要资助的老人和贫困学生。他们计划用房氏置业有限公司利润的一部分来资助房氏的贫困宗亲。THR 及其合作人举办房氏宗亲会是利用人们的同族共源心理进行的商业行为。公司兼顾社会效益是为了更好地获得商业效益，社会效益是手段而不是目的。虽然宗亲会也有文化交流的目的，但从其主要发起人的动机来看宗亲会在本质上是一种文化搭台经济唱戏的商业行为。

中国的家极富伸缩性，它可以根据现实场景的需要扩展到很大，大到指所有同姓但不一定有系谱关系的人。[1] 在 THR 及其合伙人所举办的房氏宗亲会活动中，他们通过全国房氏宗亲会这个平台，借助于同源共祖的情感认同联系到全国的房姓族人。房姓在 THR 及其合伙人在筹备宗亲会的过程中被符号化利用了，"我姓房，我自豪"的口号正是宗亲会活动中房姓被符号化的具体体现。

2. 宗亲会场景中的人群结合

宗亲会活动中，不同地方、不同年龄层的房氏宗亲参加宗亲会的目的有所差别。在参加的全部 380 多位宗亲中，连南的房氏宗亲有 200 多人，占参加总人数的 50%多，连南以外的宗亲有 160 多人。外地来的宗亲以各省房氏宗亲会的代表为主。他们中很多人为旅游而来，带着孩子和父母，宗亲会对于他们来说更像是家庭亲子游；有的房氏宗亲则奔着商业融资和商业洽谈而来，他们希望通过宗亲会寻找商机；另外，还有部分以房氏文化交流为目的的老人与全国各省份房氏宗亲会的代表来到这里。参加房氏宗亲会的宗亲目的是多样的。宗亲会集旅游、商业洽谈和文化交流于一体的主题设置满足了房氏宗亲多样化的需求，容易吸引更多宗亲的加入。但在整个房氏宗亲会的活动中，同一姓氏的意识被各地宗亲所认同。"我姓房，我骄傲"的口号成为凝聚力的核心，房姓在宗亲会活动中被符号化。

此次宗亲会的旅游色彩很浓，宗亲会重要的活动在 8 月 10 日和 11 日两天进行。8 月 10 日的活动主要在××瑶寨举行。当天下午 2 点，房氏宗亲陆续抵达瑶寨，其车辆一共有 5 辆大巴车和 12 辆轿车，每辆车子上都贴有这次房氏宗亲会的标识。参加活动的房氏宗亲都身着统一配发的印有"房"字字样的红色马甲，连南本地的瑶族则身着传统民族服装。众多宗亲合照留影后在 THR 的引领下到瑶寨顶部的大庙举行祭祖活动。但在合影结束后，许多房氏宗亲并没有跟着去拜祭大庙，而是自行参观瑶寨景点，跟随 THR 参加祭祖仪式的多是连南本地的瑶族。祭祖仪式也比较简单，两名先生公在庙中焚香、烧

---

[1]　谢继昌：《中国家族的定义：从一个台湾乡村谈起》，载李亦园、乔健合编《中国的民族、社会与文化：芮逸夫教授八秩寿庆论文集》，台北：食货出版社，1981，第 60 页。

纸、杀鸡，并在大庙外燃放鞭炮。祭祖仪式结束后，THR引领诸多宗亲来到景区的表演场地，在此举行各地宗亲的联谊和文化交流活动。

活动首先是各地的房氏宗亲上台讲话。全国房氏宗亲会的会长，四川省，海南省，甘肃省，河南省，广西壮族自治区，广东省深圳市、梅州市以及山东省的房氏宗亲等陆续上台讲话。各地宗亲代表的讲话都围绕"天下房氏一家亲"的主题展开，追忆共同的祖先。世界房氏宗亲会总会副秘书长的致辞如下："通过这次宗亲活动我们的亲情得到加强。忠厚传家远，诗书继世长，继先人之志，承先人之德。以光大我房氏宗族，希望以后大家常沟通，勤往来。愿祖上英灵护佑我们房姓家人。"而来自广东梅州的宗亲代表的致辞很有意思，他在致辞中强调了少数民族中也有房姓。其致辞内容如下："广东有两大房姓聚居地，梅州和连南。梅州的房姓有2万多人，连南更多有4万多人。自己都很吃惊连南有这么多姓房的，而且是少数民族。自己的朋友就跟自己开玩笑，说：'你确定自己不是少数民族吗？'我说：'我确定。'其实，连南的房姓在以前也是汉族，只不过后来变成了少数民族。但无论如何，天下房姓一家亲，我们都是一家人。"同姓的概念在宗亲会中被无限地放大，它可以超越民族。而作为宗亲会活动的主办方和东道主，FYG的致辞更为直接地表达了其举办房氏宗亲会的目的。他指出：广东在房氏宗亲会发展方面做得最好。广东的房氏宗亲修家谱，修祠堂，抱团发展，效果良好，希望全国的房氏宗亲支持连南的房氏宗亲。以上宗亲会活动中各地房氏宗亲的讲话内容都围绕着房姓共源意识，同姓被认为拥有共同的祖先，同姓的意识超越了民族的界限。在宗亲会中同一姓氏的意识被无限放大，同源共祖的观念被强调。房姓成为参加宗亲会各地房姓宗亲成员所共享的一种象征符号。

各地房氏宗亲讲话结束后，已到晚饭时间。各地宗亲在会场边看节目边吃晚饭。参加宗亲会的人会根据不同的参会目的分别聚成自己的一桌，晚上9点多，宴会结束，众多宗亲陆续返回酒店休息。虽然参会者目的不一，更不全是为了联系感情而来，但在宗亲会这一场景中，不同地区的房氏宗亲基于共同的房姓这一文化符号建构着天下房姓是一家的集体意识。共同姓氏所带来的这种虚拟的亲近感，将目的不同的房氏宗亲在特殊的场域内短暂地结合在一起。

8月11日是房氏宗亲会的文化交流和商业洽谈活动，连南本地的瑶族学者和民间艺人等围绕连南排瑶传统文化的保护和传承以及房氏族源等问题进行探讨。另一边，商业洽谈活动也在进行。虽然宗亲会的主办方声称商业洽谈活动是顺带的，但商业洽谈活动无疑最受主办方重视。作为宗亲会活动的重要负责人，THR 告诉笔者：

> 刚开始我提出要主办宗亲会的时候，我们的几个合伙人都普遍反对。他们认为宗亲会活动主要是联谊活动，支出多没有收入，就不愿意搞。后来我劝说他们把眼光放长远，在我的劝说和规划下，我们最终达成了一致意见。我们的宗亲会活动中旅游观光、文化交流和商业洽谈是环环相扣的。你要考虑到这么多宗亲凝聚在一起，吃喝住，这些都是必需的。我们不可能每年都掏钱举办宗亲会，宗亲会要想长久发展，需要一些产业支持。做公益的东西也需要产业支持。我们办宗亲会最主要的目的还是商业合作，有了产业支撑我们以后的活动才更长久。①

现代化的交通和通信技术极大地方便了人们的交流和互动，在整个宗亲会的筹备、举办过程中微信群发挥了重要作用。宗亲会活动也是通过微信群来联系宗亲成员，这次宗亲会的微信群成员有 300~400 人。微信群极大地增进了宗亲会参与者间的联系。

在整个宗亲会结束后，笔者又向宗亲会的主要发起者了解了相关情况。宗亲会还没有形成具体的商业成果，投资者还持观望态度。但因为是第一次举办宗亲会，连南房氏族人通过这次宗亲会结识了更多的房氏宗亲，让更多的房氏宗亲认识、了解了连南瑶族，宗亲会的宣传目的已经达到，这为日后的商业合作奠定了良好基础。宗亲会活动的成功举办团结了连南房氏族人，凝聚了连南房氏族人的人心。通过宗亲会，连南的房氏族人与全国房氏宗亲会加强了联系。THR 和其合伙人计划 2020 年正式成立连南房氏宗亲会以团结更多的族人，同时借此机会邀请全国房氏宗亲会中的企业家到连南来，希望他们来连南投资，并支持连南的公益事业。

1949 年之前，北粤村处于相对封闭的社会自然环境中，基于父系血缘关系的宗族组织是个人在家庭之外最大的依靠。个人对宗族组织的依赖使其产生浓厚的宗族意识。这种基于父系血缘和共同祖先观念的宗族意识与汉人社会的宗族意识如出一辙。今天的北粤村在现代交通和网络条件下已不再是一个封闭的小型社会，它与更大范围内的社会建立起越来越广泛的联系。在开放的社会环境下，个人拥有比以往更多的机会和自由与更大范围内的人进行合作。基于

---

① 2019 年 8 月由笔者根据 THR 的口述资料整理而成。

商业与自由之间的选择性亲和以及个体所具备的能动性，伴随着国家领导下的市场的发展，平等、自由、契约精神成为人际结合的基础。① 在房氏置业有限公司以及宗亲会筹办的过程中，THR 虽然极力发动帮计宗族的成员，但由于宗族成员没有更多的资金再加上商业意识也不强，效果并不好。后来 THR 在连南房姓中寻找到主要的合作伙伴，并最终通过房氏宗亲会的平台将这种合作关系进一步扩大至全国范围。房氏置业有限公司是一个以营利为目的的企业，以其为依托举办的房氏宗亲会的目的也是获取商业利益。房氏置业有限公司的成立和房氏宗亲会的举办在不同程度上利用了中国人重视血缘宗亲的文化理念，宗族关系成为人们生存适应上的一种文化手段。② 这体现出在日益开放、流动的排瑶乡村社会，流动的村民也在发挥自己的能动性，利用传统的文化、传统的组织获得资源、信息和资金等多种支持。在这一层面，当下宗族出现的"社团化""公司化"现象都是人们利用宗族文化的表现形式。

第二节　离土过程中宗族的韧性

家庭是最主要的血缘组织，在中国当下日益加速的社会转型过程中，农村中的大量青壮年劳动力外出打工。离土过程中家庭成员间的离散已成为常态，而宗族成员间的分居更是非常普遍。在这种情况下，家庭以及宗族成员是怎样处理个人与家庭以及宗族成员间的关系？此外，祖先崇拜氛围浓厚的北粤村在社会转型的当下，呈现出什么样的状态，经历了哪些变化，这种变化对宗族组织产生了哪些影响？本节将探讨在日益走向开放、流动的背景下北粤村宗族经历了怎样的社会文化实践。

一　大小家庭交互为用

（一）离土中的亲情勾连

在北粤村，每一个宗族就是一股力量，很多公共事务都是以宗族为单位进行的，尤其是在人生仪式和共同的祭祀活动中。传统上宗族成员彼此互帮互助，责任连带的意识比较强。北粤村错综复杂的亲属关系网络使当地一个家庭

---

① 高丙中、夏循祥：《社会领域及其自主性的生成》，《北京大学学报》（哲学社会科学版）2015 年第 5 期，第 123 页。
② 麻国庆：《祖荫下的社会认同：祖先的张力——流动的同姓集团与社会记忆》，《永远的家：传统惯性与社会结合》，北京大学出版社，2009，第 117 页。

的成员的重要人生仪式常常牵动很多人，在血缘、人情观念的作用下人们在族人和亲戚的人生仪式中需要保持在场。在这种情况下一个人在一年中往往要参加很多仪式，这使外出打工的村民频繁地往来于城市和家乡之间，而这无疑会影响外出打工村民的收入。传统风俗习惯的约束给当地外出打工的人带来不少经济、感情上的损失。

TFM 向笔者讲述了北粤村的两个案例：

> 我们村之前有一个小老板，他在四川、广州各开了一家玻璃厂。很多玻璃厂的员工都是他的亲戚。我们这边非常重视亲戚关系，谁子孙后代多、亲戚多谁就厉害。在我们这边不帮自己的亲戚说不过去，亲戚之间喝酒有说有笑比较好。但因为我们这边风俗规矩比较多，厂里的员工因亲戚的红白喜事等各种事务请假回家，有的甚至一个月回家好几次。我们这边的人注重人情关系，宗族意识比较强，宁可少挣点钱，也要维持好关系。这就造成工厂员工人数不稳定，影响工厂正常的生产。厂里有订单时员工回家了，没有及时交货给顾客，这影响到了公司信誉。这给公司造成很大损失，导致公司最后倒闭。我们这里不发达的原因就是过年这些拜山、各种仪式加起来都有两个月的时间。这些仪式你不参加，别人就会说你。这很浪费时间。
>
> 还有一例事，我们这边有一个人很勤快，也很有头脑，2009 年时在一家公司当小领导，一个月八九千块钱。但因为家族有事他老是和老板请假，后来他被老板开除了。我们这边亲戚多，三天两头可能就有亲戚去世，导致必须回家。①

在北粤村亲属关系是最重要也是最主要的人际关系，个人被各种亲属关系层层包裹。在熟人社会中这种人情关系的维系是每个人所必须要考虑的。排瑶社会成员很注重血缘亲情，传统的风俗习惯对市场经济的发展起到阻碍作用。从表面看起来这背后是传统风俗习惯对经济发展的制约，但更深层次的却是个人所在的亲属关系对个人的规约，尽管这种规约主要是伦理道德性质的。

TFM 前些年一直在深圳打工，他连续五年没有回家，家里人打电话都说再不回家就要从宗族中开除他，因为他很久都没有参与宗族内成员的各种活

① 2018 年 8 月由笔者根据 TFM 的口述资料整理而成。

动，而按照北粤村当地的风俗习惯，祠堂宗族的一个成员结婚、办丧事时同一个祠堂宗族的成员必须回来。北粤村的一些宗族规定，宗族的成员去世了，不回来要罚钱，按一天 100 元的标准进行。这种惩罚以前没有，因为在以前年轻人都不出去打工，大家都常年住在一起。现在，年轻人大部分都出去打工，在家的只有老人，做仪式比较难，有些老人就有意见，就提出不回来就罚钱，这样就有了这些罚款的规定。不参加宗族公共活动罚钱的规定大概是从 1995 年开始有的，现在是有些宗族罚钱，有些宗族不罚钱，规矩都由各个宗族自己制定。这些罚款作为宗族的公共财产由宗族指定专人保管，用于宗族内部的公共事务消费。近些年，随着大量青壮年劳动力外出打工，以往热热闹闹的拜山活动变得冷清起来。对不参加拜山活动的宗族成员进行罚款是宗族成员维持集体生活方式的一种方法，这种约束更多的是道德性的，而不是强制性的。

THSYLS 谈起北粤村的风俗也很是感慨，他说：

> 我们这里风俗太多了，广州工厂的老板都说我们连南人打工爱请假，老板会害怕。他们会说，你们连南人怎么这么多事情。像我们宗族还好一些，因为我们人多（THSYLS 所在的宗族有 67 户），一些小事情家里的人手够用，宗族在外打工的人不用回来。我们宗族中有人去世，成员（才）必须回来。但像大食、兀以及 TZM 所在的宗族（TZM 所在的宗族只有 27 户）这些小宗族，他们宗族有小事时其宗族成员就必须回来，因为他们人少，人不回来的话，做不成事情。宗族里面的老人比较迷信，自己和家里有什么病或意外，他们就要问仙，问仙的话就要去迁坟，而迁坟需要宗族成员参加。老人要迁坟，我们年轻人虽然知道这是迷信，但出于尊重老人，我们也会跟着去。①

对于传统的风俗习惯当地人也是尽可能地遵循，因为这些风俗不只是一些仪式那么简单，这些仪式需要宗族组织成员的参与。宗族在北粤村的存在有着村民现实的需求，而宗族成员间的相处也集中体现了排瑶乡村社会的伦理道德。

在北粤村，基于血缘关系而产生的感情依附在一定程度上满足了人们的心理需求。20 世纪 80 年代，政府在组织北粤村村民从高寒山区搬迁出去的过程

---

① 2019 年 6 月由笔者根据 THSYLS 的口述资料整理而成。

中，曾安排部分瑶民迁居到清远市的其他县。对于原已搬离连南县的瑶民，政府除了给予耕地、住房补贴外还会提供一定数额的资金。在政府的大力鼓励下，有 21 户北粤村村民搬离出连南县到外县定居，21 户搬迁户来自不同的宗族。2019 年 67 岁的 THSDSG 是搬出连南县的属于火生宗族的两户中的其中一户。在英德市的迁入地，政府分给他 5 分水田和 5 分旱地，但这些田地的质量都比较差。在英德市的几年中，他过年很少回到北粤村，但每年拜山都会回来参加，住在以前的老房子中。在他看来，拜山不仅仅是拜自己的祖公，也是和宗族中的兄弟见面。宗族成员举办丧事时，自己就回来参加，举办喜事时自己就委托宗族中的堂兄弟给红包。他自己的儿子在八年前结婚，老婆是北粤村本地人。儿子在唐冲村老房子的基础上建起了新房子。虽然儿子搬回了唐冲村，但 THSDSG 并没有立刻搬回来。宗族的兄弟很多次劝他搬回来，后来，THSDSG 还是搬了回来。说到搬回来的缘由，THSDSG 告诉笔者自己在英德没有兄弟，喝酒都是一个人喝。宗族中的兄弟都在唐冲村，自己搬回来喝酒都有兄弟陪。对于 THSDSG 而言，同一个宗族成员带来的归属感至少是搬回了北粤村的原因之一。

（二）城乡间"钟摆式"的流动与大小家庭间的互动

自 20 世纪 80 年代北粤村村民中掀起外出打工潮以来，村里的青壮年劳动力大量外出打工。他们常年脱离原生家庭在城市工作和生活，常年在城市的生活使年轻人更向往现代的都市生活。有能力的村民通过自己的努力在城市买了房实现了永久定居，越来越多的村民为了子女的教育选择在县城或更大的城市买房、租房。离开故土成为北粤村越来越多村民的选择，而能够离开故土在城市买房也被当地人视为有能力的标志。虽然离开故土成为越来越多北粤村村民的选择，但北粤村村民从未隔断与家乡的联系。首先，真正在城市买房的北粤村村民并不多，更多的村民是在城市打工或陪子女上学。对于他们而言，城市更多的是他们暂时的栖居之地。其次，虽然常年在城市工作或生活，但他们的各种血缘关系仍保留在出生地所在的家乡。常年在城市工作生活的多是年轻人和中年人，绝大多数老人和相当数量的孩子仍留守在乡村。不同代的村民在城乡之间的离散非常明显，在城市工作生活的北粤村村民无法真正脱离与出生地的联系。即便是那些成功在城市买房的村民也不能完全断绝与出生地宗族成员和亲戚的联系。在城镇化进程加快的大背景下，越来越多的北粤村村民在城市与乡村之间进行"钟摆式"的流动，小家庭无法脱离固有的大家庭，大家庭与小家庭之间的互动从未中断。

北粤村的各种人生仪式很多，在这些人生仪式中宗族成员和姻亲往往都需出面参与。这些人生仪式包括出生、满月、百日、婚礼、葬礼，一周年、两周年和三周年忌日。此外在一些活动中，也需要宗族成员或姻亲的参与。这些活动包括迁坟、"进火"和耍歌堂等。在这些人生仪式和活动中，北粤村的村民往往会互相宴请，在一些喜事中即便对方与自己不属于同一自然村也会邀请参加。而同属于一个宗族的成员更是相互协助，全程参与到彼此的人生仪式中。同一宗族成员彼此参与到对方的人生仪式等事务中，体现了小家庭和大家庭之间的交流和互动。笔者将通过以下几个田野个案，来展现在城镇化过程中北粤村大小家庭间的互动。

个案 5-1：FWD 一家

2019 年 55 岁的 FWD 是镇政府的一名工作人员，他曾经做过北粤村的小学教师，考上基层公务员后一直在基层工作。他有两个弟弟、一个姐姐和两个妹妹。两个儿子都上过大学，大儿子在深圳是公务员，小儿子在连南县事业单位工作。两个儿子都在各自的城市买了房，安了家，长期在城市生活。因为工作和生活习惯的原因 FWD 和他的老婆还在唐冲村居住。大儿子因为工作性质和居住较远的原因很少回家，只是在过年和重要的法定节假日回家，小儿子因为距离较近回家的次数比较多，参加宗族成员的公共事务也比较多。FWD 和他的老婆在暑假也会到深圳帮大儿子照看孩子。平时，因为大儿子很少回家，宗族内、亲戚间以及村子中的人情往来、随礼等事宜都由 FWD 和他的老婆代表大儿子出面。大儿子虽然因为工作的性质常年不在家，但在过年时会回到家中看望亲戚。在 2019 年宗族的拜山活动中，FWD 的小儿子在工作日的中午开车从县城回到墓地短暂参与一下后又返回县城工作。今年 6 月，FWD 所在的宗族有一户人家小孩子过百日，他和他的小儿子一起参加，小儿子和宗族中的男性成员一起帮主人打糍粑，小儿子的老婆和宗族中的女性成员一起帮着揉糍粑。这对年轻的夫妇和宗族中的其他成员平时很少见面，但通过这种仪式在场增进了彼此间的感情。

像 FWD 这样两个儿子都在城里买房的家庭在北粤村并不多见，却是北粤村未来可能的发展趋势之一。在这一个案中老年人留守在乡村，年轻人则成功进入城市并以城市生活为中心。但因为老一代仍以乡村为生活为中心，融入城市的两个儿子也割舍不掉与农村的联系。同时，以乡村生活为中心的 FWD 和他的老婆也因为两个儿子都在城市而更频繁地进入城市，他们每年都有一定的时间在城市生活。宗族及村子中的公共事务多由老人代表儿子参与，重要的事务则仍需居住较近的小儿子参与进来。成功进入城市的村民仍割舍不了家乡的血缘关系，村子内部尤其是宗族组织内部的人情关系仍需悉心维系。

个案 5-2：THSYLS 一家

THSYLS 2019 年 44 岁，他曾经做过北粤村的小学教师，后来因为超生不能再做老师，转而去外地打工去了。最开始儿子还小就留给老婆照料，儿子稍微长大后就给爷爷奶奶照看了两年，夫妇两人都外出打工。这两年，宗族及村子里面的事情也都由其父母代为处理，只有遇到必须回家的事情时他才回家处理。小儿子上学后，因为父母不会教孩子读书，THSYLS 就放弃打工专门在家教育儿子，自己的老婆则外出打工。这样宗族及村子里的事务都由 THSYLS 参与。THSYLS 两个弟弟的家庭也都有过和他自己一样的经历。

THSYLS 这样的家庭在北粤村很普遍，他们没有成功进入城市，只是在城市工作，乡村是他们生活的中心。夫妻两人均外出打工的现象在北粤村并不常见，往往是夫妻中的一个留在家中。一般情况下留守在家中的是妇女，主要是为了照顾孩子。2018 年一年，THSYLS 参加了全村 65 次包括人生仪式在内的各种活动，这些活动主要是"进火"和小孩子的百日活动；因为 2018 年在当地村民的观念中是吉祥的一年，所以很多村民都选择在这一年"进火"。THSYLS 这一年光"进火"就参加了 23 次。临近春节的那几天"进火"的人更多，因为要参加的仪式很多，村民几乎天天不用做饭。

个案 5-3：THR 一家

THR 2019 年 35 岁，是其父亲 FQGJ 唯一的儿子，不过他有两个姐姐。THR 有一个大女儿和一个小儿子，女儿上小学三年级，儿子上小学一年级。THR 在县城租了一套房子，将自己的两个孩子送到县城上学，同时也把父母接到县城住，把两个孩子交由父母照顾。夫妇两个人则忙着工作，核心家庭和主干家庭在这里是一种交互并用的状态。THR 和他的老婆经常外出，较少在家。宗族中的事务 THR 作为家中唯一的儿子也是尽量参与，实在不能参与的情况下其父亲 FQGJ 会代其参与。因此，父子两人经常往来于县城和房峒村之间。暑假和过年期间他们都要在房峒村的老房子里住上一段时间，同时过年期间也是宗族公共事务最多和村子中人情往来最为频繁的一段时间。THR 所在的主干家庭与其所在的宗族之间存在着事务性和定期性的互动。

THR 所在的家庭也代表着北粤村未来可能的发展趋势，他代表了正在努力融入城市生活的年轻一代人。他们渴望融入城市生活，正在为进入城市生活而努力，但还未进入城市生活。他们离不开乡村也尚未融入城市，与作为初级团体的宗族组织的联系和乡村的亲情仍牢牢地缠绕在他们身上。城市和乡村这两个生活场所对他们而言都很重要。

个案 5-4：TDJ 一家

TDJ 2019 年 38 岁，有两个儿子，大儿子初三，小儿子小学二年级，在北粤村中心学校上学。两个孩子都跟着爷爷奶奶留守在家，TDJ 自己和丈夫常年在外打工。丈夫在佛山的建筑工地，她自己则在佛山塑料厂打工，工作比较轻松。一个月 3000 多元，工厂只管吃不管住。平时家中不重要的活动都由父母代为参加，自己和丈夫不回家。但有些活动就需要自己或丈夫亲自回家参加。2018 年她因为宗族、亲戚有事，回来了 5 次。

像 TDJ 一家这样的情况在北粤村也比较多，一年当中他们总要往来于家乡和城市许多次。

生计方式对家庭结构的影响非常大，农业生计下家庭间需要合作，因而有利于大家庭形态的保持和维系；而工业社会，城镇化大背景下，家族成员职业的分化、分居异地都使大家庭形态的保持面临诸多挑战。在城镇化加快推进的背景下，北粤村的人口也在向城市流动，能在城市有自己的房子成为越来越多北粤村村民的奋斗目标，尤其是年轻人更渴望过上城市生活。打工潮的出现使北粤村的青壮年劳动力越来越多地离开村庄涌入城市，这极大地冲击了村落社会，削弱了村庄的社会团结和乡土文化传统。宗族组织日趋松散，传统的民间信仰渐趋瓦解，不同代人之间在对待传统文化的态度上出现了明显的差别。但从上述北粤村不同家庭的个案中不难发现，当地人在进城的同时与村庄的联系从未彻底中断。村庄中的公共活动、人情往来仍然是走出村庄的村民所不能忽视的事务，乡村的伦理道德仍是他们所须遵守的。金耀基认为：中国人讲人情，这种性格是由文化价值、社会结构等因素辐辏而成的；因为中国是以家族为本位的社会，用社会学的术语说，中国社会是以"原级团体"为主的。① 由于长期实行内婚制，排瑶的亲属关系网更为复杂，家庭将个人与更大范围的亲属网络连接起来，其人情往来也更多。北粤村村民离土过程中宗族组织作为他们集体活动最主要的载体仍被其所重视，他们仍会选择回到乡村参与宗族的集体活动。村落社会有其熟悉的形形色色的血缘关系，这种血缘关系是其所无法割舍的。基于对亲情的重视、人情和互惠机制的共同作用，宗族作为北粤村村民自发形成的一种集体生活方式虽然有式微的趋势，但仍是当地村民生活中不可缺少的一部分。宗族中的活动如祭祖仪式、宗族成员间关系的维系、人情的互动都体现出排瑶乡土社会的特色，尤其是体现出北粤村排瑶家庭之间结合的状态，小家庭虽然是独立的经济单位，但离不开其所在的大家庭。这种家庭形态是一种更加灵活、富有动态的家庭形态，充分体现出排瑶家庭的活力及张力。家庭之间相对灵活的结合形态是北粤村村民对流动、开放社会环境的一种适应，是一种"钟摆式"流动的家庭策略。家庭结合形态的改变也使宗族超出了时空的限制，宗族成员在时间、空间上都处于分散的状态，但维系彼此关系的血缘亲情仍未中断，借助现代化的通信方式和交通手段，时空分散的宗族成员间的情感连接仍比较稳定。北粤村的宗族组织作为人们的一种结群方式集中体现了排瑶乡土社会的特色。

二　民间信仰的蛰伏与绵延

排瑶的民间信仰有其自身特色，祖先崇拜是其最主要的信仰组成部分。祖先崇拜观念在北粤村排瑶的日常生活中处处都有所体现。一年中大大小小的祭祀活动比较常见，家中的祭祀和墓地的祭祀普遍被人们所重视。除了专门祭祀祖先的活动，对祖先的祭拜还渗透在北粤村的很多仪式中。北粤村村民将自己的福祸灾难、生老病死与祖先的庇护和责罚紧密联系起来。日常生活中遭遇不幸与灾难，他们会请先生公做法事尝试与祖先沟通，以祈求祖先的原谅和庇佑。先生公给病人看病时会"施法"，通过念病人祖先的法名请其为病人治

---

① 金耀基：《从传统到现代》，法律出版社，2017，第49~50页。

病。先生公给病人看病，念法名通常从病人的第一个祖先念起。例如，病人如果姓房，那么，先生公需要从北粤村房姓第一个祖先清河府内公开始，接着将房海公、房满公、房佑公、房十五公和房十二公等这些念一遍。1949 年之前，北粤村有大量的先生公，20 世纪 50 年代民族学家的调查资料显示，每天北粤村老村的宗教活动少说也有 10~15 次。[①] 如此多的宗教从业者和如此频繁的宗教活动体现出北粤村浓厚的民间信仰氛围。这种民间信仰在当地人看来是其应对生活中灾难和不确定因素的一种方法，是当地人处理自身与其所处的自然、社会环境关系的一种方式和方法。在当地人的观念中这种应对方法是可行的和必要的，他们不认为这是一种封建迷信活动。1949 年之后，尤其是"文化大革命"期间，北粤村传统的民间信仰及各种仪式活动受到严格管控，但在瑶民的内心深处，基于自身文化而衍生出来的民间信仰仍然存留。政策开放后北粤村的宗教信仰活动再度兴盛起来。民间信仰的这种兴盛并不是对传统的简单复制，而是当地人凭借自己的记忆和经历在传统基础上的创造，笔者将其称为民间信仰的绵延。本节讨论北粤村祖先崇拜在蛰伏期与当下的绵延状况，并探讨围绕祖先崇拜而展开的仪式活动与家庭、宗族等社会结构间的关联。

（一） 政府对民间信仰活动的管控

1949 年后，北粤村村民频繁的民间信仰活动引起了地方政府的重视。在相当长的一段时间内政府对其民间信仰活动采取了一系列的管控措施。连南县档案馆的一些档案资料记载了北粤村民间信仰的状况及当地政府对民间信仰的态度。

关于北粤村封建迷信情况的调查 （部分）[②]

封建迷信抬头，做斋求神成风。据调查，北粤村今年（1979 年）以来的死人送葬、挂纸祭坟和办事择日等方面都基本上按解放前老一套的迷信形式去办。例如：（1）为死去的迷信先生公作斋。今年七上队的唐山六斤公和九上队的邓京先生公相继死去，在埋葬时，由摇铜铃、绘黑面、耍大刀、拿马鞭、使铁丫、打长鼓、敲铜锣、招兵、引路等 18 人组成送

[①] 《民族问题五种丛书》广东省编辑组：《连南瑶族自治县瑶族社会调查》，广东人民出版社，1987，第 112 页。

[②] 《关于北粤村封建迷信情况的调查》（1980 年），连南瑶族自治县档案馆藏，档案号：全宗号 58，目录号 G1.1，案卷号 87。

葬（队伍）。特别是邓京先生公，分别葬在两个不同的地方，送葬的群众达 200 多人。出葬时避开大路、近路不走，走原房族定的崎岖小路和远路。同时，对死去多年的迷信先生公唐九六、唐佛六公，重新补做斋，用禾草做成假人，带着银排、纸伞、九块青瓦、两个碗、一双筷子、新衣服、花色纸一扎、爆竹、香等物品，按死真人的形式，重新埋葬。（2）更为严重的是为死去的阶级敌人招魂。二十队 1958 年因抗拒逮捕而被打死的地主唐邦计二，十下队 1958 年被我镇压的地主邓九公，十上队已病故的富农分子邓沙十公等，今年由他们的同房人去问"神公"，认为他们埋的地方不好，有的放得不正，在阴间生活得不舒适，重新择地重埋。（3）有病求神拜佛。大队拖拉机手邓沙十三，因生下小孩不吃奶，用 20 块钱、一斤米、两斤酒去请"问神公"。当问到要去拜请他死去的父亲时，邓就把一条大猪杀了。除交任务外，拿了剩下的 50 多斤猪肉，杀了两个鸡，买了 10 斤酒到其父亲坟地上祈告，并重新移葬，过了几天，小孩子不但没好，病情越加严重，生下来 19 天就死去了，弄得人财两空。第五生产队的青年唐火真三，因其父亲死时经济开支大，造成思想混乱，精神失常，也去问"神公"；讲的病因，"一是因其父埋的地方不好，放得不正，住得不舒服；二是因其父死时，送鬼公不够恶，讨来的鬼还没有送走，现在还在他家里，闹得不得安宁；三是因唐火真三前两年把油岭一个妇女埋葬时用过的"死人椅"拿回家，现用来埋其父亲，那个'妇女鬼'不肯走。"结果唐把埋下才三天的父亲挖出来，重新择地再次埋葬，又杀了一只两斤多重的鸡去拜油岭那个妇女的坟，并把那张死人椅从其父亲坟地还给那个妇女的坟地。但唐火真三直至现在（约一个月了）病未见好，不能劳动，其爱人因此情况也只好经常跑回娘家。（4）办事择日。第十三生产队今年春插时，由于秧苗不长去问先生公，什么时候插田比较好，当问到在 25 日插可以取得丰收时，全队社员便于当月每人在田间插了几把秧算是插了田，然后就不插了。（5）新老迷信公一齐登台，据统计，今年搞过迷信活动的"先生公"达 22 人，其中老迷信公有 20 人，十三队房老莫四，原来不会搞的，现在跟着学。

这份档案资料从一个侧面反映了北粤村的民间信仰活动情况。首先，北粤村的民间信仰活动涉及瑶民生活的方方面面，从上述档案可看出，它对农业生产、人患病、葬礼等村民生产、生活的各个方面都有所涉及，例如，在农业生产中，秧苗不长这类事情都会去请先生公解决。其次，先生公是北粤村民间信仰活动的主持者，北粤村几乎所有的民间信仰活动都需要先生公来完成。最后，民间信仰具有很强的韧性。到 1979 年，政府对北粤村民间信仰管控力度最大的时期已经过去，虽然经过多年的管控，但北粤村的民间信仰活动仍然比较活跃。

在管控时期，北粤村大量的瑶经被收缴并销毁。但瑶经在当地的社会文化中是必不可少的宗教典籍，尤其是对先生公这一群体而言，瑶经不仅仅是宗教典籍和职业用书，更是祖先传下来的财富。排瑶的经书大多通过先生公手抄的方式得以传承，每一本瑶经都沁入了先生公的辛勤劳动。先生公更是视瑶经为其职业所必备之物，对其珍爱有加，不肯轻易示人。政府虽然收缴了大量瑶经，但仍有部分瑶经被先生公通过各种方式保留下来。FQGJ 的父亲是北粤村有名的先生公，家中藏有大量瑶经和宗教书籍。在政府收缴这些宗教用具的时候，他把重要的瑶经通过各种手段隐藏起来，比如藏到山洞、埋在地下或藏在屋顶瓦片间等。这些经书在后来得以保留下来，并为日后北粤村民间信仰的复兴奠定了基础。

（二）耍"香歌堂"仪式的复兴

1949 年以前，北粤村每隔十七八年就要耍一次"香歌堂"（有的资料中称之为打道箓），耍"香歌堂"的当年在农历三月三、六月六、七月七分别召开筹备会，按房、姓、祖先选定"祠堂"（耍"香歌堂"地点）、歌堂头和先生公。农历八月二十四为"落成"会议，商定耍"香歌堂"的具体日期，做好一切准备，并限定未成婚的人（包括刚出生的婴儿）都要在农历十月十六前结婚或订好婚，以便在耍"香歌堂"时能得个法名，这样死后才能得到"阎皇殿"的"户口"。在耍"香歌堂"时，由先生公举翻旗、舞神棍、摇铜铃、念鬼书，引导族人宰牛、杀猪、杀鸡、烧香祭神敬祖先，戴"相冠"（鬼帽）、挂"纸连"，过"九州"，过"天桥"，去"阎皇殿"入"户口"。耍"香歌堂"是排瑶最大的宗教活动。1949 年后，特别是经过瑶区"双改"运动，广大瑶族人民在政府的正确领导下积极开展反封建迷信斗争，"香歌堂"活动也被制止。政府在对封建迷信活动进行制止的同时，鼓励富有民族特色的长鼓舞、瑶歌等艺术形式发展壮大。但"香歌堂"作为排瑶最大的宗教性活动集中体现了其民间信仰，"香歌堂"中一个重要的环节就是"捡法名"，在北粤村排瑶人的观念中只有拥有了法名才能在死后获得进入另一个世界与祖先团聚的资格，参加完"香歌堂"意味着其正式加入了宗族组织。"香歌堂"这一活动有浓厚的道教色彩，这一过程要举办"追修传兵度法道场"和"受斋度亡道场"，安抚无家可归的孤魂野鬼，洗清他们的污秽。正因为"香歌堂"在排瑶的观念中如此重要，这一活动一直存在。笔者从连南县档案馆的一份档案资料中找到了北粤村瑶民"香歌堂"活动复兴的相关记录：

> 从1980年冬开始，由于残余的封建迷信思想未完全根除，加之先生公的花言巧语，最近出现北粤村部分村民积极准备耍"香歌堂"，在先生公的煽动下，先后在今年瑶族人民的节日（三月三、六月六、七月七）里进行了三次筹备活动，骗取各家各户凑了钱，印刷了"相冠"（鬼帽），择定了祠堂，推荐了歌堂头，选定了先生公，并派出人员到大坪、军寮等地作了串联活动。同时，还向各个祠堂发出来通知书，拟定于农历八月二十四日进行"伐木起工架马落神"（刻神棍、制祖公、整香案、搭神台、架天桥、开鬼路、定歌堂日）。一句话，也就是"万事俱备，只等时间到了"。①

针对上述情况，各级政府做了专门的研究，分析了情况，采取了提高党员干部和群众觉悟、成立调查组了解情况、惩处活动组织者等一系列措施。改革开放初期，北粤村的民间信仰活动有所恢复，政府依然采取管控的措施。政府对民间信仰活动的管控虽然起到了一定的效果，但并没有根除它。北粤村的邓姓在1994年举行了"香歌堂"，随后房姓在1998年、唐姓和盘姓在2000年举行了"香歌堂"。由于很多瑶经被毁，邓姓第一次"香歌堂"是凭借老人们的回忆举办起来的。改革开放后，一个姓的人举办完"香歌堂"，其他姓的人也就跟着学着做起来了。但这时的"香歌堂"与传统的"香歌堂"有所不同，一些流程已经改变。北粤村现在的年轻人对"香歌堂"的重视程度已经大不如前。首先，很多年轻人已经不相信"香歌堂"了，他们觉得"香歌堂"不起作用，就热闹这么几天，为了这几天还要请假不划算；其次，北粤村的很多先生公对"香歌堂"的流程不了解，怕做不好会引起灾祸。传统上，北粤村做"香歌堂"的顺序是唐姓、邓姓、房姓、盘姓，但现在顺序已经乱了。在2014年邓姓举办第二次"香歌堂"后，唐姓和房姓一直没有举办。在可预见的将来，北粤村传统风俗的消解在所难免。

---

① 《关于制止北粤村耍"香歌堂"的情况汇报》（1981年），连南瑶族自治县档案馆藏，档案号：全宗号58，目录号G1.1，案卷号89。

（三）迁坟事件中的宗族动员

北粤村排瑶视死如生，在他们的观念里亲人去世后其灵魂会在另一个世界里生活。而生活在另一个世界里的祖先会对自己的子孙后代产生影响，生活在现世中的人们通过祭祀与另一个世界里的祖先保持互动。人们通过祭祀讨好祖先，祈求祖先的庇佑。在这种观念的影响下，北粤村的村民十分注重对祖先的祭祀，关心祖先在另一个世界的生活状况，努力让祖先在另一个世界生活得更好。他们会将自己在现实生活中遇到的困难与祖先在另一个世界的生活状况联系起来。北粤村排瑶的迁坟习俗很好地表现了当地人是如何看待和处理自己与祖先之间的关系的。

笔者在于北粤村调研期间亲身经历了当地村民的迁坟活动，并向当地村民了解了迁坟这一风俗。北粤村的迁坟通常由生病和发生意外两种情况引起，笔者在北粤村参与的两起迁坟活动中一例是由意外事件引起的，而另一例是由生病引起的。

个案 5-5：迁坟个案 1

TFM 堂弟的小儿子 2019 年 3 月在学校课间不小心摔伤了，好在没有什么大碍，孩子在医院住了几天就出院了。但这次意外事件让其家人联想到这年孩子的爷爷在拜山挂纸时不小心也受了伤。这两次意外事件，使其家人认为一定是某一位祖先在阴间过得不舒服从而降罪于子孙。随后，家人就去问仙以确定是哪一位祖先造成的。最后，问仙公说出了应迁坟的两个祖先的法名。其中一个要迁的坟是 TFM 奶奶的坟墓。在北粤村人的观念中给祖先迁坟相当于给祖先另择新屋，是一件需要认真对待的事情。迁坟要遵循一定的流程。迁坟前先要敬告祖先，即请宗族的先生公选好迁坟的吉日并告知祖先。迁坟活动中，所迁坟墓中的人的直系后代必须参与。迁坟当天，TFM 的两个伯父和他的父亲以及堂弟等都在现场。在几个堂兄弟的帮助下，八个人早早地来到坟墓前。首先，要拜祭祖先，给祖先烧香、烧纸，请先生公念经。拜祭完后开始挖坟、取出尸骸。尸骸用一个陶制的坛子装着，这说明尸骸在之前被迁移过。尸骸是被死者的儿子取出来的，被取出来的尸骸由死者的儿子用米酒擦洗一遍。在这个过程中，死者头骨的朝向不能变。尸骸呈黄色，且存放尸骸的坛子完好无损，在当地人看来这都表明死者在阴间住得比较舒服，没有必要为其另择新居进行迁坟。这样死者的儿子又将尸骸安放到准备好的新坛子中，保持死者头骨的朝向不变并埋葬好。虽然没有迁坟，但因为已经把尸骸给挖了出来，按照当地的习俗仍然要按迁坟的规矩进行处理，要在坟墓前杀猪、煮饭、挂纸。在迁坟的过程中，留守在家的宗族成员也都带着祭祀用品陆续来到坟墓。宗族成员通过接力的方式运土和石块为死者重新筑起坟墓。来到的男性宗族成员负责挖土、搬石头，女性成员则站成一排用塑料筐接力式地将土运送到坟墓旁，覆盖在新坟上。宗族成员间非常默契地配合，新坟墓很快就建好了。宗族成员为表示支持，每户捐5元，62户共捐310元用于支付迁坟的费用。

通常情况下，北粤村村民只有在出现意外情况时才会迁坟。宗族中的某一成员遇到意外事故时，会获得全体宗族成员的帮助。TFM堂弟小儿子意外摔伤的事情很快就在宗族内部传开了，因为医疗费用比较大，虽然学校给学生买了医疗保险，但要先支付完医疗费才能报销。孩子的父亲一时拿不出这么多钱来，作为宗族成员的TJF就在其宗族的微信群中呼吁宗族成员给受伤的孩子捐钱。TJF所在的宗族有一个74人的微信群，虽然并不是所有的宗族成员都在这个微信群中，但大部分年轻宗族成员都在。微信群的名字叫"一个公"，现在宗族内的很多公共事务都通过这个微信群通知。TJF在微信群提出为受伤的孩子捐款后，群里并没有人响应。THSYZR觉得TJF的建议很好，就在微信群中发消息："大家都是一个祖公的，有钱出钱，有力出力，帮助孩子渡过难关。"THSYZR是这年宗族的管事头，负责这年宗族内部的公共事务。前些年，他也做过宗族内的管事头，平时对宗族内部的公共事务比较热心，因此，他的话在宗族内部有一定影响力。THSYZR在微信群中的倡议很快得到了宗族成员的回应，宗族成员通过微信群发红包的方式向孩子父母捐钱表示支持。微信群中有人提出每户捐200元，但有些人表示反对，说不应强求。THSYZR就提出捐多少不强求。最后，通过微信收集到的捐款的金额有6000多元。此外，很多宗族成员还亲自去医院看望受伤的孩子。这部分去医院看望的每人也会给一些钱。最后，宗族成员共捐款2万多元。宗族成员出现意外后，成员间基于亲情的互帮互助在这里体现得淋漓尽致。

个案5-6：迁坟个案2

笔者在北粤村经历的第二起迁坟事件，是由当地一位中学生的心理疾病引起的。这名患有心理疾病的孩子15岁，上初中三年级，是THSYLS堂弟的儿子。因为父母闹着离婚，所以孩子情绪一直不好，他和母亲关系也不好。宗族人说孩子患有自闭症，最近不说话一直看电视，截至笔者了解情况时已经两天不吃饭了。孩子自己说，别人给他碗里放了一个监听器，他吃进去了。去医院看过，医生也找不到毛病。THSYLS知道孩子有心理疾病。在医院的时候，THSYLS为了疏导孩子就跟医生提前说好，让医生配合他们表演把窃听器从其肚子中拿出来的动作。可是，孩子后面又说窃听器现在藏在大脑里了。问题的解决远没有THSYLS所想的那么简单。在这种情况下，孩子父亲和他的几个兄弟商量决定去问仙。他们来到北粤村附近的一个村庄找到问仙婆，向其说明缘由，请问仙婆施法。问仙婆说要迁坟的坟墓坐东向西，靠右有一条路，看不清坟墓里的这个人是谁，不知道是男是女，这个祖先不敢露面，怕子孙骂他，但她感觉可能是男性。按照传统的习俗，他们给了问仙婆72元钱、一斤米和一只鸡就回到了家中准备迁坟事宜。根据问仙婆说的条件，孩子的父亲和几个兄弟基本上断定就是THSYLS的爷爷，因为在这边很少有坟墓符合问仙婆所说的条件。

决定好迁坟后，就要请先生公来到家中选好确定迁坟的日子。先生公来到家中，烧香、杀鸡、祭祖并念经告知祖先，将确定迁坟的日子写在一张单子上，贴在大厅香案左侧。单子上面所写文字的大意是：我们今天已经决定在今年的农历八月十八为您"起屋"（在阴间建房子）（见图5-1）。这意在告慰祖先子孙已知道祖先住得不舒服并为其选好了确定迁坟的日子。

有头起亡故公唐君法角六郎

州图日打开皇帝月建角书

己亥年交有秋季如来八月中门

十八日起屋安葵大吉利

看年看月看日看时看到

己亥年交有夏季如来六月中门

图5-1　为THSYLS的爷爷迁坟前贴在家中大厅香案上祭告祖先的单子的内容

资料来源：由笔者根据北粤村村民迁坟前家中祭告祖先的单子整理而成。

第二天一早，孩子的叔伯姐姐都来到家中，准备先把祖先的坟墓挖开看看。早上 7 点起来去挖坟，挖出来后发现坟墓里面都是树根。这样就是不好的，需要尽快将祖先的尸骸挖出来先临时埋葬在一个地方，等农历十一月十八到了，再正式把祖先的尸骨安葬到选好的地方。参与迁坟的均是死者的子孙后代。因为还没有正式迁坟，THSYLS 就没有通知宗族中的其他人，准备等到当年农历十一月十八正式迁坟时再通知整个宗族的成员，那个时候要杀猪。

个案 5-7：迁坟个案 3

THSYLS 的伯父的儿子得了肺癌，这也引发了一起迁坟事件。THSYLS 告诉笔者：

> 宗族里面的老人比较迷信，自己和家里有什么病或意外，他们就要问仙，问仙的话就要去迁坟。总之，我们宗族每年都要迁一两个坟头。老人要迁坟，我们年轻人虽然知道这是迷信，但出于尊重老人，我们也会跟着他去。我的伯父，去年（2018 年）因为其儿子得了肺癌，还是肺癌晚期，病急乱投医，就去贺州问仙，我们就跟着他去。我们几个人跟着他去贺州找问仙公，找了好久都没有找到。后来又去横坑问仙，最后迁了一个坟，这样请宗族人去做工，选新坟。后来还不行，他儿子的病还是没有好。这样，他又去寨岗问仙。我们家族的人这时都不听他的了，没人跟他去。这样我大伯就没办法，他就让他女婿开车带着他去寨岗问仙。回来又要迁两个坟，后来他儿子死了，这事也就没管了，坟也就没迁。对于我伯父因为他儿子得了肺癌多次问仙迁坟的事情，我能理解。因为有病乱投医么，但他确实太迷信了。

上述三个个案中，迁坟都被当地村民作为一种应对突发意外事件的办法。传统上，当地人会将现实生活中遇到的意外、不幸和疾病都和祖先联系起来。通过迁坟这一传统的习俗来解决现实生活中遇到的困难虽然在北粤村当地越来越多的年轻人中已日益不被认可，但仍被很多老人认可，迁坟已经成为一种风俗习惯。迁坟在当下的北粤村仍然流行有其背后深刻的文化逻辑。北粤村排瑶将现实生活中的困难和意外归咎于祖先的惩罚，希望通过平息祖先的愤怒来解决现实问题。这更多地体现出北粤村排瑶应对现实问题的一种方法，他们通过这种方法来寻求心理的安慰和现实秩序的重构。迁坟事件多由灾难性事件引起，通过迁坟亲属成员参与进来给遭受不幸的个人和家庭带来心理和物质上的支持。在这些意外事件中，宗族成员互帮互助共渡难关的凝聚力展现得淋漓尽致。宗族是一种保障和社会支持，这种支持是经济、情感等多方面的，所以宗族成员在日常生活中要去维持与宗族其他成员间的良好关系。上述三起迁坟事件的起因都属意外事件，在这些意外事件中宗族成员被调动起来帮助受害者。意外事件中宗族力量能够得到发挥并不是偶然的。宗族力量之所以能够调动，是因为宗族成员在日常生活中对宗族关系的经营。

小　结

封闭的北粤村在 1949 年以后，尤其是改革开放以后愈发开放，当地村民与外界的互动也日益频繁。同时，外部的各种因素对当地村民生活的各方面也产生着越来越多的影响。在这种背景下，封闭乡土社会中孕育而生的宗族组织也必然会发生变化。受国家力量的改造，北粤村宗族的共有田产消亡，民间信仰受到管控，村民的生计方式也经历了巨大转变。可以说，北粤村传统宗族组织存在的社会、经济和文化条件正在消失。日益流动开放的社会极大地改变了宗族成员聚族而居的格局，宗族成员在时空上呈现分散状态，宗族成员的日常交往在受到限制的同时，也更多地趋向于"仪式化"和"事件化"。这些变化造成宗族成员间的熟悉程度有所降低，宗族整合力下降，宗族凝聚力趋于弱化。

同时，我们也看到，虽然外在社会环境变了，但排瑶家庭因父系血缘关系的纽带作用在纵向上的延续性和横向上的差序性并没有发生根本改变。依据父系血缘原则，排瑶的家在纵向上的延续性和横向上的差序性决定了家庭间的分离与结合，展现着宗族基于血缘亲情的韧性。宗族成员在时空分散的情况下仍保持着必要的互动和交流，村民仍会主动地维持宗族成员间的人情关系。民间信仰虽然影响力日渐削弱，但仍在村民的日常生活中发挥着重要作用。在开放、流动的社会中，村民也在利用传统的宗族资源发挥其主观能动性去追求利益。作为农民集体生活方式和家庭结合形式的宗族在日益走向开放流动的社会环境中，以灵活的家庭结合形式表现出较强的适应性。

第六章

瑶老制及其转变

排瑶先民在历史上经过了长期迁徙，长期游离于封建王朝的统治范围之外。排瑶先民定居粤北后，仍不在封建王朝的直接统治下。由于历史上排瑶与周边汉人社会长期处于区隔的状态，在相对封闭的自然社会环境下排瑶形成了富有特色的社会文化形态。排瑶传统的宗族组织兼有经济、社会、政治和教化等诸多功能。在此基础上，历史上排瑶在相对封闭的自然社会环境下形成了自治性极强的政治社会组织形式瑶老制。瑶老制虽然以血缘组织为基础但超越了血缘组织，是地域性的政治制度。作为排瑶自发形成的一种政治制度，瑶老制对维持瑶排内部社会团结稳定、抵御外来侵略起到了重要作用。将排瑶社会纳入王朝的势力范围、解决瑶区的边患问题是明清两代统治者的目标。自清末以来，随着国家力量的深入，排瑶传统的瑶老制不可避免地与国家产生互动。在这种背景下，传统的瑶老制也发生着变化。本章以瑶老制为切入点，探讨排瑶与封建王朝的关系。排瑶作为山地民族如何在自立的基础上寻求与封建王朝的互动？瑶老制这一内生性的政治制度如何与国家体系进行衔接？它在当下的村落社会还发挥着什么作用？

第一节　传统的瑶老制

一　建立在血缘组织之上的瑶老制

在血缘关系和地缘关系基础上形成的社会组织是乡村社会中普遍存在的社会组织，社会秩序的建立往往以血缘组织为基础，排瑶的瑶老制也建立在血缘组织基础之上。不同血缘群体的人共居一处，协调处理彼此之间的关系需要一套相应的制度。在排瑶社会，这套制度就是瑶老制。

1949 年之前，瑶区的社会组织在某些地方仍然保留着原始社会的遗迹。

在这种社会老人发挥着很大的作用。维持社会秩序、管理公共事务、指导农作、排难解纷，都离不开排内老人，他们成为瑶族社会内部的上层人物。排瑶社会，无共同遵守的成文法，只有历代所传下来的惯例，有事依这种惯例来处理，主持事件处理的则为排内各族姓的老人。这些老人就是所谓瑶老。"瑶老"之名，始见于明代史籍，最初是汉人对瑶族内部社会有威望、管理内部社会诸多事宜老人的称呼。排瑶则称瑶老为"瑶公""公爹"。

排瑶社会组织的基础是一夫一妻的父权制核心家庭，其家庭成员往往只包括一对夫妇及其未成年的子女。子女通常在结婚一年后与父母分居成立新的家庭独立生活，新家庭独自参与排内的公共活动。在家庭内部，男性在家庭事务上拥有主导权。作为父系继嗣群体的房族组织，是排瑶社会除家庭之外最重要的社会组织。房族组织在排瑶社会中被称为 "ron^{53} pu^{44}"（温补）。[1] 排瑶的房族组织是出自同一祖先的若干代子孙的集合，根据祖先的远近，房族又可分为不同的层次。最高层次的可以扩大到姓，而最低层次的房可以是几个核心家庭的集合。排瑶社会中的房族组织是一个不断变动的实体，具有很强的层次性。若干房族构成一个姓，若干姓共居一处又形成一个排。20 世纪 30 年代李智文通过对排瑶社会组织的研究认为，房族既是政治组织也是社会组织，排瑶的头目公（也称"户长公"）、瑶长及瑶练的选举都以房族组织为基础；排瑶中的房族组织是研究瑶族政治和社会组织的关键。同一房族的成员间有诸多权利和义务关系，作为瑶老制主要成员的头目公也从房族组织中诞生。[2] 可见，房族组织是瑶老制产生的基础。

排瑶的村寨是一个以地缘关系为纽带组织起来的人的共同体。一个村寨里往往居住着几十户乃至上千户不同姓，不同宗族、房族的人。排瑶的宗族组织与村落组织是紧密联系的，为了维持、协调好村落内各房族、宗族间的关系，排瑶社会形成了瑶老制。

二 传统的瑶老制及其运作

瑶老制是外界和民族学家对瑶族社会内部瑶民自我组织、自我管理以维持内部社会秩序正常运转的一种社会制度的统称。所谓瑶老制，就是民众民主推

---

① 练铭志、马建钊、李筱文：《排瑶历史文化》，广东人民出版社，1992，第 312 页。
② 李智文：《八排瑶之来历及其社会组织与争端》，练铭志译，载广东省民族研究学会、广东省民族研究所编《广东民族研究论丛》（第八辑），广东人民出版社，1995，第 366 页。

举若干老人作为负责排上对内对外一切事务以维持社会秩序的头人。①

（一）瑶老制中瑶老的主要成员、功能及其产生方式

1949 年之前，瑶老制是维持北粤村内社会秩序的政治社会组织形式。瑶老制中瑶老的主要成员包括天长公、头目公、放水公、烧香公、掌庙公、管事头及排内各房族瑶老。已有的关于瑶老制成员的研究中，很多学者忽视了先生公这一群体，其实先生公作为排瑶社会中的宗教领袖，其发挥的作用要比掌庙公和烧香公大。民族学家们对瑶老制主要成员的描述在当地人看来多少存在一些差错。瑶老制的诸多成员，在他们的瑶语中并不一定是这个名字。瑶老在北粤村当地瑶语中的意思是走完了全村全寨、办了很多事的老人，当地人对瑶老的这一称呼体现出瑶老是处理村寨公共事务的老人这一特点。

第一，天长公。民族学家们对瑶老制主要成员的命名有着不同的看法，关于天长公在排瑶社会到底存不存在还存在一定争议。但就北粤村而言，是存在天长公的，所谓天长公即乡长公。天长公整个北粤村仅一人，一年一任，由全排年纪最高的一批老人轮流充当。北粤村老村由三个"龙"构成，天长公由三个"龙"的老人依次序轮流充任，先为唐姓，次为邓姓，最后为房姓，周而复始。天长公每年农历十月十六推选出来，这天是新旧天长公交替期，在农历十月十六以后的几天内，排中的头目公及其他瑶老携酒食至新天长公家中共饮，天长公则备饭招待。自此以后，天长公即执行他的职务，他的主要任务为管理盗贼，凡捕得盗贼，必提至天长公家，虽属深夜，天长公亦必开门纳之，然后与头目公等共同处理。全排每年每家给天长公苞谷米二斤，作为酬劳。

第二，头目公。头目公的任务有好几种，他们一方面有与天长公共同维持社会秩序、惩治盗贼之责，另一方面还有其他种种任务。瑶民社会视盗窃为重罪，捉得盗贼的时候，头目公要上排顶高声大叫，通知全排人众出来公审，全排男女闻声齐集，不到的每家罚酒三斤。普通开会，非头目公召集，人们就不来，即使来亦不齐，他们的惯例如此。在开群众大会时，头目公置酒与各人饮，将情由向大众宣布，向大众提出意见，赞成则照办。普通开会，群众唯唯诺诺，实际上，对于各种事情的处理，事先由头目公与各房瑶老交换意见，取得协议，然后向大众宣布，故操纵之权，在头目公与瑶老之手。头目公的另一项任务为按季节气候劝导农耕。头目公每年农历十二月十五请先生公拣择日

---

① 李筱文：《浅析瑶老制》，载广东省民族宗教研究院、中山大学人类学系、连南排瑶文化教学科研基地编《排瑶研究论文选集》，广东人民出版社，2013，第 134 页。

子，包括次年正月拜山的日子、二月整田的日子、立夏前下谷种的日子。择得吉日之后，到期由头目公登排顶叫喊通知全排各家，依时从事农作。到插秧的时候，头目公又请先生公拣定日子，通知各家插秧。到立秋，则请先生公拣日子修路，除草铺石，以利行人。修补屋漏，亦由头目公择日通知。瑶区道路崎岖，乱石嶙峋，攀山越岭，羊肠鸟道，荆榛杂出，乱草丛生，收获季节，负荷往来，殊觉不便，因此每年必须修理一次。修路时，得头目公通知，全排壮年人都出勤，修路无别的费用，只由头目公备酒给修路者饮。瑶人迷信，遇天旱，则求神祷雨。头目公在这方面也起着领导的作用。祈雨时，头目公请先生公选择吉日，预备纸宝香酒等物，酒视人数多寡而定，人多往往要备酒两三缸，于祈雨时大众共饮。届期，头目公和先生公率领全排人到祈雨处虔诚祈祷。

北粤村头目公由每年每"龙"推出一人充任，全排共三人，也是按照年龄次序推选出来担任的，通常要有五六十岁才有资格充任。头目公的任期为两年，每"龙"每年有一个新头目公和一个旧头目公，全排每年共有新旧头目公各三个，共同办事。每年农历十月十六推定新头目公及新旧交替日期，当新旧交替时，新头目公要备酒与旧头目公共饮。过年过节，瑶人要出米来买纸宝香烛祭庙，每年每家人多的出米一斤，人少的出米半斤，汉商则每家缴一元二角，由头目公收取。农历十月十六旧头目公上排顶大庙拜神，做糍粑分给全排小孩。各"龙"住户对本"龙"的头目公，每年都要给酬劳费，每家每年在农历十二月十五以后，要把苞谷米给头目公作为酬劳，新的头目公给苞谷米二斤，旧的半斤，至农历年底止，为头目公收这种米的时间。

第三，先生公。先生公是排瑶社会中的师爷，亦即巫师，是一种从事教育兼祭祀及医生的工作的人。先生公是排瑶族里的知识分子，也算是排瑶里最出色的阶层。其因为既识字，又会念经，还会代人择吉日和做种种祭祀及驱邪治病，所以极得瑶民的尊崇。其报酬由请其工作的人付给。先生公是一种自由职业，也是一种有产阶级。他们因为不必从事一切劳苦工作而可得到很好的报酬，故为一般人所羡慕。尤其是瑶族中的女子，以得嫁先生公为荣。可见，先生公在瑶山是一种特权阶层。

排瑶社会中的一切大小事情，当犹豫不决时，都须由先生公转述神灵指示。小至丧葬婚事、别离，皆须由他决定或求神处理；大至械斗、冲突也须由他求神决定如何处理。先生公有形无形中在瑶山占有着极大的势力。因为他能托神之力来统驭一切，对排瑶社会中的大小事务都有一定的影响力，其权力在某些方面甚至大过天长公和头目公，所以他的生活丰裕，深受排瑶群众敬重，属于排瑶社会中的上层人物。已有关于排瑶瑶老制的研究中，一些学者并没有将先生公视为瑶老制的主要成员。但在笔者看来，先生公因其所拥有的宗教知识成为排瑶的宗教领袖，并通过宗教影响排瑶社会的方方面面，是传统排瑶瑶老的重要组成部分。

（4）烧香公与掌庙公。每个排均有一个庙，庙由掌庙公掌管。而烧香公主要在重要节日以及各种祭祀活动中负责焚香敬神。烧香公是终身职务，掌庙公的任期不定，遇时年不好或不被大家认可时，往往被撤换。

（5）其他瑶人凡年纪老而有孙的得称"公"。排瑶社会，只有有孙子或孙女的男性老人才能被人尊称为"公"，故凡称"公"的都为老人。瑶老制中的各种称呼均带有"公"字，可见其均是老人。北粤村除上述各种公之外，还有所谓放水公、掌牛公等。放水公司全排饮水，水从排顶很远地方的水源用剖分的杉木或竹子引来，他要对放水负责。此外，全排的牛放出外面食草，亦有人掌管，这种人称为掌牛公。这两种人每年亦都有酬劳，唯没有牛之家，对掌牛公不用给酬劳。后来放水公并不限于年纪高的人充任。据说因为放水要去很远的地方，攀越山岭，日日如常，老人腰脚不健，所以不限于老人。

在过去，排里有事多由瑶老来解决。老年人的威望很高。老人每房都有，遇有纠纷，先请本房年纪比较大的懂得道理的来处理，办不通，再请全排的瑶老来处理。大事须全排的瑶老们开会商量来解决，请他们办事，要有酒肉给他们吃喝。做全排的瑶老，须满足如下条件：①年纪大；②懂得道理会说话；③懂得巫经；④会说汉话，能与汉人官吏打交道；⑤有威望。瑶老除调解纠纷外，还处理祭祀等事，对外则代表本村。瑶老通常是有较丰富的收入，在反动统治时代曾经有过一些威信，年纪较老或是族内的长辈的，特别是当过瑶长瑶练的人。瑶老的主要成员均不脱离日常的农业生产，他们更多的是有威望，受到大家的认可并为公众服务。作为报酬，瑶老每年可从排内每家每户中收取一定数量的米。排内每一个成员都有机会成为瑶老，前提是其要有一定的能力，得到大家的认可，为公众服务。从瑶老主要成员的产生及运行情况来看，瑶老制是建立在宗族组织基础上但又超越了宗族组织的一种制度。瑶老的权威离不开支持其的宗族组织等亲属关系网络，在一定程度上瑶老权威的维系是排内各宗族整合的结果，使得排瑶社会秩序得以建立。

（二）瑶老制的功能

瑶老制的作用概括起来主要是对内管理一切公共事务、对外负责与官府交涉。其具体功能如下。

①瑶老们对排内发生的各种大大小小的抢劫、偷盗、纵火、奸淫、田土山林争执、债务纠纷、邻里房族间的摩擦、婚姻家庭的变故乃至暴力械斗、搞是非、食人命等内部矛盾，都有调解处理的权力，可以制止事态的进一步恶化，从而起到维稳防乱、安定社会秩序的作用。

排瑶民间流传的一些传说，反映了排内房族、宗族间的矛盾冲突事件。

大掌排内各房之间的械斗①

大掌排唐姓太吾、太雕、太皮、毛道、间典五房人共同使用的独木水槽是历代传下来的。有一天，间典房的唐买柄新砍柴回来，到水槽洗手，在水槽上轻轻砍了几刀，造成了水槽微裂滴水。适有好搞是非的人在裂处又砍上几刀。于是，一晚之间，水槽里的水流干了。五房瑶人见水槽被砍坏，纷纷要求查问砍坏水槽人。唐买柄新知道做错了事，就当众承认错误，并愿意赔偿。五个房的两个户长公便开会处理这件事，决定由唐买柄新择好日子做一条新的独木水槽。但有一些人认为新的独木水槽不吉利，怕用它装水会吃死人，提出若以后有人因喝了水槽里的水而死就要赔命的要求。为此，两个户长公再询问五个房群众的意见。间典房认为事情已经办妥，现在反口不行，于是把两个户长公扣留起来。

次日，太吾、太雕、太皮、毛道这四房人便杀猪饮酒（每个老人分得猪肉3斤），并用木板把通往间典房人住屋的通道隔起来，宣称与间典房人械斗。两个户长公见事情闹大了，即请瑶长解决，经调解，决定由间典房人赔白银480元分给调解的人和太吾等四房人。间典房的人只愿意出360元。不料在事情快要谈到妥当之时，排内邓姓亚成、丘吉、严公三房好搞是非的人到间典房的人那里挑拨，说若能给别人这样多的钱，可先把钱给他们，由他们帮助间典房的人参与械斗。

因此，间典房的人就不愿意出款赔偿。过了一天，太吾等四房的人就用石头打烂间典房人的屋；间典房的人感到自己的人手少，便出钱请大古坳邓姓和唐姓的瑶民帮助。

这件事从开始到结束共闹了15天，包括正式械斗5天。械斗期间，太吾等房没有死伤；间典房一死一伤。械斗前，双方请先生公念瑶经祭

---

① 收集人：邓一枚。整理人：许文清。

祀，请求神灵保佑，饮众人酒壮胆，然后由未时出生的人率领出战。交锋时，互相辱骂。妇女不直接参加械斗，但也有为自己一方做侦察者的。最后经本排瑶长和有威信的老人调解，判定间典房赔白银900元作为械斗花去的费用，械斗双方各给白银100元作为调解者的酬劳。

在上述排内房族间的矛盾纠纷的处理过程中，五个房的两个户长公、排内有威信的老人是主要的调解人，对矛盾纠纷的调解起到了重要作用，体现出瑶老制对维护排内社会秩序的重要性。

②指导和组织开展生产活动和公益活动。瑶老们大多是懂瑶经的先生公，他们熟悉节令气象，不失农时地引领族众开展生产，秋冬则安排防火疏渠、修桥补路等惠及民生的公益活动。

③策划和布置每月朔望的烧香祭祖以及拜山送鬼、酬神祈雨、打道箓、耍歌堂等大型的宗教活动，保存祖先风俗、巩固传统信仰、增强全排的凝聚力。

④领导和指挥排际内战及对朝廷官兵征讨的反抗，选择有利地势进行设伏或转移，或审时度势、权衡利弊、相机媾和，以尽量减少部属的伤亡和财产损失。连南八排之间互不统属，独立性很强；虽然每个排在衣着服饰、风俗习惯、语音语气等方面略有差异，但共同性大于差异性，八排具有相同的文化特征，都靠瑶老制来维持社会秩序。遇有特别严重的事件，如处死罪犯、动员和策划排际械斗等，则由瑶老召集全排大会，让全排的成年男子公决。如果所涉事务关乎八排的生死存亡，如抵抗朝廷的围剿等，则由各排天长公联系，召开最高级别的排际大会。排际大会又有三峒（外三排，即油岭、南岗、横坑）大会、五峒（内五排，即军寮、火烧、大掌、里八峒、马箭）大会和八排二十四冲的成年男性全部参加的大会，大会由瑶老代表发言，全体成员公议表决。会后杀鸡宰牛，歃血饮酒，密集地燃放铳炮，以示万众一心、共同御外。

大掌排与火烧排之间的械斗[①]

在1948年，火烧排有一个妇女因生孩子死去。死者亲属请大掌排先生公邓火生公到火烧排去为死者送鬼。按瑶人习俗，妇女生产死的属恶鬼，所以，先生公念瑶经做法术送鬼时，要辱骂她，并用草鞋打她，邓火生公辱骂得太过分，引起死者外家房康香的不满，便把邓火生公用的送鬼

---

① 收集人：邓一枚。整理人：许文清。

神棍折断了。邓火生公不服，要求赔偿 7 条棍。经来自双方的 10 个人（大掌排有邓志真等 5 人）参加调解，火烧排姓房的人同意赔偿 7 条。可是部分老人认为邓志真（当时还年轻）等 5 人调解不彻底，于是提出要赔 36 条，又用几块木板，写上要赔 36 条等字，插到火烧排的田间。火烧排的人看见后，拿回给房姓的人看。房姓的人认为，大掌排的人这样做是有意"搞是非"，于是组织全氏族的人马上准备械斗。这样，排与排间的纠纷就掀起了。

有一天，大掌排的 30 多人应汉人雇请在太保圩抬杉走过，火烧排的瑶人即趁其不备，围攻他们。结果大掌排瑶人被杀死 20 多人，被俘 2 人。

太保圩事件发生后，大掌排的人不晓得是自己排内某些老人处置不当引起的，以为是调解人调解不当，造成火烧排瑶人有意搞是非。众人于是质问参加调解的邓志真等 5 人，要这 5 个人出资买酒，准备召开全排群众大会。经天长公召集排内老人会议，决定与火烧排械斗。天长公随后又召集全排青壮年到大庙送鬼，宣布与火烧排械斗，挑选出在未时出生的数人，分别带领队伍准备出征。各项工作准备好了，天长公便与几位壮汉站在山顶辱骂火烧排的瑶人，并告诉他们大掌排瑶人决定什么时候在什么地方与他们械斗。火烧排瑶人听到叫喊，天长公亦召集群众，赶到规定的地点应战。瑶族的习俗是，黑夜来临，彼此即自动回排休息；遇到一方没有出战或因农忙双方都不出战的情况，这时就是休战期间。休战期间，瑶练要站在两排必经的地方轮流看守（每个地点每天派 1 人看守）。整个械斗期间，妇女行动不受限制，每日都可以到田垌里生产。在休战期间，男子只能在自己排附近的田地里生产，尽管如此，仍有被偷袭的危险。俘房被关在天长公家里，出战人员每次战斗回来，用木棍石头等物打他们一次。据说打俘房的目的是使对方心痛，促使战斗早日结束。

两个排的械斗打了很长时间，相持不下。时间长了，双方都感到对生产妨碍很大，便请衙门汉官及其他瑶排的老人调解。调解的结果是双方都不用赔钱。械斗期间，大掌排死去 20 多人，火烧排死去 3 人，也一概不追究责任。大掌排瑶人交出被俘人员的伙食费用后，把被俘者领回便算完结。

排瑶所生活的地区资源匮乏，排与排之间常因争夺土地、山林等资源或因发生口角等矛盾而展开械斗。排与排械斗过程中各排的瑶老，如天长公等人发挥着动员全排人的作用。而排际械斗的调解也需要老人或官府。

可见，作为一种维持社会秩序的政治制度，瑶老制拥有政治、经济、社会和宗教等方面多种功能。瑶老制的这些功能可从瑶老主要成员在排内所负责的事务中看出来。天长公主要负责对外事务以及排内的矛盾纠纷和"习惯法"的执行等政治性、司法性的事务，头目公除协助天长公处理政治性、司法性事务外主要负责安排一"龙"之内的生产、生活性事务，放水公负责与农事生产密切相关的水资源管理事务，掌庙公和烧香公专门负责宗教性事务。实际上，瑶老制的宗教功能并没有引起学者们的足够重视。这点从对瑶老的主要成员的研究可以看出。在传统排瑶社会中，先生公（巫师）作为宗教领袖因拥有宗教知识而掌握着宗教权威，而在瑶民的日常生活及重大公共性活动中都需要举行各种宗教仪式，这些仪式离不开先生公。在排瑶社会，先生公被视为有知识、有文化，能和神灵沟通的人，受到瑶民尊重。先生公往往要到足够大的年纪才被大家认可，年长的男性成员中很多都拥有宗教知识，很多天长公、头目公及各房瑶老往往也是先生公。更重要的是瑶老制中的成员必须是经过宗教仪式获得法名的成年男性，没有经过宗教仪式获得法名的人没有资格成为瑶老。已有的瑶老制研究中，很多学者对排瑶社会中政治与宗教的紧密联系没有予以足够的重视，未将先生公这一在排瑶社会中发挥重要作用的群体单独列入瑶老主要成员，从而忽视了瑶老制所具有的宗教功能。谢剑曾指出，连南排瑶的宗教体系属于高度普化或混合信仰，它渗透在个人生活中的每一面，包括其政治制度中。[①] 在传统的瑶老制中，宗教与政治是紧密相连的，宗教权威往往也是政治权威。而这种权威的来源之一就是排瑶的传统文化，是一种习俗的权威。[②] 从瑶老制中天长公这一最重要成员的产生来看，天长公从其所在的地域组织"龙"中被选出，而"龙"又是以房族为基础的，天长公往往是某一房族的族长。天长公所代表的是其背后的房族组织，天长公从各"龙"中轮流产生是排内各房协商的结果。

南岗各姓居住格局的传说[③]

南岗，瑶语称为"行祥"。从前，最早到南岗排居住的只有沈姓两兄

---

① 谢剑：《连南排瑶的社会组织》，香港：香港中文大学出版社，1993，第77页。
② 〔德〕马克斯·韦伯：《天降之任：学术与政治》，王容芬译，中央编译出版社，2018，第34页。
③ 流传地区：南岗排。采集地点：南岗排。采集时间：2002年12月。讲述人：邓马铃一公。收集整理人：唐剑明、房伟东。

弟，他们是从涡水黄埂迁来的，后因两兄弟打架，小沈去了百斤洞，大沈去了三排。唐姓从湖南道州迁来连南，先后在涡水、长塘、新寨等地游耕，于宋朝迁来南岗。房姓从道州迁到阳山东保塘住了段时间，后搬到横东坑住，约在明代搬到南岗，至今（2002 年）约有 20 多代。邓姓从道州迁到连州，约在宋代由九陂迁到南岗定居。

他们是怎样到南岗建寨居住的呢？这里有一个传说：有一天，大唐家养的母猪没人看管，就去了南岗山上觅食。当时，养有母猪的人家不见了猪，就到处找。找来找去，最后找到了南岗这个地方，看到这里森林茂密、土地肥沃、风光优美，又见母猪繁育了一窝猪仔，即知南岗是一个繁衍子孙后代的好地方，便回去告知族人，搬到这里建寨居住。

当时还没有寨名，后来人住多了，人们常去山上砍柴，寨里为保护森林，相约砍柴时要砍一棵留一棵，"行祥"之名就此而来。当时大唐最先搬上去住，就住了中心地带马鹿昂，小唐则在现在房姓的屋址住，邓姓住昌夫街，房姓住干不街。

因为住得散，邓四公便想法调整居住位置让各姓人住在一起，即唐姓住左边，邓姓住中间，房姓住右边。盘姓迁来南岗至今已有 26 代人。传说他们原住在里坑尾，有一年，排里举行耍歌堂活动时，正好遇上百年没见过的大雪，下了一个多月，把所有通道给封死了，因为粮食吃光了，邀来的亲戚朋友一个个给饿死了。当时，盘姓七兄弟各自藏好了粮食，他们吃完粮后，就流落到了南岗，给唐姓做了儿子。之后，盘姓为能在南岗长住下去，越来越勤劳，越做越富有，最终在南岗排站稳了脚跟，即恢复了盘姓。

后来，南岗排人口逐渐增多，邓姓即带领全排人建庙。男人无论年龄大小，一人一块茅草，一人一棵杉树，把庙建起来了。因为是邓姓带头建的庙，瑶长瑶练就选邓姓人管庙，烧香公也如此，以后每举行一次耍歌堂，就轮给一姓人管庙。这样，南岗排就慢慢发展成为八排瑶的八个大排之一。

排瑶社会中各排往往是多姓村，不同姓是历史上不同时期迁来的。由于长期定居一处，排内各姓之间逐渐形成了地域共同体。上述南岗排内各姓村民居住格局变动的传说，在一定程度上反映了排内各姓势力协调整合的过程。

排瑶社会中，血缘和地缘紧密结合。虽然血缘是排瑶社会结合的基础，但

因排内各姓共居一处长期通婚，同时全排也有一致对外的需要，在这种情况
下，排内形成了超越血缘组织的地缘组织。共同的信仰将各姓整合成一个地域
共同体，从而实现了由血缘结合到地缘结合的转变。排内的村庙以及瑶老制就
是村落内部各姓整合的结果。瑶老制是排瑶自发形成的一种政治制度，对排瑶
维持内部社会团结稳定起到了重要作用。

第二节　历史上国家在排瑶地区的治理
与瑶老制的变迁

　　排瑶世居深山，但山地自然地理环境的区隔并不是绝对的，排瑶与周边族
群尤其是客家人的互动从未中断。以客家文化为代表的汉文化对排瑶社会文化
的形塑起着非常重要的作用。历史上排瑶稻作梯田农业的形成直接受客家人稻
作种植技术的影响，排瑶的宗教信仰受道教影响很大，其宗教典籍也用汉字书
写。历史上，封建中央王朝从未放弃将排瑶先民纳入其治理体系。流传于排瑶
民间的一些文契、地契书、净地契书等资料表明，历史上封建王朝对排瑶地区
有着直接的管辖。南宋景定元年（1260 年）的文契《八排断卷》中有"东连
州甲水，南洞冠……西白水带……北大雾山、大小龙""为皇恩敕封山地……
令得瑶人，人将状赴可请给评皇卷牒防身。改免身丁夫役，管山货利营身……
景定元年十月二十日给照"① 的字句，这反映出瑶族先人因有功被皇帝封赏山
地的情况。《连州瑶山二甲排年何英恩实粮》这一文契中有"今本甲并人户旧
管实粮，新收开除实载回帮粮，逐一造报，以便对同施行颁至册者。二甲里长
何英恩粮册，旧管人口男妇及不成丁二十一口，男子成丁一十七丁，不成丁妇
女大小二口，举产管民田地塘准顶三十一亩三分一厘七毫，实粮捌拾壹斗五升
捌合一勺。广州府连州布政司等，役管排年瑶山二图二甲里长何字""夏年充
差纳粮"② 的字句。这些资料表明当时的瑶民已经入籍编户。《连州瑶山二甲
排年何英恩实粮》是元至正二十七年（1367 年）的文契，该文契表明在元代
中央政府对排瑶一些地区有着实际控制权。历史上封建统治者不仅对一些排瑶
地区实现了编户征税，还设有瑶兵。排瑶民间资料《变宅》中的《踏二十八
宿》记载："合团神户，管下三百四百花男花女……家门清吉，人口平安。"③

① 李默、房先清编《八排瑶古籍汇编》，广东人民出版社，1995，第 862 页。
② 李默、房先清编《八排瑶古籍汇编》，广东人民出版社，1995，第 851 页。
③ 李默、房先清编《八排瑶古籍汇编》，广东人民出版社，1995，第 662 页。

这反映出八排瑶经历过团的编制，在团练使的管辖之下。李默、房先清认为元、明仍有瑶兵之设，"拔荒众俾之耕种，其瑶无事则耕守，有事则按籍调遣"①。可见，历史上部分排瑶先民为封建王朝的地方社会稳定做出过贡献。排瑶民间瑶经的通口状、疏表中有相当一部分仍写着大明国年号，例如，排瑶民间净地契书中《立契》的开头是"今据大明国广东道广州府连州连山县永福乡"。这在一定程度上体现出排瑶先民对统治者统治权的认可。

相关历史资料显示，自明代以来，封建王朝为解决瑶患就尝试在排瑶先民聚居区采取扶持代理人的间接统治政策。尤其是自清道光以后，中央对排瑶聚居区的统治显著增强。本节将以北粤村为例，从历时的视角探讨排瑶这一高度自治、社会文化特色鲜明的小型社会是如何被纳入国家政治体系的，在这个过程中其又是怎样处理与国家政治体系之间的关系的，以及传统的瑶老制在当今的排瑶社会中还发挥着什么作用。

一 历史上国家在排瑶地区的治理

排瑶与周边汉族虽然在经济上相互依存，但因为排瑶生产生活的必需品铁器、食盐等必须从周边汉区获得，所以排瑶对周边汉区的依赖更强。瑶区与汉区经济上的这种关系深刻影响了双方的互动，历史上排瑶对封建王朝既有依附也有反抗。广泛流传于连南民间的一些故事、传说对此都有所反映。

（一）民间故事中排瑶与封建王朝的关系

排瑶廖姓来源的说法②

（八排瑶先人）在连州交界河碰上一个姓廖的汉人。那姓廖的将他连同8个儿子带上连州的较场坪，就在这里盖了草房子，住了两年半。有一天，他拿起罗盘来照山，发现连州是皇帝下来建成的县，有仙人下凡做成的宝塔。官人占据了中央的地区，自己住的是剩下的边沿地方，看来没有出息。因而又想着搬家，搬到三江住了八九年，一家商议在这里要用砖瓦盖屋，黄泥造墙，白泥做瓦，但却弄不成。后来又碰上那个廖姓的汉人，再带到山上开山住。

---

① 李默、房先清编《八排瑶古籍汇编》，广东人民出版社，1995，前言第10页。
② 《中国少数民族社会历史调查资料丛刊》修订编辑委员会编《连南瑶族自治县瑶族社会历史调查》（修订版），民族出版社，2009，第44页。

排瑶来源和廖姓汉人相关的说法在清代姚柬之《连山绥猺厅志》和清代李来章《连阳八排风土记》中均有过记载。这种说法多见于汉人的记载，并不被排瑶所认可。由十余人最终发展为整个排瑶这种可能性不存在。一些学者认为，这种说法是汉族豪绅为征收排瑶钱粮而杜撰的借口。但这种说法在一定程度上反映出历史上排瑶对周边汉族的某种依附关系。

皇帝印①

相传古时候，皇帝带着一批随从到瑶山打猎，发现前面有一只梅花鹿。皇帝快马加鞭，箭一般地猛追，他的随从被远远地抛在了后面，皇帝紧跟住梅花鹿，追过了几座山，突然，听到一阵雷鸣般的呼啸声，一只老虎正向他扑来。皇帝惊慌失措，从马上跌下来昏迷了过去。

等皇帝醒来时，发现老虎已经死了，身边有一位瑶家阿妹带着弓箭在守候着，原来就在老虎扑向皇帝的那一瞬间，恰巧被正在打猎的瑶家阿妹看见，说时迟那时快，她抽出弓箭向老虎射去，射出的箭正中老虎的咽喉，老虎倒地死亡，救了皇帝一命。

皇帝十分感激瑶家阿妹救了他的命，问阿妹需要什么来报答，阿妹却什么也不要。于是皇帝抽出黄龙宝剑将老虎的爪子砍了下来，染上老虎的血印迹在瑶家阿妹的衣服上，并下了一道御旨：今后看到穿着有老虎印衣服的瑶人，不管是官员还是百姓，都要谦让三分，不得无礼。从此以后，瑶家人如面见皇帝，可以站立不跪。

瑶家阿妹回家后，召集寨里的姐妹，仿照皇帝印上的虎爪印用丝线挑绣好，就这样一传十、十传百，瑶家衣服刺绣"皇帝印"，在瑶山世代相传。

在皇帝印的传说中，排瑶因救过汉人皇帝被皇帝感激并给予一定的特权，获得自身族群的合法性地位。这一传说，是对排瑶虽然承认了封建统治者的政治宗主权，但又力图维持自身社会文化特征、避免完全被纳入封建统治之下的隐喻。在这方面，这一传说和"盘瓠"传说有着相似的隐喻。

历史上封建统治者曾多次派兵对排瑶先民进行围剿，排瑶先民为反对其压迫也曾多次举兵起义反抗封建统治者。流传于排瑶社会中的一些民间故事和传

---

① 流传地区：连南瑶山。采集地点：油岭瑶寨。采集时间：2009 年 5 月。讲述人：唐石头妹。
收集人：龙雪梅。

说反映了这一史实。

八排瑶民反抗封建王朝官府的三则民间故事①

①唐和起义抢官盐除暴吏，杨畋败绩降官职中头风

北宋庆历年间，湖南江华有个名叫黄捉鬼的人和八排瑶人唐和十分友好。黄捉鬼有一套巫术，经常和唐和一起到八排瑶山为瑶民驱鬼除病，深知瑶民的疾苦，经常对瑶民说："死鬼不可怕，也不会害瑶民，害瑶民的是生鬼奸民（指官吏财主），我们瑶民想不受苦，首先要不怕奸民，要敢于揭穿他们的阴谋，想办法打倒他们。"瑶民都喜欢听他俩的话，有事都跟他俩商量。

那时候，人民生活必需品都归宋王朝专管，王朝官吏不断提高价格，垄断居奇，所赚的钱成为朝廷收入的重要部分。特别是食盐，全由官府经营。到了赵光义做皇帝时，实行钞法，商人以四贯八文钱领盐一钞，凭钞取盐二百斤，在界限内自由买卖。商人又再提高盐价，从中盘剥，"斗米斤盐"，人民叫苦连天。特别是瑶山瑶民，受盐贩的剥削欺骗，大秤入米，小秤出盐，盐里又掺沙，这激起了瑶民的愤恨。

一日，黄捉鬼从常宁来到瑶山，各寨瑶老都来见黄捉鬼，诉说瑶民难买食盐，又受盘剥等情况。黄捉鬼说："这有何难，去偷去抢就是了！"唐和说："如何抢法？"黄捉鬼说："我见常宁盐司，前日正运回几千斤盐，我们得商量一下，组织起来，选好日子，一齐去抢！"唐和捏了一下拳头说："还要准备好刀枪，不把那些官吏恶霸杀掉，瑶民是不得安宁的！"几天后，瑶山聚集了五六百人，在一个深夜里，向常宁出发，他们摸进衙署，杀掉暴吏，把盐司的盐抬回瑶山，分给瑶民食用。胜利振奋人心，队伍迅速壮大到两千人。

宋朝廷接报后，认为"瑶民造反"，立即命令桂阳巡检李延祚、潭州都监张克明带兵"剿捕"。时起义队伍以华阴峒、桃油坪、熊家源为根据地，依山布阵，迎击官兵。当官兵进入埋伏地带时，义军伏兵出击，把官兵打得人仰马翻，李延祚、张克明死于乱刀之下，惨败不可收拾。宋皇帝闻报，立即派提点刑狱杨畋去湖南专责征讨；又诏令湖南转运史郭辅之，置安抚司，用"恩威兼施"的手段，企图瓦解聚集的起义民众。当时一

---

① 流传地区：连南县。曾庆英、黄湘根据瑶族民间传说和有关史料整理。

些动摇分子如黄士元等，被利诱投降去了。而唐和却带领起义队伍坚守华阴峒，在隘口激战，大败宋军，杀死胡元、郭正、赵鼎等头目。宋仁宗赵祯得知，一怒之下，便降了杨畋的官职。

庆历五年（1045年），桂阳监宋守仁向宋仁宗奏道："唐和聚义为盗，五六年来未得平定，不若以颇熟瑶情的黄士元带敢死士兵三千，引路土丁二百，高金悬赏，使之逐捕唐和等贼，事可必成。"赵祯从其计，于是发兵"进剿"。义军首领唐和、盘知谅、盘承等在华阴峒再次迎战官兵，双方伤亡惨重。义军为了保持实力，以便再战，主动撤退到粤北瑶山，一部分到了乐昌、乳源，大部分到了连南八排，依山自保，重整军威。

庆历六年（1046年）十一月，义军攻打曲江、英德，捣毁官府，充实军需，宋皇赵祯闻报，复用杨畋为湖南路兵马钤辖，前往岭外镇压义军，当唐和带领八排瑶义军攻打阳山官府时，杨畋亲自督战，从夏到秋，打了十五次接触战，无法弹压义军"造反"。杨畋因得病，潜逃回去了，随后，宋皇帝只得用招安手段，以软化这次瑶民的反抗斗争。

②朱若连痛写奏疏，八排瑶抗击官兵

作为明王朝的宗室后裔，朱若连在崇祯十二年（1639年）任职连山知县，对瑶族人民也莫能例外地"极尽敲剥能事"。田赋：旧额田租外，每亩增收六合，每石折银八钱；又每亩增收一分四厘九的"剿饷"，后来又每亩增收一分的"练饷"。差役：有按户口服役、按丁服役以及临时呼应的杂役。可以以钱代役。如有违抗，即被提拘，吏卒借端恐吓，不送贿赂，不能活命。此外，朱若连还勾结财主豪绅，侵占瑶田瑶山，或加收地租山税，加上奸商对瑶民的多方盘剥，使得瑶民倾家荡产，挣扎在死亡线上。

英勇顽强的八排瑶民，为了生存，被逼迫得团结起来，反抗朱若连的统治。各排天长公、头目公集中商议，采取积极对策。邓四王、李十八、唐二公、李大面等一致认为，要"以牙还牙"，"要奸民返还瑶税"，"要奸民返还瑶粮"，提出"他们不肯，我们就去抢回来！"，决定树"盘古王"旗帜，八排二十四冲瑶民共同起事，如果朝廷的官兵来，大家一起去对付他们。自此瑶民四处出击，打官府、杀豪强、劫财主、抢奸商，大闹粤、湘、桂交界边境，动摇了所谓"东南半壁"的明王朝的统治。

此时此刻，朱若连急得如热锅蚂蚁，心如火焚，坐卧不安，想到自己未能镇压瑶民的"作乱"，又何以为忠？何以为孝？但又想到自己是个芝麻官，守弹丸之地，哪有力量对付瑶民的"造反"？弄得不好，自己性命难保。想来想去，只好提笔写报告，向两广督抚求救，说"逆瑶万分逞强，孤邑万分难支"，并捏造事实，诬告"瑶民逢人便杀，见货便抢，百姓告焚告劫，怨声载道，哭声盈野"。又以"丸邑兵少粮稀，即使武侯复作，束草不能荷戈，量沙不能饱士""民之望兵如望雨，呼救若呼天"为由，哀求督抚发兵。报告最后表示"甘死以酬宗社"的"剿瑶"决心。初时，两广督抚沈犹龙"恶其生事"不予理睬。朱若迣望眼欲穿，不见救兵，迫不得已再写报告说"官兵咽喉阻塞，上下难通"，"呼天而天高不应"，如再不发兵，"自甘贬逐，以谢群黎"，并以不剿灭"恶瑶"是"朝廷益腹心之患……下吏重刍牧之衍"之语威胁沈犹龙发兵，此时督抚大臣考虑到朱若迣邑虽小，却乃是朝廷宗室，恐更生是非，只得下令广东、广西、湖南三省总兵施王政、杨国威、宋纪等发兵连山，会剿排瑶。三省主客兵一万三千余，浩浩荡荡，进驻瑶山。

此时，八排瑶民团结一致，依据山险，布好阵法，准备迎击官兵。当官兵进发到军寮、马箭前面交叉路口的蕨岗岭时，瑶民号角威威，锣声四起，瑶勇向官兵营地大骂："奸人！快来送死！"各营官兵龟缩不敢出。瑶勇越骂越凶："有种的就出来见刀！"素骁善战的广州协副总兵陈鹏，忍耐不住，带领其所部兵卒，冲上蕨岗岭与瑶勇交战。瑶民呼声大作，军寮、马箭、里八峒三路瑶民三面出击，刀枪剑棒、锄头，一齐挥舞，打得官兵晕头转向。其时陈鹏使用大槊，倒有几分功夫，马到之处，瑶民纷纷倒下：官兵依仗首领豪强，东冲西突，却抵挡不住瑶民的快刀枪，被杀得尸横山岭。瑶民越战越勇，陈鹏的大槊亦被打断，他手握半槊拼死应战。自晨至午，打得陈鹏精疲力竭，终于和守备黎树绩一起被瑶民乱刀砍死。瑶民首战告捷，缴兵械无数，遂鸣锣收兵。时值崇祯十五年（1642 年）二月二十二日。

这时各营官兵，闻声丧胆，不敢言战，"只好照样哨守"。瑶民也按兵不动，相机出击。这样相持了几个月。朱若迣却苦得要命，"终日牛奔马驰，竟成鹄面鸠形"。不战不退，军饷军粮，"卖家园之产"也难支付。他又觉察到，一些官兵焚烧一些空无人物的房屋，砍杀一些躲避不及的老弱瑶民，就虚报战功领赏，更有些官兵通瑶贪利。朱若迣日夜苦思，这样下去，局势将不可收拾。他只好咬破指头，沥血披肝，向皇帝朱由检再写奏章，说"心多腹患，大兵扫荡无期"，"在事者始借剿为要功捷径，终假抚为收利圩场"，"攻围四阅月，黑子一邑之民，几为齑粉"。并且绘图指明形势，哀求朱由检皇帝下谕扫荡瑶山。可是，奏呈两个月之久，仍无声息。朱若迂忍痛又奏章，提出"鼓忠剔奸"，说一些军官通瑶拟抚，"实心任事者不少，而玩愒欺蒙者更多，见害则知爱生，见利愍不畏死"，而且"众情不协，济则居功，不济则卸罪"，目前情况是"逡巡畏缩，筑舍道旁，贼骄民困，师老饷穷，兵有脱巾之扰，民动去乡之思"；接着积极建议说"起死回生一着，唯调潮漳署总兵郑芝龙"挂剿瑶帅印，认为"此一臣者，威名已寒贼胆，忠义可格天心，每谈及欺误之俦，不胜眦裂截发，定盟誓以图国士之报"；最后以"孝子""忠臣"之语感动皇帝。

朱由检看了奏章，果然诏令郑芝龙统闽豫官兵三万余开赴瑶山。郑芝龙下马伊始，一了解陈鹏"忠勇"被"害"情况，眦裂截发，十分气愤，即下令连山宣威营作向导，发兵攻打军寮排。此时各排天长公、头目公会聚商议，觉得郑芝龙有点来势汹汹，确定"关门打狗"战法，先疏散老人小孩至深谷，然后在险隘处埋伏。当郑芝龙官兵来到百步梯时，镇守石关的瑶勇矢石齐发，打得官兵惨号连天，当场杀死福建官兵几十人。其时四万三千多官兵集结在八排瑶山，占据了瑶排出入要道隘口，而埋伏在山冲深涧的瑶勇，不时袭击官兵营地，使得官兵提心吊胆。

官兵"围困阅月"，受了瑶民贿赂的总兵宋纪说："师老饷穷，不若拟抚。"郑芝龙亦无话可说，遂罢兵。

③听奸言提督请兵，坠悬崖林芳丧命

从顺治起，对"不宾服的八排瑶"，清王朝采取征剿政策。康熙皇帝特明令"或势穷来归，或剿后归命，各宜剃头、摘去耳环"。汉区的土豪劣绅也以"山主公"的名义向瑶民强行征收各种税费。这使八排瑶民燃起更大怒火，各排的天长公、头目公一如既往，对一切不平等对待瑶族的"奸民"都斗到底，坚信"盘古王旗"是不会倒下来的，坚持"以牙还牙"的策略，"清王朝要剃我们的发，我们要割清皇帝的头"；"清王朝要摘我们的耳环，我们要摘清官的顶戴"；坚持四处出击，捣官府、杀豪强、劫财主、抢奸商，以反抗清王朝的统治。

康熙三十七年（1698年），康熙皇帝对八排瑶的"作乱"很是担心，特派殷化行任广东提督。殷化行下马伊始即打着"经理瑶务"之旗，派他标下千总张凤仪，会同广州总兵刘虎、广南韶道何汉英，带兵先到连州，随即传令各排寨主前去"谈判"，企图用"谕以理法，剖其是非"的手段，软化八排瑶的斗志。可是，一请再请，各排的天长公、头目公都不理睬他们。与此同时，里八峒的邓三、李贵还率众洗劫恃强侵占瑶民青山的阳山豪强财主。殷化行闻报，气愤极了，立马与两广总督石琳、广东巡抚彭鹏商议进剿。殷化行表态，要亲自领兵进剿八排瑶。于是一面上奏康熙皇帝，一面会同韶州副将林芳，带数万官兵一同来连州。

其时，连山、阳山的土豪劣绅、大财主，都会集连州，向殷化行诉说："八排瑶贼劫杀为业，两粤楚省，俱被荼毒，而连阳逼近巢穴，恣其鱼肉，无论大小，俱与银三分五分不等，名曰'瑶饷'。"又说："近瑶田地，尽被占夺，又时出赶夺牛只，经过乡村，索供酒食。"真是恶人先告状。接着，他们向殷化行提供一百六十张捏造事实的状纸。这时连县河村财主廖玉章也对殷化行说："瑶人山场是我远祖所有，多年来瑶民抗不缴纳银米。"接着，先行官刘有成、副将钱嘉汇报情况说："职等先到时，即分遣领主入排，多方抚谕，其如各排顽冥异常，反复不听，内有里八峒、油岭二排，尤其凶恶，树旗鸣众呐喊，并将知州戴之锷、知县齐宗德，围拥恐吓……"殷化行听了一连串奸言，怒发冲冠，立即亲自率兵进剿八排瑶。十一月初二进驻里八峒近山扎营。

这时里八峒、军寮、火烧排各排天长公、头目公早已聚众做好准备，布下阵法：先把里八峒老人小孩子散入深谷，放官兵进来，然后夹攻。果然，官军在总兵刘虎、副将林芳、游击何国彬的带领下，兵分四路，攻打里八峒。副将林芳一马当先，跑到峒前叫道："快把匪首邓二、李贵献出，率众投诚，否则，捣尔巢穴，灭尔全族！"留守在里八峒的瑶民骂道："你算老几，敢来瑶山送死，有本事就放马过来！"林芳一挥手，众兵冲向里八峒，被瑶民伏击，陷入战场。瑶民边打边退，边退边散，由中午打到日落时分，官兵进入瑶排空无一人，便纵火焚烧排房，自以为得胜，拉队回营。突然，军寮、火烧两排瑶民由两路冲出，夹攻官兵，打得官兵晕头转向。时近黄昏，荆途窄路，路径不辨，鼠窜不得，自堕岩谷，死者无数。副将林芳也一命呜呼，把总陈溥及其随从共十九人死在一堆，吓得殷化行和总兵刘虎溜之大吉。

殷化行连夜跑回广州，立即与两广总督石琳、巡抚彭鹏商议再进剿八排瑶，都认为事态严重，即写就奏疏，火速送往京都。康熙帝闻奏，亦惊动"龙颜"，即诏令都统松柱、副都统达尔占、吏部侍郎傅继祖，一同领广东、广西、湖南三省十万兵马进剿八排瑶，并特谕在八旗前锋内拣选精壮兵丁四十名和子母炮手八位带去。康熙四十一年（1702 年）二月，一批朝廷命官，督领三省官兵，浩浩荡荡，进军八排瑶山，大有要铲平瑶山之势。大军压境，营垒遍山巅。可是天公不助官兵，一连半月，滂沱大雨，使官兵凄宿山头，叫苦连天，纷纷退阵。急得朝廷命官们无计可施，只得用金银盐布等财物，引诱和收买一些不良分子，把邓二、李贵擒拿"正法"，好向康熙皇帝交差。于是罢兵。

老奸巨猾的石琳，居然向康熙皇帝虚报战功，说："凶首邓二等已正法，各排自递剃发投降，数百年如畜之瑶人，一旦向化，皆我皇上神谋胜算、威德覃敷所致也。"其实石琳心里明白，八排瑶并没有宾服，更谈不上已剃发投降。为了事后不露马脚，他又花言巧语地向康熙皇帝奏请"建立三江协"，以便继续镇压八排瑶的反抗。而康熙帝心里也明白，这次三省官兵会剿八排瑶，并没有能使八排瑶宾服，镇压不倒，镇守也好，因而批准建立三江协，"将八排瑶屯据地方，出入要道，俱札营汛，围困扼守……不劳兵力，彼则穷矣"。并同意以钱嘉为副将，刘有成为理瑶同知，责令他们同心合力，镇守"瑶疆"。

上述三则流传于连南县民间的故事，分别反映了历史上北宋时期、明朝时期和清朝时期排瑶反抗封建王朝统治者剥削、压迫的故事。封建统治者的剥削、奴役、围剿、贸易封锁尤其是食盐的禁运成为历史上排瑶反抗封建统治者的主要原因。在与封建统治者对抗的过程中，排内的瑶老制发挥着重要作用。三则故事，提到了天长公、头目公等瑶老在组织排内瑶民反抗封建统治者围剿过程中的重要作用。历史上，面对封建统治者的压迫和围剿，各个排不得不团结起来一致对外以求生存。八排二十四冲的"白石峒会议"就是排瑶面对封建统治者的大举围剿需要一致对外时召开的。

反抗封建统治者的压迫成为排瑶共同的历史记忆，排瑶民间广泛流传着英雄人物豆腐八王的传说。

豆腐八王的传说①

壬辰、癸巳年，天下大旱，皇朝官府加紧收租征税，逼使汉人的社会

---

① 流传地区：连南瑶山。采集地点：县文化馆。采集时间：1980年6月。讲述人：邓义兴公（盘石，70岁）、唐丁当公（大坪，73岁）、房哈里公（白芒，48岁），收集人：刘保元、许文清、张景祥。整理人：许文清。这个故事，各个排说法都略有不同。此稿是综合了几个瑶排的说法整理而成的。

发生了动乱，八排瑶民也受到了影响，瑶民断米绝盐，人们的生活越过越艰难，百里瑶山，怨声载道，瑶民恨透了皇朝官府。

为了生存下去，瑶民便依山吃山，跑到高山野岭去开垦荒地，种些苞麦（玉米）和山禾来糊口养命。去垦荒的瑶民中，有一个家住大东坑寨的年轻人，名叫唐豆腐八贵（有的排又叫唐十八）。这个阿贵，自小跟着父亲母亲干活，长大了又经常跟着寨里的猎手们上山打猎，艰苦的生活，练就了他勤劳勇敢的性格，因此他很受大家的尊敬。

一天，豆腐八贵跟着一帮伙计到大石岭附近开垦，想不到在挖土时，碰到了一块大岩石，当大家奋力把岩石掀开，忽见石头底下有一股泉水冒出来，水中竟跃出一条和人一样大的鲤鱼！生猛的鲤鱼怎会藏在大石底呢？大家又惊奇又害怕，以为这鲤鱼是山精妖怪变的，谁也不敢去碰它，只有豆腐八贵胆子大，他二话没说，独自点燃起开荒砍下的柴枝，把鱼烤熟来吃。吃过鱼后，豆腐八贵顿觉全身有异样，一股不知从哪儿来的力气充满全身。七八个人都拔不动的大树，他两手轻轻一抱，竟像拔蒜头似的连根带土拔了起来。后来，他无意中将鱼骨丢进火堆里，想不到火堆里立刻闪出一道奇怪的青烟，紧接着又飞出一把宝剑来！众人见了，惊得舌头咋了半天，但谁也不敢走前去摸一下，这时，只见豆腐八贵弯腰拾起宝剑，当众挥舞起来，霎时间，那宝剑寒光四射，呼呼鸣响，众人惊得连声呼喊："我们瑶人出了王啦！"你一声，我一声，豆腐八贵的名字很快就在八排二十四冲传开了。

豆腐八贵得了宝剑，决心领头反抗官府。他眼看官府加紧对瑶山禁盐禁米，瑶人的日子越过越苦，便用黄纸传书，白纸贴标（告示），把八排二十四冲的人都召集到大东坑的会议场上。这天，会议场上人山人海，大家都围住豆腐八贵，要他讲道理（主张、办法），豆腐八贵愤怒地说："官府不把我们瑶民当人看待，禁绝盐米上瑶山，想灭绝我们瑶人，饿死不如闹死，干脆大家跟官府拼了吧！"

众人听了豆腐八贵的话，都觉得有道理，但又担心斗不过官府。有些没见过豆腐八贵的人，还怀疑他是否真有那么大的力气。豆腐八贵猜着众人的心思，便走到一块上千斤重的巨石旁，把手一伸，这巨石就被轻轻地举了起来，大家看得目瞪口呆，全部人跪拜在他的面前，对他拜了三十六拜，推举他为王，让他带兵攻打官府。从此以后，人们都称他为豆腐八王。

豆腐八王带领各个排的瑶民，在大东坑祭旗出征。计划先攻打章古（盘石），再取白芒进上洞。还分两路进攻：一路由豆腐八王率领从白芒打铜干（阳山），过九陵到连州；另一条路由一个叫阿牛的（竹箕坑人）率领攻打连山、三江到连州，相约在连州大会师，然后，攻广州、南京再取北京。

可是阿牛的力量单薄，迟迟攻打不出三江来，退回瑶山去了，只有豆腐八王非常勇敢善战，他骑着一匹红马，由一只黄狗探路，一只白狗引路，率领队伍攻陷连州府后，又打进了梧州府、马州殿。然后，他红旗飘飘带起九千九勇，白旗闪闪领起十万五兵，浩浩荡荡，逢州攻州，逢县打县，一直打了出去……

豆腐八王出去以后，越打越远，终于没有了消息，再也没见他回到瑶山来。但经过瑶人这一次浩浩荡荡的攻打州县，皇朝官府害怕了瑶人的势力，不敢再禁止盐米上瑶山了，人们崇敬豆腐八王，他的故事也就一代一代传了下来，直到现在，瑶人为了纪念豆腐八王，还会把象征他当年用的锋利宝剑的白鸡翎插在髻上，把象征义旗的红布裹在头上，黑、白布缠在腰上，以示豆腐八王为民族英勇献身的精神代代相传。

豆腐八王反抗封建统治者压迫的故事反映了排瑶不畏压迫、顽强抗争的民族精神。豆腐八王可以说是排瑶心目中的英雄，其故事传说在排瑶民间流传之广，在一定程度上反映出面对封建统治者的压迫排瑶团结一心、共同对外的决心。历史上封建统治者的压迫，在一定程度上增强了排瑶的凝聚力和族群意识，也强化了排瑶与周边汉人社会的固有边界。

（二）清代对排瑶统治的强化

明朝对粤北瑶区的政策以围剿、镇压为主，安抚只是辅助政策。明朝在粤北瑶区设置有连州守御千户所，在瑶区与汉区交界处设置卫所。[1] 清朝初期，朝廷对瑶区仍以用兵为主，兵防一直都有。清顺治年间在连州设连阳营，康熙年间设置三江协营、绥瑶营。[2] 清康熙年间李来章所著的《连阳八排风土记》记载的从明朝天顺五年（1461年）至康熙四十年（1701年）有关对粤北瑶区"剿抚"的史事就有18条。[3] 除了用兵，明清两朝还设立专门处理瑶务的机构，以更好地实

---

[1] 廖炯然：《瑶民概况》（1964年4月12日），连南瑶族自治县档案局藏，档案号：全宗号58，目录号G1.1，案卷号33。

[2] 廖炯然：《瑶民概况》（1964年4月12日），连南瑶族自治县档案局藏，档案号：全宗号58，目录号G1.1，案卷号33。

[3] （清）李来章：《连阳八排风土记》，黄志辉校注，中山大学出版社，1990，第95页。

现对瑶区的管理。明朝末年中央王朝的势力已渗入部分排瑶地区，明王朝在部分排瑶聚居区对瑶民进行编户，并征收赋税。[①] 但明朝对粤北瑶区的怀柔政策并未彻底解决长期以来积累的矛盾，粤北瑶区人民的反抗斗争一直没有中断。

在瑶区管理方面，清代取得了明显进展。清王朝先后在康熙和雍正年间设立了专门管理瑶区事务的官员理瑶同知和广东理瑶军民同知，到嘉庆年间进一步建立绥瑶直隶厅。[②] 这些官员和机构的设立虽起到一定的作用，但仍没有改变封建王朝未能对瑶区进行直接管理的局面。道光十二年（1832 年），时任两广总督禧恩在汲取过去治瑶经验的基础上向道光帝奏呈《剿瑶善后章程疏》，提出在瑶民中寻找代理人——瑶长、瑶练，并得到道光帝的同意。[③] "道光十二年，钦差户部尚书禧恩，征服八排瑶人后，瑶人无人统属，有攘窃民物者，辄伏匿不出，莫知谁何，有司不得索也。至是禧恩乃令八排瑶人各举老成知事者，立为瑶长，赏给顶戴办事，瑶目为瑶练，凡瑶长十八人，瑶练六十四人，每月给饷银一两五钱，瑶长倍之，隶绥瑶厅，每月朔日赴绥瑶营领饷具结状，排瑶有滋事者责之。瑶若有讦民者先达于其长，其长达于官；民有讦瑶者，官下其长。逃者十可得八九，视前加密矣。"[④] 事实上瑶长、瑶练多为排中有能力、有威望的瑶老，从此瑶老制与瑶长制成为粤北瑶区两套平行的权力机构，例如，清道光后北粤村的政治结构（见图 6-1）就很好地体现了这一点。瑶长练，是瑶长、瑶练的简称。清朝设置的瑶长、瑶练领取官府俸禄，成为官府与瑶排间的沟通人，均由官府任命，可终身世袭。自此以后，封建王朝在排瑶社会内部有了自己的代理人，加强了中央对排瑶的治理。

自清代道光以后，随着中央王朝对瑶区治理的加强，排瑶内部出现了瑶老制与瑶长制并存的局面。但两者的职责各有侧重，作为排瑶社会内部传统的社会政治组织形式，瑶老制在处理排内事务中仍起着重要作用。瑶长和瑶练更多地起到官府与排内联系人的作用，两者在排内事务上的影响力非常有限，瑶民并不认为两者享有特权，而是将其视为一般瑶老。民国时期的胡耐安对瑶长、瑶练与瑶老的关系有过这样的描述："'头目公'为傜民所推举以处理傜民与傜民间之事故者，每年新年中选举之。傜长傜练，则为官家于傜民之同意下所委派以任奔走者。傜民于头目公及傜长傜练间之辨别曰：'傜民事问头目公，

---

① （清）李来章：《连阳八排风土记》，黄志辉校注，中山大学出版社，1990，第 64~65 页。
② 李双：《瑶汉分治：清代粤北民族政策》，《广西民族研究》2017 年第 6 期，第 92 页。
③ 廖炯然编著《傜民概况》，中华书局，1948，第 43 页。
④ 廖炯然：《瑶民概况》（1964 年 4 月 12 日），连南瑶族自治县档案局藏，档案号：全宗号58，目录号 G1.1，案卷号 33。

汉人事问倮长练。'……大约每一头目公，年可收米二百斤以至三百斤。倮长倮练则由官家养。每一瑶练年可得国币一十二元，瑶长倍之，分四季发放。现连阳三属之八排瑶中有倮长十九人，倮练九十二人。倮老则为倮民中老绅，其号召力较之头目公、倮长倮练为大。"① 可见作为一种内生性的制度，瑶老制在瑶长制出现后，在排瑶内部仍发挥着重要作用，瑶老仍是处理排内纠纷、维持排内正常社会秩序的力量。瑶长、瑶练更多地负责官府与排内的沟通事务及维持瑶、汉之间关系的稳定，其职务有征收赋税、管理民户等。瑶长制在一定程度上削弱了瑶老的权力，取代了瑶老制的部分政治职能。清王朝虽然通过设立瑶长、瑶练拥有了对排瑶社会的直接影响力，但并未消除传统瑶老制，因此官府也是通过瑶老制来间接统治排瑶。国家虽然在瑶区有了自己的代理人，但实际起作用的仍是瑶排内部的瑶老制。

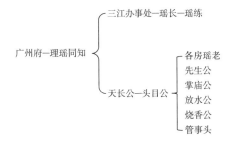

图 6-1　清道光后北粤村政治结构

资料来源：由笔者根据文献记录并结合田野资料绘制而成。

清代中后期，清政府在排瑶地区的统治得以强化。封建王朝的势力深入排瑶基层社会。流传于排瑶社会的油岭排与南岗排分界碑的传说反映了这种情况。

油岭排与南岗排分界碑的传说②

在几百年前，南岗已发展到九百九十户人家，油岭也发展到一千户人家，由于人口增加，耕地不足，就发生了土地争端的事情。南岗人认为大东坑这块地方是自己的，但油岭人也认为是自己的，于是互不服气争了起

---

① 胡耐安：《说倮：粤北之八排倮》（1942 年），连南瑶族自治县档案局藏，档案号：全宗号 58，目录号 G1.1，案卷号 32。

② 流传地区：连南瑶区。采集地点：油岭排。采集时间：2012 年 7 月。讲述人：唐罗好婆。收集整理人：唐剑明、许文清。南岗、油岭分界碑，为嘉庆十九年官立，表明争端确实由官方介入调解。

来。开始时，只是少数人的争吵，后来发展成为全排的争斗，械斗经过九年多，是非闹了十年半，前前后后总共二十多年，两排都红旗飘飘、白旗闪闪，在连知峒这个地方械斗起来，南岗人把油岭人赶到野鸡境，油岭人把南岗人赶到岸晚，赶到杀人湾，双方互相攻打，损失很大，使生产无法进行。因此，双方派出代表到三江西门请县官出来调停，南岗派邓十三公去，油岭派发罗一公去，两人到了衙门说了来意，"官人"同意出来调解，吩咐油岭一千户由发罗一公带到连知峒建筑九间瓦屋，南岗九百九十户由邓十三公带到连知峒筑十间砖房。"官人"坐着轿上来，经过桐油峒、假甲坪、土坪到达连知峒，九间瓦屋招待仆人，十间砖房招待三江大官，他们花了十多天时间勘界调解，帮南岗、油岭办好了这件大事。县官交代：油岭由发罗一公传话，南岗由邓十三公传话，召集两排众人到单境地方听取裁决。大官人宣布："你们南岗和油岭是两兄弟，大家都是瑶人，要团结不要斗争！现在立好界碑，纠纷之事办理清楚了，地界也分开了，从今以后，大家就不要再争斗了！"于是，大官人拿起雷公斧破开一块神仙石，立下界碑，由水井沟作为界线。从此以后油岭和南岗不再闹是非，两排亲如兄弟，互相来往，世代友好，至今十几代人都没有发生过大的纠纷。

清朝将势力深入瑶区的目的除了解决瑶民反抗朝廷的问题外，还在于将瑶区纳入王朝体系中。而清道光后朝廷在瑶区推行瑶长制更是强化了对瑶区的控制，瑶长制在前期依附于瑶老制，但随着官府对瑶区影响力的增强，原有的瑶长制逐渐褪去了民主色彩。以北粤村老村为例，其瑶长、瑶练因为自己能和官府打交道逐渐在排内有了权威，并凭借自己的权威获取经济利益，一些瑶长、瑶练在办事时向瑶民索取酬金。[①]

（三）民国时期排瑶政治结构的延续

民国时期国民政府对排瑶的治理在一定程度上借鉴了清朝的政策，排瑶原有的政治结构得以延续。民国时期，国民政府也成立了专门处理瑶族事务的机构。1928年，国民政府设连阳化徭局；1946年，撤连阳化徭局，置连南县，下设三个区，区下设乡、保（村）。[②] 国民政府在排瑶地区推行保甲制，使国

---

① 《民族问题五种丛书》广东省编辑组：《连南瑶族自治县瑶族社会调查》，广东人民出版社，1987，第67页。

② 奉恒高主编《瑶族通史》（中卷），民族出版社，2007，第514页。

家在瑶区的政治体系由瑶长制变成保甲制。民国时期北粤村的政治结构可成为我们通过案例认识当时排瑶政治结构的窗口（见图6-2）。

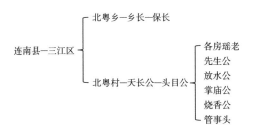

图6-2　民国时期北粤村政治结构

资料来源：由笔者根据文献记录并结合田野资料绘制而成。

对比排瑶清朝末年和民国时期的政治结构不难看出，两者在本质上没有什么差异，只是在国家政治体系的名称上出现了变化，而排瑶内部的政治体系则没有变化，仍是瑶老制。从清末到民国这段时间，中央权力对排瑶地区的控制相较于前代有了明显增强。但排瑶内生的瑶老制并未消失，而是与主流政治体系并存，形成了国家政治体系与瑶老制长期并存的格局。这种格局的存在有着深刻的社会历史原因。首先，无论是清王朝还是国民政府的政治体系，其代表的都是主流社会统治者的利益，不能真正反映排瑶的社会现实，更不能代表瑶区人民的利益。统治者建立瑶长制更多的是希望维持稳定的瑶汉关系，避免瑶民反抗。其次，无论是清王朝还是国民政府，在一定程度上维持瑶老制，都不会对主流社会大局产生多大的影响。清王朝和国民政府利用瑶老制，尤其是利用瑶老们的地位和影响，反倒可以实现"以瑶治瑶"的目的。最后，作为一种在血缘组织基础上建立起来的内生性的政治制度，瑶老制有其深刻的社会文化根基，清王朝和国民政府都无法消除其在排瑶社会中的影响。近代以来排瑶社会出现的政治结构中，国家在瑶区的代理人负责处理瑶排与外界沟通相关的事务，瑶老制负责处理瑶排内部的事务。有鉴于清朝对瑶区统治的不足，民国时期，当时的一些有识之士已认识到，要想解决瑶区的问题，不仅需要从政治层面入手，还需从文化教育层面入手。因此，国民政府从教育、文化、卫生等各个方面对瑶区进行资助，希望瑶民摆脱社会文化极度落后的局面。

（四）1949年后排瑶原有政治结构的解体

1949年之前，在北粤村，由于国民党反动派的势力对其上层瑶老采取拉拢、扶植的策略，一部分瑶民对中国共产党抱有敌意。国民党曾在北粤村建立区党部和区分部，发展国民党员数十人，还设立了伪乡政权、瑶长瑶练等反动组织。[①] 1949 年后北粤村以李楚瀛为代表的国民党残匪逃往北粤村，留下一部分枪支弹药。[②] 此外，历史上的封建统治者对瑶民进行压迫和剥削，瑶汉之间存在一些隔阂。新中国成立初期，北粤村的上层反动派不断进行各种破坏活动，如阻挠统购统销、反对合作化等。由于瑶区各阶层地位利益的不同，加之 1949 年后人民政府所采取的一系列政策，瑶民内部对新生的人民政府所持有的态度存在差异。

1949 年后，排瑶社会经济文化迅速变化，瑶老制也受到冲击。这一时期，为了实现瑶区社会的稳定，新成立的人民政府对排瑶内部包括瑶长、瑶练及上层老人在内的统治群体采取积极争取、安抚利用的策略。在新中国成立之初，政府聘请瑶区一些有威望的上层瑶老参与地方政权建设，担任参事、县长以及法院院长等职，如北粤村最后一代瑶长邓卖尾八公在新中国成立后因为深受群众信任被政府聘为县人民法院副院长。[③] 这些瑶老在各自的岗位上发挥了应有的作用，对新中国成立初期瑶区社会的稳定做出了贡献。

1949 年后，瑶老制发生了很大变化。首先，各级人民政府和党组织几乎在政治和司法职能上完全取代了原有的瑶老制，排内的各种大小事务均需村委会和党支部处理。其次，排瑶社会内部的血缘组织房族往往有一定数量的公有土地，即"太公林"和"太公田"，其在新中国成立后的土地改革中被分给个人。再次，生产队的建制打破了以血缘为基础的房族组织。最后，排瑶传统的民间信仰受到打击。瑶经被政府收缴、销毁；先生公的各种宗教活动被严格禁止；各级政府和党组织积极向瑶胞宣传无神论和革命思想。各级人民政权和党组织在排瑶社会中的建立，使国家政治力量直接深入排瑶基层社会。传统的瑶老制受到限制，作为瑶老主要成员的天长公、头目公被村委干部取代，瑶老制的政治职能被国家基层政权取代。这完全改变了 1949 年之前在排瑶社会中长期存在的政治结构。1949 年后，排瑶社会中的瑶老制影响力明显下降。瑶老制中的瑶老们已失去其在村落政治活动中的主体性地位，村落的政治主体变为

---

① 《北粤村四清运动材料档案资料》（1966 年），连南瑶族自治县档案馆藏，档案号：全宗号 64，目录号 A12.1，案卷号 10。

② 《北粤村四清运动材料档案资料》（1966 年），连南瑶族自治县档案馆藏，档案号：全宗号 64，目录号 A12.1，案卷号 10。

③ 《民族问题五种丛书》广东省编辑组：《连南瑶族自治县瑶族社会调查》，广东人民出版社，1987，第 68 页。

村委会。村委会直接深入每个行政村，而每个自然村又建有村民理事会，瑶老已不再是维持排瑶社会秩序的主要力量。北粤村就是很好的例子（见图6-3）。

连南县—三排镇—北粤村（村委会）—某自然村（村民理事会）⎰各房瑶老
　　　　　　　　　　　　　　　　　　　　　　　　　　　　　放水公
　　　　　　　　　　　　　　　　　　　　　　　　　　　　　先生公
　　　　　　　　　　　　　　　　　　　　　　　　　　　　　管事头

图6-3　1949年后北粤村政治结构

资料来源：由笔者根据在北粤村收集的田野资料绘制而成。

传统上，北粤村社会秩序的维持依赖于瑶老制，传统的习惯法规约着人们的言行，维持着社会的秩序（见表6-1）。

表6-1　北粤村传统习惯法部分内容

类别	项目		处罚情况
偷盗类	柴		罚22.8元
	稻谷、玉米		罚22.8元
	番薯		罚22.8元
	杉木		罚酒2~15斤
	瓜菜		多小孩所为，不处罚
	鸡鸭		罚22.8元
	猫狗		罚22.8元
	猪		罚54元
	牛		罚360元
	农具、家具		罚22.8元
	惯偷		能交出赃物并赔偿，免死；否则，处死
	入屋偷窃		罚22.8元
奸情类	强奸	未婚	被受害者辱骂并赶走
		已婚	罚54元
		寡妇	被受害者辱骂并赶走
	通奸	已婚	当场捉住，罚54元
		寡妇	不予处理
	被奸怀孕		罚男子或奸夫抚养

续表

类别	项目	处罚情况
放火类	烧山林	不论纵火、失火、一般不处罚
	民房烧柴寮	烧民房者，纵火者被"食屋命"，意为将财产吃光，按间数赔偿，每间约6元
杀人类	不论原因	凶手要被死者家属"食人命"，一般赔偿人命钱360~720元

资料来源：由笔者根据在北粤村调研期间所获资料制成。

北粤村传统的习惯法对盗窃类、奸情类和放火类这三类事项有较为详细的惩罚规定。其惩罚措施多为罚款，对于盗窃类行为，习惯法根据所偷盗物品的价值大小给予一定的惩罚；而对于奸情类行为，根据发生奸情对象的不同和是否怀孕，惩罚措施存在较大的差别。除了表6-1所列出的四大类习惯法，北粤村还有其他类型的习惯法。这些习惯法被瑶民所沿袭，成为人们处理矛盾纠纷的主要依据。这些习惯法对维持北粤村内社会的稳定起着非常大的积极作用。在习惯法的执行上，犯事人所在宗族的长老和犯事人的舅父拥有很大权力。判断个人有没有罪、受不受处罚就看犯事人所在宗族的族长和犯事人的舅父两个人商量的结果。宗族中的长老和整个村的瑶老掌握着司法权和裁决权。宗族对个人的保护作用是显而易见的。1949年后，北粤村传统的习惯法受到国家法律法规的影响，在社会中的作用有所减小。村委会、村民会议和作为国家在基层社会代表的乡、镇政府成为维持基层社会秩序的主要力量。由村民会议制定并报政府备案的村规民约取代原有的习惯法成为维持北粤村社会秩序的主要规定。

北粤村村规民约（部分）①

二、有下列侵犯公私财物、破坏农林业生产行为之一的处10元以上200元以下的处罚，并赔偿损失1~2倍。

第十九条，损坏农作物，破坏育苗，盗窃种苗和盗窃其他农林作物，尚未构成犯罪和未达到治安管理处罚（条例标准）的。

第二十条，损坏或者盗窃公私财物尚未达到治安管理处罚（条例标准）的。

---

① 《本乡"三建工作"资料》（1989年），连南瑶族自治县档案馆藏，档案号：全宗号64，目录号A12.1，案卷号142。

第二十一条，利用各种手段，敲诈勒索、哄抢、骗取少量公私财物的。

第二十二条，损坏或者盗窃专业户、重点户的财物和其他利益的。

第二十三条，耕牛、生猪以及其他各类牲畜，因看管不严，损害、糟蹋他人生产的。

第二十四条，外地人员未经本地政府和村民委员会批准随意套购生猪，以及农副产品的，除按本规定罚款外，没收其套购的价费。

第二十五条，破坏以（充当）防护林为主要目的的林木（包括水源林、丰产林、薪柴林）。

第二十六条，滥伐生产性用材林木的。

第二十七条，损坏或破坏经济林木的。

以上第二十五至二十七条，除按本规定处罚外，还要处罚违者包种包生产所损坏的、破坏和盗窃滥伐的树木。

…………

三、有下列损坏饮水设施水利资源行为之一的，除赔偿损失外并处15元以上、150元以下的处罚。

第三十四条，故意污染水源，损坏或破坏蓄水池以及其他饮水工程设施的。

第三十五条，盗窃水管、制水开关，或者损坏水管、制水开关而造成漏水以及不经有关部门批准随意拆接水管的。

上述村规民约是在1987年制定的，该村规民约比较详细地对偷盗、破坏林地等生产、生活中的各种会扰乱当地社会秩序、危害他人的行为进行了惩罚或处置规定。从村规民约的具体内容上来看，其完全是在国家法律、法规的框架内制定出来的。这则20世纪80年代的村规民约相较于北粤村传统的村规民约更为详尽，在一些内容上借鉴了传统习惯法中的合理部分，去除了"食人命"等与现代法治社会不相符的内容。同时，上述村规民约强调政府在处理民事纠纷中的重要作用，这表明，国家力量已深入排瑶基层，成为处理民事纠纷的主导力量。

北粤村唐坳村村规民约（部分）①

为有效地改善村容村貌，提高村民生活质量，优化唐坳村人居环境，根据本村实际情况，制定本村"村规民约"，请全体村民共同监督遵守。

一、村庄环境整治

1. 凡居住在本村庄内的全体人员都有责任和义务执行本村村规民约。

2. 每月开展一次村庄清洁活动，每户维护自家房前屋后的清洁卫生。

3. 落实门前"三包"（包卫生、包秩序、包绿化）责任制，生活垃圾定点存放，杜绝垃圾乱扔、粪便乱排、柴草杂物等乱堆乱放现象。

…………

10. 违反上述规定者，责令其限期改正，并视情况给予50～500元的罚款处理，直至追究相关责任。

11. 对于在建设美丽乡村中阻拦施工、破坏建设的，将按照相关法律法规给予处罚，情节严重的移交司法机关处理，同时对该户涉及扶贫改造、医疗救助、子女教育等方面（的要求）理事会不予支持，（小到开任何证明都）不给予支持。

12. 本村规民约如需修改，需经村民代表大会讨论通过。

二、房屋规划

1. 每户开展房屋修建前必须向村委会申请，同时按要求完善有关报建手续。

三、精神文明建设

1. 每个村民都要学法、知法、守法、自觉维护法律尊严、积极同一切违法犯罪行为作斗争。

…………

4. 提倡社会主义精神文明，移风易俗，反对封建迷信及其他不文明行为，树立良好的民风、村风。

5. 不搞封建迷信活动，不看、不听、不传淫秽书刊、音像制品，不参加邪教组织。

四、村委会负责监督本村规民约的实施，并有权对违反者采取处罚措施。

---

① 资料来源于笔者2019年1月在北粤村的田野调研。

五、本村规民约自公布之日起实施。

户代表签名通过（盖手指印）

北粤村村民委员会

2019 年 1 月 4 日

相较于 1987 年的村规民约，2019 年的村规民约更具官方色彩，完全代表了政府的态度。例如，社会主义精神文明、移风易俗等都是非常官方的表述，代表了政府的意志。如果说 1987 年的村规民约还有部分承袭了传统的习惯法，2019 年的村规民约则完全没有体现出传统习惯法的影响。2019 年的这则村规民约在内容上并不具体，也显得不是很全面，侧重于当下的美丽乡村建设。这从一个侧面反映出，在当下的北粤村，政府是维持乡村社会秩序最主要和最重要的力量。

二　瑶老制在当下的转变

1949 年后，瑶老制中的瑶老已失去其在村落政治活动中的主体性地位，村落的政治主体变为村委会。瑶老已不再是维持排瑶社会秩序的主要力量。根据笔者在北粤村的调研，北粤村的瑶老制主要保留在房族组织中，其功能主要是文化和社会性的，表现在民事调解、宗教、民俗活动和村落其他公共事务三个方面。

（一）民事调解中的瑶老

排瑶社会有尊老的传统，老人总是受到人们的尊重。北粤村每个房族的公共事务，如每年以房族为单位的公共祭祖活动、耍歌堂、房族内的其他公共事务以及矛盾纠纷都由房族内的老人商议处理。

个案 6-1：LHB

LHB 是北粤村唐牛村的一位村民，对于自己宗族长老的情况，他这样说：

> 宗族里面的长老有三个人，按辈分来，按年龄来。我父亲年龄第二大，宗族里面的事情都让父亲商量。三个长老有分工，扫墓拜山、红白喜事这些都需要长老商量。此外，宗族内部因为分家产生纠纷的也会找长老商议。以前的这块地是父亲给大儿子的，其他儿子就不能去争。家中的房屋，如果是儿子们结婚之前建的，父母死后，房子归大儿子。大儿子因

结婚和父亲分家了，就找长老去了解情况，调解一下。现在分地、分家产时，父母都会让我们年轻人去过目一下，弄清楚基本情况后，再问长老。土地纠纷这些事情，一般先要长老解决；即便是寻求村委会解决，村委会一般也会先向长老询问情况。①

传统排瑶社会中村民遇有矛盾纠纷时，首先还是在房族内部寻求解决，如若解决不了再寻求天长公及全村瑶老进行调解。现在，村民间发生矛盾纠纷依旧还是首先按照传统的方式请长老们调解，调解不成功再寻求村委会的调解。但长老们的调解更多的是民事纠纷等的调解，刑事调解则由政府、法院负责。总之，长老们的调解在属性上更多的是社会性的而不是政治性的。

在北粤村，村民长期生活在同一个社区中，基于拥有共同的生活场所彼此都会努力保持一种友好的关系。如果因为矛盾纠纷对簿公堂也就意味着彼此撕破了脸皮，原有的熟人之间的关系就受到了影响，彼此见了面也会不好意思。笔者在北粤村调研期间遇到村民的一起矛盾纠纷事件，彼此田地挨着的同一宗族的两户人家因为争夺一条水渠而闹矛盾，两个家庭互不相让。在宗族内老人劝说调解无效的情况下两个家庭转而寻求司法程序进行解决，打上了官司。后来笔者了解到，两个家庭早已有了矛盾。其中一户在宗族内部一直处理不好与其他宗族成员的关系，喜欢占小便宜，对宗族内部的公共活动也不积极参与。在乡村社会这样的熟人社会中，家庭之间关系的破裂通常不是因为直接的利益矛盾，而是因为日常交往中诸多小矛盾的积累。矛盾的爆发多因一方或双方的言行没有遵循传统的惯习。

以前的瑶老调解纠纷，属于民间的一种自发管理模式。然而随着当今经济社会的迅猛发展，社会矛盾纠纷多样化、复杂化，群众之间由山林土地划分、邻里争吵、利益分配等引发的纠纷越来越多。近些年，连南县人民政府为提高政府效率，更好地将民事纠纷化解在基层，通过深入挖掘排瑶传统的瑶老制，创造性地在各自然村推行瑶老调解员这一制度。连南县人民政府主要做了三方面工作。首先，建章立制有序推进。该县制定完善具体的瑶老调解员制度实施方案，严格落实相关流程、档案归档制度、工作意见反馈和考核方案，县财政局每年给予50万元的经费支持，实行"底薪+以奖代补"的报酬制度，为品牌特色亮点工程创建提供组织和财力保障，确保瑶老调处化解矛盾工作有效开

① 2019年7月由笔者根据LHB的口述资料整理而成。

展。其次，通过加强培训提升素质。连南注重选聘威望高、能力强、群众信任的人员加入瑶老调解员队伍，为瑶老调解员队伍注入新鲜血液。全县瑶老调解员上岗前须经过培训，每个乡镇每年至少举办一场瑶老人民调解培训班，由县、乡镇有关人员及村（居）法律顾问讲解人民调解工作的相关规定、常用法律法规、如何规范制作调解协议等内容，并结合自身的经验分享调解工作技巧，不断提升瑶老调解员整体素质。最后，做到加强组织规范运行。连南建立健全矛盾纠纷大调解机制，采取多方参与、协调作战的方式，将人民调解、行政调解和司法调解紧密结合，各级人民调解委员会与县公安、民政、综治信访等部门联动，综合治理矛盾纠纷，形成"领导重视、网络健全、多方配合"的工作格局，为瑶老机制辐射汉村瑶寨打下良好基础。建立健全矛盾纠纷排查化解机制，建立村（居）每半年一次、镇每月一次的矛盾纠纷排查工作制度，在保持经常性排查的同时，围绕重点人、重点事、重点时期开展集中排查，防止因调处不及时造成不稳定问题。

瑶老调解员做事公道正派，有较强的事业心和责任感，以说服教育、亲情感化、平等协商等形式，促进当事人达成相互妥协和共识，理顺当事人的情绪，在谦让融合的良好人际氛围中解决问题，得到了群众认可。通过近几年找准瑶族优秀传统文化与社会治理的结合点，不断探索瑶老在基层治理方面发挥作用的新思路，传承瑶老无私为民品质，提出瑶老调解员治理方案，推进社会治理创新，连南初步建成了具有连南特色的瑶老调解矛盾纠纷机制。该模式得到了省市充分肯定，不仅在广东省平安办主任会议上得到交流推介，还成功入选 2016 年"全国创新社会治理典型案例"。

在北粤村，每个宗族有自己的先生公和"明理人"，先生公为宗族成员提供宗教服务，"明理人"主要负责讲道理、摆事实，调解宗族成员间的矛盾纠纷，使宗族成员团结。FQGJ 作为其所在祠堂宗族的"明理人"，2019 年就在宗族内处理了一起夫妻感情不和的事件。FQGJ 了解到妻子闹离婚是因为婆婆对她不好。FQGJ 在调解的过程中对他们说，如果你们夫妻相爱就不用离婚，婆婆的因素影响不了夫妻相爱。他最后建议夫妻两人去外面打工，一年后夫妻生了孩子，婆婆对妻子的态度也变好了。北粤村有敬老、尊老的传统，在传统观念中有威望的老人不仅仅是权威还代表着公正。在北粤村这样一个非常重视血缘关系的地方，一切事务的处理原则往往基于血缘关系。在矛盾纠纷的处理上，人们首先还是倾向于在宗族内用传统的方式进行解决。在这种情况下，宗族中的"明理人"和先生公等瑶老在民事调解中还能发挥出一定的作用。村里的一些民事纠纷，往往不能仅凭国家的法律法规，有威望的老人参与其中会起到更好的效果。

北粤村村委会推行瑶老调解员的制度，力图使村民间的矛盾纠纷化解在基层，这是政府利用传统资源解决当下瑶乡乡村治理问题的一种探索和尝试。一些村委会实行"党员+瑶老+先生公"的模式来调解村里的民事纠纷。北粤村的瑶老调解委员会是村委会下面的一个机构，主要负责处理村民间的矛盾纠纷。村民间的矛盾纠纷在宗族内解决不了的，到村委会中的瑶老调解委员会中来解决。如果村委会的瑶老调解委员会解决不了，再交由法律去解决。村委会的瑶老调解委员会主要还是起调解、劝解的作用，专门解决群众的矛盾纠纷，比如夫妻间的婚姻矛盾、邻里间的争吵、子女间的财产分割争端等民事纠纷，不涉及刑事。调解首先需要群众报案，然后村委会的瑶老调解委员会备案，瑶老调解员再去搜集证据，查实后请矛盾纠纷双方来村委会调解。这从一个侧面反映出，瑶老制作为北粤村在历史上自发形成的一种维持社会秩序的制度，在当地村民的日常生活中仍以不同的形式延续着，在当地村民的生活中发挥着一定作用。

（二）宗教、民俗活动中的瑶老

每个房族都有若干名先生公，在这些先生公中年长者带领其他先生公负责整个房族内的各种宗教活动，为房族内的所有成员服务。这些活动包括耍歌堂、拜山、各种驱鬼仪式以及个人的出生、满月、百日、结婚和葬礼等人生仪式。在当地人看来，在这些活动中必须要有先生公做法事，每个房族必须要有先生公。一些学者经过研究认为排瑶的宗教是一种生活方式，宗教渗透在村民的日常生活中。[①] 排瑶的人生仪式中包含着浓厚的宗教性色彩。传统的民间宗教在排瑶社会中仍大量保留。也正因为这样，先生公这一群体仍大量存在于排瑶社会中，瑶老制的文化属性保留得仍相当多。先生公作为排瑶社会中传统的宗教领袖，主要负责宗教事务。在排瑶社会，每年春节过后，都会以房族为单位进行持续一周左右的拜山扫墓活动。每年正月初四，房族内最年长的先生公和老人召集房族成员共聚一处确定当年拜山扫墓的日期和具体安排。

管事头是瑶老中临时性的成员之一，其多由年轻人担任。传统上，管事头主要在一姓或一房族遇有械斗或战争等公共事务时产生，平时并不存在。新中

---

① 夏志前：《作为生活方式的宗教——以瑶族宗教研究问题为中心》，《广东技术师范学院学报》2005年第5期，第5页。

国成立后，排瑶社会内部的械斗已很少出现。村落和房族内的公共性事务如丧事、拜山扫墓仍有管事头活动的身影。在唐冲村，全村共有兀、京口、大食和火生四个宗族，火生宗族因为人数较多，下面又分为三个房族。火生宗族下面的三个房族，每个房族每年都会选出一个新的管事头。每年拜山所需的猪肉、鞭炮、豆腐等公共物品的费用平摊到房族内的每家每户中，管事头除要将这些费用收齐外还需将拜山所需的公共物品买回来。拜山的当天，也要由管事头将这些公共物品运送到墓地，并在拜山时将所买食材煮成饭菜给大家食用。房族内的管事头每两年轮换一次，所以每个房族总是同时有新旧两名管事头。理论上，房族内的所有已婚成年男性一生中都有机会担任管事头。每年最后一次集体拜山时，旧管事头邀新管事头来家中吃饭喝酒，算是完成管事头的交接工作。当年的管事头负责宗族中全年所有葬礼中的晚饭，火生宗族中有人离世时，宗族的六名管事头负责在葬礼举办的当夜煮饭。可见在当下，村落公共事务的处理中仍有传统瑶老制的一些影子。

（三）村落其他公共事务中的瑶老

放水公是传统瑶老制中瑶老的主要成员之一，如今在北粤村仍存在且相关传统保持得相当好。在北粤村的每个自然村都会有一到两名放水公，放水公负责维护全村的水管。放水公会定期检查全村的水管，并对损坏的水管进行维修以保障全村村民的正常用水。放水公在每年年底到每家每户按每人每年 3 元钱的标准收取费用。在笔者调研的唐坳村，村子的放水公是一位 60 多岁的老人。老人已经当了 8 年放水公，每年他通常会花 2 个月的时间维护全村的水管。当放水公一年能收 2200 多元，因为已经不能外出打工常年待在村里，做放水公也不累还能挣到一些钱，他也愿意做放水公。老人说当放水公是自愿的，想当就告诉村里人。年底挨家挨户收费时，大家也就知道你是放水公了。以后，水管坏了村民就会找你维修，修好了，你也就获得了大家的认可。放水公并不受村委会管理，村委会对村民这种自我管理的方式不进行干预。

谈起放水公，FWD 表达了自己的看法：

> 以前，放水公分为稻田放水公和饮用水放水公。稻田放水公很多人会争着做，饮用水放水公也争着做。想当放水公的人也是精打细算，他们会计算一年的收益情况，如果觉得有利可图再做。当稻田放水公就在大年初一的早上去到水源处拜神，在水源处插上三根香。谁来得早，就谁当。很

多人为了当稻田放水公就很早起来，半夜就去，后面来的看到水源处有了香火就不再争了。人们争当放水公是因为放水公一年收的米可能比他自己种田收的米还要多。现在，稻田的水渠都是水泥渠道，不用稻田放水公了。TJX 的爸爸就是放水公，他负责管唐冲村的水管。前几年他还来我家收米，说这条水管是他管，我就给他了，我们两个公婆一年六斤米，不多，也不是什么钱。在以前，一斤米还不是小数目，现在都不要了。一年一斤米你都不给他也没有道理，心里有愧。既然你做放水公了，就要保证自来水管畅通。有一个星期没水喝，就不行了。水管还是有人要管，没水了，我们就有底气找他了。反正你管不管，（米）也给你。他就是按以前的方法来收，管不管是他的事情。①

TJX 的父亲负责整个唐冲村水管的维修工作。他已经当了很多年放水公，到了年底他会到每家每户收取费用，以前是每个人一两斤米，后来因为一些村民经常给旧米，他也就不愿意收米了。从几年前他改为收钱，每个人收三四元钱。在北粤村，差不多每个自然村都有一个这样的人。放水公也不是大家选出来的，村里有人愿意做就行。在 TJX 父亲做之前，村里有一个人做，后来他因为感觉不挣钱，就不做了。TJX 的父亲已经 63 岁，也不能出去打工了，在村里做放水公，这样还能挣一些钱。在当地人看来村里还是有一个人专门管水管比较好。这样水管有了什么问题，找放水公解决就行，要不然一旦水管出了什么问题都不知道找谁。村委会对这些事情引导、干涉不多，基本上都是村民自己组织、决定。放水公是村民自己推出来的人，是服务村民的。

拜山祭祖、丧事以及对水资源的管理和使用都是村落的公共事务。在这些公共事务中，传统的瑶老制仍发挥着一定的作用。可见，对于村落中一些公共事务的处理村民仍选择沿用传统的方法。在当下的北粤村，传统瑶老制所能体现出的平等、民主原则在处理村落公共事务尤其是婚丧嫁娶等事务时仍然被当地村民所遵循。此外，当下北粤村宗族内的长老在处理宗族内部成员间的矛盾纠纷问题时，有一定的话语权，发挥着一定的作用。所以，政府也在利用他们在文化上的影响力来进一步优化乡村社会的治理。

就功能而言，新中国成立后的瑶老制在社会与文化方面仍具有一定的功能，而其政治功能几乎丧失。瑶老制中主要负责处理排内政治性、司法性事务

---

① 2019 年 7 月由笔者根据 FWD 的口述资料整理而成。

的天长公和头目公已不存在，而负责村落和房族内部公共性事务的放水公和管事头保留下来。原有负责一排宗教活动的先生公也保留下来，只是先生公负责范围从整个排缩小至房族。放水公所从事的活动是社会性的，管事头和先生公所从事的活动主要是祭祀、各种人生仪式等民俗活动，这些活动从性质上来说是文化性的。房族内的瑶老这一群体在新中国成立后一直都存在，他们中的一部分就是先生公。房族内的瑶老主要参与房族内部的婚丧嫁娶、祭祀等仪式性活动，这些活动也是社会性、文化性的。房族内的瑶老虽然仍在本房族内的矛盾纠纷调解活动中有一定影响力，但仅停留在民事调解层面，从本质上来说这类房族内部的矛盾纠纷调解活动仍是社会性的。

三　村委会选举中的宗族动员

在北粤村，血缘关系是人际关系中最重要的关系，是处理人与人之间关系的最基本原则。这种原则无论是在具体的日常生活中，还是在一些事件中体现得都非常明显。

在北粤村的每一次村委会选举活动中都能看到背后各宗族及其他亲属关系团体的力量。通常，如果本宗族的成员竞选村委会委员，一个宗族的人都会支持他。在村委会委员竞选的过程中，竞选人会凭借自己的亲属关系网进行拉票。在北粤村，每名18岁以上的村民都可以投票，投票采取无记名、普选的形式进行。在村委会选举中宗族的力量会被调动起来，在村委会选举中发挥一定的作用。这也从一个方面说明，排瑶的宗族并不是简单地存在于各种仪式中。村民的宗族意识潜藏于其日常生活中，在外界事务的刺激下，宗族成员的这种潜意识就会被激发出来。在北粤村村委会选举中，唐姓有1800多张选票，邓姓有1200多张，房姓有500多张，盘姓有300多张。村委会竞选中，每一个自然村都力争本村的一名参选人能当选村委会委员。村委会委员中有本村的人代表本村，能更多地为本村争取利益。

在北粤村的村委会选举中，宗族势力参与其中是不可避免的，宗族中的长老在村委会选举中发挥着一定的作用。在宗族内部，长老的影响力还是比较大的。现在，北粤村的长老以先生公为主；除此之外，还有一些四五十岁经商比较成功的能人。宗族内部的先生公和能人都是在宗族内部有威望、有能力、有影响力的人。这些人都会在某种程度上影响村委会的选举。比如，宗族中的长老会号召族人一定要选某个人。这种宗族中长老参与到村委会选举中的现象比较普遍。在2014年的村委会选举中，唐冲村有2名参选者，但由于其中一名参选者文化水平不高只有初中毕业，其参选成功的可能性比较小。而另一名来自大食宗族的妇女主任的候选者是高中毕业。在竞选村委会主任可能性不大的情况下，THSSJQ 向唐冲村的选民提议将选票投给妇女主任的候选者 DHF，这样其竞选成功的可能性就比较大，也能使本村有一人在村委会工作，有利于为本村争取利益。最终，DHF 成功地当选了村委会妇女主任。

谁的亲戚多谁就能当选上村委会委员在北粤村是公认的事实，TZM 在 2014 年曾参选北粤村村委会主任，他虽然在火生宗族但其所在的宗支只有 27 户，另外他的爷爷其实是小唐的，这些都导致其亲戚数量并不多，亲戚少在村落社会中可动员的资源就少，这是他未能当选为村委会委员的主要原因。北粤村的每一个自然村都有自己的村民理事会和党支部，唐冲村村民理事会的会长是退休干部 THSSJQ，同时他还兼任村党支部的书记。THSSJQ 是唐冲村人数最多宗族的先生公。村民理事会的三名成员来自不同的宗族，另外两名成员均是比较富有的商人。宗族势力在村落事务中的影响可见一斑，成为在村落政治生活中有影响力的村民理事的基础是其各自所在的宗族组织，他们在村落中的权威建构在排瑶特有的亲属网络关系和物质生活条件之上。

个案 6-2 北粤村的前一任村委会主任是一位年轻的大学毕业生。他的爷爷和父亲均是北粤村比较有声望的老人。爷爷和父亲的声望为其在村委会选举中增色不少。

> 以前，我的爷爷在我们房氏家族，甚至整个瑶寨都有很高威望。还有一个是末代瑶王邓卖尾八公的儿子，是在整个瑶寨有影响力的人，也是我爷爷的徒弟。他的威望主要源于其父亲，此外他也是公务员，做过连南县工商局的局长，他也有一定的文化，学过瑶族经文，会念经文。他的父亲见过毛泽东。他们两个人在村中是数一数二的有影响力的人物，是整个寨子中德高望重的长老。但是，自从他们两个人过世之后，整个寨子里面就没有威望特别高的长老了。我父亲的年龄不大，60 多岁。他从我爷爷那里继承了很多瑶族文化，又出来在县林业站工作，当过公务员。他把自己的见识与瑶族传统文化结合在一起。所以，他会更好地宣传、解读瑶族传统文化。我父亲不算是寨子中德高望重的瑶老，（不过）他在我们家族是比较有威望的。我父亲最近几年身体不舒服，村里很多活动都没有参加，这样村民对他认可度、威望就有限。我的爷爷懂瑶医、瑶药，一生为很多村民看病，是一位大善人。他给别人看病不会收钱，救了很多人。他给人

看病用草药、药浴、艾灸这些方法。我们还有用灯芯灸穴位的这种方法。因为他给很多人看病又不收钱，所以威望就高。从某种程度上说，我爷爷的威望比邓卖尾八公的威望还高。在我竞选村委会的过程中，我的爷爷给我加了很多分。村民会觉得，他的爷爷都是这么好的人。他的孙子也不会差到哪里去。我当时 21 岁，第一轮投票结束后就领先第二名 500 多张选票。

当下的排瑶社会存在多种权威。瑶乡乡村社会权威的类型包括民俗性权威、政治性权威。瑶老和党员、村委会委员联系在一起。瑶老在很大程度上退化为民俗性权威，但又在一定程度上和村委会委员这一政治性权威相结合。村委会的选举受父系血缘组织的影响很大，而传统的瑶老制又是建立在父系血缘组织之上的，人数多亲戚多的父系血缘组织的族长往往就是瑶老。随着瑶老制的转型，村委会委员的竞选中父系血缘组织仍发挥着一定作用。

小　结

排瑶与周边的汉族在经济文化类型方面存在明显差异。作为山地民族的排瑶，在长期的发展过程中形成了梯田稻作农业和旱地农业相结合的山地农业系统，为其族群的发展和壮大奠定了基础。作为南岭山地的开发者之一，排瑶占据了较为丰富的竹木、药材和山兽鸟禽等山地资源。这些山地资源是周边汉族社会所缺乏的，同时排瑶也需要从周边汉族那里获取食盐、铁器、布匹等物资。可以说，排瑶与周边汉族在经济上是一种互补、共生的关系，只是排瑶对周边汉族的依赖性更强，因为排瑶生产生活的必需品需要从汉族那里获得，而排瑶所提供的物品并非汉族生产生活的必需品。双方经济方面的这种不平等，使得历史上排瑶在与封建王朝互动过程中处于"被动"地位。排瑶与周边汉族维持正常贸易关系的情况下，双方和平相处，互动频繁。经济上的相互依存也带来社会的交往和文化的互动，排瑶的很多文化都受到了汉文化的影响。相反，排瑶如果不能从周边汉族社会那里获取食盐、铁器等物品，双方的和平状态就会被打破。此外，历史上封建统治者的剥削、压迫政策也是排瑶反抗的主要原因之一。在瑶民的反抗下，封建统治者也认识到排瑶社会文化的特殊性，改变对排瑶的政策，采取间接管理，从而加强了对排瑶的管控。

从宗族与村落的关系来看，宗族是排瑶村落社会秩序运行的基础。血缘关系是村民处理事务所主要遵循的原则。建立在血缘结合基础上的地缘结合使排瑶的村落呈现明显的共同体特征，而村庙成为排瑶村落社会中血缘与地缘结合的纽带。维系村落社会秩序的瑶老制也体现了地缘与血缘的结合。历史上，瑶老作为排瑶社会的精英在排瑶的社会、政治、文化等各个方面都发挥着重要作用。作为一种排瑶社会内生性的制度，瑶老制是排瑶社会稳定和正常社会秩序运行的重要保障。瑶老制产生于排瑶这一族群特定的自然生态系统和人文生态系统中，随着社会环境的变化，瑶老制也必然会发生相应的改变。瑶老制体现了排瑶社会原始民主制的色彩，属于费孝通先生笔下"长老统治"这一类型。瑶老是乡土社会的精英，瑶老的权威来源于其掌握的丰富的乡土社会传统知识，这些知识对传统乡土社会的正常运行十分重要。瑶老制是地方小传统的代表，在国家进入排瑶社会的过程中，作为国家权力的大传统必须面对如何与地方小传统有效衔接的问题。清末以来，国家权力逐步深入排瑶社会，排瑶社会完全被纳入现代国家体系中。作为排瑶传统政治制度的瑶老制与国家政治体制长期并存。1949 年以后，瑶老制的政治功能进一步弱化，国家与排瑶社会的制度在政治上长期并存的状态结束，国家权力已深入排瑶基层社会。但作为一种内生的制度，瑶老制的存在有其深刻的社会文化基础，其社会文化功能在一定程度上仍在延续。

结　语

一　宗族与民族

（一）南岭民族走廊中排瑶宗族的实践

传统的汉人宗族研究将宗族视为一种社会组织，强调宗族的诸多外在表现形态：族田、族长、族规、族谱以及祠堂等。但汉人宗族组织的这些外在表现形态不是从来就有的，是在历史上逐步形成的。宗族作为一种社会文化现象在中国乡村社会具有相当的普遍性，这在很大程度上是因为父系血缘纽带的作用。目前，学界已有的宗族研究集中在汉人社会，关于国内少数民族群体的宗族研究还比较少。在笔者看来，中国境内的诸多民族在历史上的交往、交流与融合从未中断。各个族群不但在经济上互相依赖，在文化上也相互吸收、借鉴，早已形成了"你中有我，我中有你"的共生格局。在历史上，民族走廊地区中族群的迁徙、交流与融合是常态。南岭民族走廊更是充分体现了不同族群的迁徙、交流、互动与融合状况。在历史上，南岭民族走廊内的苗、瑶、畲、壮等少数民族与周边汉族的交流互动从未间断。瑶族作为一个有着悠久历史的山地民族，有着长期的迁徙历史，来自不同地方的人群在不同的时期先后迁入南岭山地并最终整合为一个族群，形成了"南岭无山不有瑶"的格局。

把宗族放在亲属制度体系下进行考察是人类学的传统，父系血缘被认为是构成宗族的核心元素。林耀华指出宗指祖先、族指族属，宗族合称，是为同一祖先传衍下来，聚居于一个地域，而以父系相承的血缘团体。[1] 在排瑶社会中父系血缘组织是"温补"，意为以男性祖先为代表、由两辈人以上的血缘亲属所组成的单位。[2] "温补"是瑶语的称呼，现在对于排瑶社会这种父系血缘组

---

① 林耀华：《义序的宗族研究》，生活·读书·新知三联书店，2000，第73页。
② 练铭志、马建钊、李筱文：《排瑶历史文化》，广东人民出版社，1992，第312页。

织则用宗族或房称呼。不难看出，正是排瑶"温补"这种父系血缘组织和汉人社会中的宗族、房族的相似性，才使汉人的知识分子用宗族或房族对其进行指称。虽然排瑶的"温补"与汉人社会中的宗族存在一定的相似性，但作为排瑶社会一种内生的社会文化现象，其带有自身的特点。排瑶的宗族是排瑶在形成发展过程中通过与周边族群的互动生成的社会文化，这种社会文化是排瑶形成发展过程中的一种伴生文化，必须将其置于排瑶这一族群整个社会文化中进行考察和分析。

排瑶是瑶族诸多支系的一个，它由历史上不同时期来自不同地方的人群长期融合而成，其形成和发展离不开与周边其他民族的互动和交流。历史上汉族对排瑶这一族群的形成起到了重要作用。汉族以及其他族群成员都有进入瑶山并最终融入瑶族的现象。这些进入瑶山的汉人祖先将汉文化也带入瑶山，影响了排瑶族群文化的形成。排瑶先民通过与周边汉人的互动掌握了水稻种植技术，在此基础上完成了从游耕到定居的转变。稻作农业的发展和定居的实现使排瑶先民形成了一系列独特的文化，作为族群的排瑶也得以形成。恶劣的自然生态环境和低下的生产力强化了长期定居中人与人之间的团结与协作，从而促进了以血缘关系为纽带的家庭间的结合。建立在父系血缘基础上的亲族集团得以形成，并为人们提供了稳定的社会结构。父子之间世代间的继替保证了家的延续，这也使排瑶社会中的家具有浓厚的宗教色彩，祖先为大的意识成为当地人深层的观念。而恶劣的自然环境和低下的生产力迫使排瑶形成以核心家庭为主的家庭结构模式。排瑶家庭分中有合的属性使其在诸子均分这一分家机制的作用下形成了超越单个家庭的宗族组织。这是其经过在特定自然社会环境下的长期定居形成的，是排瑶先民为适应其所处自然社会环境而选择的一种生存策略。排瑶借助父系血缘这一纽带，形成了稳定的父系血缘群体，以在恶劣的生存环境中求得生存。

在有关汉人宗族的研究中，宗族的类型和组织特点一直受到关注。许烺光在《宗族·种姓·俱乐部》一书中总结了宗族的十五个要素。[1] 弗里德曼总结出中国福建广东地区高度组织化、形式完整而严密的华南宗族类型，并强调共有地产对宗族组织存续的重要性。[2] 而武雅士则根据中国宗族组织的特点将其

---

① 〔美〕许烺光：《宗族·种姓·俱乐部》，薛刚译，华夏出版社，1990。
② 〔英〕莫里斯·弗里德曼：《中国东南的宗族组织》，刘晓春译，上海人民出版社，2000。

分为三种类型。① 1949 年之前的排瑶宗族是一个有着分支结构的父系血缘组织，宗族成员共居一处，拥有共同的地产、共同的墓地、共同的祖先崇拜仪式，有表示宗族成员关系的标志物"家先单"。排瑶宗族的这些外在形态及构成要素并不完全符合人类学家笔下那种形制完备、组织严密的汉人宗族组织的标准。笔者认为宗族的外在表现形态及构成要素受多种因素的影响，而真正理解排瑶的宗族组织需要分析其运作机制。排瑶的家因父系血缘的纽带，在纵向上各代之间具有很强的延续性，在横向上兄弟之间具有差序性，这两个特性使其发展出不同层次的宗族组织，现有关于排瑶的人类学研究者多将排瑶的这种父系血缘组织称为宗族。此外，排瑶社会有着浓厚的祖先崇拜文化、形制完备而繁杂的祭祖仪式。北粤村集体拜山祭祖活动充分体现了排瑶宗族的运行法则，同一个祖先的子孙后代对祖先拥有同等的权利和义务。依据父系血缘原则，同一祖先的后代在继承祖先财产方面拥有同等的权利，也有同等的义务祭祀祖先并平摊祭祀费用。北粤村排瑶的宗族可看作众多家庭的结合体，这种结合依据的主要是父系血缘原则。父系血缘和祖先观念成为人们结合形成宗族的重要纽带，排瑶的家在代际上的延续性使其在一定程度上保留着大家庭观念。在现实生活中拥有同一祖先的诸多核心家庭之间互动密切，往往形成较为亲密的血缘共同体。但受生产力水平低下和分家机制等因素的影响，排瑶的家在具体的实践中又很难保持大家庭的存续而呈现以小家庭为主的特点。总之，排瑶家庭在分离与结合之间存在很强的张力。排瑶的宗族兼有父系血缘性、地缘性和利益性，并不完全是一个封闭的血缘团体，这使其边界呈现出一定的弹性，只要符合一定的条件，个人、家庭都可加入或离开其所在的宗族。现实利益的因素也会影响到家庭间的结合与分离状态，这使其家庭结合呈现出一定程度的动态感。宗族的要素可以不同，其形态也可以各异，但从家庭分化、结合的内在机制来看排瑶的宗族与汉人社会中的宗族是一致的，这种机制的核心是以父系血缘关系为纽带的家在纵向上各代之间的延续性和横向上兄弟之间的差序性。而宗族的构成要素、外在表现形态只是宗族运作机制在特定自然社会环境中被形塑的结果，也是当地人适应现实环境的策略。

---

① A. P. Wolf, "The Origins and Explanation of Variation in the Chinese Kinship System," in Kuang-Chou Li, Kwang-chih Chang, Arthur P. Wolf, Alexander Chine-chung Yin（eds.）, *Anthropological Studies of the Taiwan Area: Accomplishments and Prospects*（Taibei: Department of Anthropology, Taiwan University, 1989）, pp. 247-249.

排瑶的宗族与人类学家笔下经典的汉人社会宗族虽然在组织原则、宗族结构、祖先崇拜文化等方面有着诸多相似之处，如以父系血缘为基础、有着以祖先崇拜为基础的系统的祖先祭祀仪式，但排瑶的宗族在和汉人社会中的宗族存在相似性的同时，也有自身显著特征。首先，在组织层面上，排瑶的宗族虽然以父系血缘为组织原则，有一定世系关系，但因为排瑶历史上有着频繁迁徙的历史，所以其宗族并不像汉人社会宗族那样有着严密、完整的世系关系，其宗族结构有一定的松散性。其次，在祖先崇拜这一文化层面，排瑶的祖先神并不仅仅包括本姓神明，还包括异姓祖先神，且其祖先神升格为了地域神。最后，相较于汉人社会宗族所体现出的宗法性，排瑶的宗族不具有宗法性。鉴于此，本书在参照了人类学家经典宗族概念的基础上考虑到排瑶自身的社会文化逻辑，认为排瑶的宗族是"非典型性"的。排瑶宗族的"非典型性"本身就是南岭民族走廊内排瑶与周边客家族群长期交往、交流、交融的结果。

（二）从宗族到民族

费孝通先生通过对广西大瑶山瑶族的研究，提出了一系列关于民族凝聚力的问题："什么是形成一个民族的凝聚力？一个民族的共同体中能承担多大在语言、风俗习惯、经济方式等方面的差别？民族共同体意识是怎样产生的，它又怎样起变化的？为什么一个原本聚居在一起的民族能长期被分隔在不同地区而仍然保持其民族共同意识？依然保持其成为一个民族共同体？一个民族又怎样能在不同条件下吸收其他民族成分，不断壮大自己的共同体？又怎样会使原有的民族成分被吸收到其他民族中去？"[1] 费孝通对瑶族的凝聚力进行了初步探索，他认为瑶族的凝聚力一部分来源于外力的压迫。基于对广西大瑶山瑶族的考察，费孝通先生对上述问题做出了回答："不同来源的民族集团在共同敌人的威胁下为了生存必须团结一致，形成一股自卫的力量。这种凝聚力使他们形成了一个共同体，接受共同的名称。他们在语言上、风俗习惯上的区别并不成为离异的因素，因而得以长期共同生存下来。"[2] 就排瑶民族凝聚力的形成而言，外力的压迫的确是其民族凝聚力的来源之一。排瑶，亦称"八排瑶"，主要由八个大排组成。排与排之间相对独立，但当遇到共同的敌人时，各排会

---

[1]　费孝通：《〈盘村瑶族〉序》，《费孝通全集》（第十卷：1983—1984），内蒙古人民出版社，2010，第 92 页。

[2]　费孝通：《〈盘村瑶族〉序》，《费孝通全集》（第十卷：1983—1984），内蒙古人民出版社，2010，第 94 页。

团结一致共同对外。排瑶的"白石峒会议"就是各排结成短暂同盟的重要会议。外在因素固然能对一个民族凝聚力的形成起到一定的作用，却并不是民族凝聚力产生的内生动力。

　　个人对民族的认同，主要体现在血缘、习俗、语言之类的原生纽带与原初群体中。对于排瑶而言，宗族就是这种能够体现民族认同的重要原生纽带和原初群体之一。斯蒂文·郝瑞认为，作为民族的一种标志，文化在民族认同中的作用是第二位的，占首位的应该是亲属观念和历史意识。[①]笔者认为，郝瑞所说的亲属观念和历史意识应包括由共同祖先意识、共同祖先观念构成的历史记忆。历史上排瑶经历了长时间的、频繁的迁徙，同时又受汉文化影响比较深，但一直能保留自己的族群意识，与周边族群维持着较为清晰的族群界限，共同祖先的观念以及基于祖先崇拜文化而展开的一系列祭祖活动发挥了重要作用。排瑶的家因父系纽带的影响在纵向上各代之间有很强的延续性，在横向上兄弟之间有明显的差序性。这决定了排瑶宗族组织的层次性，房族由血缘较近的若干家庭结合而成，若干房族又结合成宗族。不同层次的宗族围绕着共同的祖先有相应的祭祀仪式。北粤村排瑶每年的拜山祭祖仪式从房族开始依次扩展到宗族内部的集体祭祀、宗族间的联合祭祀，而在打道箓的前三年则要举行整个姓氏的联合祭祖仪式。共有祖先的意识对不同层次的宗族组织有着整合作用，定期的集体祭祖活动也在一定程度上强化了宗族成员的集体意识，起到团结宗族成员的作用。

　　排瑶的较大村落通常是多姓村，村落内的每个姓都是一个相对松散的血缘组织，姓下有不同层次的宗族组织。村庙中供奉的是各姓的祖先神像以及盘古王、盘古王婆等神像，这些神像同时存在于村庙内是排瑶社会由血缘结合到地缘结合的具体表现。作为村落中各姓整合象征的村庙成为排瑶村落共同体的标志。北粤村排瑶每家每户大厅中的"家先单"在主要记录各姓祖先法名的同时也包含了村落内的其他姓氏，这也是排瑶村落中各姓整合为一个共同体的象征。

　　排瑶主要由八个规模较大的村落（排）组成。传统上每个排是一个独立的小型社会，不相统属，只有在遇到共同敌人时各排才结成短暂的联盟。排瑶的瑶歌将排瑶的八个排的祖先描述为同一父母所生的八个兄弟，强调其拥有共同的祖先。这种传说是排瑶族群历史记忆的一种表现。此外，排瑶有着

---

① 〔美〕斯蒂文·郝瑞：《田野中的族群关系与民族认同——中国西南彝族社区考察研究》，巴莫阿依、曲木铁西译，广西人民出版社，2000，第126页。

共同的始祖——盘古王和盘古王婆，每个大排的庙中都供奉有盘古王和盘古王婆，而排瑶的盘姓更是将盘古王和盘古王婆视为本姓始祖。宗族共同的祖先是排瑶宗族认同的纽带，而族群共同的始祖是维系排瑶族群认同的纽带。对于排瑶这一族群而言，宗族、村落乃至整个族群虽然是不同层次的共同体，但拥有祖先这一共同的纽带，不同层次的共同祖先将其成员整合在一起。排瑶基于对本姓共同祖先的追忆，联合本族群其他多个姓氏共同完成对共同祖先盘古王、盘古王婆的追忆，形成更高层次的认同。宗族认同与族群认同是同构的，宗族认同为排瑶的族群认同奠定了基础，族群认同是宗族认同的延伸。排瑶的先民虽然有着漫长的迁徙史，但却一直保留着对祖先的集体记忆，这从其"家先单"和民间流传的瑶歌中都能体现出来。排瑶的族源记忆、祖先记忆、历史记忆通过书写记录和神话传说、歌谣等形式被人们所传承，通过节庆仪式、宗教仪式、祭祖仪式等周期性的活动而存续。"家先单"是排瑶保存其宗族意识、历史记忆的一种文书。这些周期性的活动，强化了排瑶对祖先的共同记忆，生发了排瑶的族群历史记忆，保证了排瑶历史记忆的稳定性和延续性。可见对共同祖先的历史记忆在排瑶族群意识产生的过程中起着关键作用，成为排瑶整个族群凝聚力产生的社会基础。

（三）多元一体的瑶族与中华民族的多元一体

从族源、语言、体质特征分析，瑶族的来源是多样的，形成的过程是复杂的，本身就是多元一体的。瑶族是一个历史悠久、内部支系众多的民族，不同的瑶族支系在社会文化方面存在一定的差异。在自然生态方面，瑶族所主要栖居的南岭山地中，众多山岭使其地形比较破碎，在交通落后的过去散落在南岭山地各处的瑶族相对独立地发展。在迁徙过程中，各支系瑶族脱离迁出地的原有族体，在与迁入地周边族群的交流互动中形成新的族群文化。瑶族内部文化上的多元，离不开其与周边民族，尤其是汉族的交往、交流、交融。瑶族分布的相对分散及其与周边族群的互动，推动产生了今天瑶族的不同支系和特色，形成了瑶族内部的多元一体。

瑶族分为三大支系，不仅三大支系之间文化存在差异，且每一支系内部的不同族群在文化上也存在差异。这表明瑶族内部的多元一体具有层次性。

排瑶和过山瑶虽然同属瑶族的盘瑶支系，但历史上两者在生产方式、社会组织、宗教、语言以及风俗习惯等方面都存在一定的差异。竹村卓二基于对泰国北部过山瑶社会的考察认为："超越瑶族各个家庭之上的宗族集团，只是在观念上存在。这基本上是同姓集团。姓大体上再进一步划分为几个集团。这种亚姓集团成为瑶族中真正的宗族集团的外婚制单位。这种被称为同姓的宗族集团，无论在日常生活中还是在礼仪方面，几乎没有作为自律集团的机能，最多不过是如前所述选定配偶时的本质上的外婚单位而已。"① 与过山瑶不同，排瑶在形成的过程中由于长期定居形成了人口稠密的大规模定居村落，继而产生了不同的社会文化。竹村卓二通过对过山瑶社会的分析得出的上述结论显然并不适用于解释排瑶社会，其对瑶族内部不同支系在社会文化方面的差异性重视不够。

在本书的研究中宗族不仅是作为研究对象而存在，它还是一种研究方法。排瑶的宗族组织拥有形制完备、程序繁杂的祭祖仪式。从宗族这一视角入手可以看到汉人宗族与排瑶宗族在外在表现形态上存在诸多相似性。王同惠女士在广西大瑶山对瑶族社会组织进行调查时，就关注到了瑶族的宗族组织，并将排瑶的宗族组织与汉人社会中的宗族组织进行了比较。正是这种相似性使得以往的人类学家在研究排瑶的父系血缘组织时大多借用汉人社会中的宗族、房族这样的概念。而当地排瑶民众在向外人表述自己的父系血缘组织时也多使用宗族和房族两个词。将宗族这一概念应用到排瑶的研究中是一种辩证的视角，这种视角既关注到了少数民族社会文化的特殊性，也关注到了少数民族社会文化与汉族社会文化的相似性。这种民族之间在社会文化上的差异性和相似性并存的情况要求我们要用辩证的视角看待少数民族和汉族的社会文化，这有助于我们更好地理解中华民族多元一体的格局。

作为南岭山地的开发者之一，排瑶占据了较为丰富的竹木、药材和山兽鸟禽等山地资源。这些山地资源是周边汉族社会所缺乏的，同时排瑶也需要从周边汉族那里获取食盐、铁器、布匹等物资。可以说，排瑶与周边汉族社会在经济上是一种互补、共生的关系。经济上的相互依存也带来社会上的交往和文化上的互动。历史上，排瑶在经济方面与周边汉族持续接触，在社会方面加强内部的团结，在文化方面则在自身文化的基础上对汉文化进行吸收和采借，在政治方面虽然反叛、归化无常，但最终趋于归化。清末以来，国家权力逐步深入排瑶社会，排瑶社会完全被纳入现代国家体系中。可见，因为瑶族与汉族及其他中华民族成员的血缘与地缘的联系以及经济、社会和文化等方面的互动，瑶族成为中华民族一部分是一个自然的过程。

---

① 〔日〕竹村卓二：《瑶族的历史和文化——华南、东南亚山地民族的社会人类学研究》，金少萍、朱桂昌译，民族出版社，2003，第140页。

二　宗族的韧性

（一）延续与调适

排瑶的宗族是封闭内聚农业社会形态下的产物，是乡村社会文化的一种形态。宗族为农民提供了经济、社会和情感等多个方面的支持。谢剑先生用"巢居"① 这一概念，描述传统排瑶社会地缘与血缘紧密结合的特征。在相对封闭的社会环境下，小单位"巢居"于更大的单位，形成家庭—房族—宗族—"龙"—排的结构。处于这一结构底层的家庭、房族和宗族以父系血缘关系为纽带，凝聚力较强，处于高层的"龙"和排中更多的是一种地缘关系，凝聚力较弱。封闭的北粤村在 1949 年以后，尤其是改革开放以后日益走向开放，当地村民与外界的互动也愈发频繁，随之而来的是外界对当地村民生活各个方面产生着越来越大的影响。人口、信息和物品都在北粤村进行着加速的双向流动，这些给北粤村社会文化带来全方位的冲击。在这种背景下，封闭乡土社会中孕育而生的排瑶宗族也必然会发生变化。1949 年以后，受国家力量的影响，北粤村宗族的共有田产消亡，民间信仰对当地村民的影响力在消散，改革开放后村民的生计方式也经历了巨大转变。可以说，北粤村传统宗族存在的社会、经济和文化条件正在消失。日益流动化和开放的社会彻底改变了宗族成员聚族而居的格局，宗族成员在时空上呈现出分散状态，宗族成员的日常交往受到时间和空间的双重限制。此外，北粤村排瑶宗族成员间的交往更多地趋向于"仪式化"和"事件化"，这使得其家庭间的结合也呈现出"事件化""仪式化"的特点。可以说，维系排瑶宗族存续的血缘、地缘和互惠机制都在一定程度上发生了变化。这些变化造成宗族成员间熟悉感的削弱、宗族整合力的下降，宗族组织也日趋松散。当下北粤村的宗族已处在一个开放流动的社会环境中，村民的人际关系网不再是一个封闭内聚的社会关系网络。对当地越来越多的村民而言宗亲关系只是其众多人际关系中的一部分，宗亲关系的重要性下降。在市场经济条件下，个人和家庭获取资源的途径与方式日益多样，血缘关系不再是村民唯一可依靠的社会资源，家庭间互助现象在逐渐减少。宗族成员间的连带责任感日趋淡化，宗族内部家庭间的凝聚力在弱化，核心家庭的重要性日益凸显，宗族对个人的约束力也在弱化。传统的"巢居"特征已出现变化，血缘与地缘的结合趋于松动，个人脱嵌于排和

---

① 谢剑：《连南排瑶的社会组织》，香港：香港中文大学出版社，1993，第 166 页。

"龙"等地缘共同体。与 20 世纪 80 年代以前相对封闭社会环境中家庭成员几乎全部都参与到宗族事务中不同，在 20 世纪 80 年代以来日益趋向开放、流动的社会环境中，在城镇化快速推进的背景与宗族成员在时空中分散的状态下，宗族成员对宗族中公共活动参与程度大大降低。个人通常代表其所在的家庭参与宗族事务，而不再是所有家庭成员都参与到宗族事务中。宗族成员更多地通过"仪式性"与"事件性"事务而联系起来。个人和家庭与房族、宗族、"龙"、排处于一种间断性的关联中。北粤村排瑶个人、家庭和宗族之间关系的变化可用图 7-1 表示出来。

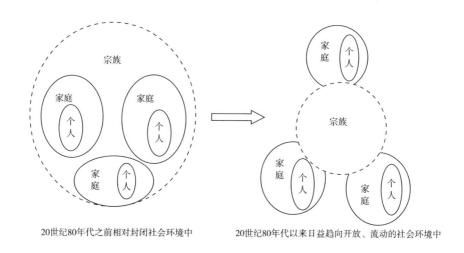

20世纪80年代之前相对封闭社会环境中　　　　　20世纪80年代以来日益趋向开放、流动的社会环境中

图 7-1　北粤村个人、家庭和宗族关系演变示意
资料来源：由笔者根据田野资料制作而成。

当下，北粤村的开放性和流动性持续增强，无论是个体还是家庭都比以往有了更大的自由参与到市场经济及更大的社会关系网络中。在日益开放、流动的排瑶乡村社会，流动的村民也在发挥自己的能动性，利用传统的文化、传统的组织获得信息和资金等多种资源。在这一层面，当下宗族出现的"社团化""公司化"现象都是人们利用宗族文化的一种表现形式。作为村民集体生活方式和家庭结合形式的宗族在日益趋向开放、流动的排瑶乡村社会表现出较强的适应性。

但同时我们也看到，作为一种排瑶内生的社会文化现象，排瑶的宗族在变迁的同时又有着延续的一面。虽然外在社会环境变了，但排瑶家庭因父系血缘的纽带作用而产生的在纵向上的延续性和横向上的差序性并没有发生根本改变。依据父系血缘原则，排瑶的家在纵向上的延续性和横向上的差序性决定了家庭间的分离与结合，展现着宗族基于血缘亲情的韧性。公尝土地消失后，宗族成员采取平摊宗族公共开支的方法来解决宗族祭祖活动的开支问题。同一祖先的子孙对祖先在享有同等权利的同时也需承担同等的义务。这从一方面说明，排瑶宗族组织的外在表现形态会变，但在父系血缘纽带作用下排瑶家庭的结合属性并没有发生根本改变。另一方面，北粤村宗族活动的存在，有着当地村民的现实需求。山村与外部的联系仍受到一定程度的限制，山区里的村落距集市较远，村里面的婚丧嫁娶等活动的操办不能从市场中获得，在这些活动中宗族内家庭间的合作就十分必要。村落社会有村民所熟悉的血缘关系，这种血缘关系是其所无法割舍的。基于对血缘亲情的重视、人情和互惠机制的共同作用，宗族作为北粤村村民自发形成的一种集体生活方式虽然有式微的趋势，但仍是当下村民生活中不可缺少的一部分。宗族成员间的人情往来作为乡村社会的一种伦理仍被村民所重视。各种人生仪式及其他事务必须依靠宗族成员的帮助才能完成。在流动性日益增强的当下，北粤村村民因生计原因选择外出打工，又因子女抚养、老人赡养等原因回到家中，但流动的个人并没有脱离其以家庭为主的"原初组织"。在村民日益多样化的人际关系网络中，宗族关系仍是其需要依靠和维系的。这也体现出传统的亲属组织对日益走向开放、流动的社会环境的适应。

（二）延续性与韧性

宗族的活动体现出北粤村排瑶大小家庭并用的状态，小家庭虽然是独立的经济单位，但离不开其所在大家庭的支持。这种家庭形态是一种更加灵活、富有动态性的家庭结合形式，充分体现出排瑶家庭的活力和张力。大小家庭并用是北粤村村民对流动、开放社会环境的一种适应，是其具体家庭策略的体现。大小家庭并用形态的出现也使宗族超出了时空的限制。虽然宗族成员在时间、空间上都处于分散的状态，但维系彼此关系的血缘亲情并未中断，借助现代化的通信方式和交通手段，时空分散的宗族成员间的情感连接仍是牢固的。宗族成员在时空上的分散状态，使宗族在当下村民的日常生活中处于不被发觉的隐性状态，可将这样的宗族称为"隐性的宗族"。但在一些事件中宗族成员会被动员起来，平时潜隐的宗族关系网络也会凸显出来，宗族又以显性的状态真实地呈现在人们面前。尤其是在宗族成员遭受重大灾难、意外事故时，宗族成员互帮互助共渡难关的凝聚力展现得淋漓尽致，可将这时的宗族称为"显性的宗族"。宗族成员之所以会被调动起来，原因不仅在于宗族成员固有的血缘关系，还在于隐藏在宗族成员意识深处的父系血缘观念。在宗族成员流动性日益增强的当下，宗族呈现出一种"离-合"的形态。笔者将其称为"离-合式宗族"，与北粤村传统的宗族组织相比，在"离-合式宗族"中宗族成员在时空上呈现出分散性，在宗族活动上表现出"仪式性"和"事件性"。这种"离-合式宗族"充分体现了北粤村排瑶宗族的韧性。在维系排瑶宗族存续的血缘、地缘和互惠机制三个纽带中，父系血缘的纽带以及建立在此基础上的父系血缘观念、祖先观念仍深植于人们的内心。

在 20 世纪 80 年代，谢剑先生通过对排瑶社会组织的研究认为核心家庭是排瑶理想的家庭模式，① 相较于汉人社会的父子主轴而言，由夫妇构成的偶组在家庭关系中占优势。② 笔者认为，谢剑先生对排瑶家庭的上述结论不仅忽视了排瑶家庭的宗教性，也缺乏对排瑶家庭历时性的分析视角。排瑶的家庭在具有分离属性的同时，也具有较强的结合属性。排瑶家庭分离的属性使其呈现出以核心家庭为主的结构特征。但在父系血缘纽带的作用下，排瑶的家庭又具有明显的结合属性。无论是在日常生活中家庭间的合作、互动中，还是在大大小小的祭祀仪式中，排瑶家庭间的结合属性都非常明显。也正是由于排瑶家庭的这种结合属性，在社会转型的当下排瑶社会出现了从未有过的隔代抚养现象。隔代抚养现象的出现无疑是当地人对现实生活的一种应对策略。它超出了核心家庭、主干家庭、联合家庭的界限，展现出排瑶家庭中代际关系的活力，体现出家庭对现实生活的动态适应。在已有关于现代化过程中家庭变迁情况的分析中，不少学者早已认识到从静态视角简单地将家庭分为核心家庭、主干家庭、联合家庭等类型的不足。一些学者针对在现代化过程中中国家庭出现的新形态，提出了"联邦式家庭"③、"合分间家庭"④ 和"准-组合家族"⑤ 等概念。这些概念突破了家庭的静态分析视角，从动态视角关注家庭对社会转型的能动

① 谢剑：《连南排瑶的社会组织》，香港：香港中文大学出版社，1993，第 149 页。
② 谢剑：《连南排瑶的社会组织》，香港：香港中文大学出版社，1993，第 150 页。
③ 庄英章：《台湾农村家族对现代化的适应》，《中研院民族学研究所集刊》第 34 期，1972 年秋季，第 88 页。
④ 胡台丽：《合与分之间：台湾农村家庭与工业化》，载乔健主编《中国家庭及其变迁》，香港：香港中文大学社会科学院暨香港亚太研究所，1991，第 219 页。
⑤ 庄孔韶：《银翅：中国的地方社会与文化变迁：1920~1990》，生活·读书·新知三联书店，2000，第 330 页。

适应。家庭对社会转型的能动适应体现出家庭变迁的一面，而家庭的分化与结合属性则体现出家庭延续的一面。笔者认为在家庭的研究中要结合静态与动态两种视角，只有这样才能够获得较为全面的认识。核心家庭虽然是排瑶家庭的主要特征，但由于父系血缘的纽带作用，核心家庭并不是孤立的，无论是在观念上还是在实际的生活中，核心家庭之间都凭借父系的纽带作用在不同的情境中结合在一起。形制完备、繁杂的祭祖仪式象征着父系世代之间的延续，而围绕着对共同祖先的祭祀仪式以及现实生活的实际需要，家庭之间存在着各种形式的合作。排瑶家庭之间的这种结合充分展现了亲子关系的活力，尤其是父子关系的活力，因此从历时性的视角来看，在父系纽带的作用下排瑶的家具有较强的世代之间的延续性。

已有的材料显示当下北粤村的宗族在社会变迁中呈现出延续性的一面。有关宗族延续性的研究中，波特夫妇认为宗族的共同财产是宗族延续的主要原因，[①] 而韩敏则根据其田野资料认为宗族的居住模式、规制宗族结构的内部制度、宗族认同这三者是宗族延续的主要影响因素。[②] 笔者认为，共同财产、特定的居住模式以及宗族认同虽然对宗族成员的团结非常重要，但均不是宗族延续的主要原因。笔者认为，宗族之所以表现出较强的延续性是因为父系纽带作用影响下家庭之间的结合属性。排瑶家的结合属性使其家庭之间以灵活、多样的形式进行结合以适应日益开放、流动的社会。

在中国社会急剧转型的过程中，作为传统的宗族在社会变迁中所表现出来的延续性和变迁性是同时存在的，两者犹如一枚硬币的两面。因此，要想真正理解宗族在当下农村真实的生存状态，必须同时关注其延续的一面和变迁的一面。在这种认识的基础上，本书提出宗族韧性这一概念。宗族的韧性来源于亲子关系的活力，在强调变迁一面的同时，也关注到了延续的一面。就北粤村的宗族而言，社会环境的变化使宗族成员在时空上处于分散状态，但父系纽带影响下的结合性仍在相当程度上得到保留。虽然村民在居住空间上的"破碎化"和"离散化"导致村落血缘与地缘结合的松动，但因父系血缘的纽带以及村民的祖先观念而生发的家庭间的结合性仍表现出较强的延续性。这集中体现了排瑶宗族的韧性。宗族韧性的概念把焦点放到传统在当下现实社会中的意义及

---

① Sulamith Heins Potter and Jack M. Potter, *China's Peasants: The Anthropology of a Revolution* (Cambridge: Cambridge University Press, 1990).

② 韩敏：《回应革命与改革：皖北李村的社会变迁与延续》，陆益龙、徐新玉译，江苏人民出版社，2007，第260页。

作用上，传统与现代并不是割裂的，传统是现代的有机组成部分。宗族韧性这一概念关注宗族在社会转型过程中的动态调适状态，在这种状态中，作为文化主体的人发挥自己的能动性，对作为传统文化资源的宗族加以利用改造以适应现实社会。

参考文献

----⚫----------⚫----

一 中文文献

（一）档案类

《北粤村四清运动材料档案资料》（1966 年），连南瑶族自治县档案馆藏，档案号：全宗号 64，目录号 A12.1，案卷号 10。

《本乡"三建工作"资料》（1989 年），连南瑶族自治县档案馆藏，档案号：全宗号 64，目录号 A12.1，案卷号 142。

《关于北粤村封建迷信情况的调查》（1980 年），连南瑶族自治县档案馆藏，档案号：全宗号 58，目录号 G1.1，案卷号 87。

《关于北粤村民改不彻底情况的报告》（1965 年），连南瑶族自治县档案馆藏，档案号：全宗号 64，目录号 A12.1，案卷号 12。

《关于制止北粤村耍"香歌堂"的情况汇报》（1981 年），连南瑶族自治县档案馆藏，档案号：全宗号 58，目录号 G1.1，案卷号 89。

胡耐安：《说傜：粤北之八排傜》（1942 年），连南瑶族自治县档案馆藏，档案号：全宗号 58，目录号 G1.1，案卷号 32。

《化猺杂志》（第 1 期）（1927 年），连南瑶族自治县档案局藏，档案号：全宗号 1，目录号 A12.1，案卷号 34。

连南瑶族自治县地方志编纂委员会编《连南瑶族自治县县志》，广东人民出版社，1996。

《连阳八排猺山地图》，《连山绥瑶厅志》（1877 年 8 月），连南瑶族自治县档案局藏，档案号：全宗号 1，目录号 A12.1，案卷号 034。

廖炯然：《瑶民概况》（1964 年 4 月 12 日），连南瑶族自治县档案局藏，档案号：全宗号 58，目录号 G1.1，案卷号 33。

《区政府关于少数民族典型户基本情况统计、太公田和太公地的来源情况》（1953 年），连南瑶族自治县档案馆藏，档案号：全宗号 58，目录号

G1.1，案卷号 53。

《区政府关于少数民族典型户基本情况统计、太公田和太公地的来源情况》（1953 年），连南瑶族自治县档案馆藏，档案号：全宗号 58，目录号 G1.1，案卷号 71。

（二）著作类

〔英〕A. R. 拉德克利夫－布朗：《原始社会的结构与功能》，潘蛟、王贤海、刘文远、知寒译，中央民族大学出版社，1999。

〔英〕埃德蒙·R. 利奇：《缅甸高地诸政治体系——对克钦社会结构的一项研究》，杨春宇、周歆红译，商务印书馆，2010。

〔美〕埃弗里特·M. 罗吉斯、拉伯尔·J. 伯德格：《乡村社会变迁》，王晓毅、王地宁译，浙江人民出版社，1988。

曹中建主编《中国宗教研究年鉴（2009—2010）》，宗教文化出版社，2011。

〔美〕丹尼尔·哈里森·葛学溥：《华南的乡村生活——广东凤凰村的家族主义社会学研究》，周大鸣译，知识产权出版社，2011。

〔美〕杜赞奇：《文化、权力与国家》，王福明译，江苏人民出版社，1994。

渡辺欣雄（編）『祖先祭祀』凯风社、1989。

费孝通：《费孝通全集》（第十二卷：1986—1987），内蒙古人民出版社，2010。

费孝通：《费孝通全集》（第十卷：1983—1984），内蒙古人民出版社，2010。

费孝通：《费孝通全集》（第一卷：1924—1936），内蒙古人民出版社，2010。

费孝通：《乡土中国 生育制度》，北京大学出版社，1998。

〔美〕费正清：《美国与中国》，张理京译，世界知识出版社，1999。

冯尔康、常建华、朱凤瀚、阎爱民、刘敏：《中国宗族社会》，浙江人民出版社，1994。

奉恒高主编《瑶族通史》，民族出版社，2007。

谷家荣：《坳瑶社会的变迁——广西金秀大瑶山下古陈村调查》，云南人民出版社，2010。

广西民族学院赴泰国考察组编著《泰国瑶族考察》，广西人民出版社，1992。

韩敏：《回应革命与改革：皖北李村的社会变迁与延续》，陆益龙、徐新玉译，江苏人民出版社，2007。

何海狮：《家屋与家先：粤北过山瑶的家观念与实践》，社会科学文献出版社，2015。

胡起望、华祖根：《瑶族研究概述》，载《瑶族研究论文集》，中南民族学院民族研究所，1985。

胡起望：《略谈瑶族源流的几个问题》，《瑶族研究五十年》，中央民族大学出版社，2009。

胡台丽：《合与分之间：台湾农村家庭与工业化》，载乔健主编《中国家庭及其变迁》，香港：香港中文大学社会科学院暨香港亚太研究所，1991。

黄树民：《林村的故事：一九四九年后的中国农村变革》，素兰、纳日碧力戈译，生活·读书·新知三联书店，2002。

金耀基：《从传统到现代》，法律出版社，2017。

景军：《神堂记忆：一个中国乡村的历史、权力与道德》，吴飞译，福建教育出版社，2013。

〔英〕卡尔·波兰尼：《大转型：我们时代的政治与经济起源》，冯钢、刘阳译，浙江人民出版社，2007。

赖才清、童妤：《也谈八排瑶"地域内婚制度"的演化》，载广东省民族宗教研究院、中山大学人类学系、连南排瑶文化教学科研基地编《排瑶研究论文选集》，广东人民出版社，2013。

赖才清：《建国以来连南瑶区的社会变化》，载广东省民族研究学会、广东省民族研究所编《广东民族研究论丛》（第九辑），广东人民出版社，1996。

（清）李来章：《连阳八排风土记》，黄志辉校注，中山大学出版社，1990。

李默、房先清编《八排瑶古籍汇编》，广东人民出版社，1995。

李默：《瑶族历史探究》，社会科学文献出版社，2015。

李瑞兰主编《中国社会通史》（先秦卷），山西教育出版社，1996。

李筱文：《浅析瑶老制》，载广东省民族研究学会、广东省民族研究所编《广东民族研究论丛》（第一辑），广东人民出版社，1986。

李筱文：《瑶族历史进程中的亚文化》，《说瑶三十年》，广东人民出版社，2017。

李亦园、乔健合编《中国的民族、社会与文化：芮逸夫教授八秩寿庆论文集》，台北：食货出版社，1981。

李亦园：《台湾汉人家族的传统与现代适应》，载乔健主编《中国家庭及其变迁》，香港：香港中文大学社会科学院暨香港亚太研究所，1991。

李智文：《八排瑶之来历及其社会组织与争端》，练铭志译，载广东省民族研究学会、广东省民族研究所编《广东民族研究论丛》（第八辑），广东人民出版社，1995。

李卓主编《家族文化与传统文化——中日比较研究》，天津人民出版社，2000。

练铭志、马建钊、李筱文：《排瑶历史文化》，广东人民出版社，1992。

练铭志、马建钊、朱洪：《广东民族关系史》，广东人民出版社，2004。

廖炯然编著《傜民概况》，中华书局，1948。

林耀华：《从书斋到田野》，中央民族大学出版社，2000。

林耀华：《义序的宗族研究》，生活·读书·新知三联书店，2000。

凌志军：《历史不再徘徊：人民公社在中国的兴起和失败》，湖北人民出版社，2008。

刘晓春：《仪式与象征的秩序——一个客家村落的历史、权力与记忆》，商务印书馆，2003。

陆学艺等：《社会结构的变迁》，中国社会科学出版社，1997。

〔美〕罗伯特·芮德菲尔德：《农民社会与文化：人类学对文明的一种诠释》，王莹译，中国社会科学出版社，2013。

麻国庆：《汉文化影响下阳春排瑶的宗族家庭与宗教》，《永远的家：传统惯性与社会结合》，北京大学出版社，2009。

麻国庆：《永远的家：传统惯性与社会结合》，北京大学出版社，2009。

〔美〕马克·赫特尔：《变动中的家庭——跨文化的透视》，宋践、李茹等译，浙江人民出版社，1988。

〔德〕马克斯·韦伯：《儒教与道教》，洪天富译，江苏人民出版社，2008。

〔德〕马克斯·韦伯：《天降之任：学术与政治》，王容芬译，中央编译出版社，2018。

毛宋武、蒙朝吉、郑宗泽编著《瑶族语言简志》，民族出版社，1982。

《民族问题五种丛书》广东省编辑组：《连南瑶族自治县瑶族社会调查》，广东人民出版社，1987。

〔英〕莫里斯·弗里德曼：《中国东南的宗族组织》，刘晓春译，上海人民出版社，2000。

彭兆荣：《抗拒生命的时空意识——瑶族文化研究札记》，载新亚学术集刊编辑委员会《新亚学术集刊》（第十二期），香港：香港中文大学新亚书院，1994。

钱杭：《关于当代中国农村宗族研究的几个问题》，载《宗族的传统建构与现代转型》，上海人民出版社，2011。

钱宗范、梁颖等：《广西各民族宗法制度研究》，广西师范大学出版社，1997。

乔健：《广东连南排瑶的男女平等与父系继嗣》，载广东省民族宗教研究院、中山大学人类学系、连南排瑶文化教学科研基地编《排瑶研究论文选集》，广东人民出版社，2013。

〔美〕乔治·彼得·穆道克：《社会结构》，许木柱、林舜宜、王长华、梁永安、熊鹏鹭、陈玛玲、李秀娥译，台北：洪叶文化，1996。

〔美〕R. M. 基辛：《文化·社会·个人》，甘华鸣、陈芳、甘黎明译，辽宁人民出版社，1988。

石磊：《房与宗：两种不同结构类型的汉人继嗣体系》，载陈奇禄院士七秩荣庆委员会《陈奇禄院士七秩荣庆论文集》，台北：联经出版事业公司，1992。

〔日〕首藤明和、王向华主编，宋金文编《中日家族研究》，浙江大学出版社，2013。

〔美〕斯蒂文·郝瑞：《田野中的族群关系与民族认同——中国西南彝族社区考察研究》，巴莫阿依、曲木铁西译，广西人民出版社，2000。

唐仁郭、钱宗范、王昶、陈雄章：《中国少数民族宗法制度研究》，江西高校出版社，2006。

唐孝祥编著《大美村寨·连南瑶寨》，中国社会出版社，2015。

〔日〕藤井胜：《对日本的家的再探讨——从东亚稻作社会的视点出发》，载〔日〕首藤明和、王向华主编，宋金文编《中日家族研究》，浙江大学出版社，2013。

王沪宁：《当代中国村落家族文化——对中国社会现代化的一项探索》，上海人民出版社，1991。

王明珂：《华夏边缘：历史记忆与族群认同》，台北：允晨文化实业股份有限公司，1997。

王铭铭：《王铭铭自选集》，广西师范大学出版社，2000。

〔美〕武雅士：《神、鬼和祖先》，载《中国社会中的宗教与仪式》，彭泽安、邵铁峰译，江苏人民出版社，2014。

谢继昌：《中国家族的定义：从一个台湾乡村谈起》，载李亦园、乔健合编《中国的民族、社会与文化：芮逸夫教授八秩寿庆论文集》，台北：食货出版社，1981。

谢剑：《连南排瑶的社会组织》，香港：香港中文大学出版社，1993。

徐祖明：《排、排瑶、瑶排、八排瑶等称谓之辨析》，载练铭志、马建钊、李筱文《排瑶历史文化》，广东人民出版社，1992。

〔美〕许烺光：《驱逐捣蛋者：魔法、科学与文化》，王芃、徐隆德、余伯泉译，台北：南天书局，1997。

〔美〕许烺光：《宗族·种姓·俱乐部》，薛刚译，华夏出版社，1990。

许文清：《连南瑶族的来源及社会组织》，载广东省民族宗教研究院、中山大学人类学系、连南排瑶文化教学科研基地编《排瑶研究论文选集》，广东人民出版社，2013。

杨鹤书：《八排瑶"瑶老制"新议——八排瑶政治制度变迁研究之一》，载广东省民族宗教研究院、中山大学人类学系、连南排瑶文化教学科研基地编《排瑶研究论文选集》，广东人民出版社，2013。

〔美〕杨庆堃：《中国社会中的宗教：宗教的现代社会功能与其历史因素之研究》，上海人民出版社，2007。

于鹏杰：《城步苗族——蓝玉故里的宗族与族群认同》，社会科学文献出版社，2013。

〔美〕詹姆士·斯科特：《逃避统治的艺术》，王晓毅译，生活·读书·新知三联书店，2016。

张有隽：《瑶族传统文化变迁论》，广西民族出版社，1992。

张泽洪：《文化传播与仪式象征——中国西南少数民族宗教与道教祭祀仪式比较研究》，巴蜀书社，2008。

朱洪、李泳集：《排瑶文化变迁的调适问题》，载广东省民族宗教研究院、中山大学人类学系、连南排瑶文化教学科研基地编《排瑶研究论文选集》，广东人民出版社，2013。

〔日〕竹村卓二：《瑶族的历史和文化——华南、东南亚山地民族的社会人类学研究》，金少萍、朱桂昌译，民族出版社，2003。

庄孔韶：《银翅：中国的地方社会与文化变迁：1920～1990》，生活·读书·新知三联书店，2000。

（三）期刊论文

陈其南：《房与传统中国家族制度：兼论西方人类学的中国家族研究》，《汉学研究》1985 年第 1 期。

陈晓毅、马建钊：《粤北山区瑶族移民的文化适应》，《民族研究》2006 年第 4 期。

陈奕麟：《重新思考 Lineage Theory 与中国社会》，《汉学研究》1984 年第 2 期。

杜靖：《百年汉人宗族研究的基本范式—兼论汉人宗族生成的文化机制》，《民族研究》2010 年第 1 期。

杜靖：《从社会组织到礼制实践：汉人宗族研究的新转向》，《青海民族研究》2018 年第 1 期。

段伟菊：《大树底下同乘凉——〈祖荫下〉重访与西镇人族群认同的变迁》，《广西民族学院学报》（哲学社会科学版）2004 年第 1 期。

费孝通：《个人·群体·社会——一生学术历程的自我思考》，《北京大学学报》（哲学社会科学版）1994 年第 1 期。

费孝通：《论中国家庭结构的变动》，《天津社会科学》1982 年第 3 期。

费孝通：《三论中国家庭结构的变动》，《北京大学学报》（哲学社会科学版）1986 年第 3 期。

高丙中、夏循祥：《社会领域及其自主性的生成》，《北京大学学报》（哲学社会科学版）2015 年第 5 期。

高丙中、夏循祥：《作为当代社团的家族组织——公民社会的视角》，《北京大学学报》（哲学社会科学版）2012 年第 4 期。

何国强：《广东三个客家村社的宗族组织之发展现状》，《民族学研究所资料汇编》1998 年第 14 期。

何国强：《族群依赖与冲突的共生模式——客家族群生存策略研究系列之三》，《广西民族研究》2002 年第 4 期。

江应樑：《广东瑶人之宗教信仰及其经咒》，《民俗》第 1 卷第 3 期，1937。

李君:《广东连南八排瑶源流研究》,《清远职业技术学院学报》2022 年第 3 期。

李良品、李思睿:《明清时期西南民族地区宗族组织的结构、特点与作用》,《广西民族研究》2015 年第 1 期。

李双:《瑶汉分治:清代粤北民族政策》,《广西民族研究》2017 年第 6 期。

李亦园:《中国家族与其仪式——若干观念的检讨》,《中研院民族学研究所集刊》第 59 期,1985 年 6 月。

刘援朝:《云南元江县白族的宗族组织与制度》,《社会学研究》1997 年第 5 期。

刘志伟:《南岭与客家——从客家历史看山地区域的整合》,《客家研究辑刊》2016 年第 1 期。

龙国贻:《藻敏瑶语汉借词主体层次年代考》,《民族语文》2012 年第 2 期。

麻国庆:《汉族的家观念与少数民族——以蒙古族和瑶族为中心》,《云南民族学院学报》(哲学社会科学版) 2000 年第 2 期。

麻国庆:《家族化公民社会的基础:家族伦理与延续的纵式社会——人类学与儒家的对话》,《学术研究》2007 年第 8 期。

麻国庆:《家族研究的文化、民族与全球维度》,《人民论坛》2013 年第 29 期。

麻国庆:《宗族的复兴与人群结合——以闽北樟湖镇的田野调查为中心》,《社会学研究》2000 年第 6 期。

盘小梅、汪鲸:《边界与纽带:社区、家园遗产与少数民族特色村寨保护与发展——以广东连南南岗千年瑶寨为例》,《广西民族研究》2017 年第 2 期。

盘小梅:《少数民族人口流动与民族文化变迁——以广东连南瑶族为例》,《广西民族研究》2019 年第 2 期。

王建新:《两个父系社会家谱的编撰和利用——历史记忆、族群关系及传统建构的人类学研究》,《思想战线》2007 年第 6 期。

王铭铭:《"水利社会"的类型》,《读书》2004 年第 11 期。

王朔柏、陈意新:《从血缘群到公民化:共和国时代安徽农村宗族变迁研究》,《中国社会科学》2004 年第 1 期。

王崧兴:《汉人的家族制——试论"有关系、无组织"的社会》,载《中研院第二届汉学会议论文集》（民俗与文化组），中研院，1989。

吴燕和：《中国宗族之发展与其仪式兴衰的条件》，《中研院民族学研究所集刊》第 59 期，1986 年 6 月。

夏志前：《作为生活方式的宗教——以瑶族宗教研究问题为中心》，《广东技术师范学院学报》2005 年第 5 期。

〔美〕萧凤霞：《廿载华南研究之旅》，程美宝译，《清华社会学评论》2001 年第 1 期。

谢剑：《排瑶命名制度浅释》，《贵州民族研究》1985 年第 1 期。

颜广文：《明代广东地区民族政策的演变与瑶区社会经济的发展》，《华南师范大学学报》（社会科学版）1996 年第 5 期。

郑立行：《粤北瑶族的氏族社会遗迹》，《史学月刊》1957 年第 6 期。

周大鸣、黄锋：《家族主义的传承与发展——纪念凤凰村研究 100 周年》，《民族研究》2019 年第 5 期。

周建新：《人类学视野中的宗族社会研究》，《民族研究》2006 年第 1 期。

朱炳祥：《宗族的民族性特征及其在村民自治中的表达——对捞车土家族村和摩哈苴彝族村的观察》，《民族研究》2005 年第 6 期。

庄孔韶：《金翼家族沉浮的诠释》，《广西民族学院学报》（哲学社会科学版）2004 年第 1 期。

庄英章：《台湾农村家族对现代化的适应》，《中研院民族学研究所集刊》第 34 期，1972 年秋季。

（四）学位论文

杨沛艳：《黔中苗族宗族研究——以高坡苗族为例》，博士学位论文，兰州大学，2011。

张小军：《再造宗族：福建阳村宗族"复兴"的研究》，博士学位论文，香港中文大学，1997。

张旭：《高坡苗族传统社会组织——以高坡乡杉坪村为例》，硕士学位论文，贵州大学，2009。

（五）报纸文章

吕燕华：《粤北傜族社会研究（提要）》，《民族学刊》第 64 期，《中央日报》1948 年 9 月 9 日，第 7 版。

（六）其他

缪华：《山里的瑶寨》，http：//tg. dili360. com/gdzuimei/index/detail/id/669。

二 外文文献

A. P. Wolf, "The Origins and Explanation of Variation in the Chinese Kinship System," in Kuang-Chou Li, Kwang-chih Chang, Arthur P. Wolf, Alexander Chine-chung Yin (eds.), *Anthropological Studies of the Taiwan Area: Accomplishments and Prospects* (Taibei: Department of Anthropology, Taiwan University, 1989).

B. Su, L. Jin, P. Underhill et al., "Polynesian Origins: New Insights from the Y-chromosome," *Proceedings of National Academy of Sciences* 97 (15), 2000.

C. B. Lee, "History of Eight Pais," *Lingnan Science Journal* 18 (3), 1939.

Dru C. Gladney, *Muslim Chinese: Ethnic Nationalism in the People's Republic of China* (Cambridge: Harvard University Press, 1991).

Emile Durkheim, *The Elementary Forms of the Religious*, trans. by Joseph Ward Swain (London: George Allen and Unwin Ltd., 1912).

Francis L. K. Hsu, "The Myth of Chinese Family Size," *American Journal of Sociology* 48 (5), 1943: 555-562.

Francis L. K. Hsu, *Under the Ancestors' Shadow: Chinese Culture and Personality* (New York: Columbia University Press, 1948).

Jacques Lemoine, *Yao Ceremonial Paintings* (White Lotus Co. Ltd., 1982).

Judith Stacey, *Patriarchy and Socialist Revolution in China* (Berkeley: University of California Press, 1983).

J. Goody, *The Oriental, the Ancient and the Primitive* (Cambridge: Cambridge University Press, 1990).

K. Hazelton, "Patrilines and the Development of Localized Lineages: The Wu of Hsie-ning City, Hui-chou, to 1528," in P. B. Ebrey and J. L. Watson (eds.), *Kinship Organization in Late Imperial Cnina, 1000-1940* (Berkeley: University of California Press, 1986).

K. K. Lee, "The Yao Family in Birth, Marriage and Death," *Lingnan Science Journal* 18 (3), 1939.

K. Y. Lin, "The Economics of Yao Life," *Lingnan Science Journal* 18 (4),

1939.

Metre Halskov Hansen, *Frontier People: Hart Settlers in Minority Areas of China*, (London: Hurst & Company, 2005).

M. Fortes, "Some Reflections on Ancestor Worship in Africa," in M. Fortes and G . Dieterlen (eds.), *African Systems of Thought: Studies Presented and Discussed at the Third International African Seminar in Salisbury, December 1960* (Oxford University Press, 1965).

Sulamith Heins Potter and Jack M. Potter, *China's Peasants: The Anthropology of a Revolution* (Cambridge: Cambridge University Press, 1990).

S. L. Wong, "Phonetics and Phonology of the Yao Language," *Lingnan Science Journal* 18 (4), 1939.

W. C. Wang, "Yao Religion and Education," *Lingnan Science Journal* 18 (4), 1939.

Zhiwei Liu, "Lineage on the Sands: The Case of Shawan," in David Faure and Helen Siu (eds.), *Down to Earth: The Territorial Bond in South Cnina* (Stanford: Stanford University Press, 1995).

附　录

附录一　北粤村不同形式的"家先单"

北粤村村民家中大厅上的"家先单"

北粤村先生公家中的"长单"

附录二　北粤村 1987 年村规民约

北粤村村规民约

我们要在三年内脱掉贫困落后的帽子，必须要有一个良好的社会秩序和安定的社会环境，广大干部群众才能放心地搞好生产。才能有利于发展社会主义经济。而对少数妨害社会秩序的人给予必要的处罚，才能确保经济稳定地向前发展。为了进一步加强我乡的社会治安、社会秩序和公共秩序的管理，特制定乡规民约。

一、总则

第一条，扰乱社会秩序妨害公共安全，侵犯公民人身权利，侵犯公私财产，尚未构成犯罪，不涉及刑事处罚以及治安管理处罚的依照本乡规民约规定处理。

第二条，在本乡范围内违反乡规民约的，无论是本乡或是外地人员，适用于本乡规民约。

有下列扰乱社会治安管理行为之一的，处 10 元以上 100 元以下的罚款。

第三条，随意扰乱机关、单位正常工作、休息秩序，妨碍学校正常教学和学习，不听劝告的。

第四条，捣乱会场，影响公共场所秩序，不听劝阻的。

第五条，发生家庭、土地、房屋、婚姻、水田放水等民事纠纷，动手打人、骂人的，除按本规定罚款外，应赔偿伤者的全部医疗费、药费以及误工补贴费（每个人误工补贴 3 元）。

第六条，对执行公务人员以及做计划生育人员进行人身攻击谩骂，不听劝阻的。

第七条，无理取闹，醉酒打人、骂人的。

第八条，进行封建迷信活动，造谣生事，骗取群众财物的。

第九条，男女双方进行通奸的，除按本规定处罚外，另加罚电影两场，并作出书面检查，向群众公开检讨。

第十条，男女青年不执行婚姻法，没有结婚证书，以及早婚、乱婚的，除按本规定处罚外，加罚电影两场。

第十一条，对于坏人坏事，知情不报，进行包庇坏人，或者进行窝赃、销赃的。

第十二条，明知山林失火，而不去参加扑火的。

第十三条，参与赌博或者提供赌博场所，情节轻微的。

有下列侵犯妇女、儿童和虐待老人合法权益行为之一的，处30元以上150元以下罚款。

第十四条，耍流氓，利用各种手段调戏妇女，情节轻微的处以30元以上150元以下的罚款。

第十五条，逼婚、换婚、包办买卖婚和利用宗教迷信活动以及其他手段干涉他人婚姻自由的。

第十六条，虐待和不给少年儿童入学，不听劝告的。

第十七条，对于无生育能力的妇女进行歧视或者虐待、谩骂、殴打的。

第十八条，对于无劳动能力的老人五保户进行虐待、殴打以及不尽子女的义务进行赡养的。

二、有下列侵犯公私财物、破坏农林业生产行为之一的处10元以上200元以下的处罚，并赔偿损失1～2倍。

第十九条，损坏农作物，破坏育苗，盗窃种苗和盗窃其他农林作物，尚未构成犯罪和未达到治安管理处罚（条例标准）的。

第二十条，损坏或者盗窃公私财物尚未达到治安管理处罚（条例标准）的。

第二十一条，利用各种手段，敲诈勒索、哄抢、骗取少量公私财物的。

第二十二条，损坏或者盗窃专业户、重点户的财物和其他利益的。

第二十三条，耕牛、生猪以及其他各类牲畜，因看管不严，损害、糟蹋他人生产的。

第二十四条，外地人员未经本能地政府和村民委员会批准随意套购生猪，以及农副产品的，除按本规定罚款外，没收其套购的价费。

第二十五条，破坏以（充当）防护林为主要目的的林木（包括水源林、丰产林、薪柴林）。

第二十六条，滥伐生产性用材林木的。

第二十七条，损坏或破坏经济林木的。

以上第二十五至二十七条，除按本规定处罚外，还要处罚违者包种包生产所损坏的、破坏和盗窃滥伐的树木。

第二十八条，进入封山区域滥伐竹、木柴的。

第二十九条，违反防火、用火规定而引起火灾，情节轻微的，除按本规定处罚外，还要负责参加救火人员的伙食费。并责令限期更新造回被损坏的森林，包管理三年。

第三十条，故意阻止或破坏造林工作的。

第三十一条，有荒山不造林，又阻止他人造林的，除按本规定处罚外，收回其责任山。

第三十二条，毁林开荒，尚未造成严重损失的。

第三十三条，无证砍伐、出售、收购林材，数额较少的。

三、有下列损坏饮水设施水利资源行为之一的，除赔偿损失外并处15元以上、150元以下的处罚。

第三十四条，故意污染水源，损坏或破坏蓄水池以及其他饮水工程设施的。

第三十五条，盗窃水管、制水开关，或者损坏水管、制水开关而造成漏水以及不经有关部门批准随意拆接水管的。

四、被裁决处罚或者赔偿损失的，应当在接到裁决书后第三天将款项交给裁决机关，若交不出罚款，可以暂用财物抵押，从抵押财物之日算起十五天内，用现金赎回，否则，折价变卖。

五、凡积极维护治安秩序、社会秩序，敢于检举揭发违法犯罪行为、同不法分子作斗争的单位和个人，应给予表扬和适当的物质奖励。

六、对于糟蹋生产的牲畜，无论是谁捉到或拉到都交由裁决部门处理，在所罚的款项中提取百分之五十作为奖励，在捉到或拉到的牲畜无人领取之前，所看管的人工补助费应由受处罚者负担（每天人工补偿3元）。

七、裁决机关除乡政府、派出所、司法部门外，各村民委员会都可以直接裁决，但要报乡政府备案。

八、本村规民约自1987年4月1日开始实施。

附录三　北粤村2019年村规民约

北粤村唐坳村村规民约

为有效地改善村容村貌，提高村民生活质量，优化唐坳村人居环境，根据本村实际情况，制定本村"村规民约"，请全体村民共同监督遵守。

一、村庄环境整治

1. 凡居住在本村庄内的全体人员都有责任和义务执行本村村规民约。

2. 每月开展一次村庄清洁活动，每户维护自家房前屋后的清洁卫生。

3. 落实门前"三包"（包卫生、包秩序、包绿化）责任制，生活垃圾定点存放，杜绝垃圾乱扔、粪便乱排、柴草杂物等乱堆乱放现象。

4. 家禽家畜集中圈养，不得散养，狗必须拴养，死禽死畜要深埋。

5. 确保村内道路及两侧和公共场所卫生整洁，无粪堆粪坑、无散养牲畜、无私搭乱建现象、无柴草垛、无垃圾，保证道路畅通。因为乱堆乱放而造成的伤亡事故由当事人负责全部责任。

6. 保持河道清洁，不得将垃圾、农药瓶和农田杂草等一切杂物倒入各大小河道。

7. 自觉维护村内绿化地段的树木，不乱砍乱伐树木，保持绿化地段无杂物、无杂草、无垃圾，确保树木生长旺盛，没有枯树枝，树木及时修剪。

8. 严禁焚烧秸秆，村民有义务进行监督举报，对违反规定的农户给予相应处罚。

9. 自觉维护好村内公共设施的完好性，不得随意破坏垃圾桶、垃圾池、绿地、路灯、健身器材等配套设施。

10. 违反上述规定者，责令其限期改正，并视情况给予50~500元的罚款处理，直至追究相关责任。

11. 对于在建设美丽乡村中阻拦施工、破坏建设的，将按照相关法律法规给予处罚，情节严重的移交司法机关处理，同时对该户涉及扶贫改造、医疗救助、子女教育等方面（的要求）理事会不予支持，（小到开任何证明都）不给予支持。

12. 本村规民约如需修改，需经村民代表大会讨论通过。

二、房屋规划

1. 每户开展房屋修建前必须向村委会申请，同时按要求完善有关报建手续。

三、精神文明建设

1. 每个村民都要学法、知法、守法、自觉维护法律尊严、积极同一切违法犯罪行为作斗争。

2. 村民之间应团结友爱、和睦相处，不打架斗殴、不酗酒闹事，严禁侮辱、诽谤他人，严禁造谣惑众、搬弄是非。

3. 严禁私自砍伐国家、集体或他人的林木，严禁损害他人庄稼及其他农作物，加强牲畜看管。由于主人看管不好造成他人损失的，要原价赔偿，还要负责因此而产生的连带费用。

4. 提倡社会主义精神文明，移风易俗，反对封建迷信及其他不文明行为，树立良好的民风、村风。

5. 不搞封建迷信活动，不看、不听、不传淫秽书刊、音像制品，不参加邪教组织。

四、村委会负责监督本村规民约的实施，并有权对违反者采取处罚措施。

五、本村规民约自公布之日起实施。

户代表签名通过（盖手指印）

北粤村村民委员会
2019 年 1 月 4 日

后　记

人类学以研究异文化见长，因而人类学家的田野工作似乎充满了新奇。人类学家通过将自己沉浸在他者的社会文化中来反观自身的文化。这样来看，人类学家既是在研究他者，也是在研究自身。我的童年在豫东南平原上的一个普通小村庄中度过，乡村的童年生活一直都在自己的记忆中。小学以后，我就开始在县城读书了。在这期间，自己在寒暑假都会回到老家看望爷爷奶奶。频繁地往来于城乡之间使我真切地感受到近20多年来家乡的变化，自己的成长经历迫使我思考当下中国乡村社会正在发生的剧烈变迁。我自己也在追问：未来中国乡村社会会朝着什么方向发展？费孝通先生笔下的"乡土中国"在当下快速城镇化的过程中会走向何处？进入中央民族大学攻读博士学位以后，我将自己对当下农村社会变迁研究的兴趣告诉了导师麻国庆教授，在他的建议下我选择粤北排瑶的一个山村作为自己的田野点。对于自幼就在北方平原乡村长大的我来说，位于华南的瑶族山村对我而言无论是在自然环境上还是在社会文化上都与自己的家乡存在着明显差异。田野点环境的这些反差带给我强烈的文化冲击，也为与自己家乡的对比提供了便利。

本书是在我的博士学位论文基础上修改而成的。在写博士学位论文期间，因为疫情，我一直坚守在中央民族大学的校园。平日里人流涌动的校园，因为疫情而变得寂静无比。这给我提供了极佳的论文写作环境，也给了我更多独立思考的时间。博士求学期间，尤其是在疫情期间，麻老师从生活和学业上都给予了我很大帮助，使我专注于博士学位论文的写作。麻老师渊博的知识、高瞻远瞩的学术视野，让我受益匪浅。本书是我的首部学术著作，我同样要感谢带领我进入学术殿堂的聂爱文教授。聂老师是我的硕士研究生导师，她让我感受到了人类学、民族学的魅力，激发了我对学术的热情和探索欲。

感谢我的家人，尤其是我的父母、爷爷奶奶。他们尽最大努力为我提供了优质的教育资源。同时，还要感谢读博期间教授过我的中央民族大学的各位老师。尤其感谢参与我论文开题、预答辩以及答辩的杨筑慧老师、巫达老师、贾仲益老师、张海洋老师、杨圣敏老师、祁进玉老师、苏发祥老师、李丽老师、吴楚克老师、王延中老师、张小军老师和黄志辉老师。各位老师的每一个建议都使我受益匪浅，使我的毕业论文得以进一步提升和完善。还要感谢一起学习的2017级民族学博士班的全体同学以及我的室友，共同的学习和生活给我的博士生活增添了不少亮色。同时，我还要感谢同门的兄弟姐妹们，在生活和学习上他们都给予了我帮助。

国内外有关瑶族研究的文献浩如烟海，对这些文献的梳理和阅读非常重要。感谢广东省民族宗教研究院的李筱文老师、杨建银老师以及广东技术师范大学的陈雅静老师，她们在我寻找瑶族文献资料的过程中给予了很大帮助。连南县史志办的许文清老师在我第一次来到连南时就给予了我莫大的支持，为我提供了很多排瑶的文献资料，他的支持使我很快熟悉了新的研究对象，树立起了做好排瑶研究的信心。感谢连南瑶族自治县档案局的工作人员，是他们不厌其烦地允许我查阅各种档案资料，为我的研究提供了诸多便利。我还要感谢排瑶研究学者房先清老先生，房先生对我的研究给予了热情的帮助，帮我解决了本书中的很多关键问题。

深处百里瑶山的北粤村风景如画，在我这个自小生活于大平原的人眼里，山里的一切都显得新奇。远方的田野充满诗意，但要真正融入瑶山中村民的生活却不是一件容易的事情，其中的艰辛也只有自己才能体会。在这里我尤其感谢在田野调查期间帮助过我的连南县的父老乡亲和热心人。同时，感谢在粤北田野调查期间，给予我帮助的连南县的各位领导，尤其是县政协的李春益主席和盘春风校长。感谢包括唐方明、唐家祥和房伟东等人在内的众多排瑶村民，本书的完成离不开他们的热情帮助。

本书的出版还要感谢河南大学黄河文明与可持续发展研究中心的苗长虹主任、艾少伟副主任以及河南大学民族研究所郭胜利所长给予我的大力支持。感谢社会科学文献出版社的黄金平编辑、陈彩伊编辑为本书如期出版所付出的辛苦努力。

本书只能说是近些年自己在排瑶领域的一个阶段性研究成果，书中的田野点还需持续关注，排瑶的研究还需进一步深化。本书尚有不足之处，也请各位前辈及学界同人不吝批评指正。

孙荣垆
2023年7月15日于河南大学明伦校区东一斋

图书在版编目（CIP）数据

宗族实践：粤北排瑶的社会结合 / 孙荣垆著. --

北京：社会科学文献出版社，2023.12

（民族与社会丛书）

ISBN 978-7-5228-2852-7

Ⅰ.①宗…　Ⅱ.①孙…　Ⅲ.①瑶族-宗族-民族社会

学-研究-连南县　Ⅳ.①K285.1

中国国家版本馆 CIP 数据核字（2023）第 213849 号

·民族与社会丛书·

宗族实践：粤北排瑶的社会结合

著　　者 / 孙荣垆

出　版　人 / 冀祥德
责任编辑 / 黄金平
文稿编辑 / 陈彩伊
责任印制 / 王京美

出　　版 / 社会科学文献出版社·政法传媒分社（010）59367126
　　　　　　地址：北京市北三环中路甲 29 号院华龙大厦　邮编：100029
　　　　　　网址：www. ssap. com. cn
发　　行 / 社会科学文献出版社（010）59367028
印　　装 / 三河市尚艺印装有限公司

规　　格 / 开　本：787mm×1092mm　1/16
　　　　　　印　张：20.25　字　数：362 千字
版　　次 / 2023 年 12 月第 1 版　2023 年 12 月第 1 次印刷
书　　号 / ISBN 978-7-5228-2852-7
定　　价 / 128.00 元

读者服务电话：4008918866